高速公路养护管理与桥梁工程施工

刘培璋 李 宇 贾清柱 主编

中国石化出版社

图书在版编目(CIP)数据

高速公路养护管理与桥梁工程施工 / 刘培璋，李宇，贾清柱主编 .—北京：中国石化出版社，2021.8
ISBN 978-7-5114-6398-2

Ⅰ. ①高… Ⅱ. ①刘… ②李… ③贾… Ⅲ. ①高速公路-公路养护-工程管理②高速公路-公路桥-桥梁施工 Ⅳ. ①U418②U448.14

中国版本图书馆 CIP 数据核字(2021)第 144660 号

中国石化出版社出版发行
地址:北京市东城区安定门外大街 58 号
邮编:100011 电话:(010)57512500
发行部电话:(010)57512575
http://www.sinopec-press.com
E-mail:press@sinopec.com
北京富泰印刷有限责任公司印刷
全国各地新华书店经销
*
787×1092 毫米 16 开本 17.5 印张 388 千字
2021 年 8 月第 1 版 2021 年 8 月第 1 次印刷
定价:98.00 元

《高速公路养护管理与桥梁工程施工》编委会

主　编	刘培璋	广东能达高等级公路维护有限公司
	李　宇	广东宇博项目管理咨询有限公司
	贾清柱	山东高速工程项目管理有限公司
副主编	曾志丹	广东协立工程咨询监理有限公司
	陶明先	云南省公路工程监理咨询有公司
	林昌健	中铁十九局集团广州工程有限公司
编　委	温茂彩	中国土木工程集团有限公司
	刘志浩	湖北江汉工程咨询有限公司

前言

高速公路养护管理作为高速公路运营管理的重要组成部分，是保证高速公路能够维持正常有效通行的关键一环。众所周知，高速公路在建成通车后，往往会随着使用年限的增加以及一些不可避免的人为、自然因素，而出现服务水平下降的情况。针对此，加强高速公路养护管理，可以更好地提高高速公路的运营水平。

高速公路的养护管理主要是指控制和协调各种设施有关的各种活动，使养护管理部门在公路养护活动中能够有效地使用设备、劳力、材料、机具、新技术成果和资金等资源，实现资源的最优使用，最终达到让高速公路运营完成最优服务的目标。

近几年，我国高速公路建设进入了一个前所未有的历史发展时期，对高速公路的养护管理也提出了更高的要求。桥梁建设亦成为了完善交通网络的重要构成部分，同样关系着交通运输行业的发展。其中，桥梁建设的施工技术是影响桥梁建设的主要因素之一，其适宜性与规范性直接影响着桥梁的施工质量。鉴于桥梁建设施工具往往都具有高精度、施工难度大等特点，故而对施工技术的要求比较高。

本书选择高速公路养护管理与桥梁工程施工作为研究方向，共分为十一章。主要内容包括高速公路维修保养管理、高速公路专项养护与大修管理、高速公路养护管理信息化、桥梁下部结构施工、混凝土梁桥上部结构施工、拱桥上部结构施工、大跨径桥梁施工、桥梁及附属结构施工等。各章节内容既前后呼应、相互联系，又自成体系、相对独立；既可供读者全面、系统地学习，又便于读者有针对性地查阅与选学。

由于作者水平有限，书中难免存在错误和不足之处，请读者不吝赐教。

目录

第一章　高速公路养护管理基础知识

第一节　高速公路养护分类与内容 …… 1
第二节　高速公路养护管理的特点 …… 5
第三节　高速公路养护管理的新趋势 …… 8
第四节　高速公路养护管理体制解读 …… 10

第二章　高速公路维修保养与管理

第一节　路基与路面的维修保养 …… 23
第二节　桥梁与涵洞的维修保养 …… 41
第三节　隧道与交通安全设施养护 …… 52
第四节　高速公路清障与绿化管理 …… 62
第五节　雨季防汛和冬季防滑 …… 72

第三章　高速公路专项养护与大修管理

第一节　专项养护与大修工程简述 …… 75
第二节　专项养护与大修程序 …… 76
第三节　大桥与特大桥的养护 …… 79

第四章　高速公路养护信息化管理

第一节　路面养护管理数据库 …… 83
第二节　路面养护管理系统 …… 88
第三节　桥梁养护管理系统 …… 94
第四节　附属设施养护管理系统 …… 98
第五节　高速公路综合养护管理系统 …… 100

第五章　桥梁工程施工基础知识

第一节　桥梁的基本分类 ………………………………… 102
第二节　桥梁的基本组成 ………………………………… 107
第三节　桥梁工程施工准备 ……………………………… 110

第六章　桥梁下部结构施工

第一节　浅基础施工 ……………………………………… 114
第二节　深基础施工 ……………………………………… 119
第三节　桥墩与桥台 ……………………………………… 133

第七章　混凝土梁桥上部结构施工

第一节　支架上浇筑梁式桥 ……………………………… 149
第二节　悬臂浇筑与拼装 ………………………………… 149
第三节　顶推施工 ………………………………………… 153
第四节　装配式梁板施工 ………………………………… 155
第五节　预制节段逐跨拼装施工 ………………………… 158

第八章　拱桥上部结构施工

第一节　石料及混凝土预制块砌筑拱圈 ………………… 164
第二节　就地浇筑混凝土拱圈 …………………………… 166
第三节　装配式混凝土拱 ………………………………… 168
第四节　钢管混凝土拱 …………………………………… 169
第五节　转体施工 ………………………………………… 171

第九章　大跨径桥梁施工

第一节　斜拉桥施工 ……………………………………… 175
第二节　悬索桥施工 ……………………………………… 182
第三节　钢桥施工 ………………………………………… 188

第十章　桥面及附属结构施工

第一节　支座安装 …………………………………… 197
第二节　桥面系工程 ………………………………… 204
第三节　附属结构 …………………………………… 217
第四节　装饰与装修 ………………………………… 220

第十一章　工程实例分析

第一节　总体施工组织布置及规划 ………………… 224
第二节　主要工程项目的施工方案、方法与技术措施 ……… 227
第三节　工期保证体系及保证措施 ………………… 241
第四节　工程质量管理体系及保证措施 …………… 245
第五节　交通组织方案 ……………………………… 249
第六节　安全生产管理体系及保证措施 …………… 257
第七节　环境保护、水土保持保证体系及保证措施 ……… 262
第八节　文明施工保证体系及保证措施 …………… 264
第九节　项目风险预测与防范，事故应急预案 ……… 267

结语

参考文献

第一章 高速公路养护管理基础知识

近年来，我国经济建设高速发展，高速公路开工率也非常高。施工人员担负着建设一流高速公路建设的重任，为使施工中不出现质量缺陷，急需施工组织的科学化及标准化。严格控制施工质量，规范施工标准，提升施工水平，实现精细化管理，养护管理是高速公路施工质量管理中非常重要的一个方面。

第一节　高速公路养护分类与内容

一、高速公路养护的分类

高速公路养护可以从不同的角度进行分类。

（一）按养护对象及部位分类

高速公路的养护对象十分广泛，如路面养护、路基养护、桥梁与涵洞养护、通道养护、隧道养护、隔离栅养护、紧急电话养护、标志标线养护、收费设备养护、房屋养护等。这种分类具有单一性特征，养护对象所指也很明确，特别适合于有针对性地制定养护措施，研究养护工艺。

（二）按养护手段及方式分类

按养护的手段及方式，将高速公路养护划分为机械养护和人工养护两大类。这种分类方法较适合于考察高速公路机械化养护的比率和养护机械化程度的高低，是反映高速公路养护装备水平的一种方向性指标。它不仅具有统计学上的意义，同时对于具体的机械管理、设备租赁、养护规划等工作都具有现实的意义。

（三）按养护系统与专业分类

在按养护对象分类的基础上，进一步归纳后形成按养护系统与专业分类的方式。例如：道路桥梁养护、交通工程设施养护、机电设备养护、绿化景区养护等。主要侧重于不同专业的养护分工，组建专业性的养护作业队伍。

按系统和专业进行养护分类，有利于高速公路各专业部门的职能管理。既可以在管理上有专业侧重，又可以进行专业间的综合协调，从而保证高速公路养护管理的宏观调控，是一种较好的高速公路行政管理的分类方式。

（四）按养护性质及规模分类

依据高速公路的养护、基建工程的性质、规模大小、技术难易程度划分为维修保养、专项工程、大修工程等3类；房屋设施维修工程分为零星维修、中修工程、大修工程和小型基建项目等4类。房屋维修工程的零星维修按养护维修保养工程管理，大中修工程按养护专项工程进行管理。

（1）维修保养：为保持高速公路、桥涵及其附属设施的正常使用而安排的经常性保养和修补其轻微损坏部分的作业。是由各管理处在年度维修保养定额费用内按月安排计划、经常进行的工作。

（2）专项工程：对高速公路路基、路面、桥涵、绿化及附属设施的一般磨损和局部损坏进行修理、加固、更新、完善的作业，通常由高速公路分公司汇总年度计划报高速公路总公司批准并投资的工程(包括灾毁抢修、修复工程)。

（3）大修工程：高速公路、桥涵及其附属设施已达到服务周期，必须进行应急性、预防性、周期性的综合修理，使之全面恢复原设计(或达到新设计)的状态；对由于水毁、地震、交通事故、风暴、冰雪等造成的高速公路路基、路面、桥涵及其附属设施的重大损坏所做的及时修复工作，均属于大修工程的内容。大修工程由高速公路总公司按基本建设程序组织，分公司配合实施。

（4）零星维修：是为保证建筑设施的正常使用功能而安排的经常性保养和修补其轻微损坏部分的作业，由各高速公路管理处依据年度维修保养定额费用按月安排计划、经常进行的工作。

（5）房建设施中修工程：是对整个建筑设施进行的单项维修。它包括以下内容：全楼门窗油饰；全楼内外墙粉刷；全部或部分门窗更换；修补外墙装饰层；修补外墙板缝；阳台、梁、板、柱加固；屋面维修；修补或重做厨、厕间防水层；地下室局部渗漏维修；局部更换上、下水管线及设备等。

（6）房建设施大修工程：是指为使建筑设施全面恢复原设计(或达到新设计)状态而对整个建筑进行的全面维修。包括以下内容：翻建；屋面大修，坡顶挑修或全部换瓦、平顶换板、重做防水；整栋楼重做外墙板缝防水；抗震加固；综合维修；地下室重做防水；上、下水及设备更新；电器线路更新等。

（7）小型基建项目：是指各管理处需根据规划及建设功能需要，结合分公司年度工程建设计划，新增加的房屋建筑、土石方工程、设备安装、管线敷设等工程，按基本建设程序组织实施。

二、高速公路养护的内容

高速公路投入运营后，为保持高速公路及其附属设施的正常使用性能，恢复其原设计状态，须进行经常性、及时性和预防性的养护作业，其内容如下：

（一）维修保养的工作内容

高速公路的维修保养是对公路及其工程设施进行预防性保养和修补其轻微损坏部分的工

程，它是使公路保持完好状态的一项日常性养护工作，具有经常性、及时性、周期性的特点。

1. 路基

（1）整修路肩、边坡，修剪路肩杂草，清除挡墙、护坡、护栏、集水井和泄水槽内的杂物。

（2）疏通边沟和修理路缘石。

（3）小段开挖、铺砌边沟。

（4）清除路基塌方，填补缺口。

（5）局部整修挡墙、护坡、泄水槽圬工。

（6）加固路肩。

2. 路面

（1）清除路面上的一切杂物。

（2）排除积水、积雪、积冰，铺防滑、防冻材料。

（3）水泥混凝土路面接缝的正常养护。

（4）处理沥青路面和水泥混凝土路面的局部、轻微病害。

（5）日常巡视和定期调查。

3. 桥涵、隧道及立交工程

（1）清除污泥、积雪、杂物，保持结构物的整洁。

（2）清除立交桥下和隧道通道中的污泥杂物。

（3）伸缩缝清理修整，泄水槽疏通，部分栏杆油漆。

（4）局部更换栏杆、扶手等小构件。

（5）局部修理泄水槽、伸缩缝、支座和桥面。

（6）维修防护工程。

（7）涵洞整修及清淤。

（8）疏通排水系统。

（9）日常巡查和定期调查。

4. 沿线设施

（1）标志、标线和集水井、通讯井等设施的正常维修养护和定期检查。

（2）护栏、隔离栅和标志局部油擦和更换。

（3）路面标线局部补划。

5. 绿化

路属花草的抚育管理和补植。

（二）专项养护与大修工程的内容

1. 路基专项养护

（1）全面修理挡墙、护坡、排水沟，铺砌边沟和路缘石。

（2）清除大塌方，处治大面积翻浆。

（3）整段增设边沟、截水沟。

（4）局部软土地基处理。

2. 路基大修工程

(1) 拆除、重建或增建较大的挡墙、护坡等防护工程。

(2) 重大水毁路基的恢复。

(3) 整段软土地基处理。

3. 路面专项养护

(1) 处理路面严重病害。

(2) 沥青路面整段罩面。

(3) 处理桥头跳车。

4. 路面大修工程

(1) 周期性或预防性的整段路面改善工程。

(2) 黑色路面整段加铺面层。

(3) 水泥混凝土路面板整段更换或改善。

(4) 重大自然灾害造成的路面损坏的修复。

5. 桥涵、隧道及立交工程专项养护

(1) 更换伸缩缝及支座。

(2) 桥墩、桥台及隧道衬砌局部修理。

(3) 桥梁河床铺底及调治构造物的修复。

(4) 排水设施整段修理或更新。

(5) 承载能力检测。

(6) 金属构件全面除锈、油漆。

6. 桥涵、隧道及立交工程大修工程

(1) 增建小型立体交叉或通道。

(2) 整段改善大、中桥梁。

(3) 隧道衬砌的全面改善。

7. 绿化专项养护

(1) 开辟苗圈。

(2) 更新树木、花木、草皮。

(3) 增设公路绿色小品和公路雕塑。

8. 沿线设施专项养护

(1) 全面修理护栏、隔离栅和各种标志。

(2) 整段重划路面标线。

(3) 沿线整段钢质设施定期油漆。

(4) 通信和监控设施修理。

9. 沿线设施大修工程

整段更换沿线设施。

(三) 对沿线景观、绿地的绿化美化和环境保护

绿化美化是高速公路养护管理的重要内容之一。目前我国高速公路的绿化任务大多是在通车后的养护期内完成或分步实施的。这项工作一般包括沿线中央分隔带及边坡的绿化养护、站区及办公环境绿化养护、服务区绿化养护、沿线特殊景点的绿化养护等。高速公路的绿化美化工作一般都被列入高速公路日常维修保养、中修工程之中，并根据高速公路养护管理的需要，有计划地完成。

此外，做好环境保护也是高速公路养护的重要内容，在这方面我国起步较晚，但是随着我国经济的发展，人民生活水平的提高，环保意识的逐步加强，环保设施会逐步增多。其中噪声控制设施、生态保护设施，以及结合绿化进行的绿化美化工程等都是高速公路环保工作的重点。

（四）灾害及恶劣气候环境条件下的抢修及应急对策

高速公路在运营过程中会遇到不良灾害天气的侵害，如飓风、暴雨、山洪、冰雪、地震和岩体滑塌等。这种情况尽管发生的机会较少，但造成的危害很大，往往会使高速公路运营管理工作陷入瘫痪。因此，对上述危害做好充分的物质准备，建立切实可行的抢修预防和快速反应机制，是高速公路养护管理不可缺少的重要内容之一。重大灾害造成的路基路面损害、桥梁结构物损害的修复，依据其工程量的大小一般都列入高速公路大修工程的范围。

（五）沿线机电设施的维护与管理

机电设施的维护与管理是高速公路养护管理区别于一般公路养护的重要特征，也是保证高速公路正常运营所不可缺少的重要环节。随着我国高速公路现代化水平的不断提高和技术含量的进一步增大，这项工作将会越来越受到高速公路管理者与使用者的双重关注。它不仅会为运营管理提供服务，也会给使用者带来莫大的方便。

就目前而言，机电设施的维护一般包括监控、收费系统维护，通信系统维护，通风照明系统维护，供配电系统维护以及消防等工作。

除此之外，高速公路养护管理还涉及机械设备管理、作业安全管理、养护技术管理等内容，这些内容共同构成了高速公路养护管理的工作体系，是不可缺少的重要组成部分。

第二节　高速公路养护管理的特点

一、高速公路养护管理的作用

高速公路养护管理的目的是保证高速公路及其附属设施始终处于良好的技术状态，从而保证高速公路上的车辆安全、快速经济、舒适地运行。

高速公路建成通车后，随着交通量的不断增长和自然因素的破坏，必然导致高速公路及其配套设施遭受不同程度的损坏。尽管高速公路在设计标准、材料选用、施工工艺等方面的要求比普通公路的要求更加严格，但由于其行车速度快、通行能力大等特点，必须及时发现并迅速修复高速公路的各种病害。即使是很小的路面病害，如不及时处理，也有可能引发严重的交通事故，进而引起严重的交通阻塞，影响通行能力，从而降低运营效益。

因此，高速公路的养护管理比一般公路的养护管理更加重要。

高速公路养护管理的具体作用可以归纳为以下几点：

(1) 及时了解并正确评价高速公路的状况及服务水平，及时安排维修保养、专项养护工程及大修工程，保证高速公路的良好行车环境。通过养护调查建立相应的技术状况数据库，为高速公路的运营管理提供完整、科学的技术数据，并将数据分析处理后为决策服务。

(2) 提前预防道路及其设施病害的发生，及时治理随时出现的损坏，防止微小病害的进一步扩大，尽可能延长道路及其设施的使用寿命，延缓大修周期，降低运营管理成本。

(3) 及时发现并弥补由于设计或其他原因造成的道路及其设施的先天不足和使用缺陷。一般来说，在高速公路投入使用后，由于建设期间的种种原因，在实际使用中经常会出现道路排水、边坡防护、通道设置、标牌设置、建筑物使用功能等方面的问题，这些问题只能通过后期的养护维修加以弥补，并逐步形成高速公路完善的使用、服务功能。可以说养护是对高速公路建设的补充与完善。

(4) 减少或杜绝由于道路及其设施维护不当给道路使用者带来的意外损害，避免因此引发的不必要的法律纠纷。近年来，我国高速公路因为路上障碍、设施维护不当等原因造成使用者伤害的事件时有发生，这不仅增加了使用者与管理者的双重负担，也直接影响到高速公路的声誉。进一步加强养护管理是解决这一问题的根本手段。

综上所述，高速公路养护管理是高速公路运营管理中不可缺少的一项重要内容。高速公路养护管理一定要常抓不懈，常养不怠，为道路使用者创造一个良好畅通的行车环境。交通运输部提出“公路建设是发展，公路养护也是发展，而且是更重要的发展”，把公路养护管理提到了一个新的高度来认识。由此可见，高速公路的养护管理是一项具有战略意义的工作。因此，进一步加强高速公路的养护管理是实现国家交通运输长远发展目标的需要，是持续改善国家路网结构的需要，也是加快高速公路现代化进程的需要。

二、高速公路养护管理的特点

由于高速公路的设计标准、建设质量和运营方式与一般公路存在明显区别，因而其养护管理也有其自身的特点。

(一) 养护实施的强制性

首先，由于高速公路本身固有的性质，养护工作的任何松懈或疏忽不仅会给道路及其附属设施本身造成潜在危害，更会对高速行车的驾乘人员构成严重的生命威胁。因此，高速公路的养护应当是强制性的。

其次，我国高速公路建设资金大多是通过不同的融资渠道解决的，存在着较大的还贷压力，故对养护的投入明显不足。特别是一些合资、合作经营的高速公路，在养护上更难做到及时、到位，这也表明了强制性养护的必要性。

要实现强制性养护，必须通过立法途径来加强政府的行业监督，在法律、行政、经济 3 个方面加以约束，正确处理公路建设、养护和管理三者的关系，应当提出“先养护，后还贷，再经营”的强制性要求。

（二）养护对策的预防性

高速公路养护管理的特点在于“预防为主”，所以在其建成通车投入运营之后，首先就应把养护管理列入重要的日程。实践证明，“高速公路质量高，早期养护没必要”的认识是错误的，高速公路早期不仅需要养护，而且早期养护意义重大。通过早期养护可以及时完善设计和施工中的不足和缺陷，消除潜在的质量隐患，延长道路及其附属设施的使用寿命，延缓大修周期，降低养护成本，以较少的投入获得较大的效果。

（三）养护管理的科学性

首先，要制定科学的养护方针：日常维修与集中整治相结合；维修作业与病害根治并重；有计划地安排专项治理；严格按规定的修补工艺施工，确保修补质量；加强交通管制，保证维修安全。

其次，建立完善的规章制度，使养护管理规范化。俗话说“没有规矩不成方圆”，制度是规范人们工作和行为的准则。一套好的规章制度，能使各部门工作正常衔接，责权明确，避免互相扯皮，可以收到事半功倍的效果。因此，建立一套科学完善的高速公路养护管理制度，为搞好养护工作打下坚实的基础。

最后，要加大科技投入，加强对新技术、新材料、新工艺的研究开发，保证高速公路养护管理的技术开发、研究、推广的费用，重视软科学课题研究，为养护管理决策提供科学依据。同时，还要加快科研成果产业化步伐，加强对已有新技术的推广应用工作，全面提高公路养护技术水平和工作效率。

（四）养护手段的机械化

高速公路的固有性质决定了高速公路损坏后必须及时修补，高速公路养护管理机构首先要满足“快速反应”这一基本要求。因此，必须建立一支以机械为主、人工为辅的机械化养护队伍，走机械化养护道路。

（五）养护信息的及时性

随着我国高速公路主骨架的逐渐形成，通车里程日益增多，需要对公路路况进行普查，加强公路信息资源的开发和利用，研究推广实用性的高速公路数据库，以提高高速公路养护管理的信息化和现代化水平。

（六）养护经费的高投入

由于高速公路建设标准高、养护范围广、材料选用精、机械化养护比重大、施工程序复杂、保护措施较全、现代化设施较多等原因，使得高速公路的养护管理成本比一般公路高出许多。但这种投入不仅合理也十分必要，因为高速公路的养护投入换来的是道路及其设施的长久完好，是服务水平的不断提高，是通行费收入和社会效益的双重回报。

在进行高速公路养护决策中，不能只单纯考虑到养护投入的多少，要考虑到高速公路寿命周期费用的费用（寿命周期费用=建设费用+养护费用+运营费用+用户费用）投入。有时，增加了一些养护费用的投入，会大大节约运营费用和用户费用，从而减少了高速公路寿命周期的费用。

第三节　高速公路养护管理的新趋势

一、高速公路养护管理现状

(一) 缺乏统一规范的模式

高速公路养护管理机构首先要满足"快速反应"这一基本要求。目前我国高速公路管理存在着建、管、养一体化与建、管、养分开两种模式。其中在建、管、养分开的模式下，又有管理与养护维修一体化模式和纯管理模式。这种多轨制管理造成了管理机制的分散及管理资源的浪费，不利于高效、规范、协调和统一管理。

(二) 养护运行机制缺乏创新

现行的公路养护管理体制不适应社会主义经济体制的客观要求，在某些地区还存在以下现象：(1)以包代管；(2)分级养护体系没有形成；(3)事企不分，体制不顺。

这些问题的存在，容易导致养护资金被挤占、挪用，机械设备效率低，非生产人员膨胀，职工队伍整体素质下降，生产效率低下，养护标准得不到严格执行，行业管理职能受到削弱，养护水平难以提高，养护质量难以保证。

(三) 养护机械化水平低

实现公路养护机械化是高速公路养护工艺更新和养护技术提高的重要标志，也是保障和改善公路交通环境的客观要求。但目前从整体上看，我国高速公路养护维修较大程度上仍然依靠传统的手工养护作业，养护机械化水平不高，养护机械的完好率和利用率比较低，作业效率和养护质量难以适应高速公路大交通量、快速交通的要求。其主要表现为机械类型陈旧、设备规划落后，管理方式落后，协调调度不利，出现设备闲置现象，操作人员素质偏低，机械效率不高等。

(四) 养护体系不健全

目前的养护很大程度上是被动养护，主要表现为疲于应付，缺乏运营使用过程中的路况调查及病害预测、适时养护决策和养护规划。只有变被动养护为主动养护，才能延长道路的使用寿命，减少养护成本，提高养护效益。

通常来说，实现主动养护应具备两个条件：

(1) 技术条件，包括道路及桥梁结构(无破损)检测系统、路况评价预警系统、养护决策系统及成套养护设备。

(2) 机制条件，指养护管理体制及其运作模式，应当建立完善的养护决策、养护规划、养护调度及工程养护监理制度。

(五) 养护资金不足

(1) 养护资金缺口大，有限的养护资金难以满足不断增加的养护任务。

(2) 有些高速公路本身收费额低、效益差，养护资金分配不足。

（六）法规建设、管理体制改革滞后

近年来，一系列公路法规的颁布实施，对公路建设、养护和管理起到了一定的积极作用。但从整体来看，公路法规建设滞后，公路法规体系尚不配套，尤其是高速公路养护管理的相关法律法规体系建设难以适应飞速发展的高速公路建设和养护管理任务。急需加强高速公路养护技术规范、操作规程、养护保障、养护定额等管理体系和技术体系建设，建立完善的养护管理标准规范系统，以实现养护管理的现代化、科学化、法制化和规范化。

公路管理体制改革滞后。在交通运输部的统一规划下，全国各省市都在探索理顺公路管理体制的新路子。当前仍然存在着多元体制、地区分管及政企不分的现象。随着国家费改税政策的实施，改革现行公路养护管理体制，建立事权一致、精简高效，与社会主义市场经济体制相适应的新型高速公路养护管理体制势在必行。概括地讲，我国高速公路养护管理存在以下“三个不适应”的问题：

（1）养护管理机制不适应社会主义市场经济的要求，主要表现在现行运行机制缺乏生机与活力，缺乏竞争机制，机构臃肿，效率低下。

（2）养护管理技术水平不适应路网发展及高速公路交通的要求。

（3）职工整体素质不适应养护科学化和现代化要求，职工中技术人员数量太少，而且绝大多数不在一线，这样的人才结构，影响了养护技术水平的提高。

二、高速公路养护管理发展趋势

高速公路建设已经进入了飞速发展的黄金时期。随着时间的推移，投入运营的高速公路将陆续进入全面养护期。伴随着高速公路交通量的日益增大，对高速公路养护管理的要求也将越来越高。面对当前高速公路养护管理现状，探索出一条健康、持续发展的新思路已迫在眉睫。

（1）从重高速公路建设、轻高速公路养护管理，到高速公路建、管、养并重的思想转变。公路建设规模是有限的，而养护期限是无限的，在高速公路建设高潮过后，全面养护需求将随之到来，养护工作的好坏对高速公路的使用寿命、使用性能和运营效益具有直接影响。因此，必须有超前意识，实现从重建轻养到建、养、管并重的思想转变，为积极推进高速公路养护管理体制改革，建立完善的高速公路养护体系做好充分的思想准备。

（2）从高速公路管、养合一体制到管、养分离体制的转变。社会主义市场经济的客观要求及经济体制改革的主要目标是政企分开，即管理主体同经济实体相分离。养护体制的改革要贯彻管、养分离原则，将养护施工机构剥离为养护法人实体，对养护业实施企业化管理，把养护法人实体推向市场，参与竞争，逐步推行高速公路养护专业化、市场化。这样，一是有利于建立精简、高效、统一的养护管理机构和管理模式；二是能迫使养护企业强化管理，苦练内功，提高技术装备水平，降低养护成本，增强竞争力，同时，也为实现高速公路运营管理的产业化创造条件。

（3）从传统的高速公路养护计划管理到市场化机制的转变。全国各地一直在致力于养护体制改革的探索，从养护承包制到内部招投标制，逐渐显现出养护管理市场化趋势。改以往完全由计划安排养护工程为全社会招投标承包，以合同形式确定养护管理主体与承包人的责任和权限，将养护工程推向市场。养护管理部门则着重抓好养护市场的培育、养护

工程合同管理和养护工程监理。

(4) 完善政府对养护管理的行业监督。在培育和发展高速公路养护市场的同时，要建立有效的政府养护监督机制，加大政府对国有基础设施和投资效益的监管力度，保证高速公路养护质量与效益。

(5) 从养护作业的初级化向国际化转变。我国高速公路现行的养护作业技术水平同一、二级公路的养护作业相比虽有明显提高，但仍难以适应未来大交通量的高速交通的要求。应该从高速公路养护作业的质量、速度要求及经济分析出发，按市场化的客观趋势，建立完善养护机制，实现高速公路养护的专业化、机械化和社会化，尽量从高起点上同国际水平接轨。

(6) 养护机械实现社会化服务。鼓励建立养护设备租赁公司，集中大中型设备优势，向不同所有制形式的养护公司提供有偿服务，进一步提高设备的利用率和高速公路养护的机械化程度。

(7) 组建不同经济成分的养护公司。逐步将现有的养护队伍转变为具有一定规模的养护公司；允许和鼓励组建不同所有制形式的养护专业队，使其成为自负盈亏、自主经营、具有法人资格的经济实体，参与市场竞争。

国外的公路养护维修作业常常是由一些专业性很强的养护维修公司中标完成，如专业清扫公司、表面处治公司、旧桥加固公司等。专业性公司的优势是工作量饱满，有条件引进使用大型高效的设备，雇工数量大大减少，质量和效益得到提高。

将养护机构推向市场，将养护任务全部承包给社会，实行监理制，管理部门可以集中精力抓高速公路的运营管理及养护管理。从长远来看，有利于提高养护水平，降低养护投入，提高投资效益，促进高速公路养护管理的快速持续发展。

第四节　高速公路养护管理体制解读

一、高速公路养护体制现状

养护管理体制，是指养护管理权限划分及管理活动赖以进行的物质存在形式(养护管理机构设置、管理人员配置)和一系列管理规则、秩序及规范所构成的制度体系。

(一) 高速公路养护管理模式

在我国，由于高速公路投资主体多元化，建设方式不同，以及受不同时期国家行政与经济制度等因素的影响，高速公路养护管理体制主要分为 4 类：

(1) 行政事业型，即省级成立高速公路管理局，统一管理全省高速公路，每条高速公路成立一个或数个管理处承担具体的管理任务。

(2) 实行企业化管理方式，即省级设立高速公路公司，每条路又设立分公司进行具体管理。

(3) 实行事、企结合的管理模式，即高速公路管理局、高速公路公司同时存在，一套人马，两块牌子。

(4) 实行“一路一公司”的特管方式，公司为项目法人，对该路的筹资、工程建设、营运管理全过程负责。

(二) 高速公路养护管理机构

1. 养护管理机构

一般高速公路管理机构都设有养护管理部门。在名称上，公司制的称为养护工程部，管理局形式的多数设置养护工程处。采取统管的部分省份，由于运营高速公路里程较多，按照养护维修分类的特点，将日常养护和小型维修的管理交由各线路负责，采取属段养护的方式，管理局在机构上设置养护处。

而对养护中的大、中修项目实行统一管理，采取招投标方式组织实施，在机构上设置工程管理处。还有的省份考虑到养护机械、设备和材料管理的重要性和专用性，在养护处、工程处之外，还平行设置了材料设备处。养护处(部)的主要职责是：贯彻法规、标准、办法、制度、技术要点；编制养护规划、维修计划、绿化方案，组织检查，督促落实；承办大、中修工程招标，组织监理、检测，参加验收，控制养护成本，材料设备管理，安全生产管理，组织工程抢险、技术培训，建立养护档案。

养护处(部)的岗位设置，一般情况下应为：处(部)长、副处(部)长，路面养护管理人员、桥梁等构造物养护管理人员，计划管理、材料设备管理、绿化管理人员等。

2. 基层养护部门

基层养护部门(每条路的管理处)是具体实施养护作业的基层单位，其工作重点是进行预防性养护，以及对公路设施的日常养护、小型维修，以确保道路的安全畅通。其主要职责是：执行法规、标准、制度、办法；落实计划、组织日常养护及维修工程实施；成本管理、报告情况、配合工程抢险等。

基层养护部门的岗位设置：一般是科长、副科长，另外设路面养护、桥梁等构造物养护、计划统计、内业管理、绿化管理、材料设备管理等岗位。

基层养护单位所从事的日常维修工作主要有：日常保洁(路面、桥梁、隧道、公路附属设施及交通设施的日常保洁)、小型维修保养(修补坑槽、路面灌缝、清理桥梁伸缩缝、边坡碎落物、疏通排水设施、局部整修构造物、以及更换小型构件等)、绿化养护(灌水、施肥、修剪、植被等)、路容养护(构造物刷边、栏杆油漆、摆设公路小品等)、除雪防滑、水毁预防、路况巡视及调查等。

养护维修的基本指标要达到路面平整、无坑槽，路面整洁，排水畅通，设施完好，结构牢靠，绿化美化，保持高速公路的各项质量标准。

基层养护单位配置的基本装备，应能满足日常维修的要求。一般应配置的基本设备包括路容养护机械，如路面清扫车、洒水车等；还有绿化养护机械，如剪草机、除草机、除雪设备等。另外，有些设备是必须配置的，例如路面坑槽修补设备等。

基层养护单位基地建设的基本规模，应根据所辖路段长短、交通流量大小、断面车道数量等加以确定，一般 4 车道高速公路以 40~60km 设置一个养护单元比较合适。

3. 专业化、机械化养护队伍

考虑到路面、桥梁、标志、标线等专项工程施工特点，大部分管理机构都设置了初具规模的养护中心(或养护机械队)，配置了机械设备和技术人员，以满足高速公路维修的需要。

机械化养护中心(公司、工程部)是养护维修的实施部门，是独立核算单位，管理部门与它的关系应按照市场关系，逐步将隶属关系改为甲、乙方的合同关系。机械化养护公司应承担的工作内容一般为路基改善，路面、桥梁维修、数量较大的安全设施维修及标志、标线施工、工程检测和材料试验工作。

维修能力的配置应按照能够快速、高效地完成所覆盖范围内的各项专向工程维修任务，在装备上应配备使用率较高的基本维修和抢险应急设备。基地建设的基本规模一般为50~100人，设有技术部、工程部、项目部和机械班，配摊铺机、压路机、检测等专项工程养护设备。

独立机械化养护(基地)公司的数量和路面作业责任区辐射范围，各省应根据运营公路分布情况、交通流量、道路状况和维修数量来确定。路面作业辐射半径以100km以内为宜。道路密度较大、交通流量较大时，辐射半径应适当减小。机械化养护基地的地址，宜选择在多条路交汇的区域。

二、高速公路养护体制中的问题

目前，我国已基本上在各管理形式中建立了与运营管理体制相对应的养护管理体制以及专门从事高速公路养护的机构或队伍，形成了多种体制并存的养护管理模式。同时，由于高速公路各管理体制的政策制定、计划拟订、财务核算及机构、管理方式的差异性，相应的养护决策、计划及养护管理的方式和内容等差异较大，主要存在以下问题：

(1) 管养不分、责任不清。在现行体制下，高速公路管理机构既是养护的管理单位，又是养护生产者。管理者责任不清，经常就养护经营计划发生矛盾，一旦发生养护质量问题，就很难追究责任了。同时由于职责交叉，经常出现面对问题、责任，互相推诿扯皮的情况。

(2) 人员设备严重超编。因为高速公路养护项目繁多，涉及方方面面，对养护队伍和设备要求高，所以设置了庞大的养护队伍，配备了大量的机械设备。同时，既要负担整个工区日常消耗和闲置人员工资、设备保养、折旧和养护机构的全部费用(包括医疗、养老、工伤等)，还要负担过去购置的养护设备的维修保养，导致养护费用增加。

(3) 检测及养护机械设备利用率低。由于现行养护管理机制的制约，各高速公路均配置了相应的检测及养护机具设备。但因各条高速公路使用期不等，导致一些大型机具、设备闲置，使这些资源不能在更大的区域范围共享，设备的利用率很低，从而加大了养护管理成本。

(4) 养护机构效益不高。尽管养护机构的人员数量不断增长，但人员素质总体呈下降趋势，普遍存在人才(特别是养护一线需求的技术管理人才)匮乏；养护队伍总体技术落后，由此导致人头费(包括工资、各种福利、补贴)居高不下，挤占了大量的养护资金；许多养护机构内部运行机制不活，养护作业效率低、成本高，限制了养护机构或队伍参与市场竞争的能力。

(5) 地域化管理阻碍了养护工程的市场化。目前各省(区、市)的养护作业及管理基本上是按地域由本省(区、市)养护机构进行的，由于许多养护机构并没有真正从事业单位中剥离出来，这样一方面不利于养护工程的市场化，另一方面不利于养护工程的监督与质量管理。

(6) 养护维修工程缺乏科学的规划和决策。许多管理机构往往是在高速公路出现一些病害或某些使用功能不足时才开始考虑到制定养护维修计划。科学的养护管理是建立在长期的跟踪检测和评价系统基础上的，根据科学的评价，决定养护维修的计划和内容。有些管理机构虽然定期或不定期地开展道路检测与评价工作，但由于数量不足或数据可靠性差，或者道路使用性能评价预估系统不健全，尚不足以制定科学的、寿命周期内养护费用最小的养护计划。

(7) 养护技术水平低。养护水平、素质参差不齐，养护经费紧张。由于事业单位的公路养护职工不愁工资，费用实报实销，因而缺乏积极进取精神。

三、高速公路养护体制的模式改革与创新

(一) 高速公路养护管理体制改革原则

我国管理体制改革的实践遵循了以下原则：一是坚持因地制宜、分类指导；二是按照社会主义市场经济的要求，转变政府职能，实现政企分开；三是按照精简、统一、效能原则，调整政府组织结构，实行精兵简政；四是按照权责一致原则，调整政府部门的职责权限，明确划分部门之间的职责分工，完善行政运行机制；五是按照依法治国、依法行政的要求，加强行政体系的法制建设。根据国家在管理体制改革的一系列原则，高速公路养护管理体制改革在与国家及地方管理体制改革保持一致的基础上，还应遵循下列原则：

1. 坚持思想领先原则

改革是对旧体制不适应部分的否定过程，而参与改革的人员却大多为旧有体制下的既有人员。因此，要在过去体制的基础上创立新体制，是一场对体制的“革命”。在这个过程中，新旧两种体制并存，交互发生作用，不可避免地出现种种问题和矛盾纷呈的局面。

因此，为达到改革的目的，首先应该在人们的思想上形成新的观念和新的知识体系，引导改革的健康发展，并形成对传统观念和习惯势力的巨大冲击。为此，要转变高度集权的管理观念，树立合理分权的管理观念；要转变传统的上下控制观念，树立民主、科学、法制观念；要转变机关作风，树立高效、负责的观念等。

2. 坚持借鉴的原则

随着高速公路通车里程的不断增加，养护任务的日益繁重，管理的内容和方式的日趋复杂，国内各省市都认识到适时地进行高速公路养护体制改革的必要性。体制改革和制度创新，已成为国内各省市公路交通事业发展中的一种共同趋势。

认真地总结、分析、归纳各个国家及国内各省市的改革，吸取其成功的经验和失败的教训，为我所用，无疑是非常必要的。当然，各地高速公路养护管理体制的改革还有其特点，因此，不能对各种成功经验机械地照搬照抄，要积极借鉴，实现经验的本地化。

3. 坚持实事求是的原则

由于历史、文化、社会环境和经济发展水平的地区性差异，决定了改革必须从各地的

实际情况出发，以党的基本路线为指导，有计划、有步骤地进行。如果不考虑当地现实生产力水平、高速公路养护管理的历史和现状，以及社会保障能力等情况，盲目生搬硬套，或者不顾各地、各部门的具体情况，搞“一刀切”，改革非但不能成功，还有可能产生不良的后果。

4. 坚持科学性原则

要运用现代管理科学来指导改革，实现高速公路养护管理的科学化。技术创新和体制创新所取得的成就，为高速公路养护管理广泛运用先进的管理方法提供了可能，为实现高速公路养护管理的专业化、技术化和职业化开辟了道路。通过坚持改革科学性原则，加强综合、协调、规划工作，健全科学决策系统，建立科学管理制度，保证改革的顺利进行。

（二）高速公路养护管理体制改革方向

（1）理顺管理体制，逐步实现管养分离。高速公路养护机构首先要科学划分管理范围，根据高速公路养护现状和市场经济运作规律，剥离公路养护部门内的行政管理与生产企业职能，行政管理这条线按照事业单位运作，将养护施工这些企业性质的活动企业化，将养护作业包括养护工程设计、施工、监理等逐步推向市场。

（2）减编管理机构，充分发挥社会咨询公司的中间作用，建立科学的高速公路养护管理系统，对高速公路逐步实行信息化的动态管理，提高养护资金的利用率和养护质量。

（3）改善养护资金的供给管理。高速公路养护作为一种社会公益性事业，组建企业的目的不是为了赢利，而是为了提高效率，发挥有限资金的作用。因此，为保证高速公路养护工作的正常开展，必须保证养护资金按计划足额到位。如果没有充足稳定的资金供应，正常的养护工作很难持续。所以，养护部门的职责就是加强统筹管理，广开渠道，筹集养护资金。

（4）建立市场化运行机制。在事企分开的基础上，通过对养护资金使用的市场化管理，包括优先项目确认，质量保证体系采纳，养护施工质量比选，养护技术评估，引导企业按市场化方式经营管理。

（5）引进养护工程招投标制度，并制定相应的实施办法，建立养护工程质量监督、验收机制及相应的管理办法，真正做到将养护作业市场化、社会化、专业化。

（6）明确养护目标，履行养护合同。公路养护目标，有养护总体目标（如年末好路率、年均好路率、总经费指标等），阶段性目标（月、季好路率）。同时每项养护工程特别是大、中修工程都有质量要求、时间要求、计量单价等。根据目标、权利、义务、风险等，签订约束养护各方的合同书，为各方履行各自职责提供依据，在履行合同期间，遵循有据必依，违约必究，平等协商的原则，使合同具有一定的权威性和约束力。

（7）建立健全养护技术管理制度，提升高速公路养护管理的科技含量，强力推进高速公路信息化进程。对高速公路逐步实行信息化的动态管理，将高速公路养护管理系统与地理信息系统（GIS）相结合，统一规划、开发，逐步建立道路病害及交通状况预警机制。

（8）加强管理信息系统的建设。管理信息系统的建设是进行现代化养护管理和科学决策的重要保障。包括财务子系统、路况系统、养护企业子系统、管理决策支持系统等。

（9）发挥高速公路专业技术人才密集的优势，组建服务于养护管理的专业咨询顾问机构。实施“管养分离”，要使政府赋予的管理职能得到充分体现，以期达到降低养护成本的目的。实现“管养分离”，除将养护管理与养护作业分离外，还应逐步将养护生产性的工程设计、路况调查、检测与分析评价、公路设施各类数据库的数据采集与分析、大中修工程的可行性研究、养护工程质量监理等工作逐步推向市场，或交由一支技术力量雄厚的社会咨询公司来完成。

四、高速公路养护体制的模式选择

根据改革目标，考虑到各地高速公路养护管理的实际，也为了便于与国家及地区相应机构与体制的衔接，各地高速公路养护管理必须选择合理的、适应地方特色的模式。在此，建议采用以下几种管理模式。

（一）直接管理养护模式

这种管理模式是在原来管理体制的基础上，在高速公路公司组建维修养护部，根据高速公路穿过的行政区域分设养护站，并为每个养护站配备相应的养护机械，进行专业维修养护工作。只要是养护规范规定的维修养护工作内容，不管是否仍处在保护期内，都由维修养护部及其下属的养护站负责。整个养护系统采用自上而下的直接管理模式，维修养护部从行政、财务、采购等各方面对养护站进行管理，养护站基本没有多少的自主权，一切都由维修养护部进行控制。

这种管理模式在高速公路起步阶段的落后地区是必要的。因为高速公路刚刚起步或管理比较落后，高速公路养护管理人员，特别是养护站的基层领导和技术人员也缺乏相应的养护管理经验。在这种情况下，如果让基层单位自行管理，难免出现失误。

另外，这种管理模式使养护部的高、中级工程师能够直接对基层管理人员的工作进行指导，使他们能够在较短的时间内熟悉养护工作并掌握相应的管理经验，对养护队伍的建设起到相当重要的作用。

当然，这种模式也有其缺点：首先，在实际工作中，维修养护部没有足够的精力去解决养护站在日常行政工作中碰到的各种问题，会影响养护站日常维修养护工作的开展。其次，由于养护部的全方位管理，养护站的管理人员主动权十分有限，所能做的就是接受指示去开展工作。至于如何能够提高管理水平、提高工作效率，基本上没有考虑。长此下去，将会造成养护管理工作僵化，影响管理水平的提高。

不仅如此，这种管理模式对高速公路病害维修反应慢。通常路政巡逻队发现道路病害后，通知养护部，再由养护部发指令通知养护站进行维修，在这过程中有一定的延误，会影响道路病害维修的及时性。

（二）目标管理模式

这种管理模式是直接管理模式的深化。对于高速公路比较发达的地区，其管理人员的技术水平、管理水平都比较先进。特别是养护站的管理人员和技术人员对高速公路维修养护工作已经比较熟悉，拥有一批技术熟练、配合密切的养护职工队伍，配备了专门的养护机械设备。对高速公路的养护工作由过去的被动地等待养护部的指示，变为主动向养护部提出养护工程项目，并且自行根据客观情况提出施工方案。

目标管理就是根据养护工作的内容、性质和目的，制定养护工作所必须达到的目标，而实现这个目标的方式，由各养护站自行决定。另外，为了加强对突发事件的及时处理能力，把由养护部直接管理的养护站划归管理处管理。养护部只负责高速公路的大修和专项工程的管理，对养护站的工作进行指导和对新材料、新工艺的开发应用等，以及着眼于全局性、长远性的工作研究。

日常养护工作的开展和养护费用由管理处管理。养护站站长在技术业务上向养护部负责，日常管理和工作的开展向管理处负责。管理处是公司为了加强区域性管理而设置的机构，负责所辖路段的日常行政管理和业务工作，包括收费、路政、维修和行政管理等。管理处对于养护站的管理，也采用目标管理的方式，同时强调团队协作，加强内部各基层单位、各业务工种之间的相互联系和协调，提高了应付突发事件的能力。

在这种体制下，养护站的积极性和创造性得到了充分的发挥，各养护站根据具体情况建立适合自己路段的工作方法。但与之共同实施的“养护站划归管理处”的区域性管理方案却利弊互见。该方案一方面提高了收费、养护、路政这3个不同业务之间的相互联系和协助，提高了应对突发事件的能力。但却引起了另一个问题，养护机械和人力不能够根据各分段的养护工程量进行灵活的调配，遇到大型的维修项目，缺乏协同作战的能力，影响了养护机械的利用率。这个问题主要是养护费用划分到各管理处，管理处出于预算费用的考虑，不愿意协助其他养护站，也不愿意花钱邀请其他的养护站协助工作。

（三）市场化管理模式

这种管理模式是高速公路养护管理的发展方向。所谓高速公路养护管理市场化，就是将高速公路养护和管理职能分开，从而使两方面的管理更加专业化、系统化、精密化，更便于权责区分，从而提高养护管理水平。市场化管理模式的操作方法是成立高速公路养护服务总公司。

1. 高速公路养护服务公司

在省高速公路管理总公司下成立高速公路养护服务公司，组建专业化的养护施工队伍，下面可根据各条高速公路分布情况设置养护分公司，竞争承包全省各条高速公路的日常维修保养，高速公路沿线服务开发，参与竞标专项工程和大修工程。这样既提高了全省养护专业化、机械化标准，促进大型综合养护机械合理流动，减少闲置浪费；又降低了养护成本，同时提高了养护机械化水平。

2. 高速公路养护管理机构及其职责

市场化养护管理模式通过改变机构设置从体制上解决了传统管理模式的缺陷和漏洞，把养护工程按施工难易和发生的频率区别对待，采取委托经营，任务包干等管理方式，既降低了工程成本，又引进了高水平的施工管理体制，提高了养护工作效率。为配合该模式，高速公路管理机构亦做相应调整。

在省级高速公路管理总公司设立养护工程处，宏观控制所辖高速公路养护经费投入、养护工程质量和养护资金使用，按既定频率委托各项技术指标检查，指定所辖高速公路养护工程的宏观规划和长远规划；在各高速公路管理处设养护科，直接负责全路段的养护工作；各管理所从业务上直接受养护科管理，专门负责所辖路段养护巡查，养护工作统计、分类、上报等，并对养护服务公司实施质量和效果监督、检查。

按照市场经济的要求，改革现行劳动人事制度。在管理单位，除少部分管理人员，骨干技术人员外，对于一般工作人员实行聘任制，根据工作需要设岗，通过考核择优聘用。现有工作人员通过竞争上岗，对未被聘用者进行分流，一部分可到企业单位任职，一部分通过培训，提高业务技术水平。培训期间，发给基本工资，培训期满仍未能就聘的开始待业，发给基本生活费，劳动人事关系放到劳务市场。企业单位、生产经营性单位，实行承包经营、租赁经营。由承包人、租赁人聘用生产管理人员和工人。聘用范围原则上在交通系统内部，现有职工未被聘用者，可以自谋生路，也可以参加培训。

为保证劳动人事制度改革的顺利进行，在交通系统内部建立劳务市场。交通职工待业期间关系放在劳务市场。今后凡毕业的学生和新招人员，劳动人事关系均先放在劳务市场。交通系统管理单位、企业和生产经营性事业单位招聘人员，原则上从内部劳务市场选择。

3. *养护服务公司的机构设置及其职责*

养护服务总公司可根据拟服务高速公路数量，每条高速公路组建一个相对独立的养护公司(相当于养护工区)，负责高速公路的日常维修保养，除常用的小型机械和工具外，所用机械设备一律从总公司租赁。

五、高速公路养护管理运行机制

我国高速公路养护管理运行机制改革的主要目标是解决好投资与效益的关系，使有限的养护资金发挥最大的效益，并初步实现运营管理与养护生产的分离，积极培育和发展公平竞争、规范有序的高速公路养护市场。为此，需要做好竞争、供求、监督、协调和激励等方面的工作。

(一) 建立高速公路养护的竞争机制

主要包括：高速公路养护的价格竞争、质量竞争、技术竞争、经营竞争、设备竞争等。通过培育养护市场，规范市场行为，打破行业垄断、部门垄断和地域垄断，按照《招标投标法》和《公路养护招标投标管理规定》择优选择养护维修队伍，遵循公平、公正、有序竞争的原则，提高养护工程质量和投资效益，推动养护技术进步。但是竞争也有盲目性，管理部门应注意高速公路养护市场竞争中的不合理现象，以维护养护企业的合法利益，保证高速公路养护市场的健康发展。此外，竞争机制还可以延伸到养护工作岗位和用工机制等方面。

(二) 关注高速公路养护的供求机制

供求机制是指高速公路养护市场活动中养护工程的供给与需求，在价格、竞争作用下不断从不平衡走向平衡的运行机制。在高速公路养护市场中，供求机制与高速公路的建设速度、规模、建设质量及养护质量相关，同养护企业的数量直接相关。因此，高速公路养护管理部门要加强市场监督，防止恶性竞争及过度消耗，在保护企业利益的前提下，建立养护市场的竞争机制。

(三) 完善高速公路养护的监督机制

监督机制主要包括养护管理单位内部的监督制约机制、社会监督和政府监督。养护管理单位内部的监督制约机制是在企业内部，逐步建立各项规章制度，完善内部自我监督体系。以保证在实现高速公路的养护、服务水平的前提下，追求管理单位的合理成本和最佳效益。内部监督体系，包括财务合同体系，应从项目立项审查、设计预算的编制、项目合同文件和资金拨付、工程验收等多个环节来实现，以保证养护资金能够合理、恰当地用到养护工程上。

技术质量管理体系，应从设计方案、施工图纸的编制、材料管理、质量监理、工程质量检测鉴定和实行缺陷责任追究等环节来实现。养护安全作业体系，可以通过工作目标责任制、事故责任追究制，以及现场检查、督促、通报、奖励等多种方式来组织实施。

社会监督是做好养护管理工作一项不可缺少的环节，目前正在建立和完善的过程中。财务方面，将逐步实行会计社会委托制和财务审计社会化，路况检测咨询公司和监理公司也将逐步介入高速公路养护工程项目。除此之外，媒体监督和高速公路用户监督机制，也有待于建立和不断完善。

（四）重视高速公路养护的协调机制

高速公路管理体制作为一个有机整体，应有一种自适应机制。主要是指管理机构之间相互配合、相互支持，以实现系统功能的管理机制。它包括情况通报机制、协作机制和调度制度。在高速公路逐步成网，担负起国家交通运输主动脉的责任后，建立起一个有效的情况通报机制，对于改善高速公路的运营管理，提高维修的快速反应和优质服务就显得更为重要。情况通报包括多种方面和多种形式。养护维修的安排，往往对交通顺畅造成影响，养护管理部门应依靠情报通报机制将维修信息通报到各方面，通报到管理部门内部，其作用是协调工作，以便配合。

重大的养护维修安排，一定要将信息通报到路政、收费、交通安全等管理部门。在网络内起重要作用的路段，还应将信息通报到相邻的高速公路管理部门。向社会上通报信息，其作用是对用户起到一个事先告之的作用。此项工作并非可有可无，国内高速公路管理部门因没有充分重视信息通报问题，而被用户投诉的案件已有发生。面向社会的信息通报有多种手段和方式，可以由管理部门在高速公路入口处通过信息板来发布，也可以通过媒体来发布，如交通信息台等。好的信息通报机制应是全方位、双向的或多向的，养护及管理部门要有意识地建立和维护好情况通报机制，以保证高速公路的高效、安全运行。

协作机制是协调机制的重要组成部分。高速公路养护管理涉及的学科和行业很多，要使用精干的人员做好管理工作，必须打破行业封闭和系统封闭，建立一个有效的协作机制，在系统内部与路政、通信、收费、监控、经营、服务部门，以及交通安全部门密切协作，将会提高养护作业的效率、质量，降低工期、成本和安全作业的风险。

调度机制是高速公路养护管理协调机制中的另一个重要机制，是安全、有效、有序运作的关键环节。高速公路统一、高效、特管，在一定程度上是通过调度制度来体现的。形成网络的高速公路，一个段落或一个部位的维修、关闭必然对路网的运行产生影响，有些可能造成巨大损失。要将这个影响减至最小，只有通过加强行业的统一管理、完善调度制度来实现。但是，调度制度集合了养护、路政、管理、通信信息、收费系统和交通安全管理系统的职能，所以，随着高速公路路网的逐步形成，调度制度也应逐步形成和完善。

（五）引入高速公路养护的激励机制

随着高速公路养护的市场化改革，高速公路养护已经具备引入激励机制的条件。在通过招投标选择养护队伍的过程中，对讲质量、重合同、守信誉的养护公司，采取追溯其以往业绩的方式择优使用。管理部门可以根据养护标准，对养护成果进行检查、评定，并向社会公布；也可以按照养护成果，调整养护单位的资质等级，并采取荣誉称号、样板示范、优质报价等方式对表现突出的单位给予表彰及奖励，以充分发挥奖励的正向激励作用。

除了高速公路管理部门可以对养护施工单位采取激励机制外，政府行业管理部门对高速公路经营公司也可以采取各种激励机制。可以按行业管理服务标准对养护和综合服务的软、硬件条件、水平，按照相应的标准与许可的收费率挂钩。养护服务不好的，不能执行较高的收费标准，或不具备申请费率提升的条件。对养护机构的管理人员，通过贯彻按劳分配与按生产要素分配，效率优先，兼顾公平的分配原则，扩大单位内部分配自主权，建立起重业绩、重贡献，向优秀人才和关键岗位倾斜，形式多样、自主灵活的分配激励机制。

此外，随着改革的不断深入，在高速公路养护管理机制的运作中，还需建立更完善的养护决策、养护规划、养护调度及养护监理制度，充分利用社会保障体系，并在公路沿线大力发展第三产业，向养护社会化、专业化、机械化、规范化的方向发展，努力形成一套操作性强、运转高效、效益显著的适合国情的高速公路养护管理机制。

六、高速公路养护市场化

所谓养护市场化，就是把高速公路养护工作全面推向市场，引入竞争机制，各管理处不养自己专门的养护队伍。养护工作实行日常维修保养对外承包，专项工程和大修工程向社会公开招标，择优选择施工队伍。

（一）高速公路养护市场化趋势

我国传统的高速公路管理体制是建、养、管、征一体，公路管理机构既行使部分政府管理职能，又承担公路养护作业任务，这种管养不分的传统养护模式，很难保证实施的严格性和彻底性，监督的严肃性和有效性，给养护工作带来许多弊端，主要表现在：

(1) 计划经济条件下形成的封闭式管理模式，养护管理缺乏竞争，养护大多为被动型养护。路况的好坏与职工的切身利益无关，导致职工被动劳动，缺乏竞争意识和效益意识。

(2) 机制缺乏活力，激励约束机制不强，导致部门机构臃肿，非生产人员膨胀，养护资金挤占，养护经费问题日益突出，养护队伍素质下降，行业管理职能削弱。

(3) 养护技术水平低。由于长期的养护作业缺乏动力机制，造成资金不足，不少地方还是原始的生产工具和生产方式，养护作业效率低，高速公路机械化养护比率及新工艺、新技术使用率均不高，很难适应高速公路大交通量和迅速快捷的要求。

全国各地不同程度存在着养护质量低、道路质量差、路况不稳定等情况，除了养护资金不足、车流量大、路面老化和超载等原因，与这种管养不分、责任不清的体制有直接的关系。针对这种现状，交通运输部提出了“实现公路管理与养护生产分离，积极培育和发展公平竞争，规范有序的公路养护市场”目标。

高速公路养护真正实现两个根本转变，必须加快市场化进程，采用市场机制提高劳动生产率，实现公路资金、资产和人才的最佳配置。

（二）高速公路养护市场化的意义

高速公路养护管理市场化与传统管理模式相比具有重要意义，其主要表现在人员和设备、效率和积极性、效益和风险等方面。

(1) 在人员和设备方面，市场化管理模式不设自己的养护队伍；按工程量对外发包，养护中不负担闲置人员和设备费用；仅负担工程造价费用，其他责任推向社会；节省大笔购置养护设备费用；由有相应设备的单位承包，减少其设备闲置，增加设备使用频率，降低设备台班费用；只负担设备使用费，不负担设备购置费和闲置时的任何费用。

(2) 在效率和积极性方面，市场化管理模式养护效率高，养护人员积极性强；作业内容专业化分工明细，通过加强专业化管理和竞争手段适应市场，全社会流动，充分利用人员和机械设备。

(3) 在效益方面，市场化管理模式根据养护工程需要，优选社会专业化施工队伍，引进竞争机制，提高管理水平和养护质量，同时还会降低养护成本；减少机械设备闲置，也相应提高了全社会的经济效益。

(4) 在风险方面，市场化管理模式实行总价承包，由养护公司分担养护过程中的大部分风险。

七、高速公路养护市场化的实现

(一) 速公路养护市场化的步骤

高速公路养护市场化运作，取决于高速公路养护运行机制改革的成功。

要按照“态度积极、工作扎实、步子稳妥、推进有序”分阶段、有步骤地予以实施。

(1) 培育内部养护市场阶段。主要任务是：完成省内高速公路区域调整；健全和完善养护管理制度；完成省级高速公路管理机构改革；选择一路试点，走咨询、养护、监理的企业化道路，并与公路主管部门基本分离；完成内部公路养护公司组建，初步形成单路范围内的内部养护市场。

(2) 深化养护市场化阶段。主要任务是：各类养护生产性、经营性、服务性实体与其管理机构脱钩，取得相关资质，成为独立法人实体；基本实现分级养护，初步实现全省范围内的养护市场；推进部分路段的管理体制改革。

(3) 实现养护社会化阶段。主要任务是：各类养护实体按照现代化企业制度运行，不同所有制形式的养护公司各据一定的市场份额，全省范围内的高速公路社会化养护市场基本形成；组建养护集团公司，实行养护生产集约化、科学化、社会化；全面推进公路管理体制改革。

(二) 速公路养护市场化的实施方案

1.“管养分开”的实施方案

“管养分开”是公路养护市场化中最具挑战性也是比较关键的一项工作。政府职能部门应根据各地具体情况制定相应的改革方案。首先，主管部门要在对原有机构的人员、设备、资金等进行调查摸底和核实登记的基础上，对管养分开后管理机构和养护企业人员、设备、资金进行划分，并在国资部门对注入养护企业的资产进行确认的基础上，组建公路养护企业。

2. 健全和完善高速公路养护的政策和法规体系

要通过制定配套政策与措施，来健全和完善高速公路养护的政策和法规体系。

有序的养护市场要遵循市场的运行规则，而这一运行规则只有依据法律、法规、行业规范等途径实现，才能对养护市场的运行起到规范的作用。交通运输部颁布的《公路养护工程管理办法》及《公路养护工程市场准入暂行规定》和《公路养护工程招投标管理暂行规定》将为养护工程走向市场开辟道路。但这还远远不够，还需要更多符合实际需要的公路法规、政府规章、经济技术标准等规范性文件，建立起养护企业的评价体系和考核指标，使养护管理逐步走上规范化、法制化的道路。

(1) 养护项目的税收问题。在养护企业进入市场时，在一定时间范围内，应实行政府行业指导下的不完全竞争，在税收政策方面享受一定的优惠倾斜政策，以扶持新成立的养护公司，逐步走向市场。

(2) 社会保障体系。完善配套的社会保障体系是保持改革稳定发展的重要措施。做好职工社会保障的协调工作是养护市场化的必要条件，特别是失业保险、养老保险和社会医疗保险等都是与职工切身利益息息相关的大事，这些问题的妥善解决有利于改革的平稳过渡和稳步发展。

(3) 推行养护工程费用定额制。编制统一的地区性公路养护定额，按照养护工程量及养护定额，核定不同路段的养护费用，从而废除按“年公路”或“千平方米”为单位的计划投资方式。这是公路养护招投标的前提条件。

(4) 建立健全养护质量保证与监督机制。实现管养分离，在生产和监督上不再自己给自己当裁判，使检查和监督比过去严肃有效。

公路部门应专设一个监督机构，分派监督专员到每个养护生产中心实行监督检查，监督者的人事关系及待遇与生产部门彻底分离。监督人员分派，可实行不定期轮流制或者根据实际情况随时派遣。这样，监督就变成通过合同管理实现的监督，而不是上下级的监督。

由于公路是重要的国有资产，在国民经济中具有不可替代的巨大作用。因此，对于高速公路养护，应有一套完整的质量保证体系，以便及时制止因投资不足或养护不善给公路带来的不良侵害。如通过立法或法规条文规定中止经营权以及对养护从业单位的资信登记权，冻结经费账户权等。

3. 建立养护资信登记制度，逐步实行养护招投标管理办法

公路养护工程市场也需要经历市场培育，由逐步开放至完全开放这样一个发展过程，最终将逐步完善并建立公平、公开、公正的市场竞争规则与机制。建立市场准入制度，要进行养护资质划分，制定养护招投标管理办法等规章，为养护市场规范化奠定基础。

4. 建立完善的高速公路养护体系

高速公路养护体系包括：高速公路路况调查、检测及评价系统，高速公路养护方案、养护策略决策系统，高速公路养护施工系统及高速公路养护监理系统。目前，除养护施工系统外，其他 3 个系统都是薄弱环节，尚未构成完整的高速公路养护管理体系，这是制约我国高速公路养护质量和效益水平的主要因素。确立我国高速公路养护体系的主要原则应该是：

(1) 立足高起点。以同国际发展方向接轨的高度，选准高切入点，大胆引进、吸收国际先进的路面养护管理系统、桥梁养护管理系统及先进的无破损检测系统、结构状况预警系统等，实现跨越式发展并同国际水平对接。

（2）强化系统性。从整个高速公路网络运营管理的大系统出发，根据高速公路运营管理的未来发展方向，去分析研究和把握高速公路养护管理的现状、特征和发展趋势，搞好高速公路养护管理的系统设计，增强全面性、时序性和可控性，真正达到收费、运营、养护、通行各系统在更高层次上的统一、协调、安全、高效、全面提高高速公路的生产力。

5. 构建三个市场主体，强化监督监理

健全高速公路养护管理体系，关键在于构建以下3个市场主体：高速公路路况监测咨询公司、高速公路养护公司和高速公路养护监理公司。3类公司功能各异、利益独立、协同共存，分别向高速公路养护管理法人提供路况调查、评价及决策建议和工程养护施工作业及养护施工监理服务，而养护管理法人做出养护方案的最终决策或制定养护规划，负责养护方案的审查、决策、养护作业及监理工作的监督、检查和合同管理。

为使高速公路养护市场体系有效运作，使3个主体充分发挥潜能，还必须加强市场监管，即要强化高速公路市场体系的政府监督（或特许公司的法人监督）机制。这些机制包括高速公路养护管理的依法行政、养护咨询建议的决策、养护合同的监督执行和全路网的养护管理调度、规划和计划等。

第二章

高速公路维修保养与管理

高速公路的维修保养是确保高速公路正常使用功能和服务水平的重要保障。维修保养的范围包括：路基、路面、桥涵、隧道、沿线交通设施等。维修保养应贯彻“全面养护、预防为主、及时抢修、提高质量、保持完好”的原则。

第一节　路基与路面的维修保养

一、路基的维修保养

路基是路面的基础，是高速公路的重要组成部分，它与路面共同承担车辆荷载，并把车辆荷载通过自身传递到地基。路基的强度和稳定性直接影响路面的强度和平整度，是保证路面结构稳定、路用性能良好的基本条件。

路基部分维修保养的内容包括：

（1）整修路肩、边坡、清除杂物，保持路容整洁。

（2）疏通边沟和修理路缘石，保持排水系统畅通。

（3）小段开挖、铺砌边沟。

（4）清除路基塌方，填补缺口。

（5）局部整修挡墙、护坡、泄水槽等圬工构造物。

（6）加固路肩。

（一）路基维修保养的一般规定与要求

1. 一般规定

（1）路基填料应符合有关规范和设计要求。

（2）新老路基应采用台阶法或按设计要求进行有效衔接。

（3）路基压实度应分层检测，并应符合相关标准的规定。

（4）地基处理应符合有关规范和设计要求。

（5）排水设施应保持完好，排水通畅，并应与道路范围内或周边的排水系统相衔接；损坏的排水设施应按设计要求进行修复。

（6）边沟、排水沟、截水沟应根据材料、工艺等，分别按相关标准检验。

(7) 排水养护工程涉及的机械设备安装工程以及泵站的电气安装工程、房屋结构、混凝土结构、泵站沉井等，应按相关标准进行质量检验。

(8) 支挡、防护及其他砌筑工程的修复和加固维修工程应按本章规定进行质量检验评定。增设的支挡、防护及其他砌筑工程的工程质量检验评定，应符合现行《公路工程质量检验评定标准第一册土建工程》(JTGF80/1)的规定。

(9) 钢筋混凝土结构或构件，均应包含钢筋加工及安装的养护单元，其工程质量检验评定应符合现行《公路工程质量检验评定标准 第一册 土建工程》(JTG F80/1)的规定。

2. 路基维修保养的要求

为保证路基各部分完整，满足对路基的使用要求，使路基发挥正常有效的作用，路基养护工作必须符合如下要求：

(1) 路基各部分经常保持完整，各部尺寸保持设计的标准要求，不损坏变形，使之经常处于完好状态。

(2) 路肩无车辙、坑洼、隆起、沉陷、缺口，边缘顺适，路肩平整坚实，与路面结合良好平顺，衔接处不透水。

(3) 边坡稳定、坚固、平顺，无冲沟、松散，保持边坡无垃圾等杂物。

(4) 排水沟、截水沟、跌水井、浅水槽等排水设施无淤塞、无蒿草，纵坡符合要求，排水畅通，进出口维护完好，保证路基及边沟内不积水。

(5) 挡土墙、护坡及防雪等设施保持完好无损坏，泄水孔无堵塞。

(6) 对翻浆路段应及时治理，对坍方应及时清除，做好翻浆、坍方、山体滑坡等病害的预防和抢修。

(7) 路基边沟边坡应每年在秋季末整修一次，在春融后、汛期前检查一次，发现问题及时处理。

(8) 坚持雨中、雨后巡查制度，对排水系统重点检查及时排除堵塞，保持水流畅通，对路基水毁等采取果断措施进行处理，确保路基安全稳定。

(9) 对有病害出现的，墙高大于4m的挡土墙和墙高大于6m的护面墙，应设永久测量点。除作经常检查外，每年应在春秋两季各进行一次定期检查，主要检查挡土墙在冰冻融化后墙身及基础的情况，以及冰冻前所采取的保护措施。另外在反常气候或重型车辆通过等特殊情况后，应及时进行检查，如发现裂缝、断缝、倾斜、鼓肚、滑动、下沉或表面风化、泄水孔堵塞、墙后积水、周围地基错台等情况，应及时查明原因，并观察其发展情况，采取相应的修理、加固等措施。

(10) 挡土墙发生裂缝、断缝并已停止发展，可将缝隙凿毛，必要时可适当扩大缝隙，清除碎碴和杂物，然后用水泥砂或沥青砂填塞。

(11) 挡土墙的泄水孔应保持畅通，如有堵塞应及时疏通，如无法疏通，应另行选择适当位置增设泄水孔，或在挡土墙背后沿挡土墙增设墙后排水设施，一般可增设盲沟将水引出路基以外，以防止墙后积水，引起土压力增加而挤裂，甚至挤倒墙身。

(二) 填方土边坡修复

1. 填方土边坡修复应符合下列基本要求

(1) 土边坡坡面应平顺、坚实、饱满。

(2) 坡脚线应顺直，曲线应圆滑。

2. 填方土边坡修复外观质量应符合下列规定

（1）应密实稳定，无坍塌、分层、开裂、流槽、冲沟现象。

（2）修复的边坡应与原边坡衔接平顺。

（3）坡面应无堆积杂物。

（三）土方路基修复

1. 土方路基修复应符合下列基本要求

（1）路基填料应符合规范和设计的要求。

（2）填方路基应分层填筑压实，每层表面平整，路拱合适，排水良好。不宜使用大型压实机具的工作面，分层的最大松铺厚度应不超过200mm。

（3）施工临时排水系统应与原路基排水系统结合，避免冲刷边坡，不得使路基附近积水。

（4）修复的路基应与现有路基连接平顺，线形顺畅。

（5）土质路基填挖衔接处及零填方处应根据土质、含水率情况采取翻晒处理、超挖换填等措施或按设计要求进行处理，路基的压实度及路基的稳定性应满足要求。

2. 土方路基修复外观质量应符合下列规定

（1）路基表面应平整，边线直顺，曲线圆滑。

（2）路基边坡坡面应平顺、稳定，不得亏坡，与旧路基边坡衔接曲线应平顺。

（四）填石路基修复

1. 填石路基修复应符合下列基本要求

（1）填石路基施工应逐层水平填筑，边部应码砌牢固。

（2）修复的路基应与现有路基连接平顺，线形顺畅。

（3）路基表面应整修平整。

2. 填石路基修复外观质量应符合下列规定

（1）码砌石块应紧贴、密实，无明显空洞、松动现象。

（2）路基边坡坡面应平顺、稳定，不得亏坡，与旧路基边坡衔接曲线应平顺。

（五）管道铺设

1. 管道铺设应符合下列基本要求

（1）管道基础的地基承载力应符合设计要求，严禁铺设在淤泥及扰动土上；管道基础选用材料及分层填筑、夯实厚度应符合设计要求；基础混凝土浇筑后应按规定养生，拆模和管道铺设时混凝土强度应达到设计要求。

（2）所采用的刚性管节或柔性管材的材质、接口形式及安装方式应符合设计要求和相关的产品标准；使用前应逐节检查，不符合规定的不得使用。

（3）抹带前管口应洁净，管口表面应平整密实，无裂缝现象；抹带后应及时覆盖养生。

（4）管底坡度应符合设计要求；管内不得有泥土、砖石、砂浆等杂物。

（5）设计中要求防渗漏的排水管应按现行《给水排水管道工程施工及验收规范》（GB 50268）的相关规定进行闭水试验或闭气试验。

(6) 回填土时沟槽内应无积水，回填料及分层回填、夯实的层厚应符合设计要求。

3. 管道铺设外观质量应符合下列规定

(1) 混凝土表面应平整密实；蜂窝、麻面、小气孔、裂纹、石子外露和缺边掉角等缺陷面积不得超过构件同一侧表面积的5%，深度不得超过10mm。

(2) 管道铺设应直顺，管节应垫稳。

(3) 管节接口处理应保持均匀，管口内缝砂浆和抹带接口不得有间断和空鼓。

(六) 检查(雨水)井整修、增设

1. 检查(雨水)井整修、增设应符合下列基本要求

(1) 砌筑井体时，井基混凝土强度应达到设计要求。

(2) 砌筑砂浆所用的原材料和配合比应符合设计要求。井壁砂浆应饱满，灰缝应平整，抹面应密实光洁，踏步应安装牢固。

(3) 连管线形应挺直、顺坡、不错口，腰箍不得裂缝、空鼓，管口应与井壁齐平。

(4) 检查井的井框、井盖应符合设计要求和相关的产品标准；井壁不得渗水，井口周围不得有积水。

2. 检查(雨水)井整修、增设外观质量应符合下列规定

(1) 井内砂浆抹面应无裂缝；井框、井盖应完整无损、无松动。

(2) 井内不得有剩余砂浆或其他杂物；井口周围不得有积水。

(七) 土沟整修、增设

1. 土沟整修、增设应符合下列基本要求

(1) 土沟边坡应平整、稳定，严禁贴坡。

(2) 沟底应平顺密实、排水畅通。

2. 土沟整修、增设外观质量应符合下列规定

(1) 沟底应无明显凹凸不平或阻水现象。

(2) 不得有松散土和其他杂物。

(八) 砌筑排水沟整修、增设

1. 砌筑排水沟整修、增设应符合下列基本要求

(1) 石料或混凝土预制构件的强度、质量应符合设计要求和现行《公路圬工桥涵设计规范》(JTG D61)的相关规定。

(2) 混凝土和砌体砂浆所用的原材料应符合设计要求。

(3) 基础、沟体断面形式，压顶、沉降缝和盖板的形式应符合设计要求。

2. 砌筑排水沟整修、增设外观质量应符合下列规定

(1) 砌缝应均匀、密实；砌体抹面应平整，不得有空鼓现象。

(2) 砌体内侧及沟底应平整、直顺，沟顶不得高于周边地平面；沟底不得有杂物、阻水现象。

(3) 盖板应安放平稳，盖板间隙应均匀。

（九）急流槽和跌水整修、增设

1. 急流槽和跌水整修、增设应符合下列基本要求

（1）急流槽、跌水的断面形式和阻水设施形式、尺寸、数量、设置位置应符合设计要求。

（2）石料或混凝土预制构件的强度、质量应符合设计要求和现行《公路圬工桥涵设计规范》(JTG D61)的相关规定。

（3）混凝土和砌体砂浆所用的原材料和配合比以及基础(或垫层)材料应符合设计要求。

2. 急流槽和跌水整修、增设外观质量应符合下列规定

（1）槽体砌缝应均匀、密实；槽体抹面应平整，不得有空鼓现象。

（2）槽体内侧及沟底应平整、直顺，槽底不得有杂物。

（十）盲沟整修、增设

1. 盲沟整修、增设应符合下列基本要求

（1）盲沟的断面结构、设置位置应符合设计要求；所用土工材料的规格、质量应符合设计要求和现行《公路路基施工技术规范》(JTG/T 3610)的相关规定。

（2）反滤层应采用洁净、坚硬、不易风化，并经筛选过的中、粗砂或砾石；粒料反滤层应分层填筑。

（3）排水层应采用洁净、坚硬、不易风化，并经筛选过的碎、砾石；排水性能应符合设计要求。

2. 盲沟整修、增设外观质量应符合下列规定

（1）反滤层应层次分明。

（2）进出水口应排水通畅。

（十一）泄水孔整修、增设

1. 泄水孔整修、增设应符合下列基本要求

（1）所用材料的种类、型号、规格、强度和质量应符合设计要求。

（2）孔位的布置位置、设置间距、钻孔深度、孔径和仰斜坡度等应符合设计要求。

（3）泄水管铺设应平顺、稳固，连接应正确、牢固，进(渗)水孔的大小和间距、管底坡度、铺设深度应符合设计要求。

（4）如有滤层，应回填密实，且滤层材料粒径级配应符合设计要求。

2. 泄水孔整修、增设外观质量应符合下列规定

（1）泄水孔坡度应向外；出水口应牢固整齐。

（2）排水应通畅，应无浊水、堵塞现象。

（十二）砌体挡土墙修复

1. 砌体挡土墙修复应符合下列基本要求

（1）修复前，应完全清除已松动挡土墙砌体。

（2）石料或混凝土预制块的强度、规格和质量应符合有关规范和设计要求。

（3）砂浆所用的水泥、砂、水的质量应符合有关规范的要求，按规定的配合比施工。

（4）地基承载力应满足设计要求，基础埋置深度应满足设计规范要求。

（5）砌筑应分层错缝。浆砌时坐浆挤紧，嵌填饱满密实，不得有空洞；干砌时不得出现松动、叠砌和浮塞。

（6）沉降缝、泄水孔、反滤层的设置位置、质量和数量应符合设计要求，新旧挡土墙应结合平顺。

2. 砌体挡土墙修复外观质量应符合下列规定

（1）砌体表面应平整，砌缝应完好、无开裂现象，勾缝应平顺、无脱落现象。

（2）泄水孔应无反坡、堵塞现象。

（3）沉降缝应整齐垂直，上下贯通。

（4）新砌部分与原挡墙应接缝平顺、圆滑。

（十三）护面墙修复

1. 护面墙修复应符合下列基本要求

（1）修复前应将已损坏的墙体包括墙背脱空砌体完全拆除。

（2）拆除旧墙后如坡面存在松软或缺土现象，应换土填坡，护面坡的坡度、密度、填土厚度均应符合设计要求。

（3）石料强度和规格应符合规范要求。

（4）砂浆所用水泥、砂、水的质量应符合规范要求。

（5）砌筑应分层错缝，砂浆饱满，不得有空洞。

（6）沉降缝、泄水孔、反滤层的设置位置、质量和数量应符合设计要求，新旧结合应平顺稳固。

2. 护面墙修复外观质量应符合下列规定

（1）砌体应表面平整，新旧结合应平顺牢固，勾缝应平顺饱满、无脱落现象。

（2）泄水孔应无反坡、堵塞现象。

（3）沉降缝应整齐垂直，上下贯通。

（十四）预应力锚杆、锚索加固

1. 力锚杆、锚索加固应符合下列基本要求

（1）加固前应依据设计方案对旧砌体及加固面进行安全分析评估，已损坏的墙体和存在隐患的部分应完全拆除。

（2）拆除旧墙体时应遵循边拆边恢复的原则，不得采用大面积拆除、一次性恢复的施工工序。

（3）挡墙加固采用预应力锚杆、锚索框架结构时，墙面修复应符合设计要求。

（4）所用材料的种类、型号、规格、数量和质量必须符合有关规范及设计要求。

（5）锚孔的位置、方向、孔径、深度等应符合设计要求。

（6）注浆的工艺、工序应符合有关规范及设计要求。

（7）现浇钢筋混凝土框架时，应保证护坡坡面平整、梁底密实，无溜滑体、蠕滑体和松动岩石。

2. 锥、护坡修复外观质量应符合下列规定

(1) 修复后的锥、护坡应表面平整，无垂直通缝。

(2) 修复后的锥、护坡应勾缝平顺，无脱落现象。

(十五) 边坡锚喷防护

1. 边坡锚喷防护应符合下列基本要求

(1) 锚杆、钢筋和土工格栅的强度、数量、质量和规格必须符合设计和有关规范的要求。

(2) 混凝土及砂浆所用水泥、砂、石、水和外掺剂必须符合有关规范的要求，按规定的配合比施工。

(3) 边坡坡度、坡面应符合设计要求。岩面应无风化、无浮石，喷射前必须用水冲洗。

(4) 钢筋应清除污锈，钢筋网与锚杆或其他锚固装置应连接牢固，喷射时钢筋不得晃动，保护层厚度不应小于 20mm。

(5) 锚杆插入锚孔深度不得小于设计长度的 95%，孔内砂浆应密实、饱满，锚杆孔深应至少大于锚固长度 20mm。

(6) 喷射前应做好排水设施，对个别漏水空洞的缝隙应采取堵水措施。

(7) 钢筋、土工格栅或锚杆不得外露，混凝土不得开裂脱落。

2. 边坡锚喷防护外观质量应符合下列规定

(1) 混凝土应表面密实，不得有突变。

(2) 应与原表面结合紧密，不应起鼓。

(十六) 边坡框架梁加注浆锚杆防护

1. 边坡框架梁加注浆锚杆防护应符合下列基本要求

(1) 应按设计要求的程序施工，结合面的处理、混凝土的浇筑和养生应符合设计要求。

(2) 原构件裂缝应压浆封闭处理，其他缺陷部分应按设计要求修复。

(3) 锚杆插入锚孔深度不得小于设计长度。

(4) 注浆锚杆的灌浆强度应不小于设计和规范要求，锚杆孔内灌浆应密实、饱满。

(5) 锚杆垫板应满足设计要求，紧贴框架梁，不平时应用 M10 砂浆填平。

(6) 钢筋、锚杆不得外露，混凝土不得开裂脱落。

2. 边坡框架梁加注浆锚杆防护外观质量应符合下列规定

(1) 错头应封闭密实、牢固，整齐美观。

(2) 框架梁表面应平整，无蜂窝、麻面。

(十七) 特殊地区的路基养护

1. 盐渍土地区路基养护

盐渍土是一种含盐量较高的盐碱地，当距地表 1m 内含有的容易溶解的盐类超过 0.3% 时即属于盐渍土。由于盐渍土含盐类型(如氯化盐、硫酸盐碳酸盐)和含盐量、含硝量以及其他因素的不同，对路基的破坏也有所不同。

因盐类有胶结和吸湿作用，固盐渍土在干旱季节和干旱地区，有利于路基的稳定；一

且受到雨水、冰雪融化的淋溶，含水量急剧增加，则会出现路基湿化塌陷、溶陷、发软，致使强度降低，丧失稳定，甚至失去承载力，导致路基出现下列病害：道路泥泞、加重路基翻浆及冻胀病害；受水浸时，强度显著下降，发生沉陷；硫酸盐发生盐胀作用，使土体表面结构破坏，导致路面鼓包、破裂以及路肩、边坡疏松等。在养护时应注意以下要点：

（1）保持排水良好

排水沟要保持0.5%~1%的纵坡。在低矮平坦、水困难的地段，应加宽加深边沟或在边沟外增设横向排水沟，其间距不宜大于500m，沟底应有向外倾斜2%~3%的横坡。

对加宽加深边沟的弃土，可堆筑在边沟外缘，形成护堤，以保持路基不被水淹。

（2）路肩、边坡加固

对硫酸盐渍土路基，根据需要与可能，宜采用卵石、砾石、粘土、废砖头铺在路堤的边坡上，以防边坡疏松、风蚀和人畜踩踏而破坏。

（3）及时处理隆起及翻浆

秋冬季节或春融时期，路肩容易出现盐胀隆起，甚至翻浆。对隆起的应予铲去，使地面水及时排出。

（4）选植植物稳定边坡

为防止边坡水土流失，应结合当地的土质和植物生长情况，选耐盐性的树木或草本植物，予以稳定。

（5）合理选择路基高度、宽度及边坡度

路基边缘高出地面的最小高度、高出地下水位的最小高度应符合一定的要求。

为保证路基的有效宽度，当路基容易遭受雨水冲刷、淋溶和松胀时，在取土无困难，不占用农田的地方，对强盐渍土及过盐渍土的路基宽度，可按标准路基宽度增加0.5~1.0m。

（6）封闭式隔断层

对道路翻浆或盐胀病害的处治，近年来有不少地区采用不透水材料，铺于路基下或中部，以完全隔断地下水上升到路基上部，保持路基干燥、稳定。

2. 黄土地区路基养护

黄土具有疏松、湿陷及遇水崩解、膨胀等特性。常见的病害有路堤沉陷，路肩坑凹，边坡出现剥落、塌方、大小沟槽、洞穴，边沟水流冲深、蚀宽等。

具体要针对不同的病害，采取相应的加固措施。

（1）对于路基沉陷和陷穴，首先要查清水的来源、水量、发展情况等，采取灌砂、灌泥浆或挖开填塞孔道后，再回填夯实，但事先应做好导水或排水措施。

（2）对于黄土边坡采取以下措施：

① 对疏松的坡面应拍打密实，如坡度缓于1：1，雨量适宜草类生长的，可用种草、铺草皮等方法加固。

② 雨量较小，冲刷不严重的，采用粘土掺拌侧草进行抹面，并每隔30~40cm打入木楔，增加草泥与坡面的结合。

③ 雨量较大的地区，应用石灰、黄土、细砂三合土或加炉渣的四合土进行抹面加固。

④ 对坡脚易受雨水冲刷或坡面剥落严重地段，应根据水流、土质等情况，选用种草、铺草皮、栽灌木丛、铺柴束、篱格填实、投放石笼、干砌或浆砌片石护坡等措施，进行加固。

（3）对边沟纵坡达到或超过：新黄土3%、老黄土4%、红色黄土6%时，即需要加固，加固可采用浆砌片石、砖砌加固，也可采用跌水消力池式加固。

3. 泥沼、软土地带路基养护

泥沼、软土地带的路基，多因地面低洼、降雨充足、地下水位高、含水饱和、透水性小、压缩性大、抗剪强度低，在填土荷载和行车作用下，容易出现沉降、冰冻膨胀、弹簧、沉陷、滑动、基底向两侧挤出淤泥等病害。处治时，采取下列方法：

（1）置换法

对软土路基沉降等病害可采用换填土层法，即将路基一定深度范围的湿软土层挖去，换以强度较大的砂、碎(砾)石、灰土或素土，以及其他性能稳定、无侵蚀性的土类，并予以压实，填至路基标高。

（2）挡墙、木排桩反压护道法

软土路基沉陷，可采取先在坡脚处修筑块、片石挡墙或木排桩，然后填土，恢复到路基标高，这样可以限制基底软土的挤动，从而保持基底的稳定。或在路堤两侧填筑一定宽度和高度的土石反压护道，使路堤下的淤泥或泥炭向两侧隆起的趋势得到平衡，然后填土，恢复到路基标高。

（3）挤密法

在软土路基中采取冲击或振动等方法造成一定直径的钻孔，在孔中灌以砂、石、灰土或石灰等材料，捣实而成直径较大的桩体，利用横向挤紧作用，使路基土粒彼此靠紧，孔隙减少，而且孔被填满和压紧，形成桩体。

（4）抛石挤淤法

当泥沼及软土厚度小于3.0m，表面无硬壳，呈流动状态，排水困难，采集石料方便时，可采用抛石挤淤。所抛片石，应是不易风化的大块石，其尺寸不小于0.30m。

（5）化学加固法

利用化学溶液或胶结剂采用压力灌注或搅拌混合等措施，使土颗粒胶结起来，达到对土基加固的目的。常用化学溶液和胶结剂如下：

① 以水玻璃溶液为主的浆液。

② 以丙烯酸氨为主的浆液。

③ 水泥浆液，由高标号的硅酸盐水泥，配以速凝剂而组成的常用浆液。

④ 以纸浆溶液为主的浆液，如重铬酸盐木质素和木铵，加固效果好，但有毒性，易污染地下水。

（6）土工布法

土工布在高压下具有较大的空隙率，透水性好，有优越的垂直、水平排水能力，很高的抗拉强度及隔水作用，能提高路基的整体强度，重新分布土基压力，增强路基的稳定性。

二、路面维修保养

路面是在路基上用各种筑路材料铺筑而成直接承受行车作用和自然因素作用的结构层，其作用是满足行车安全、迅速、经济、舒适的要求。高速公路路面在车辆荷载、气候、水文等自然因素的影响下，将逐渐产生各种破损，从而降低公路服务能力，并对交通安全和环境保护等方面造成有害影响。因而必须采取预防性、经常性的保养和维修措施，使路面保持良好的技术状态。

(一) 路面养护的一般规定

1. 路面加铺、罩面前应按规范和设计要求对下承层病害进行处治，对施工作业面进行清理，保证施工作业面干燥、清洁。

2. 路面养护工程应在符合规范要求的气象条件下施工。

3. 水泥混凝土路面上加铺沥青面层，以及使用厂拌热再生混合料铺筑面层时应按标准检验。垫层应按相同材料的底基层检验。透层、黏层和封层的基本要求应符合有关规定的标准。无机结合料冷再生混合料铺筑的基层或底基层，应按相同结合料的基层或底基层检验。

(二) 路面维修保养的要求

1. 路面养护

(1) 路面养护的基本要求：

① 清除路面上的杂物；

② 处理路面上的局部、轻微病害；

③ 处理桥头跳车；

④ 场院硬化维修。

(2) 路面养护的目的是：

① 保持和改善路面结构性能，使其强度、刚度、稳定性、平整度、抗滑性等达到要求，以确保路面应有的耐久性。

② 保持和改善路面行车的安全和舒适性，以确保路面的行驶性能。

③ 采取预防性维修保养措施，消除路面松散、裂缝和拥包等病害，延长路面使用寿命。

④ 防止因路面的损坏和养护操作污染沿线环境。

2. 路面清扫

对高速公路路面的清扫，既是保持路面环境的需要，也是高速公路安全行车的需要。路面清扫应坚持“经常清扫”和“重点清扫”相结合、“人工清扫”和“机械清扫”相结合的原则，要求做到“预防性养护、机械化养护为主，防止中断交通”。

路面清扫的基本任务和要求：

① 路面清扫主要是清除路面上的垃圾和杂物，保持路面具有良好的卫生状况。

② 随时清捡隔离栅以内、中央隔离带内和边坡上的白色垃圾，以保证良好的卫生环境。

③ 及时清除路面(桥面)积水，防止道路损坏。

(三) 沥青路面维修保养

1. 沥青路面常见破损及维修

(1) 裂缝

沥青路面产生裂缝的原因及其表现形式比较复杂，根据裂缝的不同情况采取相应的维修措施：

① 轻微裂缝的处治：在高温季节可采用喷洒沥青撒料压入法修理，或进行小面积封层；在低温潮湿季节宜采用阳离子乳化沥青封层或采用相应级配的乳化沥青细浆封层。

② 严重裂缝的处治：因土基、路面基层的病害或强度不足引起的裂缝破损，首先应处理土基或基层，然后修复路面。

③ 纵向裂缝的处治：对于路段纵向裂缝宽度较大，已深至路基的，采用对纵缝压注水泥浆，封闭固结土基的方法，以防止裂缝的进一步发展。对面层进行切缝处理，沿纵缝两侧切割出 10~15cm 宽的条形槽，深度为上面层，清理槽壁，涂刷粘层油，用细粒式沥青混合料填筑，碾压成型。

（2）麻面、松散的维修

① 因低温施工的沥青面层造成麻面或松散，可收集好松散料，待气温回升至 10℃ 以上，清扫干净重新喷洒封油层，撒 3~5cm 石屑或粗砂，并用轻型压路机压实；如在低温潮湿季节，可用乳化沥青碎石混合料修理；小面积麻面可采用乳化沥青封层处理。

② 对于油温过高，粘接料老化而造成的路面松散，应挖除重新铺筑沥青混合料面层。

③ 由于基层或土层松软变形而引起的松散，应先处理基层或土基的病害，然后重做路面。

④ 由于酸性石料与沥青粘附性差造成的松散，则应在沥青中掺加抗剥落剂、增粘剂或用干燥的生石灰、消石灰粉、水泥填料，或用石灰浆处理粗集料等抗剥离措施，改善沥青与矿料的粘附力，提高沥青混合料的水稳定性。

（3）坑槽的维修

① 当路面基层完好，仅面层有坑槽时，通常按“圆洞方补”的原则在坑槽处开槽，然后喷洒沥青粘层油，摊铺沥青混合料，最后整平、压实。

② 路面基层破坏，应针对破坏原因，先处理基层病害，待基层密实、稳定后，再修复面层。

（4）拥包的维修

① 属于基层原因引起的较严重拥包，先用挖补办法处理基层，待基层稳定密实后，再重做面层。

② 因施工时操作不慎，将沥青漏洒在路面上形成的拥包，将拥包除去即可。

③ 因面层沥青用量过多或细集料集中而产生的较严重拥包，或路面连续多次出现拥包且面积较大，但路面基层仍属稳定，则可用机械或人工将拥包全部除去，并低于路表面 10mm。扫净碎屑、杂物及粉尘后用热沥青混合料重做面层。

④ 对于轻微且已趋于稳定的拥包，可在高温时直接铲平。

（5）泛油的维修

对于泛油路段，应先取样做抽提实验，求算出油石比，然后确定不同的处治措施。

① 严重泛油路段：在高温季节撒料强压处理，先撒一层 10~15mm 碎石或更粗一些的碎石，用重型压路机强行压入，达到基本稳定后，再分撒 5~10mm 的碎石，引导行车碾压成型。

② 泛油较重路段：根据情况先撒 5~10mm 碎石，待稳定后再撒 3~5mm 石屑或粗砂，引导行车碾压。

③ 轻度泛油路段：撒 3~5mm 石屑或粗砂，通过行车碾压至不粘轮为度。另外要求在撒料时，必须先撒粗料，撒布要均匀，无堆积，无空白，均匀压入路面。在行车碾压过程中，要及时扫回飞散的集料，待泛油稳定后将多余集料清扫回收。

（6）车辙的维修

车辙较轻且没有引起基层破坏时可不做处理。车辙严重时，应将引起车辙的基层或面层挖除后重做。

① 局部车辙的维修：用铣刨机或风镐翻松车辙表面一定深度(10~20mm)，将废料清除干净；喷洒 0.3~0.5kg/m^2粘层沥青；采用与原路面结构相同的沥青混合料铺筑，并充分压实，恢复路面横坡；周围接茬处要烙平整合，碾压平整。

② 较严重车辙的维修：已经稳定的车辙，按局部车辙维修方法进行维修；因基层强度不足、水稳性不好等原因引起的车辙，则应对基层进行补强或将损坏的基层挖去，重新铺筑，新修补的基层应有足够强度和良好的水稳性，坚实平整。

（7）沉陷的维修

① 由于面层不均匀沉陷而引起的裂缝和轻微下沉，如路面和土基都已密实稳定，可在拉毛、洒布粘层油后，根据沉陷的程度选用不同粒径的热拌沥青混合料，填补沉陷部分至原路齐平。

② 由于土基或基层结构破坏而引起的沉陷，应先将土基或基层妥善处理后，再修复面层。

③ 桥头路面沉陷高差达到 2cm 时，应立即进行修补，填补平顺。可采用重新维修路面以及桥头搭板下压浆的办法进行维修。

（8）溜滑的维修

溜滑主要起因于路面光滑，由于路面在行车水平摩擦力的作用下表面骨料被磨光或沥青路面泛油而造成。

处治沥青路面溜滑的方法通常是加铺抗滑表层，一般采用热拌沥青混合料，其矿料级配可参考《公路沥青路面施工技术规范》。近年来，采用大空隙排水性沥青混合料(PAFC)和沥青玛蹄脂碎石混合料(SMA)铺筑抗滑层的技术得到了较大发展。

2. 加铺或铣刨重铺沥青混凝土面层

（1）加铺或铣刨重铺沥青混凝土面层应符合下列基本要求

① 各类原材料的质量，包括使用厂拌热再生时沥青混合料回收料(RAP)及再生剂的质量应满足规范和设计要求。沥青含量、矿料级配等沥青混合料质量指标应满足规范和设计要求。

② 应按设计进行路面铣刨或挖除。分层铣刨时路槽侧面应做成台阶。铣刨或挖除后的路槽应清理干净，无松散、夹层。铣刨或挖除的路面废料应妥善堆放和处理。桥面铣刨时不得伤及桥面铺装钢筋，有伸缩缝处不得铣刨。

③ 铣刨或挖除后路槽上的裂缝、坑槽、松散等局部病害应按设计进行处理。

④ 应按设计和现行《公路沥青路面施工技术规范》(JTG F40)的规定进行黏层、封层等层间黏结施工。

⑤ 应严格控制沥青混合料拌和温度。沥青混合料应拌和均匀，无花白，无粗细料分离

和结团成块现象。

⑥ 应严格控制摊铺和碾压温度，加强边部和接缝处碾压，按规定工艺将摊铺的沥青混合料碾压至要求的压实度。多层摊铺时，上层摊铺之前应保持下层整洁，不得污染。

⑦ 路面应完成压实并冷却至表面温度低于 50℃ 后方可开放交通或在路面上进行其他作业。

⑧ 路面横坡应能保证路面横向排水顺畅，且不得出现反坡。单车道施工的路面横坡应与整幅路面横坡相协调，且不得出现反坡。

（2）加铺或铣刨重铺沥青混凝土面层外观质量应符合下列规定

① 表面应平整密实，泛油、松散、脱皮、坑槽、粗细料明显离析、明显碾压轮迹等的累计长度不应超过 100m。

② 接缝处应紧密、平顺，烫缝应无枯焦。

③ 路面与路缘石应密贴接顺。

3. 沥青路面局部挖补

（1）沥青路面局部挖补应符合下列基本要求

① 原材料和沥青混合料质量应满足设计和规范要求。

② 沥青路面开挖或铣刨的外缘应超出病害外缘，开挖或铣刨后发现的下承层病害应按设计要求进行处理。采用两层及以上材料填补时，开挖或铣刨的边缘应做成台阶状。

③ 铣刨槽的四壁和底面应按设计涂刷黏结沥青。

④ 混合料摊铺时应避免离析。应保证混合料摊铺温度和碾压温度。应加强边部和接缝处碾压，应按规定的压实工艺将摊铺的混合料碾压至要求的压实度。分层摊铺时，应在上层摊铺前保持下层整洁，不得污染。

（2）沥青路面局部挖补外观质量应符合下列规定

① 路面开挖应为矩形，轮廓线应顺直，铣刨或开挖后的路槽应清理干净，表面平整、坚实，无杂物、油污、夹层、松散、积水现象。

② 挖补后的路面应平整密实，无泛油、松散。挖补后的路面应略高于开挖线周围路面。

③ 挖补后的路面与周边路面应连接紧密，不得有渗水现象。

4. 沥青路面开槽灌缝

（1）沥青路面开槽灌缝应符合下列基本要求

① 灌缝材料质量应满足设计和规范要求。

② 开槽应与裂缝吻合，槽壁不应有松散、啃边等现象，槽内尘土、杂物应清除干净。

③ 灌缝前，裂缝及周边区域应保持干燥。

④ 灌缝材料应在规定的材料温度下使用。

⑤ 灌缝材料应与路面黏结牢固。

（2）沥青路面开槽灌缝外观质量应符合下列规定

① 灌缝材料应填充饱满，与路面基本平齐。

② 灌缝材料溢出、污染路面、被车辆卷走、脱落等的累计长度不得超过灌缝总长度的 3%。

5. 沥青碎石基层翻修

（1）沥青碎石基层翻修应符合下列基本要求

① 原材料及沥青混合料质量应满足设计和规范要求。

② 应按设计进行路面铣刨或挖除，铣刨或挖除后的路槽应清理干净，无松散夹层。铣刨或挖除的路面废料应妥善堆放和处理。分层铣刨时铣刨槽的侧面应做成台阶状。

③ 铣刨或挖除后路槽上的裂缝、坑槽、松散等局部病害应按设计进行处理。

④ 应按设计和规范要求进行黏层、封层等层间黏结施工。

⑤ 应严格控制沥青混合料拌和温度。混合料应拌和均匀，无花白，无粗细料分离和结团成块现象。

⑥ 混合料摊铺时应避免离析。应按规定工艺将沥青混合料碾压至要求的压实度，严格控制摊铺和碾压温度。多层摊铺时，在上层摊铺之前应保持下层整洁，不得污染。

（2）沥青碎石基层翻修外观质量应符合下列规定

① 表面应平整密实，泛油、松散、脱皮、坑槽、粗细料明显离析、明显碾压轮迹等的累计长度不应超过100m。

② 接缝处应紧密、平顺，烫缝应无枯焦。

（三）水泥混凝土路面维修保养

在良好的养护条件下，水泥混凝土路面使用寿命比其他路面都要长。不过一旦路面开始破坏，其破损会迅速向外发展，从而大大缩短使用寿命。因此，必须认真的做好预防性、经常性的养护工作，通过经常的巡视观察，及早发现缺陷，查清原因，采取适当的措施，确保路面状况的完好，从而延长其使用寿命。

1. 水泥混凝土路面养护的基本要求

（1）根据路面的实际情况和具体条件，以及水文、地质、气候、交通情况采取预防性、经常性的保养和相应的维修措施，对于较大范围的路面维修，应安排大修或专项工程，使路面处于良好的技术状况。

（2）水泥混凝土路面应以机械养护为主，积极采取新工艺、新技术、新材料。

（3）水泥混凝土路面养护必须贯彻安全生产的方针，其安全技术、劳动保护等必须符合有关规定，做到安全生产、文明施工、环境保护。

2. 加铺水泥混凝土面层

（1）加铺水泥混凝土面层应符合下列基本要求

① 原材料及水泥混凝土质量应满足设计和规范要求。

② 下承层质量应满足设计要求，表面清洁、无浮土。

③ 接缝内杂物应清除干净，并灌入符合要求的接缝材料。

④ 分离式加铺层应保证隔离层施工质量。结合式加铺层，旧面板表面应按设计做凿毛等处理，保证层间结合面平整、密实、粗糙。

⑤ 接缝的位置、规格、尺寸及传力杆、拉力杆的设置应满足设计要求。

⑥ 加铺层铺筑后应按要求进行养生。

（2）加铺水泥混凝土面层外观质量应符合下列规定

① 混凝土板的断裂块数，高速公路和一级公路不得超过评定路段混凝土板总块数的0.3%，其他公路不得超过0.5%。

② 混凝土板表面脱皮、印痕、裂纹、石子外露和缺边掉角等缺陷，高速公路和一级公路不得超过受检面积的0.3%，其他公路不得超过0.4%。

③ 接缝填筑应饱满密实，不得污染路面。

3. 水泥混凝土路面换板

（1）水泥混凝土路面换板应符合下列基本要求

① 原材料及水泥混凝土质量应满足设计和规范要求。

② 旧板凿除施工不应对相邻板造成扰动和损伤。

③ 基层损坏和强度不足的应按设计要求进行修复。基层表面应平整、无浮土。

④ 接缝位置、规格、尺寸及传力杆、拉杆、钢筋网位置应符合设计要求。

⑤ 新板浇筑完成后应及时养生、拉毛、切缝、灌缝、刻槽。新板应表面平整、粗糙，刻槽均匀、深度一致。

⑥ 新旧路面应平顺连接，路面边缘应无积水。

（2）水泥混凝土路面换板外观质量应符合下列规定

① 混凝土板表面脱皮、印痕、裂纹、石子外露和缺边掉角等缺陷，高速公路和一级公路不得超过受检面积的0.3%，其他公路不得超过0.4%。

② 新板应表面平整，刻纹均匀、深度一致。

4. 水泥混凝土路面板底注浆

（1）水泥混凝土路面板底注浆应符合下列基本要求

① 注浆材料配比和质量应满足设计和规范要求。

② 注浆孔的布设应合理，钻孔不得损坏路面板整体性。

③ 注浆压力应经试压后确定或符合设计要求。

④ 注浆时应严格按工艺要求进行施工，并有完整的施工记录。

⑤ 注浆后应按设计要求进行养生。

⑥ 注浆不得产生新的路面裂缝、局部脱空和板块超量抬升，不得堵塞路面排水系统。

（2）水泥混凝土路面板底注浆外观质量应符合下列规定

① 注浆过的板块应与周边板块平齐，不应有松动、空鼓、唧泥。

② 钻孔处应填补至与路面平齐。

③ 灌浆后残留在路面的灰浆应清理干净。

5. 水泥混凝土路面刻槽

（1）水泥混凝土路面刻槽应符合下列基本要求

① 刻槽机具应满足设计刻槽宽度和槽间距的施工要求。

② 刻槽走向应满足设计要求。

（2）水泥混凝土路面刻槽外观质量应符合下列规定

① 刻槽应顺直。

② 刻槽深浅、疏密应一致。

6. 水泥混凝土路面碎石化

(1) 水泥混凝土路面碎石化应符合下列基本要求

① 碎石化前的路基强度和含水率应满足设计要求，不满足要求时应按设计进行处治；路面基层应基本稳定；板体应无松散。

② 混凝土板块上存在的沥青罩面层和沥青表面修补材料应在碎石化施工前清除。

③ 破碎后路面出现的局部破损坑洼，应按设计要求进行挖补找平，形成平整的表面。

④ 碎石化施工不得对路幅内构造物与管线、路幅外建筑物等的结构安全构成影响。

⑤ 路面破碎后应按要求进行碾压，并及时完成封层等层间处理。碎石化路面在加铺面层结构前不得浸水，不得开放交通。

(2) 水泥混凝土路面碎石化外观质量应符合下列规定

① 碎石化后的路面应平整、坚实，不得有松散、不稳定等现象。

② 碎石化后的路面破碎程度应满足设计要求。

(四) 微表处和稀浆封层

1. 微表处和稀浆封层应符合下列基本要求

(1) 原材料及混合料质量应满足设计和规范要求。

(2) 原路面技术状况应满足设计要求。

(3) 应采用工程实际使用的材料对摊铺机进行标定，确定摊铺机料门、乳化沥青泵等的设定值。当(改性)乳化沥青蒸发残留物含量、矿料含水率等发生变化时，应根据标定结果及时调整摊铺机各项设定。

(4) 混合料在摊铺过程中应保持良好的稀浆状态，不得有破乳结团现象。

(5) 开放交通或进行下一步工序施工前，混合料初期强度应满足要求。

2. 微表处和稀浆封层外观质量应符合下列规定

(1) 表面应表面平整、密实、均匀，无花白料，轮迹、拖痕、泛油、松散、脱皮等的累计长度不应超过 100m。

(2) 纵向及横向接缝处应紧密、平整、顺直。

(五) 碎石封层

1. 碎石封层应符合下列基本要求

(1) 集料及结合料质量应满足设计和规范要求。

(2) 原路面或下承层技术状况应满足规范和设计要求。

(3) 集料规格应与碎石封层设计厚度和工艺相匹配，碎石封层厚度应满足设计要求。

(4) 沥青洒布车和集料石料撒布机应处于良好工作状态，计量系统应进行标定。

(5) 施工时材料洒(撒)布设备应保持速度稳定，保证整个洒(撒)布宽度内材料洒(撒)布均匀。材料温度应符合设计要求。集料应紧跟结合料撒布，集料撒布后应使用轮胎压路机紧跟碾压。

(6) 使用乳化沥青的，应待乳化沥青破乳、水分蒸发后方可开放交通或进行下一工序施工。

(7) 集料应与原路面或下承层黏结牢固。用于表面磨耗层时，集料应嵌挤密实；用于防水黏结层时，集料覆盖率应满足设计要求。

2. 碎石封层外观质量应符合下列规定

（1）表面应平整，松散、油包、油丁、泛油、剥落、封面料明显散失等的累计长度不应超过100m。

（2）接缝应整齐、平顺。

（六）就地热再生

1. 就地热再生应符合下列基本要求

（1）原路面技术状况应满足规范和设计要求。原路面标线、突起路标、灌封胶等应按设计要求进行处理。

（2）原路面应在不造成沥青过度老化的前提下充分加热，翻松裸露面温度、再生混合料摊铺温度应满足设计和规范要求，路面加热宽度应大于翻松宽度。

（3）路面翻松深度和翻松速度应保持稳定，再生混合料应拌和均匀。

（4）应将再生路面碾压至要求的压实度。开放交通前路表温度应低于50℃。

（5）再生混合料的沥青含量、矿料级配、马歇尔稳定度指标应满足生产配合比要求。

2. 就地热再生外观质量应符合下列规定

（1）表面应平整密实，泛油、松散、裂缝、粗细料明显离析等的累计长度不应超过100m。

（2）路面应无积水。

（3）接缝处应紧密、平顺。

（七）含砂雾封层

1. 含砂雾封层应符合下列基本要求

（1）含砂雾封层材料质量应满足设计和规范要求。

（2）洒布车应处于良好工作状态，计量系统应进行标定。

（3）洒布车应保持稳定的行驶速度，保证喷洒均匀。

（4）开放交通时含砂雾封层应已干燥。

（5）含砂雾封层后的路面抗滑性能应不低于原路面。

2. 含砂雾封层外观质量应符合下列规定

（1）表面应均匀一致，流淌、露白、条痕、泛油、油斑等的累计长度不应超过100m。

（2）侧缘及纵向接缝处应顺直、美观，无多洒、漏洒。

（3）含砂雾封层材料不得污染沿线护栏、伸缩缝、路面标线等设施和构造物。

（八）厂拌冷再生、就地冷再生、全深式冷再生

1. 厂拌冷再生、就地冷再生、全深式冷再生应符合下列基本要求

（1）原材料和再生混合料质量应满足设计和规范要求。乳化沥青温度、沥青发泡温度、沥青的发泡率和半衰期应符合设计和规范要求。

（2）下承层应满足设计要求。

（3）混合料应拌和均匀，无结团、成块现象。

（4）应在最佳含水率状况下碾压至要求的压实度。使用水泥类材料时碾压终了的时间不应超过水泥的终凝时间。

（5）应按要求进行养生，养生时间应符合规范规定。

（6）施工及养生期间应做好防排水，再生层在加铺面层结构前不得浸水。

2. 厂拌冷再生、就地冷再生、全深式冷再生外观质量应符合下列规定

（1）表面应平整密实，无坑洼、弹簧现象，无明显碾压轮迹。

（2）施工接茬应平顺、稳定。

（九）稳定土基层和底基层翻修

1. 稳定土基层和底基层翻修应符合下列基本要求

（1）原材料质量应满足设计和规范要求。

（2）水泥、石灰用量应按设计要求控制准确。石灰应充分消解，不得含有灰团和生石灰块。

（3）路拌法施工时，路拌深度应达到层底。

（4）混合料应处于最佳含水率状况下，用重型压路机碾压至要求的压实度。水泥类材料碾压终了的时间不应超过水泥的终凝时间。

（5）碾压检查合格后立即覆盖或洒水养生，养生期应符合规范规定。

2. 稳定土基层和底基层翻修外观质量应符合下列规定

（1）表面应无松散、无坑洼、无碾压轮迹。

（2）施工接茬应平整、稳定。

（十）稳定粒料基层和底基层翻修

1. 稳定粒料基层和底基层翻修应符合下列基本要求

（1）原材料质量应满足设计和规范要求。

（2）水泥、石灰用量应按设计要求控制准确。石灰应充分消解，不得含有灰团和生石灰块。矿渣应分解稳定，未分解渣块应予剔除。

（3）路拌法施工时，路拌深度应达到层底。

（4）混合料应处于最佳含水率状况下，用重型压路机碾压至要求的压实度。水泥类材料碾压终了的时间不应超过水泥的终凝时间。

（5）碾压检查合格后立即覆盖或洒水养生，养生期应符合规范规定。

2. 稳定粒料基层和底基层翻修外观质量应符合下列规定

（1）表面应无松散、无坑洼、无碾压轮迹。

（2）离析累计长度不应超过100m。

（十一）级配碎石基层和底基层翻修

1. 级配碎石基层和底基层翻修应符合下列基本要求

（1）碎石质量应满足设计和规范要求。

（2）配料应准确。

（3）塑性指数应满足设计要求。

2. 级配碎石基层和底基层翻修外观质量应符合下列规定

（1）表面应无松散、无坑注、无碾压轮迹。

（2）离析累计长度不应超过 100m。

第二节　桥梁与涵洞的维修保养

一、桥涵养护工作内容及要求

（一）桥涵养护和修理工作的范围

（1）技术检查与检验；

（2）建立和健全完整的桥涵技术档案；

（3）桥涵构造物的安全防护；

（4）桥涵构造物的经常保养、维修与加固；

（5）桥涵构造物要按规定进行检查与检验，以便系统地掌握技术状况，采取相应的养护措施；

（6）桥涵构造物的养护，首先要保持符合载重等级要求，保证车辆安全通过。桥涵构造物在使用过程中要经常巡查，遇有缺损，应即进行修理、更换和恢复。在冰雪和洪水期间要及时采取防护措施。

（二）桥涵养护的一般规定

1. 桥梁、涵洞养护工程的每个结构或构件均应进行检验，另有规定的除外。

2. 钢筋混凝土结构或构件均应包含钢筋加工及安装养护单元，预应力混凝土结构或构件均应包含预应力筋安装及张拉养护单元，并应按现行《公路工程质量检验评定标准 第一册 土建工程》(JTG F80/1)的相关规定进行检验。

3. 注浆处治桥头跳车可按相关标准进行检验。

4. 桥梁和涵洞结构、构件更换时，新的结构、构件应按现行《公路工程质量检验评定标准 第一册 土建工程》(JTG F80/1)的相关规定进行检验，植筋应按相关标准进行检验，另有规定的除外。

5. 墩、台增补桩基应根据桩基的类型和成桩工艺，按现行《公路工程质量检验评定标准 第一册 土建工程》(JTG F80/1)的相关规定或按相关标准进行检验，并应按设计要求在施工过程中对相邻桩基的墩台进行监控。

6. 喷射混凝土维修、加固应按相关标准进行检验。

7. 桥台锥护坡、调治构造物和河床防护铺砌的修复或增设应根据构造物类型，按现行《公路工程质量检验评定标准 第一册 建工程》(JTG F80/1)的相关规定进行检验。

（三）桥涵维修保养的内容

（1）日常巡视和定期检查；

（2）清除桥涵的污泥、积雪、杂物等；

（3）伸缩缝清理、泄水槽疏通、部分栏杆油漆；
（4）局部更换栏杆、扶手等小构件；
（5）局部修理泄水槽、伸缩缝、支座和桥面；
（6）疏通排水系统；
（7）维修防护工程；
（8）涵洞整修与清淤。

二、桥梁的维修保养与加固管理

1. 桥面铺装维修

（1）混凝土所用水泥、砂、石、水、外加剂及掺合料的品种、规格和质量应符合相关技术规范的规定并满足设计要求，按试验确定的配合比拌制。

（2）沥青混合料的矿料级配、沥青和集料质量应符合相关施工技术规范的规定并满足设计要求。

（3）重铺前，应按设计要求对原铺装下的主体结构缺陷、病害进行处治。

（4）原桥面铺装应清理干净，清理时应避免损伤原桥主体结构，重复利用的原桥面铺装钢筋应做除锈处理。

（5）铺装结合面处理及防水层应满足设计要求。

（6）应控制沥青混合料拌和的加热温度，拌和后的沥青混合料应均匀，无花白，无粗细料分离和结团成块现象，

（7）沥青混合料的摊铺和碾压温度、碾压工艺应符合相关施工技术规范的规定。

（8）混凝土铺装浇筑后应按相关施工技术规范要求养生，接缝填料应满足设计要求，嵌填连续、密实。

（9）泄水孔的进水口应略低于桥面面层，其数量和位置应满足设计要求。

2. 伸缩装置更换

（1）伸缩装置更换应符合下列基本要求

① 伸缩装置类型、规格、性能等应符合相关技术规范的规定并满足设计要求，验收合格后方能安装。

② 锚固混凝土的品种、性能应符合设计要求。

③ 开槽应符合设计要求，并对原结构影响伸缩装置使用的缺损进行处治。

④ 植筋应按相关标准规定检验合格，并应按设计要求的构造形式与伸缩装置钢构件牢固连接。

⑤ 伸缩装置处不得出现积水现象。

（2）伸缩装置更换外观质量应符合下列规定

① 伸缩装置应无渗漏、异常变形、破损、开裂。

② 锚固混凝土应密实，无空洞、蜂窝、露筋及宽度超过 0.2mm 的裂缝，且与桥面衔接平顺。

③ 焊缝应成形良好，无裂缝、未熔合、夹渣、未填满弧坑、电弧擦伤、焊瘤等外观缺陷。

④ 伸缩缝内及伸缩装置中应干净，无积土、垃圾等杂物。

3. 支座的维修保养

(1) 支座各部分应保持完整、清洁，定期检查和清扫。冬季清除积雪与冰块，保证梁跨自由伸缩。

(2) 在滚动支座滚动面上定期涂一层润滑油，在涂油之前，需用钢丝刷将滚动面擦干净。

(3) 为了防锈，支座各部分除钢辊和滚动面外，均应涂刷油漆保护。

(4) 对固定支座应检查螺栓坚固强度，支承垫板应平整紧密，及时拧紧接合螺栓。

(5) 支座有缺陷或发生故障时，应及时进行维修或更换。

(6) 钢辊轴式支座(或摇轴)的实际纵向位移应与计算的正常位移相符，如实际纵向位移大于允许偏差或有横向位移时应加以矫正。

(7) 油毡支座因损坏、掉落而不能正常发挥作用，摆柱式支座工作不正常，有脱皮、露筋或其他异常情况发生，以及橡胶支座已老化、变质而失效时，都需进行调整或维修。

(8) 支座安装应按现行《公路工程质量检验评定标准 第一册 土建工程》(JTG F80/1)相关分项工程进行检验评定。

4. 排水设施维修

(1) 排水设施维修应符合下列基本要求

① 排水管、封堵渗漏所用材料的类型、规格和质量应符合相关技术规范的规定并满足设计要求，排水管安装前应逐节检查，不得有裂缝、破损。

② 排水管件应安装牢固，固定构造应满足设计要求；管中垃圾应清理干净，管道应无阻塞。

③ 进水口不得高于集水面，防堵塞部件应安装牢靠。

④ 排水设施不得出现渗水、漏水现象，出口处排水不得溅落到桥梁结构上。

⑤ 桥梁结构、构件内部不得因排水不当而出现积水。

⑥ 金属构件应按设计要求进行防护处理。

(2) 排水设施维修外观质量应符合下列规定

① 排水设施应齐全，不得有缺失。

② 管节铺设应平顺，管路坡度不得出现反坡，管节接头处流水面高差不应大于2mm。

5. 栏杆

栏杆立柱应竖立正直，水平杆件能自由伸缩。如有变形或破损影响其正常功能时，应尽快加以修复。维修期间，应采取牢固、醒目的临时防护措施，并用闪光灯、栅栏等标示栏杆破损。

钢筋混凝土栏杆如发现裂缝、剥落，轻者可灌注环氧树脂修补，严重者应凿除损坏部分重新修补完整。

钢质栏杆应经常除锈，定期油漆，锈蚀严重者应进行更换。

桥头端柱应涂以20cm宽红白相间的油漆标志，并经常保持颜色鲜明。

重新制作、安装时应按现行《公路工程质量检验评定标准 第一册 土建工程》(JTG F80/1)的相关规定进行检验，与既有栏杆及护栏连接应满足设计要求，且线形无异常弯折。

6. 梁体顶升

(1) 梁体顶升应符合下列基本要

① 混凝土所用水泥、砂、石、水、外加剂及掺合料的品种、规格和质量应符合相关技术规范的规定并满足设计要求，按试验确定的配合比拌制。

② 千斤顶、油压表应配套标定和使用，并不得超过标定期限和使用次数。

③ 梁体顶升前应按设计要求解除约束，顶升和落梁顺序、顶升力、顶升高度、落梁高差及同步应满足设计要求，并应有防止落梁、倾覆措施。

④ 顶升应按设计要求进行监控，不得损伤原结构。

⑤ 支撑构件和其他新增构件应与原结构连接可靠、位置准确。

(2) 梁体顶升外观质量应符合下列规定

① 新增构件表面应平整密实，无空洞、蜂窝、露筋及宽度超过设计规定或设计未规定时超过 0. 2mm 的裂缝，与原结构应连接紧密。

② 顶升的桥梁与相邻结构应连接顺适，无异常突变。

7. 混凝土表面缺损修补

(1) 混凝土表面缺损修补应符合下列基本要求

① 混凝土或砂浆所用胶黏剂、水泥、砂、石、水和外加剂的品种、规格和质量应符合相关技术规范的规定并满足设计要求，按试验确定的配合比拌制。

② 混凝土黏合剂(界面剂)的品种、级别、技术性能指标应符合相关技术规范的规定并满足设计要求，具有完整的出厂质量合格证明书。

③ 缺陷区域的混凝土应清除至坚实的基层混凝土，凿除深度不得小于缺陷深度及设计要求的深度，边缘处不得为斜坡面。基层混凝土表面应干净、粗糙，不得有疏松碎块。

④ 露筋修补应除锈，并按设计要求涂刷阻锈剂。

⑤ 修补结合面不得出现开裂。

(2) 混凝土表面缺损修补外观质量应符合下列规定

① 修补处应平整、密实。

② 修补混凝土表面应无空鼓、剥落、宽度超过设计规定或设计未规定时超过 0. 2mm 的裂缝。

8. 混凝土裂缝修补

(1) 混凝土裂缝修补应符合下列基本要求

① 裂缝修补所用材料的品种、性能、规格等应符合相关技术规范的规定并满足设计要求。

② 应按设计要求对混凝土表面进行处理，含水率应与修补材料的使用要求相适应。表面封闭时基面应清洁、密实、坚固；灌胶时裂缝两侧基面应清理出密实新鲜混凝土，表面应清洁、干燥。

③ 在裂缝交叉点、端部及宽度较大处应设灌胶嘴，且在封缝胶固化后应检查其气密性，应无漏气。

④ 修补工艺、顺序应符合设计要求。

（2）混凝土裂缝修补外观质量应符合下列规定

① 应无漏封闭或漏灌胶的裂缝

② 裂缝封闭的表面应平整，无裂缝、脱落，粘贴物表面应无气泡、空鼓。

③ 灌浆嘴应清除，封缝胶应无大块堆积和流挂。

9. 混凝土构件表面防护

① 混凝土构件的缺陷或病害处治应验收合格。

② 表面防护应按现行《公路工程质量检验评定标准 第一册 土建工程》（JTG F80/1）相关分项工程进行检验。

10. 植筋

（1）植筋应符合下列基本要求

① 所用材料的品种、型号、规格和质量应符合相关技术规范的规定并满足设计要求。

② 植筋前应探测原结构内部钢筋位置，钻孔时不应对其造成损伤。

③ 植筋孔位附近的混凝土应密实，无裂缝和疏松层，含水率及施工环境条件应符合胶黏剂的使用要求。

④ 植筋的数量不得少于设计要求，植筋插入锚孔深度不得小于设计深度的 95%。植筋间距及植筋至构件边缘距离不得小于构造规定值。

⑤ 需焊接的植筋应采取降温措施，不得因焊接降低胶黏剂的技术性能。

（2）植筋外观质量应符合下列规定

① 锚孔内胶黏剂应饱满。

② 钢筋表面应无颗粒状或片状老锈及损伤，焊接不得松脱、开焊。

11. 钢筋混凝土构件增大截面

（1）钢筋混凝土构件增大截面应符合下列基本要求

① 混凝土所用水泥、砂、石、水、外加剂及掺合料的品种、规格和质量应符合相关技术规范的规定并满足设计要求，按试验确定的配合比拌制，混凝土的收缩变形应在设计允许范围内。

② 新增钢筋与原结构钢筋的连接应满足设计要求，植筋应按相关标准进行检验，其他按现行《公路工程质量检验评定标准 第一册 土建工程》（JTG F80/1）相关分项工程进行检验，并且合格。

③ 被增大截面的混凝土构件表面应凿毛，露出新鲜、密实混凝土，表面应清洁、无污垢，凿除深度和粗糙度应符合设计要求，暴露的原有钢筋出现锈蚀影响承载力的应进行除锈处理。

④ 施工顺序及混凝土的养护应满足设计要求。

⑤ 支架和模板的强度、刚度、稳定性应符合相关施工技术规范的规定。

⑥ 支架变形及支承的下沉量应满足施工后构件设计高程的要求。

（2）钢筋混凝土构件增大截面外观质量应符合下列规定

① 增大截面混凝土表面应平整密实，无空洞、蜂窝、露筋及宽度超过设计规定或设计未规定时超过 0.2mm 的裂缝。

② 新旧混凝土结合面不得出现裂缝，无明显施工接缝。

12. 设置体外预应力

（1）设置体外预应力应符合下列基本要求

① 所用预应力筋(束)、锚具、连接器、防护层及防腐填充物等的品种、规格、性能应符合相关技术规范的规定并满足设计要求，预应力筋(束)展开后应平顺无弯折。

② 锚固块和转向块所采用的材料和制作应满足设计要求，与原结构构件连接牢固；导向管不得损伤预应力筋(束)及其防护层，弯曲应圆顺。

③ 施工顺序应满足设计要求。

④ 张拉设备应配套标定和使用，并不得超过标定期限和使用次数。

⑤ 预应力张拉时，混凝土齿板的强度和龄期应符合设计要求，并应严格按设计规定的张拉顺序操作，不得出现滑丝现象，

⑥ 锚垫板平面应与预应力筋(束)轴线垂直，预应力筋(束)锚固后应采用机械切割，外露长度应符合设计要求。

⑦ 减振限位装置应夹紧预应力筋(束)，并不得改变其线形。

⑧ 应按设计要求进行锚头和锚固段防护，锚具防护罩应安装牢固，内填油脂充盈。

（2）设置体外预应力外观质量应符合下列规定

① 预应力筋(束)的防护层应无裂纹、损伤。

② 预应力筋(束)与导向管、限位器间的橡胶垫块(圈)不应出现缺失、破损、松动。

13. 粘贴钢板

（1）粘贴钢板应符合下列基本要求

① 所用的钢板、锚固螺栓、胶黏剂等材料的品种、规格和质量应符合相关技术规范的规定并满足设计要求。

② 对原结构、构件的孔洞、蜂窝、裂缝、露筋等缺陷应按设计要求修补，黏合范围内应打毛、清理干净，含水率应满足胶黏剂的使用要求。

③ 钢板粘贴面应按设计要求进行糙化处理，表面平整，不得有折角，粘贴前应清理、擦拭干净。

④ 粘贴施工的环境条件应符合施工技术规范的规定并满足所用胶黏剂的要求，且应在粘贴界面处理完后设计要求的时间内完成粘贴作业。

⑤ 锚固螺栓数量不得少于设计数量，锚固螺栓的螺母承压面应与钢板密贴。

⑥ 胶黏剂厚度、压力注胶时的注胶压力及稳压时间应满足设计要求。

⑦ 钢板、锚固螺栓应按设计要求进行涂装防护处理。

（2）粘贴钢板外观质量应符合下列规定

① 钢板各边缘胶体应饱满，无空洞。

② 钢板应平直、顺贴，无凹陷、划痕、焊疤，边缘应无毛刺。

③ 钢板、锚固螺栓的防护应无破损。

14. 粘贴纤维复合材料

（1）粘贴纤维复合材料应符合下列基本要求

① 所用胶黏剂、纤维复合材料的品种、规格、性能应符合相关技术规范的规定并满足设计要求。

② 原结构、构件的孔洞、蜂窝、裂缝等表面缺陷应按设计要求修补，粘贴范围内应无劣化混凝土、浮浆等，表面应平整、干净，折角处应呈平滑曲面，含水率应满足胶黏剂的使用要求。

③ 粘贴施工的环境条件应符合相关施工技术规范的规定，且满足所用胶黏剂的要求。

④ 纤维板材粘贴面应按设计要求进行擦拭，表面应无灰尘、碳粒。

⑤ 纤维片材应无褶皱及折痕，搭接长度、宽度及多层搭接时的接头间距应满足设计要求。

⑥ 粘贴面积及层数不得少于设计数量。

⑦ 胶黏剂厚度、最外层纤维表面浸渍胶黏剂涂刷应满足设计要求。

(2) 粘贴纤维复合材料外观质量应符合下列规定

① 板材各边缘胶体应饱满无空洞。

② 片材应无起泡，表面浸渍胶应无漏涂、流挂、起皮。

15. 钢结构涂装防护

① 初始涂装或重新涂装应按现行《公路工程质量检验评定标准 第一册 土建工程》(JTG F80/1)的相关规定进行检验。

② 维护性涂装应对涂层劣化区域进行清理，清理范围、层面应满足设计要求，实测项目应符合相关的规定，其他应符合初始涂装的相关规定。

16. 高强螺栓更换

① 高强螺栓连接副的规格、质量、扭矩系数应满足设计要求并符合相关技术规范的规定。

② 连接零件的材质、规格、质量应满足设计要求。

③ 栓接板面、螺栓孔应干净、干燥、平整，高强螺栓连接摩擦面的抗滑移系数应满足设计要求。

④ 施拧扳手应标定，标定扭矩偏差不得大于使用扭矩的5%。

⑤ 应按设计要求设置支撑并采取安全措施，高强螺栓连接施拧阶段、施拧顺序应满足设计要求并符合相关技术规范的规定。

⑥ 节点板与连接构件板面之间的间隙处理应符合相关技术规范的规定。

⑦ 对于高强螺栓更换外观质量，终拧后高强螺栓外露丝扣应为2-3扣，不符合的不应超过10%，设计另有规定的除外。

17. 钢管混凝土拱脱空注浆

(1) 钢管混凝土拱脱空注浆应符合下列基本要求

① 注浆所用材料的品种、规格和质量应满足设计要求并符合相关技术规范的规定，按试验确定的配合比拌制，且浆体收缩变形应在设计允许的范围内。

② 注浆孔和排气孔的位置及数量应满足注浆工艺及设计要求。

③ 应按设计要求的顺序注浆，排气孔应冒出原浆方可停止加压。

④ 注浆孔和排气孔的封堵及防护应满足设计要求。

(2) 钢管混凝土拱脱空注浆外观质量应符合下列规定

① 注浆孔和排气孔的封堵塞焊应平整、无裂纹。

② 注浆孔和排气孔的防护涂装不得出现漏涂、起泡、裂纹、起皮及返锈，颜色与原涂装应基本一致。

18. 钢管混凝土拱外包混凝土

(1) 钢管混凝土拱外包混凝土应符合下列基本要求

① 混凝土所用水泥、砂、石、水、外加剂及掺合料的品种、规格和质量应符合相关技术规范的规定并满足设计要求，按试验确定的配合比拌制。

② 钢管表面处理及连接构造应符合设计要求。

③ 应按设计要求的施工顺序，分层、对称地浇筑钢管拱外包混凝土。

④ 浇筑混凝土过程中应对拱肋变形进行观测，拱肋变形应控制在允许范围内。

(2) 钢管混凝土拱外包混凝土外观质量应符合下列规定

① 混凝土表面应平整、密实，无空洞、蜂窝、露筋及宽度超过设计规定或设计未规定时超过 0.2mm 的裂缝，无明显施工接缝。

② 拱的线形应顺畅，无折弯。

19. 更换吊杆、吊索和拱桥系杆

(1) 更换吊杆、吊索和拱桥系杆应符合下列基本要求

① 吊杆、吊索、系杆及锚具、锚头的品种、规格、技术性能应满足设计要求并符合相关技术规范的规定。

② 锚垫板平面应与吊杆、吊索轴线垂直，并应按设计要求对已有锚垫板进行防护处理。

③ 张拉设备应配套标定和使用，并不得超过标定期限和使用次数。

④ 应按设计要求的顺序进行施工，并应有施工安全防范措施。

⑤ 系杆更换时应对拱的应力、变形及拱脚位移进行监控，吊杆、吊索更换时应对吊点的高程进行监控，监控结果应在设计允许范围内。

⑥ 吊杆、吊索锚头应锁定牢固。

⑦ 锚具、锚头防护应满足设计要求，锚具防护罩应安装牢固，内填油脂充盈。

(2) 更换吊杆、吊索和拱桥系杆外观质量应符合下列规定

① 吊杆、吊索、系杆应顺直，无扭曲、缠绕。

② 吊杆、吊索、系杆的防护应无破损。

20. 斜拉桥换索及调索

(1) 斜拉桥换索及调索应符合下列基本要求

① 斜拉索的品种、规格和技术性能应满足设计要求并符合相关技术规范的规定。

② 锚垫板平面应与斜拉索轴线垂直，应按设计要求对已有锚垫板进行防护处理。

③ 张拉设备应配套标定和使用，并不得超过标定期限和使用次数。

④ 拆索、安装、张拉顺序应满足设计要求。

⑤ 施工过程中应对索力、高程、塔顶变位进行监控，控制结果应在设计要求的范围内。

⑥ 锚头防护应符合设计要求，斜拉索与塔、梁连接处不得出现渗漏。

（2）斜拉桥换索及调索外观质量应符合下列规定

① 新换斜拉索防护不得出现裂纹和破损，斜拉索的钢丝、钢绞线不应出现缠绕、扭结。

② 锚头应无损伤、锈蚀，防护油脂应涂敷均匀、无遗漏。

21. 斜拉索、吊杆防护套修补

（1）斜拉索、吊杆防护套修补应符合下列基本要求

① 防护套修补材料的类型、规格及性能应满足设计要求并符合相关技术规范的规定。

② 切割剥离损坏防护套不应伤及索内钢丝或钢绞线，防护套修补处氧化层、钢丝锈迹、污物等应清理干净，清洗材料不得影响护套焊接和腐蚀钢丝。

③ 修补加热温度应控制在修补材料及斜拉索钢丝或钢绞线允许范围内，不得使修补材料发生碳化。

④ 索的钢丝或钢绞线防护应满足设计要求。

（2）斜拉索、吊杆防护套修补外观质量应符合下列规定

① 修补的防护套应致密、平滑，表面应无孔洞、气泡、横纹、竹节，

② 与既有防护套连接应平顺。

22. 墩身外包钢

（1）墩身外包钢应符合下列基本要求

① 外包钢所采用的钢材和焊接材料的品种、规格、力学性能应符合相关技术规范的规定并满足设计要求，具有完整的出厂质量合格证明。

② 混凝土、砂浆所用水泥、砂、石、水、外加剂及掺合料的品种、规格和质量应符合相关技术规范的规定并满足设计要求，按试验确定的配合比拌制；混凝土、砂浆收缩变形应在设计允许范围内。

③ 锚固螺栓数量不应少于设计数量，锚固螺栓的螺母承压面应与钢板密贴。

④ 墩身空洞、蜂窝、裂缝等缺陷应按设计要求修补，墩身表面处理应符合设计要求。

⑤ 应自下而上进行压浆或灌注混凝土，浆体或混凝土应密实。

⑥ 钢构件涂装防护应满足设计要求。

（2）墩身外包钢外观质量应符合下列规定

① 焊缝应无裂纹、焊瘤、夹渣、电弧擦伤、未焊透、未填满弧坑，构件表面应无焊渣和飞溅物

② 钢套箍端头应抹平修整，且不得出现积水现象。

③ 防护涂装应无破损。

23. 钢花管注浆锚杆加固桥台

（1）钢花管注浆锚杆加固桥台应符合下列基本要求

① 钢花管、锚垫板、水泥、水和外加剂的品种、规格和质量应符合相关技术规范的规定并满足设计要求。

② 应通过试验确定注浆相关参数，并制订注浆方案。

③ 注浆顺序、注浆压力和稳压时间应符合设计及注浆方案的要求。

④ 钢花管插入锚孔深度不得小于设计长度的95%。

⑤ 锚杆垫板应与钢花管垂直，且应与台身密贴。

⑥ 应按设计要求封锚并对台身缺陷进行修补。

(2) 钢花管注浆锚杆加固桥台外观质量应符合下列规定

① 锚杆、垫板不得外露。

② 封锚混凝土应平整、密实，表面应无裂缝、空洞、蜂窝。

24. 墩、台增补静压桩

(1) 墩、台增补静压桩应符合下列基本要求

① 混凝土桩所用水泥、砂、石、水、外加剂及掺合料的品种、规格和质量应符合相关技术规范的规定并满足设计要求，按试验确定的配合比拌制。

② 钢管桩采用的钢材和焊接材料的品种、规格、化学成分、力学性能及钢管防护应符合相关技术规范的规定并满足设计要求。

③ 桩尖及接头必须按设计设置预埋件，其材料、规格和质量应满足设计要求。

④ 压入桩节时不应偏心加压，千斤顶、桩节轴线应重合，且桩身完整，无裂缝、压碎或压屈现象。

⑤ 桩的接头质量应满足设计要求。

⑥ 嵌入承台、盖梁的锚固钢筋或钢管桩长度不得小于设计要求的最小长度。

⑦ 施工过程中应按设计要求对相邻桥梁结构的沉降、位移进行观测，其结果应控制在允许范围内。

(2) 墩、台增补静压桩外观质量应符合下列规定

① 预制混凝土桩不得出现空洞、蜂窝和露筋，无宽度超过设计规定或设计未规定时超过 0.2mm 的裂缝。

② 钢管桩桩身不得有凹凸现象，焊缝应无裂纹、焊瘤、夹渣、未焊透、未填满弧坑及设计不允许出现的外观缺陷。

③ 混凝土桩头应无劈裂，钢管桩桩头应无破损。

25. 混凝土桩身修补

① 修补所用水泥、砂、石、水、外加剂及掺合料、灌浆料的种类、规格和质量应满足设计要求并符合相关技术规范的规定。

② 应清除桩身混凝土表面的松动石子、浮浆、污物，并对锈蚀钢筋除锈；清理后的混凝土表面应坚实、粗糙。

③ 水下混凝土或灌浆料应连续灌注，不得出现断层。

④ 桩身的新旧混凝土应连接紧密。

⑤ 钢护套的强度、刚度、水密性应满足混凝土或灌浆料的灌注和成形要求。

⑥ 对于混凝土桩身修补外观质量，修补桩身的表面应平整、密实，不得出现露筋和空洞。

三、涵洞的维修保养

1. 涵洞接长

(1) 涵洞接长应符合下列基本要求

① 所用材料应符合相关技术规范的规定并满足设计要求，应按设计文件要求完成全部内容。

② 拆除旧涵洞帽石、护栏、八字墙、一字墙、护坡等构造物时，应按设计要求制订施工方案，按规定工艺、步骤施工。

③ 各结构构件应无异常变形，新旧涵洞结合面处理应满足设计要求。

④ 各接缝、沉降缝位置应正确，填缝应无空鼓、开裂、漏水现象。对预制构件，其接缝应与沉降缝吻合。

⑤ 砌块应错缝、坐浆挤紧，砌块间嵌缝料和砂浆应饱满。

⑥ 勾缝砂浆强度不得小于砌筑砂浆强度。

(2) 涵洞接长外观质量应符合下列规定

① 新旧涵洞衔接应平顺，排水应畅通。

② 涵洞内不得遗留建筑垃圾、杂物等，进出口、洞身、与沟槽衔接处应无阻水现象。

③ 新浇混凝土表面应平整，不得出现蜂窝、麻面、孔洞、露筋和宽度超过设计规定限制的裂缝。

④ 砌缝应无空洞、宽缝、大堆砂浆填隙和假缝。

⑤ 锥护坡不得出现塌陷和亏坡。

2. 涵洞台身增大截面加固

(1) 涵洞台身增大截面加固应符合下列基本要求

① 所用材料应符合相关技术规范的规定并满足设计要求。

② 应按设计要求、施工规范、相关技术操作规程和批准的施工工艺进行。

③ 当新增主筋需与原构件钢筋焊接时，应先对原有钢筋除锈，且施焊前应采取措施避免烧伤混凝土。

④ 结合面处理应符合设计要求，处理过程中不得对原结构造成损伤。

⑤ 浇筑混凝土的支架、模板的强度、刚度、稳定性应满足施工技术规范的要求。

(2) 涵洞台身增大截面加固外观质量应符合下列规定

① 新增混凝土表面应平整，不得出现蜂窝、麻面、孔洞、露筋和宽度超过设计规定限制的裂缝。

② 新、旧结构结合面不得出现裂缝，应无明显施工接缝。

3. 地基注浆加固

① 所用材料应符合相关技术规范的规定并满足设计要求。

② 应按设计、相关技术规范和批准的施工方案及工艺进行施工。

③ 地基注浆应采用间歇性注浆，间隔时间应符合设计要求。

④ 日平均气温低于 5℃ 或最低气温低于 -3℃ 的条件下注浆时，应采取保温措施防止浆液及管路冻结。

⑤ 施工过程中应对涵洞及其邻近建筑物、地下管线和地面的沉降、位移和裂缝进行监测和控制，并采取措施减少因注浆产生的附加沉降。

4. 混凝土涵管增大截面加固

(1) 混凝土涵管增大截面加固应符合下列基本要求

① 所用材料应符合相关技术规范的规定并满足设计要求，混凝土应满足耐久性抗冻、抗渗、抗侵蚀) 等设计要求。

② 应按设计要求对原涵洞渗漏水、构件缺陷进行处治。

③ 结合面处理应满足设计要求，处理过程中不得对原结构造成损伤。

④ 接缝应与沉降缝吻合，接缝、沉降缝填料应嵌填密实，表面应平整。

⑤ 浇筑混凝土的模板的强度、刚度、稳定性应满足施工技术规范的要求。

⑥ 设计中有防渗漏要求的应做渗漏试验，渗漏量应满足设计要求。

（2）混凝土涵管增大截面加固外观质量应符合下列规定

① 新增混凝土表面平整，不得出现蜂窝、麻面、孔洞、露筋和宽度超过设计规定限制的裂缝。

② 新旧涵管结合面不得出现脱空、开裂现象。

③ 涵洞内不得遗留建筑垃圾、杂物等，排水应畅通。

5. 一字墙和八字墙局部更换砌块

（1）一字墙和八字墙局部更换砌块应符合下列基本要求

① 所用材料应符合相关技术规范的规定并满足设计要求。

② 拆除原砌块时，应采取措施保证原结构物安全。

③ 新砌块应错缝、坐浆挤紧，砌块间嵌缝料和砂浆应饱满。

④ 新砌块就位后应用楔子固定，并采取有效措施确保封口砌块砌缝质量。

⑤ 勾缝砂浆强度不得小于砌筑砂浆强度。

（2）一字墙和八字墙局部更换砌块外观质量应符合下列规定

① 更换砌块后线形应顺畅，表面应平整。

② 砌缝应平顺，应无开裂和脱落现象。

第三节　隧道与交通安全设施养护

一、隧道的维修保养管理

隧道一般位于地势险要、通行困难的地段，隧道内一旦发生事故，不仅对交通影响很大，而且会造成较大的经济损失和人员伤亡。因此，必须加强对隧道的维修保养，保证绝对安全。

1. 衬砌背面压(注)浆

（1）衬砌背面压(注)浆应符合下列基本要求

① 所用材料的类型、质量、规格和性能应满足设计要求并符合相关技术规范的规定。

② 应根据孔隙位置合理布置注浆孔，压浆前应对衬砌进行临时支挡，注浆过程中应监测注浆压力。

③ 衬砌后空洞压浆应饱满。

④ 地下水富集、有水压的段落，应设置排水孔排水，再进行压浆。

⑤ 钻孔注浆顺序应由水少向水多方向进行。

（2）衬砌背面压(注)浆外观质量应符合下列规定

① 封浆孔处理应完好。

② 处理后应清洁无污染。

2. 喷射混凝土加固

(1) 喷射混凝土加固应符合下列基本要求

① 所用材料类型、质量、规格和性能应满足设计要求并符合相关技术规范的规定。

② 喷射前，应检查喷射面的质量，对衬砌裂缝、剥离等应按设计要求进行处理；对受喷结构面表面渗漏水、流水处应采取引排、堵水措施。

③ 受喷结构面必须清洁。

④ 采用钢纤维喷射混凝土时，钢纤维抗拉强度应满足设计要求，设计无要求时不应低于 380MPa，且不得有油渍及明显的锈蚀。

⑤ 对于喷射混凝土外观质量，喷射混凝土表面应无漏喷、离鼓、钢筋网和钢架外露现象。

3. 套(嵌)拱

(1) 套(嵌)拱应符合下列基本要求

① 钢架的材质、规格、形式、制作和架设应满足设计要求并符合相关技术规范的规定。

② 嵌槽应满足设计要求，开槽时不应损伤嵌槽周围的混凝土。

③ 嵌槽应填充密实，并与周围混凝土相接平顺。

④ 钢架之间必须用纵向钢筋连接，安装基础必须牢固。

⑤ 钢架安装基底高程不足时，不得用石块、碎石砌垫，应设置钢板或采用强度等级不低于 C20 的混凝土垫块。

⑥ 钢架应紧靠初喷面；与初喷面出现间隙时，应采用钢楔或混凝土预制块使其与初喷面楔紧，顶楔后的连续间隙长度不得大于 2m，间隙应用喷射混凝土喷填密实。

⑦ 连接钢板与钢架必须焊接牢固，焊缝应饱满密实；钢架节段之间必须采用螺栓连接或焊接牢固。

(2) 套(嵌)拱的外观质量应符合下列规定

① 焊接处应无假焊、漏焊，安装时基底应无虚渣及杂物，接头连接应牢固。

② 混凝土表面应密实。每延米面积中，蜂窝、麻面和气泡面积应不超过 1%。蜂窝、麻面深度应不超过 10mm。

③ 混凝土表面裂缝宽度应不大于 0.15mm。

4. 混凝土衬砌更换

(1) 混凝土衬砌更换应符合下列基本要求

① 材料的质量和规格应满足设计要求并符合相关技术规范的规定。

② 基底承载力应满足设计要求，必要时应进行基底承载力试验。

③ 拆除衬砌时应根据围岩地质情况及时进行支撑，原有破损的衬砌应清理到位。

④ 衬砌背后的空隙必须回填注浆。

⑤ 衬砌的内轮廓线应与原有轮廓线一致。

（2）混凝土衬砌更换的外观质量应符合下列规定

① 混凝土表面应密实，无裂缝、无污染。每延米的隧道面积中，蜂窝、麻面和气泡面积不超过1%，深度超过10mm时应处理。

② 结构轮廓线条应顺直美观，表面协调一致，维修范围内混凝土颜色应均匀。

③ 混凝土表面裂缝宽度应不大于0.2mm。

5. 增设仰拱

（1）增设仰拱应符合下列基本要求

① 仰拱混凝土所用材料应满足设计要求并符合相关技术规范的规定。

② 与既有衬砌结构应连接牢固。

③ 仰拱基底应无杂物、无积水、无虚渣。

（2）增设仰拱外观质量应符合下列规定

① 混凝土衬砌应表面密实。每延米面积中，蜂窝、麻面和气泡面积应不超过1%蜂窝、麻面深度应不超过10mm。

② 混凝土表面裂缝宽度应不大于0.2mm。

6. 人行道(检修道)维修

（1）人行道(检修道)维修应符合下列基本要求

① 维修所用材料的类型、规格、质量应满足设计要求并符合相关技术规范的规定。

② 与原人行道(检修道)的衔接处应平顺，无错台。

（2）人行道(检修道)维修外观质量应符合下列规定

① 人行道和检修道构件连接应牢固、密贴，线形直顺，表面平整。

② 勾缝应密实均匀，无杂物污染。

7. 排水设施维修

（1）排水设施维修应符合下列基本要求

① 所用材料的类型、规格、数量、质量和性能应满足设计要求并符合相关技规范的规定。

② 排水设施的断面形状、尺寸、位置和埋设深度以及纵坡应符合设计要求。

③ 修复部分与原结构搭接应平顺。

（2）排水设施维修外观质量应符合下列规定

① 排水应畅通，应无淤积。

② 排水设施应完好，应无渗漏。

8. 隧道的通风设施

通风设施包括轴流风机离心风机、射流风机及其配套设施。对于通风设施中的通风设备，这里不做介绍，下面主要介绍通风设施的检修。

（1）利用竖井，边窗通风者，应随时检查，清除井内杂物，保护井口及窗下不得灌进风雪，影响通风。

（2）对各式通风机、管道、动力设备等，每月进行一次运转情况检修，每年进行一次检查。

9. 渗、漏水处治

（1）渗、漏水处治应符合下列基本要求

① 水管不得堵塞，管道材料应具有抗老化性和足够强度。

② 应先清除衬砌表面灰尘及劣化部分。

③ 槽内止水材料应填充密实。

④ 水泥砂浆防水层各层之间应结合牢固，无空鼓现象。

⑤ 水泥砂浆防水层施工缝留茬位置应正确，接搓应按层次顺序操作，层层搭接紧密。

（2）渗、漏水处治外观质量应符合下列规定

① 引、排水管应完好畅通、无渗水现象，并与衬砌附着牢固。

② 止水砂浆表面应平顺，均匀密实。

③ 表面应整洁无污染。

10. 冻害处治

（1）冻害处治应符合下列基本要求

① 防冻隔温层厚度、长度应满足设计要求。

② 防冻隔温层的基层应干燥、坚实、平整。

（2）冻害处治外观质量应符合下列规定

① 防冻隔温层表面应平顺，无明显突出部分，不得产生裂缝、空鼓、变形防冻隔温层接缝粘贴应密实饱满，无气泡、空隙。

② 处理过的部位不得出现渗漏水、结冰。

二、交通安全设施养护工程

（一）一般规定

1. 交通安全设施应保持完好，功能齐全；损坏的交通安全设施应按设计要求修复或更换，且应符合现行《公路交通安全设施施工技术规范》(JTG F71)的规定。

2. 交通安全设施应经有资质的检测机构检测；并经进场检验确认满足设计要求后方可使用。

3. 交通安全设施采用钢质材料时，应按现行《公路交通工程钢构件防腐技术条件》(GB/T 18226)的规定进行防腐处理。

4. 交通安全设施中的各种构件及原材料，其型号规格和技术性能应符合设计要求和相关标准的规定。

5. 交通安全设施养护工程中，如使用整修后的旧构件，其技术性能应符合相关规定，且应与相衔接的同类既有设施匹配。

6. 用绿篱作隔离栅时，其质量要求和检验评定可参照相关标准的相关规定。

7. 本节适用于交通安全设施的损坏修复或更换以及局部增设的质量检验。整路段新增的交通安全设施，宜按现行《公路工程质量检验评定标准 第一册 土建工程》(JTG F80/1)进行质量检验。

(二) 交通标志更换、增设

1. 交通标志更换、增设应符合下列基本要求

(1) 标志的设置位置、数量及安装角度应符合设计要求；板面信息不得被其他标志或树木等遮挡。

(2) 交通标志的字符、图形应符合现行《道路交通标志和标线第 2 部分：道路交通标志》(GB 57682) 的规定；标志板及支撑件应符合现行《道路交通标志板及支撑件》(GB/T 23827) 的规定。

(3) 标志的地基承载力应满足设计要求。标志钢构件的焊接部分应符合钢结构焊接规范的质量要求，无裂缝与未熔合、夹渣等缺陷。金属构件的镀层厚度应符合设计要求。

(4) 标志板面反光膜应符合现行《道路交通反光膜》(GB/T 18833) 的规定；字符、图形不得拼接。

2. 交通标志更换、增设外观质量应符合下列规定

(1) 标志板反光膜和标志金属构件镀层应无明显损伤。

(2) 紧固件数量及规格应符合设计规定，并应拧紧。

(三) 路面标线划设

1. 路面标线划设应符合下列基本要求

(1) 路面标线的颜色、形状和设置位置应符合现行《道路交通标志和标线第 3 部分：道路交通标线》(GB 5768.3) 的规定和设计要求。

(2) 路面标线材料应符合设计要求和现行《路面标线涂料》(JT/T 280)、《路面标线用玻璃珠》(GB/T 24722)、《道路预成形标线带》(GB/T 24717)、《路面防滑涂料》(JT/T 712) 的相关规定；局部补划的路面标线材料及形状宜与相邻路段原有路面标线一致。

(3) 路面标线喷涂前应先清洁路面，保持路面干燥，无起灰现象。

(4) 复划标线前对基底原路面标线的清理应符合设计要求 5 反光标线玻璃珠应撒布均匀，施划后标线应无起泡、剥落现象。

2. 路面标线划设外观质量应符合下列规定

(1) 标线应具有良好的视认性，颜色均匀、边缘整齐；线形应流畅，应与道路线形相协调。

(2) 标线表面不应出现网状裂缝、断裂裂缝和起泡等现象；标线边缘不应出现明显毛边，复划标线应覆盖基底原路面标线。

(四) 里程碑、百米桩和界碑更换、增设

1. 里程碑、百米桩和界碑更换、增设应符合下列基本要求

(1) 混凝土预制及石质的百米桩、里程碑、界碑的几何尺寸和字符应符合现行《道路交通标志和标线第 2 部分：道路交通标志》(GB 5768.2) 的规定；混凝土及石料的强度、质量应符合设计要求和现行《公路圬工桥涵设计规范》(JTG D61) 的相关规定。局部补设的百米桩、里程碑、界碑应与同路段原有百米桩、里程碑、界碑材质一致。

（2）混凝土预制块件和石制块件不得有裂纹，不得采用风化石料；损边、掉角长度每处不得超过15mm，否则应修补后才能安装使用

（3）金属板材反光型里程牌、百米牌的制作应符合现行《道路交通标志和标线第2部分：道路交通标志》(GB 57682)的规定；反光膜应符合现行《道路交通反光膜》(GB/T 18833)的规定，且不得拼接。

（4）里程碑和百米桩在安装前应进行里程定位。因安装位置受限而移位安装时产生的位移量不得叠加至相邻安装段，且路段上的最大位移量不得超过2m。

（5）里程碑、百米桩、界碑应安装稳固，正面不得有遮挡视线的障碍物；里程碑百米桩的正面不得偏向路面外侧。

2. 里程碑、百米桩和界碑更换、增设外观质量应符合下列规定

（1）混凝土预制块件表面应平整，色泽应均匀；蜂窝、麻面、小气孔、裂纹、石子外露和缺边掉角等缺陷面积不得超过构件同一侧表面积的1%，深度不得超过8mm。

（2）石制块件表面应光滑平整、色泽均匀。

（3）金属板材反光型里程牌、百米牌的面板不应有宽度超过0.2mm的划痕、面积超过$5mm^2$的气泡和颜色不匀、明暗不匀等表面缺陷。

（五）波形梁钢护栏更换、增设

1. 波形梁钢护栏更换、增设应符合下列基本要求

（1）波形梁钢护栏的防撞等级和路侧最小设置长度应符合现行《公路交通安全设施设计规范》(JG D81)和《高速公路交通工程及沿线设施设计通用规范》(JTG D80)的规定。

（2）波形梁钢护栏构件的材质、几何尺寸应符合现行《波形梁钢护栏第1部分：两波形梁钢护栏》(GB/T 31439.1)、《波形梁钢护栏第2部分：三波形梁钢护栏》(GB/T 31439.2)的规定，防腐层质量应符合现行《公路交通工程钢构件防腐技术条件》(GB/T 18226)的规定；局部更换的波形梁钢护栏材质、几何尺寸应与相邻的原有波形梁钢护栏一致。

（3）波形梁钢护栏板的端部、中央分隔带开口及护栏过渡段的处理应符合设计要求。

（4）波形梁钢护栏立柱、波形梁、防阻块及托架的安装应符合设计要求，不得现场焊割和钻孔；波形梁板应沿行车方向平顺搭接。

（5）路肩和中央分隔带的土基压实度不应小于设计值，达不到压实度要求的路段不应进行护栏立柱打入施工；桥梁、石方路段和挡土墙上的护栏立柱的埋深及基础处理应符合设计要求。

2. 波形梁钢护栏更换、增设外观质量应符合下列规定

（1）波形梁钢护栏镀锌构件表面应具有均匀完整的锌层，颜色一致，表面具有实用性光滑，不得有流挂、滴瘤或多余结块、漏镀、气泡、剥落和宽度超过0.5mm的擦痕等缺陷；构件涂塑层应均匀光滑、连续，无肉眼可分辨的小孔、空间、孔隙裂缝、脱皮等有害缺陷。

（2）护栏安装线形应顺畅，并应与道路线形及两端既有护栏线形协调一致。

（3）立柱、柱帽、波形梁板及防阻块、托架、端头均应安装牢固，不得有明显变形；紧固件不得缺失。

（六）混凝土护栏整修、增设

1. 混凝土护栏整修、增设应符合下列基本要求

（1）混凝土护栏的防撞等级和路侧最小设置长度应符合现行《公路交通安全设施设计规范》（JTG D81）和《高速公路交通工程及沿线设施设计通用规范》（JTG D80）的规定。

（2）混凝土护栏块件所用水泥、粗细集料、水、外加剂、掺合料和钢材等原材料的规格、质量以及混凝土配合比应符合设计要求和现行《公路桥涵施工技术规范》（JTG T3650）的规定。

（3）混凝土护栏块件标准段、混凝土护栏起终点及其他开口处的混凝土护栏块件的几何尺寸应符合设计要求；局部更换的混凝土护栏块件材质、尺寸应与相邻的原有混凝土护栏一致.

（4）各混凝土护栏块件之间、护栏与基础之间的连接以及护栏端头处理和过渡段的处理，均应符合设计要求.

（5）混凝土护栏的地基承载力、埋入深度、配筋方式及数量应符合设计要求。

（6）混凝土预制块件的损边、掉角的长度每处不得超过20mm，否则应修补后才能安装使用；断裂的混凝土护栏块件不得使用。

2. 混凝土护栏整修、增设外观质量应符合下列规定

（1）混凝土护栏块件表面色泽应均匀；蜂窝、麻面、裂缝、脱皮等缺陷面积不得超过该面面积的0.5%，深度不得超过10mm.

（2）护栏安装线形应顺畅，并应与道路线形及两端既有护栏线形协调一致。

（七）缆索护栏更换、增设

1. 缆索护栏更换、增设应符合下列基本要求

（1）缆索护栏的防撞等级和路侧最小设置长度应符合现行《公路交通安全设施设计规范》（JTG D81）和《高速公路交通工程及沿线设施设计通用规范》（JTG D80）的规定。

（2）缆索、立柱、锚具、紧固件的材质、性能、结构、尺寸及镀层质量应符合设计要求和现行《缆索护栏》（JT/T 895）的规定。

（3）护栏的端头处理及护栏过渡段的处理应符合设计要求。

（4）立柱应安装牢固。采用挖埋法施工，立柱埋入土中时，回填土应分层（每层厚度不超过100mm）夯实；立柱埋入混凝土中时，基础混凝土的几何尺寸、强度等应符合设计要求；采用打入法施工时，立柱顶部不应出现明显变形、倾斜扭曲或卷边等现象。

（5）端部立柱调节螺杆行车方向外露部分长度和安全防护形式应符合设计要求。

2. 缆索护栏更换、增设外观质量应符合下列规定

（1）金属构件表面不得有流挂、滴瘤或多余结块、漏镀、气泡、剥落和宽度超过0.5mm的擦痕等表面缺陷。

（2）索端锚具、托架、索夹螺栓应安装到位、固定牢固；托架编号和组合应与缆索护栏的类别相适应；上、下托架位置应正确，中央分隔带缆索护栏的托架应两边对称。

（3）护栏安装线形应顺畅，并应与道路线形及两端既有护栏线形协调一致。

(八) 混凝土隔离墩更换、增设

1. 混凝土隔离墩更换、增设应符合下列基本要求

(1) 混凝土预制块件所用水泥、粗细集料、水、外加剂、掺合料和钢材等原材料的规格、质量以及混凝土配合比应符合设计要求和现行《公路桥涵施工技术规范》(JTG/T 3650)的规定。

(2) 混凝土预制块件的表面颜色、反光以及各混凝土预制块件之间、预制块件与基础之间的连接方式应符合设计要求。

(3) 混凝土预制块件的损边、掉角的长度每处不得超过 20mm，否则应修补后才能安装使用；断裂的混凝土预制块件不得使用。

2. 混凝土隔离墩更换、增设外观质量应符合下列规定

(1) 水泥混凝土块件表面的色泽应均匀一致；蜂窝、麻面、小气孔、裂纹、脱皮、石子外露和缺边掉角等缺陷面积不得超过构件表面积的 1%，缺陷深度不得超过 10mm。

(2) 隔离墩线形应顺畅，并应与道路线形协调一致。

(九) 隔离栏更换、增设

1. 隔离栏更换、增设应符合下列基本要求

(1) 所有金属构件的材质、规格及防腐处理、接头位置应符合设计要求。

(2) 明显变形和弯曲度超过 10mm/m 的构件不得使用。

(3) 立柱埋深和基础尺寸应符合设计要求。

(4) 立柱与金属栏之间的连接应稳固。

(5) 竖直杆件顶端应有端盖，隔离栏的起终点应符合端头封围的设计要求。

2. 隔离栏更换、增设外观质量应符合下列规定

(1) 外观应色泽一致。

(2) 有金属构件防护层的剥落、气泡、露铁、流挂、滴瘤、擦伤、锈蚀等表面缺陷面积不得超过该构件表面积的 1%。

(十) 突起路标更换、增设

1. 突起路标更换、增设应符合下列基本要求

(1) 突起路标产品应符合现行《突起路标》(GB/T 24725)、《太阳能突起路标》(GB/T 19813)的规定和设计要求。

(2) 突起路标的布设应符合设计要求和现行《道路交通标志和标线第 3 部分：道路交通标线》(GB 5768.3)的规定

(3) 突起路标应在路面干燥、清洁并经测量定位后施工。

(4) 突起路标与路面应黏结牢固。

2. 突起路标更换、增设外观质量应符合下列规定

(1) 突起路标不得有明显的损伤、破裂和脱落；黏结剂不得造成路面污染。

(2) 突起路标安装线形应顺畅，并应与道路线形协调一致。

（十一）轮廓标更换、增设

1. 轮廓标更换、增设应符合下列基本要求

（1）轮廓标产品应符合现行《轮廓标》（GB/T 24970）的规定和设计要求。

（2）轮廓标的布设应符合设计要求和现行《公路交通安全设施设计规范》（JTG D81）的规定。

（3）柱式轮廓标的基础混凝土强度、基础尺寸应符合设计要求。

（4）轮廓标应安装牢固，色度性能和光度性能应符合设计要求。

2. 轮廓标更换、增设外观质量应符合下列规定

（1）轮廓标及反射器不得有明显的污损；反射器不得有缺失、破裂。

（2）轮廓标安装线形应顺畅，并应与道路线形协调一致。

（十二）防眩设施更换、增设

1. 防眩设施更换、增设应符合下列基本要求

（1）防眩设施产品应符合现行《防眩板》（GB/T 24718）的规定和设计要求。

（2）防眩设施整体布设应符合设计要求和现行《公路交通安全设施设计规范》（JTG D81）的规定；遮光角和防眩板的几何尺寸均应符合设计要求。

2. 防眩设施更换、增设外观质量应符合下列规定

（1）防眩设施应安装牢固；表面应色泽均匀，不得有气泡、裂纹、疤痕等缺陷。

（2）防眩设施安装线形应顺畅，并应与道路线形协调一致。

（十三）隔离栅和防落网更换、增设

1. 隔离栅和防落网更换、增设应符合下列基本要求

（1）隔离栅和防落网产品应符合现行《隔离栅第 1 部分：通则》（GB/T 26941. 1）、《隔离栅第 2 部分：立柱、斜撑和门》（GB/T 26941. 2）、《隔离栅第 3 部分：焊接网》（GB/T 26941. 3）、《隔离栅第 4 部分：刺钢丝网》（GB/T 26941. 4）、《隔离栅第 5 部分：编织网》（GB/T 26941. 5）及《隔离栅第 6 部分：钢板网》（GB/T 26941. 6）的规定和设计要求。

（2）隔离栅和防落网的安装位置应符合设计规定。

（3）立柱的强度应符合设计要求；折断或有明显缺陷的立柱不得使用。

（4）立柱与基础、立柱（框架）与网片之间的连接应稳固；网面应平整绷紧。

（5）防落网应网孔均匀，结构牢固，围封严实。

（6）隔离栅起终点及遇桥梁、通道断开处，应符合端头封围的设计要求；跨越沟渠等形成的隔离栅下缘空缺处应按设计要求实施封堵。

2. 隔离栅和防落网更换、增设外观质量应符合下列规定

（1）钢板网、编织网不得断丝，焊接网不得脱焊、虚焊。

（2）金属构件的镀锌层应均匀完整、颜色一致，不得有流挂、滴瘤或多应余结块、漏镀、露铁等缺陷；构件涂（浸）塑层应均匀光滑、连续，无肉眼可分辨的小孔、空间、孔隙、裂缝、脱皮等缺陷。

（3）混凝土立柱表面应平整；蜂窝、麻面、小气孔、裂纹、石子外露和缺边掉角等缺

陷面积不得超过构件同一侧表面积的4%，深度不得超过10mm。

（4）安装线形应顺畅，并应与地形相协调。

（十四）金属框架声屏障更换、增设

1. 金属框架声屏障更换、增设应符合下列基本要求

（1）整修和更换金属框架声屏障的结构和降噪效果应符合设计要求。

（2）所用的声屏障体、金属立柱应经进场检验，确认其材质、规格、颜色符合设计要求，并与同路段原有金属结构声屏障基本一致后方可使用。

（3）基础的承载力及埋置深度、材料质量应符合设计要求。

（4）所使用的焊接材料和紧固件应符合设计要求；焊接不得有裂纹、未熔合、夹渣和未填满弧坑等缺陷。

（5）立柱与基础、立柱(框架)与屏体之间的连接应稳固；固定件位置应正确，数量应符合设计要求。

（6）局部更换或增设的声屏障应与两端衔接的既有声屏障及桥梁等构筑物相协调。

2. 金属框架声屏障更换、增设外观质量应符合下列规定

（1）镀(涂)层应均匀；剥落、气泡、漏镀(涂)、刻痕、擦伤等表面缺陷面积不得超过该构件表面积的0.2%。

（2）屏体颜色应均匀一致，无裂纹，划伤面积不得超过该构件表面积的0.1%。

（3）屏体与立柱(框架)、屏体之间的连接缝应密实；所有紧固件应按规定拧紧。

（4）基础外观应平整，不得造成路面污染及构筑物损坏。

（十五）服务设施维修保养

1. 加油站的维修保养

（1）加油站应经常检查、更换消防设备和器材，严格出人人员防火纪律；

（2）每天清扫加油车辆通道，清除所有的障碍和杂物，保证车道出人畅通；

（3）经常检查油料装卸和存储安全规程的执行情况。

2. 停车场的维修保养

（1）每天清扫一次场内公共环境卫生(包括公共厕所)；

（2）停车场路面如有损坏应尽快修复，各种标志、标线如有损坏应及时恢复；

（3）停车场排水设施应经常清理疏通，保证场内排水畅通，无积水；

（4）停车场出人口应畅通无阻，如有障碍应及时清除。

3. 洗车场的维修保养

（1）洗车场保持排水畅通，无积水污物，环境干净整洁；

（2）洗车设备应保持完好，使用正常；

（3）供水正常，压力充足。

4. 维修站的维修保养

（1）经常保持维修设备完好，备件齐全；

（2）保持站内整洁，各种工具应摆放整齐，维修车辆停放有序；

5. 公共厕所的维修保养

厕所应设专人负责清扫卫生，每天清扫，保持环境整洁卫生。

6. 公用电话的维修保养

(1) 电话亭内外环境应经常清扫，保持整洁；

(2) 公用电话标志的位置应显而易见，并保持整洁、醒目；

(3) 电话机及其线路应经常检查，发现故障及时排除，保证其正常使用。

7. 收费防护设施维修保养

(1) 收费岛：采取日常巡查与定期检查相结合的原则，保证收费系统的正常运行。

(2) 收费广场照明设施：日常巡查时应检查灯罩、电杆、灯具安装情况，对存在的问题及时解决；定期检查一般一年左右一次，应对设备安装、检查孔的排水、配电盘状态、油漆、照明进行全面检测。

(3) 收费通信、监控设施的维修保养：由信息管理总中心根据交通运输部和国家有关规定，结合公司养护界面划分的范围，制定具体的实施细则，并报公司批准后，自行负责维修保养。

第四节　高速公路清障与绿化管理

一、高速公路清障工作

高速公路清障工作的主要内容是：排除、清理由自然灾害、异常气候、交通事故、故障车辆、丢弃或堆积物等所造成的交通障碍及行车不安全因素。

(一) 清障管理职责

高速公路公司内部各级养护部门为清障工作的管理职能部门；各管理处设立清障队，具体负责清障工作的实施。

1. 高速公路公司的主要管理职责

(1) 贯彻执行国家和省有关清障工作管理的法规和办法。

(2) 制定清障工作管理制度和各项标准。

(3) 负责对清障工作进行指导、监督、检查、考核。

(4) 对各级管理骨干进行业务培训，提高管理素质。

2. 分公司(控股、参股公司)的主要管理职责

(1) 贯彻执行国家和公司有关清障工作管理的法规，并结合实际情况制定实施细则。

(2) 对管理范围内的清障工作管理和实施情况进行检查、考核，并做好重大清障任务的协调工作。

(3) 负责管理范围内的清障工作管理人员的培训与考核。

(4) 对管理处的清障管理的安全工作进行检查，确保安全生产。

3. 管理处的主要管理职责

（1）贯彻执行国家和上级机关有关清障工作管理的法规和办法，并制定具体的各类清障工作操作规程。

（2）建立健全清障工作责任制，做好经常性的考核、考评。

（3）及时做好管理范围内的清障协调工作。

（4）经常进行安全生产教育，定期、不定期地进行安全检查，落实各项规章制度，采取有效措施，确保安全生产。

（5）负责清障队的骨干人员的培训与考核。

4. 清障队的主要职责

（1）收集、分析、处理各种信息，随时做好执行任务的各项准备工作。

（2）制定和落实各种排障与清理处理方案、作业程序和应急措施。

（3）加强各种机械、设备的保养维修，使之经常处于完好状态，并足量储备各种所需器材。

（4）清障值班人员 24h 值班，不得擅离岗位。

（5）接到清障通知后迅速出动，排除路障，清理现场，保持畅通。

（6）按规定标准收取清障费。

（7）负责清障工作中及清障作业现场的自身作业安全。

（二）清障工作的实施

清障工作应遵循：

（1）清障作业人员应佩带（穿着）统一的安全反光标志，清障机械设备应有明显的警示标志。

（2）清障队接到清障通知后，所需排障、清理人员及机械、设备、材料应立即赶往现场，实施排障与清理。

（3）交通事故车辆及对高速公路造成损害的车辆，必须经公安交通管理机关、公路管理机构和公司资产安全人员进行现场勘察、取证后方可进行排障、清理，并按指定地点停放车辆及货物。

（4）清障作业现场应严格按照《公路养护技术规范》的规定摆放安全标志。

（5）当车辆因故障停在行车道或匝道上时，清障人员接到信息后应立即出动，将故障车辆按规定拖至服务区修理厂；特殊情况可牵引至收费站出站口。

（6）应做好清障原始资料的记录工作，并由有关人员签字确认。

（7）清障收费根据实际发生的清障工作量按规定标准进行收费，并由管理处财务部门按月全额上解公司财务账户。

（8）清障的标准、程序、结果、时限：先清障、后收费，按照实际发生的清障工作量依照收费标准进行收费；接到清障通知后，根据路途远近 10~40min 内到达事故现场，及时清障，保障高速公路安全畅通。

（三）清障作业规程

1. 作业前的准备

（1）汽车部分，按汽车操作规程进行检查与准备。

(2) 检查各部件及连接件是否牢固、可靠，液压系统有无渗漏，液压油是否充足。

(3) 检查各种托具、拖具和锁具是否齐全、有效。

(4) 绞盘、吊机和拖板部分分别按卷扬机、吊车、拖车部分的操作规程进行检查与准备。

(5) 检查照明设备及各种警告标志是否齐全、有效。

(6) 作业现场应按规定摆放安全标志设施。

2. 行驶与作业中的要求

(1) 清障车行驶时，除驾驶室内，其他任何地方严禁载人。

(2) 根据交通肇事或发生机械故障车辆的损坏程度及损坏部位的不同，选用合适的托具、拖具及锁具。

(3) 使用吊机、绞盘和拖板作业时，分别按吊车、卷扬机和拖车操作规程进行。

(4) 作业时，清障车应停靠在平整、坚实的地面上，装有液压支腿的应放下支腿，并采取适当的措施保护路面。

(5) 在坡上进行清障作业时，要用楔块将车轮塞牢，防止下滑。

(6) 夜间作业要有良好的灯光照明，并设置明显的警告标志，提醒来往车辆注意安全。

(7) 清障作业时，只能有 1 人指挥。

3. 作业后的要求

(1) 作业后，将各种托具、锁具卸下保存好。

(2) 按规定对清障车进行保养。

4. 清障应注意的事项

(1) 清障时应在作业现场根据规定摆放有关标志、设施。

(2) 清障遇有易燃易爆、有毒物品时，要采取必要的防护措施，确保人身安全。

(3) 吊装车辆时，必须切断车辆电源。

(4) 清障完毕后，要清扫作业区，将残留物品清出现场，及时撤除有关标志。

5. 自然因素造成障碍的排除与清理

洪水、台风、地震、冰雪等自然灾害发生后，高速公路养护管理部门应迅速组织人力、物力、机械设备，清理现场，排除路障，恢复交通。

6. 清障值班人员应认真执行交接班制度

交接班为每日，上午 8 时，要交清、接明车辆、机械及安全设施等，值班人员应认真做好值班记录并签字确认，同时向接班人员做好情况介绍与未完事务交接，确保工作的连续性。

（四）内业管理与技术培训

1. 路产赔偿费及清障费专用票据管理制度

(1) 清障费专用票据是收取清障费的有效凭证，各单位要明确专人加强管理。

(2) 票据统一由公司财务部门核发。

(3) 票据使用前，应认真清点，当出现空号、跳号、缺页等错误时，应将整本票据全部停止使用，及时上报。

(4) 专用票据发放至清障队，必须由专职人员负责开票收款并写明收费类别，票据报管理处财务科统一保管备查。

（5）收取的清障费应于当天上交管理处财务科，遇有特殊情况，最迟3日内交清；管理处财务科按月全额上解公司财务账户。

（6）票据如有丢失，应及时登记声明作废，并报管理处和分公司备案，丢失票据责任人要写出书面检查和经过。

（7）管理处和分公司应定期对清障票据的使用情况进行检查。

2. 清障档案

（1）清障档案主要记录清障工作内容、工作量、清障费收取等情况。

（2）应建立清障工作台账，内容包括清障时间、地点、具体内容、工作量、收费标准、收费金额等。

3. 人员培训

高速公路各级养护管理部门应对排障、清理人员定期进行培训。主要内容为：交通安全与法制教育；各种机械设备的驾驶及各种专业工具的使用；交通控制设施的设置；消防、医疗急救；各种危险品的排除等与其业务相关的技术。

二、高速公路绿化与管理

高速公路绿化按照“因地制宜，因路制宜，适地适树，绿美结合，注重效益，栽管并重”的原则进行实施。具体要求是：(1)以生态效益和社会效益为主，兼顾经济效益。(2)生态绿化和功能绿化相结合。(3)绿化和美化相结合。(4)全面绿化和重点绿化相结合。(5)统一规划，分级实施，充分调动各方面的积极性。

（一）绿化范围及标准

1. 绿化范围

高速公路用地范围内都为绿化范围。可分为一般绿化区域绿化和难绿化区域绿化。

（1）一般绿化区域为经一般的土壤、水源等条件的改善，植物可以正常生长的公路范围内用地，如路侧(土路肩、上、下边坡、路侧空地)、中央分隔带、立交匝道区、构造物及其周围、服务区、管理区、收费站、临时工程(取土坑、弃土堆、临时道路等)、苗圃等。

（2）难绿化区域指风沙危害区、盐碱区、土层瘠薄山地、干旱区和特殊地区等。其中特殊地区绿化是指公路用地范围内，不具备植物正常生长的土地条件，但通过改善环境或经特殊处理可以绿化的区域。

2. 指标要求

（1）绿化率：主体工程完工2年后，达到保存率和覆盖率指标的里程占公路总里程的百分比。一般绿化区域的绿化率应达到100%，难绿化区域应达70%。

（2）成活率：主体工程完工1年后，成活的植物数量与原种植数量的百分比。一般绿化区域达90%以上为合格，95%以上为优良；难绿化区域达70%以上为合格，80%以上为优良。

（3）保存率：主体工程完工2年后，保存下的正常生长的植物数量与原种植数量的百分比。一般绿化区域达90%以上为合格，95%以上为优良；难绿化区域达85%以上为合格，90%以上为优良。

（二）绿化设计

1. 总体设计指导思想

（1）坚持“统一规划、总量控制、实事求是、因地制宜、注重功能、兼顾效益、分期实施、积累经验、逐步推广”的指导原则；

（2）公路绿化以满足交通功能要求为主，兼顾景观舒适性、生态适应性以及经济实用性；

（3）在设计手法上应突出简洁、大方，多采用大色块，避免繁杂；

（4）中央分隔带应以防眩和诱导功能为主，注意减少养护工作量；

（5）路侧绿化带应以水土保持、固坡为主。注意与路侧自然景观相协调，适当考虑与绿色通道的协调，并根据路外景观适当采取景观通透和遮挡等设计手法；

（6）在苗木规格和数量的选择上要满足初栽效果与成景效果，综合考虑种植费与养护费，注意降低工程综合造价；

（7）根据植物的生物学特性，考虑绿化功能、公路结构、地区性、种植后的管护等各种条件，决定种植形式和树种。

2. 一般规定

（1）按《公路工程基本建设项目设计文件编制办法》的要求制图，并将交通运输部《公路环境保护设计规划》和《公路绿化规范》等作为设计依据。概算文件包括编制说明、概算汇总表、分项工程概算表等内容，宜以苗木直接费换土费、种植费、养护费及利税等分项列支。

（2）路侧绿化带绿化。土路肩宜种植草皮且以乡土草种为主，特殊路段可适当引进外来草种。在土质或以土质为主的边坡上，应以自然恢复或人工种植的草地等地段被植物或灌木绿化。含砂较多的边坡或石质边坡，应主要以攀沿植物或下垂植物绿化。有条件的可结合土木工程，填充客土种植抗逆性强的草皮、花灌木来改善景观。高填方路段坡脚可种植一些乔灌木，树种选择应注意与绿色通道相协调，低填方路段坡脚可种植花灌木。

（3）中央分隔带绿化。栽植以防眩为主的四季常青的乔灌木，兼顾美化效果。

靠近城市进出口、服务区、收费站等地段，应增加花灌木的种植，其他地段并附以地被覆盖，不得裸露；种植形式的变换以 10~15km 为宜；设计的苗木规格和种植间距及树冠形状应保证防眩效果和初栽效果；考虑养护工作的安全性，在养护困难的重丘段可采用地表硬化，以防眩板满足防眩要求；以常绿树种为主，如蜀桧、桧柏、大叶黄杨等，在重点路段可适当栽植花灌木。

（4）互通立交区的绿化。

绿化设计风格：以优化植物配植为主，强调生态绿化；三季有花，四季常青，突出季相效果；立体绿化层次分明，突出层次效果；以丛植为主，注重涵养水源；在创造良好生态群落的前提下，追求景观效果，力求做到生态性与视觉效果．上的有机结合。互通立交的绿化应走绿化、美化与经营开发相结合的道路。根据互通立交的实际情况，确定不同的绿化模式。

① 靠近主要城市的出人口，应优化绿化设计方案，营造出体现高速公路与当地人文相结合的绿化美化景点。

② 一些位置偏远，立地条件较好的立交匝道，将绿化、美化与经济林、用材林及苗圃地相结合。尤其是加大苗圃地的建设，选择一些经济增长点高、美化效果好的苗木，利用园林设计手段，合理布局，在绿化美化立交匝道的同时又能生产大量的可供高速公路使用及对外经营的优质苗木，提高经济效益。

③ 原取土场、拌和场等不适宜绿化的立交匝道，通过开挖整填，形成鱼池、经济林、畜牧养殖相结合的立体生态经济体系。

④ 设计方案应同时考虑解决水源设施。

（5）管理区、服务区、收费站绿化。

① 符合园林绿化要求，符合房屋、道路等建筑整体布局，与周围环境相协调。除采用植物绿化外，还应采用花坛、园路、水池、栏架、长凳等构筑园林小品，实现绿化美化功能。

② 管理区、服务区、收费站的绿地面积应达到总面积的30%以上。

③ 靠近收费站1~2km内的绿化应适当强化，通过提高绿化美化档次，预示收费站位置。

（6）同样效果、投资相似的条件下，预先考虑生态绿化的防护措施，土木工程防护措施与生态绿化互相协调，为绿化创造有利条件。

3. 现状调查

进行绿化设计前，需做好以下几方面的调查：

（1）公路工程技术指标和设计资料的收集。

（2）社会环境调查。

（3）绿化工程区域的统计。

（4）电缆、电线、光缆、水管、气管等现场情况的了解。

（5）气候因子的调查了解。

（6）土壤因子的调查了解。

（7）就近水源情况的调查分析。

（8）本地区已有公路绿化苗木种类调查。

（9）苗源调查。

（三）绿化施工

1. 绿化施工组织

在施工前做出详细的施工组织设计，设计内容包括苗木的具体规格、种植时间、进度安排、种植位置、施工工艺等。绿化施工过程中，按以下步骤及标准施工：

（1）施工现场落实：进行绿化施工前，根据施工设计，对施工路段的位置施工的条件、水源条件、土壤条件等进行具体的落实和了解。

（2）苗木调拨：施工前应将所需合格苗木落实，并根据施工日期和进度有计划的调拨苗木，并尽量作到随运随栽，减少苗木存放时间。当天栽不完的苗木应假植。

（3）定点放线：施工前要按图纸要求，用白灰将栽植苗木的位置具体落实到施工路段。

（4）挖坑及换土：苗木到位前应做好整地、挖坑、换土工作。

① 挖坑。按照定点放线所标定的位置及规格施Ｉ，不得损坏原有设施。一般坑口直径应比裸根根幅放大1/3；比土球直径放大30~40cm，穴深比裸根深出20~30cm，比土球高度深出20cm左右。

② 换土。栽植路段的树坑土壤如不适宜苗木生长，必须换土。

（5）移栽苗木的修剪：修剪包括修枝和剪根两个部分，修枝的目的是调整树型、均衡树势，剪根是剪除机械损伤较重的部分。

（6）苗木的栽植：①苗木的选用。苗木运到现场后，严格按规格标准进行验收，达不到规格标准、有病虫害、有严重机械损伤的苗木不得选用。②栽植。按“三埋、两踩、一提苗”的要求进行。栽植深度一般不超过原植深度3~5cm。

（7）浇水：新植苗木要随植随灌。灌完第一次水之后，视土壤湿度情况灌第二、三遍水。新植苗木应覆盖塑料布草苫等进行保墒。新植常绿树应常向树冠喷水，以减少蒸发。

（8）支架保护：新植苗木用支架、拉绳固定。中央分隔带内新植防眩苗木须拉绳固定。

2. 绿化工程的管理、检查与验收

（1）公司委托分公司、管理处作为业主代表对绿化工程实施管理，实行社会监理制的工程由业主代表负责监理人员的聘请及管理工作。

（2）绿化施工的各项工序，要按照施工规定进行检查及验收。

（3）验收应有重点的进行抽样检查，要做到随验收，随记录。绿化施工养护期满，施工单位自检合格（实行社会监理的，须经监理认可）后，填写《绿化施工竣工报告》。在建设单位主持下，施工和管理单位参加，进行工程验收和接管。

（4）验收时，施工单位应提供以下文件资料：

① 施工设计图竣工图、设计变更等文件图纸。

② 隐蔽工程质量检查记录，实际完成工程量明细表、施工记录、质量评定表和工程决算。

③上 级机关批准的有关文件。

（四）绿化养护

1. 一般规定

（1）公路绿化应及时养护，保持形态整齐，无死树残桩，无影响植物生长的病虫害；绿地内应保持整洁、无积水。不符合要求的和缺损的绿化应按本章规定进行更新、补植和调整。

（2）植物材料和绿化辅助材料的质量与规格应在栽植前分批进行检验；种植植物的定位应在挖种植穴（槽）前进行检验；种植穴（槽）以及客土或施肥量等应在种植前进行检验评定；种植植物的成活率、覆盖率的检验评定应在一个年生长周期满后进行。

（3）绿化养护工程应满足交通功能的需要，不得影响行车安全视距和公路排水，不得遮挡交通标志。

2. 栽植土补缺、更换

（1）栽植土补缺、更换应符合下列基本要求

① 栽植土壤应符合植物生长要求，理化指标应符合设计要求。

② 栽植土层应平整；排水坡度和土层下渗水途径应符合设计要求。

（2）栽植土补缺、更换外观质量应符合下列规定

① 栽植土层经自然沉降后表面应无明显低洼或积水。

② 栽植土表层不得有成堆块径超过60mm（乔木及大、中灌木）或超过20mm（草坪、地被）的瓦砾、废渣等杂物。

3. 植物材料更新、补缺

（1）植物材料更新、补缺应符合下列基本要求

① 植物材料的种类、规格应符合设计要求，并与周边既有植物相适配；应生长健壮，根系无明显损伤，严禁带有严重病害、虫害、草害；播种用的种子应提供由国家法定种子检验机构出具的种子质量检验报告，外省市调入的苗木和种子还应有植物检疫证明。

② 树冠应基本完好，不脱脚，生长健壮；不应有影响生长或景观的损伤。

③ 草块尺寸应基本一致；木、草本地被应发育匀齐，根系应良好、无损伤。

④ 植物材料应按要求进行现场接收。

（2）植物材料更新、补缺外观质量应符合下列规定

① 乔木主干应挺直，灌木重心应无明显偏斜。

② 草皮、地被应整齐、健壮。

4. 乔木、灌木栽植

（1）乔木、灌木栽植应符合下列基本要求

① 放样定位和种植穴规格应符合设计要求；树木栽植不应影响行车安全视距。

② 树干应与地平面垂直；扎缚应恰当，不得伤及树木。

③ 修剪切口应平整，留枝正确，树形匀称；绿篱、色块、球类的栽植、修剪应整齐，线条分明，无空缺。

（2）乔木、灌木栽植外观质量应符合下列规定

① 支撑材料的高度、支撑方向、扎缚位置应整齐、统一。

② 绿篱不得有空缺。

5. 草坪、草本地被栽植

（1）草坪、草本地被栽植应符合下列基本要求

① 籽播或散铺草坪应平整、均匀，生长势良好。

② 草块、草卷铺种的间隙应均匀，密度应符合设计要求，株行距应基本均匀；草势生长方向应一致，生长势良好。

（2）草坪、草本地被栽植外观质量应符合下列规定

① 草块、草卷应与土壤密结。

② 草坪、地被不得有连续空秃。

（五）绿化管护

1. 绿化管护的阶段划分

绿化管护的目的是通过各种管护手段，促进绿化植物的正常生长发育，达到绿化的各种功能。绿化管护划分为两个阶段：

（1）重点管护阶段：指栽植后3~5年，草皮为1年之内。主要工作是绿化检查补植、病、虫、杂草防治、土、肥、水管理、修剪及保护管理等，以保证成活、恢复生长为主。

（2）一般管护阶段：指经重点管护之后，成活生长已经稳定后的长时间管护阶段。主要工作是绿化植物的整形修剪、防治病、虫、杂草危害，土、肥、水管理，更新复壮等。

2. 绿化管护的共同标准

（1）苗木生长健壮，发育良好。

（2）分枝均匀，树冠丰满通风透光，绿篱、树墙和中隔带苗木整齐均匀，上下枝叶茂密。

（3）无明显枯死枝、徒长枝，越冬前秋梢已木质化，无明显病虫害和人为损害。

（4）路肩、边坡、中央分隔带草皮修剪平整，杂草率不超过5%，覆盖率不低于90%。

3. 中央分隔带绿化管护

（1）草皮管护

① 浇水：重点管护阶段的草皮应浇透“封冻水”和“返青水”，并根据土，壤干旱情况在生长期内浇水。暖性草在一般管护阶段不再浇水。

② 施肥：未郁闭或生长较弱的草皮可结合浇水进行施肥，冷性草皮可适当进行叶面喷肥。应注意施肥不能引起草皮徒长。

③ 修剪：修剪是草皮管护的重要环节。1年中的修剪次数以3~5次为宜，尽量使草皮高度保持在20cm以下，修剪后的草叶应及时清除。

④ 复壮：通过修剪、打孔、间植、清理枯垫层等方式复壮老化草皮。

（2）防眩苗木管护

① 浇水：重点管护阶段的苗木除浇透“封冻水”和“返青水”外，应在千旱季节浇水抗旱。浇水后的苗木应通过划锄、覆盖等措施保墒。

② 施肥：要定期对苗木进行施肥，确保苗木正常生长发育。对弱小苗木应重点施肥，促其与其他苗木长齐。

a. 施肥时间：以休眠期施肥为主，生长期施肥为辅。

b. 施肥方法：尽量结合浇水施肥，即先将肥料施入堰内，然后灌水。另外还有穴状施肥、环状施肥、放射状施肥等方法。

c. 肥料种类：一般使用腐熟的有机肥料，无机肥料可在特殊情况（如苗木出现严重缺肥）下使用。

③ 修剪：防眩苗木的修剪是保持绿化线形美观，提高苗木防眩能力的重要途径。修剪应注意以下事项：

a. 修剪高度应控制在1.8m左右。

b. 苗木上平面应修剪平齐，侧面以不超出护栏为准。

c. 对内膛枝杈过于紧密，影响通风、透光，可适量疏剪。

d. 修剪应主要在生长期内进行。

e. 修剪后的枝条要及时清理出现场。

④ 补植：对死亡、损伤严重的苗木要及时清理，并通过加大技术措施，尽量做到随缺苗随补植，补植苗木规格应略大于原有苗木。

(3) 花灌木的管理

① 花灌木的施肥、浇水同防眩苗木。

② 修剪:

a. 修剪以保持其自然姿态，对丛生过密枝条要疏剪，使之通风透光，有利生长发育。

b. 当年新梢上开花的灌木，应于早春萌芽前修剪；当年形成花芽，次年早春开花的灌木，应在开花后适度修剪；在多年生枝开花的灌木，应保护培养老枝。

c. 花灌木的高度不超出防眩植物高度，宽度不应超出护栏。

4. 路肩、边坡绿化养护

(1) 路肩草皮管护

同中央分隔带草皮管护。

(2) 边坡苗木管护

① 边坡草皮可粗放管理，一般管护阶段不再进行浇水、施肥等养护管理，可由小修人员不定期剪割，控制高度。另外可使用选择性除草剂抑制双子叶杂草生长和采用涂抹灭生性除草剂防除恶性杂草(如芦苇、茅草)的生长。

② 部分栽有紫穗槐等灌木的边坡，应经常进行修剪，防止苗木徒长。

③ 边沟内定期喷施灭生性除草剂，防止杂草影响排水。

④ 路堑攀缘植物应加强浇水、施肥等工作，促使植物尽快看盖路堑。

5. 互通立交区、管理区、服务区苗木管护

该区域的苗木应加强浇水、施肥、除草、松土、修剪、防治病虫害等管理，措施，保证苗木正常生长，创造优美环境。

6. 病虫害防治

(1) 掌握病虫害的发生规律，贯彻“预防为主，综合防治”的方针，及时作好病虫害的预测、预报，已经发生的病虫害要及时治理，防止蔓延成灾。

(2) 病虫害的药物防治，要根据不同的树种、病虫害种类和具体环境条件，正确选用农药种类、剂型、浓度和使用方法。

(3) 喷药一般应在无风的晴天进行，喷药人员应作好安全保护。

(六) 苗圃管理

1. 苗圃地的选址

(1) 选择土壤条件较好，水源充足，劳动力价格低，非主要城市出入口的立交匝道区，培育绿化苗木。

(2) 管理区、服务区的空闲场地也可作为苗圃地。

(3) 隔离栅至边沟的空闲地可用来培育较大乔木。

(4) 在管理区、服务区附近，通过租用土地或联合经营的方式建植苗圃。

2. 苗圃地生产

(1) 苗圃作业前要根据生产任务、经济和自然条件，搞好年度作业设计。

内容包括：育苗树种、育苗面积、苗木产量、圃地安排、育苗技术措施、药物肥料消耗定额、劳动定额、苗木成本等。

(2) 苗源：尽量购置2~3年生小苗建植苗圃，也可视公路需要和市场情况购置适合苗木。有条件的单位可自行繁殖苗木。

(3) 苗圃地规划：立交匝道内的苗圃地应将培育苗木与美化环境结合起来；其他苗圃地应视情况划分育苗用地和辅助用地。

(4) 育苗生产：各管理单位应根据苗木繁殖、抚育、管理的具体特点和要求，创造性的开展工作。主要作好如下技术工作：整地、施肥和改善土壤；苗木的遮荫、间苗和移植；苗圃的中耕除草；灌溉和排水；防寒越冬；整形修剪；病虫害防治，苗木的出圃等。

3. 苗木管理

(1) 以管理处作为苗圃基本管理单位。各管理处应建立详细的苗木档案，进圃、出圃台账，抚育管理措施记录，生产成本记录，病虫害防治记录等内业资料。

(2) 苗木应有专人管理，并有严格的规章制度生产制度、进苗制度、出圃制度。

4. 出圃管理

(1) 苗木出圃时，如数量较大或出圃位置靠近主线，应上报公司、分公司具体位置、数量和单价及出苗地的补栽计划，经公司、分公司同意后方可施工。

(2) 出圃苗用于本单位高速公路绿化区域的建植、补植，管理单位可自行决定，但须作好出圃台账。

(3) 苗圃用于对外经营，须报分公司和公司备案。公司、分公司可视情况调拨经营利润。

(4) 苗木经营收益只能用于绿化生产，以达到“以绿养绿”的目的。

第五节　雨季防汛和冬季防滑

一、防汛物资管理

(一) 防汛物资管理概述

防汛物资由高速公路公司统一配置统一调度，各分公司、管理处和路桥工程处负责管理使用、保管维修。

每年汛期，防汛物资不得用于防汛以外的用途。汛期以外的时间，经公司防汛办公室审批，各有关单位可以积极开展防汛物资对外租赁业务，以提高防汛物资利用率；租赁收入应用于防汛物资的补充与更新；出租的防汛物资应于汛期到来15日以前返回防汛物资仓库。

防汛物资的使用与保养，应遵循科学使用、及时保养的原则。具体要求是：

(1) 对防汛物资使用人员定期进行培训，提高操作技能；重要物资的使用应由专人负责。

(2) 每年汛期前应组织一次防汛演习，提高操作能力和处理突发险情的能力，及时发现防汛工作中存在的问题和不足。

(3) 防汛物资应经常保养，使之处于良好的技术状态。每年汛期前15天应对所有防汛物资进行一次彻底的检查、维修、保养，做好防汛的准备工作。

(二) 防汛物资的仓库保管

(1) 仓库保管物资应做到物资保养经常化，材料堆放规格化，仓库料架整洁化，分类挂牌科学化，做到防潮、防腐、防火、防盗。

（2）仓库保管员要明确职责分工，严格执行物资管理制度，对不同类物资分别建账，严格出入库手续，做到账、卡、物相符，账账、账物相符；从材料入库建账到保管、保养、盘点、出账都要有专人负责。

（3）仓库应配备相应的灭火物资，按规定放置并定时换药，确保有效。

（4）对金属材料的保管要求做到：

① 保管场所应有良好的排水系统，尽可能远离有害气体和粉尘，并不得与酸、碱、盐类物资混合存放。

② 对不同的金属材料采用相适宜的存放方式，同时保持一定的间隔距离，防止接触产腐蚀。码垛时应注意垫高垛底。

③ 库房应保持干燥，空气相对湿度应在临界湿度(60%左右)以下。

④ 露天存放的金属材料应采取上盖下垫，以免遭受雨淋。对保管时间较长的材料，可选择适宜的涂料进行喷涂防腐。

⑤ 经过防腐处理的金属材料在仓储作业中应避免破坏防腐层、防护膜或包装，否则应采取重新清洗、防腐、包装等相应措施。

⑥ 保持金属材料和料场清洁，要清除库区杂草污物。

⑦ 注意金属材料及其制品的保管期限。

（5）对木材的保管要求做到：

① 存放木材的场地必须平坦干燥，空旷通风，场内铺以砂土或炉渣，要有良好的排水系统和防火消防物资。

② 木材制品、板材和贵重木材应存放于料棚或封闭式仓库内。

③ 原木和板方材入库时应进行尺码检量和材积计量，根据需要可对木材的缺陷进行材质评定。

④ 为了防止木材腐朽、虫害、干裂和翘曲，应该合理堆垛，适当调节掌握温度与湿度和及时喷洒防腐药剂。

⑤ 木材仓库与其他建筑物应有一定的防火间距(12~30m)，可根据木材仓库容量与其他建筑物的耐火等级进行合理选择。

（6）装配式钢桥(贝雷片)的存放：

① 所有构件应分类按规格堆放，下面用木料或石块垫高以防受潮；堆置高度不宜过高，以防下层构件被压弯变形；桁架应单层竖向堆放。

② 钢构件应保持清洁，定期涂抹油脂，防止锈蚀，发现变形和脱漆应及时矫正和补漆。

③ 所有销子、螺栓等零部件应每年开箱检查，加涂黄油防锈。

④ 专用架设工具要注意配套保存和维修保养。

二、雨季防汛

（1）高速公路公司、分公司、管理处每年雨季成立防汛领导小组，防汛办公室设在各级养护管理部门，组织实施雨季的防汛工作。

（2）根据当地的水文气候条件、沿途水库、大型溢洪道的承受能力，季节特点与高速公路状况，分析掌握路段、桥涵的抗灾害能力，及时收集水、雨情况预报资料；并将危险地段登记备案，作必要的预防措施和应急抢修技术方案。

(3) 汛前对所管辖路段进行一次预防水毁的技术检查，内容应符合下列要求：

① 集中排水处的边沟、截水沟、盲沟、泄水槽等排水系统有无淤塞，路拱坡度、路肩横坡是否适应，分散排水处路肩上的堆积物是否阻碍排水。

② 桥梁墩台、涵洞、引道、护坡基础有否冲空或损坏。

③ 桥下有无杂草、树枝、石块等杂物堆积淤塞河道。涵洞、通道有无淤塞。

④ 沿河路段的河床冲刷情况及路基受急流冲击处有无淘空或下沉。

⑤ 陡边坡路段的路基有无松裂、下滑。

(4) 汛期实行 24 小时值班制度和汇报制度。

汛期雨天要组织人员对所辖路段进行巡视，检查桥涵、路基及各种构造物。小的毁阻，当场予以排除；发生严重毁坏或路基下沉时，危及行车安全的，应立即在两端设立危险警告标志或指示标志，并及时向上级报告，同时组织进行抢修。

三、冬季防滑

冬季来临前，各级养护管理部门应成立防冻防滑办公室，组织实施当年的防冻、防滑、除雪工作。

冬季除雪，要根据气象资料、沿线条件、降雪量、积雪深度、气温等条件确定除雪计划。高速公路除雪的重点区段是：桥面、弯道、坡路、匝道、收费广场等。

1. 除雪前的准备

(1) 在冬季来临之前，必须对除雪机械设备进行全面的维修保养，以便除雪机械充分发挥作用。

(2) 储备必要的配件、融雪剂、防滑料。

(3) 将路面裂缝、路肩、桥头、桥梁伸缩缝破损处等予以修整。

(4) 广泛收集气象资料，做好降雪预报及降雪前期融雪预防。

(5) 对冬季除雪人员进行除雪方法、机械操作、交通安全等方面的培训。

2. 路面防冻及防滑措施

(1) 使用盐及其他融雪剂，使路面上的结冰点降低。

(2) 使用砂等防滑材料或与盐掺合使用，增加摩擦系数。

施撒的时间：主要根据气象条件(降雪、风速、气温)、路面温度监测器、巡视信息等来确定施撒时间。一般可以在开始下雪就开始撒布融雪剂(或防滑料)，或者估计路面开始出现冻结前 1~2h 撒布。

撒布次数：防止路面结冻时，通常撒布一次即可；除雪作业时，撒布次数可以和除雪作业频率一致。

第三章
高速公路专项养护与大修管理

高速公路的专项养护与大修工程因为其特点和作用的不同，与新建项目有着较大的区别，因而专项养护与大修工程的确立、组织实施、技术管理工作必须按照特定的程序和方法。

第一节　专项养护与大修工程简述

一、专项养护与大修工程的特点

为了适应高速公路快速、安全、舒适、高效运输的要求，高速公路的专项养护及大修工程与维修保养有明显的不同，具有以下特点：

（1）计划性：专项养护与大修工程的确定必须经过路况调查和科学的检测、计算、评价后提出相应的处理方案，方案及工程预算经相关部门组织评审，并经批准后，方能组织实施，专项养护与大修工程计划是单列的。

（2）针对性：日常维修保养的方案、作业方式、工作频率基本上是固定的，费用是以年度包干的形式组织实施的；而专项养护与大修工程属于特殊的养护工程，因此其技术方案和费用预算都是具有针对性的，属专款专用。

（3）复原性：经过专项养护与大修的工程，应该完全恢复路面原有的使用性能，即平整度、强度、抗滑能力等使用性能得以恢复，并保证养护维修后的使用功能满足高速公路快速、安全、舒适的要求，不能因为养护作业而有所下降。

（4）补强性：专项养护与大修工程，往往带有弥补原有路面强度不足的要求，也就是补强作用。补强的要求不仅是为了弥补路面损坏部分所反映的原有路面薄弱环节，而且还常常出于对延长路面的寿命以及满足日益增长的交通流量的考虑。

（5）时效性（时间—效益性）：指养护维修作业时交通扰乱持续时间对经济效益的影响。因此，要尽可能减少对交通的干扰，缩短交通干扰的时间是高速公路养护维修作业的一项重要要求。为尽量减少养护作业时间，就必须快速准备好现场，在养护维修工作完成后快速撤离现场，恢复交通。

（6）安全性：高速公路的车流量大、车速高，在进行养护维修作业时，一般都要封闭车道，在车辆继续运行的情况下，必须确保养护操作人员以及往来车辆驾驶人的安全，这在高速公路专项养护与大修工程作业中显得尤为重要，因此，其养护作业的交通安全组织与管理将十分重要。

二、专项养护、大修工程与新建项目的区别

专项养护、大修工程的组织管理与新建项目的主要区别是：

(1) 工程项目审批单位不同：项目建设由于涉及区域路网规划及基本建设投资计划问题，因此项目建设实施必须通过政府主管部门及有关计划部门的审批。而高速公路专项养护、大修工程由于是在原有公路的条件下加以恢复、完善，因此专项养护与大修工程项目一般由业主自行审批。

(2) 投资渠道不同：项目建设资金一般来源于国家投资或其他投资人的投资，其资金投入纳入国家基本建设投资计划。而专项养护与大修工程投资一般来源于该路的通行费收入、业主的自有资金或银行贷款，工程投资一般都纳入运营成本之中。

(3) 管理单位不同：由于项目建设需要纳入国家基本建设计划，因此，整个工程建设除投资者进行管理外，还必须纳入国家有关部门的监督控制，而专项养护与大修工程一般都属于企业行为，原则上都由业主自行管理。

三、专项养护与大修工程的作用

日常维修保养是高速公路养护管理的基础性工作。但是，由于随着高速公路运营时间的增加，交通流量也越来越大，高速公路部分设施可能不适应日益增长的交通运输需要，部分结构或设施的损耗由量变向质变转化而突然降低或失去使用功能。本着“预防为主，防治结合”的养护工作方针，为增强公路设施的耐久性和抗灾能力，降低高速公路的运营成本，确保高速公路应有的交通环境，延长高速公路的使用寿命，必须按照针对性、定期性或周期性的原则，以专门的方案、措施、费用，对有关缺陷、病害等进行处理。

这种对公路缺陷、病害进行专项处理的养护，在《公路养护技术规范》中，根据养护工程规模大小，分为专项养护和大修工程。专项养护、大修工程是高速公路提高、改善使用性能的必要措施，是延长高速公路使用寿命，提高高速公路使用质量的有效途径。

专项工程施工并非紧急需要，例如易损边坡的护砌加固，桥梁伸缩缝及桥头跳车的处治，沥青路面的整段罩面，沿线建筑及收费站亭的粉刷油漆，易动岩体的喷浆稳固等。对此，可以合理地进行预测，分步实施。它对于防止高速公路及运营设施的后期损坏，减少今后长期费用的支出往往具有非常重要的意义。

第二节　专项养护与大修程序

高速公路的专项养护与大修工程具有其自身的特点和重要作用，在其实施的过程中，各个环节都比较重要，有着特殊的管理程序。这里介绍专项养护与大修工程实施中所遵循的管理程序与要点。

一、项目的确定程序

专项养护与大修工程的确立，必须通过详细的路况调查或对公路的检测、分析、计量与评价，并提出处理方案和工程预算报有关部门审查批准。

（一）路况调查

根据调查内容、深度、频度和时间的不同，一般分为综合调查、日常调查、专项调查和特殊检查几种。

（1）综合调查：是指对管养的高速公路全线范围内的路基工程、路面工程、桥涵工程、防护工程、交通安全工程、绿化工程及其他附属设施进行全面检查。通过检查，一方面可以了解高速公路整体使用状况，为制定年度养护工作计划提供依据；另一方面可根据综合调查情况为安排进一步的专项调查和特殊检查提供初步工作指导。综合调查应对各种病害或缺陷进行分类整理、统计、登记，综合调查一般 1 年进行 1 次。

（2）日常调查：是指对管养的高速公路沿线范围内所有设施进行日常性维修保养的工作依据之一，也是日常维修保养工作的延伸深化。日常调查一般以 1 天、1 个星期为 1 次，视高速公路的交通流量、道路状况等情况而定。调查方式一般采用汽车慢驶结合人工调查、测量计算等方式进行。

（3）专项调查：是根据路况综合调查、日常调查情况或某一阶段的养护工作需要，对高速公路某一单项内容进行的更详细具体的专门调查，例如路面状况专项调查，桥梁状况综合调查，排水系统状况综合调查等。调查一般采用踏查并通过检测、丈量、挖验等方式，并进行分析、计算等工作。专项调查应绘制病害状况分布图并作出相应的分析描述，为将来制定专项养护提供依据。

（4）特殊检查：是指发生暴雨、台风、地震等自然灾害或其他可能危及高速公路运营的异常情况时，所进行的专门的综合检查，例如对排水系统的检查、路面水毁状况检查、边坡状况检查等。

（二）制定专项养护或大修工程方案

根据有关路况调查资料，结合高速公路原有实际状况，依据技术合理、经济可行的原则进行技术方案的制定，并进行专项养护或大修工程的施工图设计，同时编制有关设计说明，对于路面大修工程等还应进行必要的技术方案论证、评审和经济分析比较。

根据施工图编制工程预算，并与施工图设计一并组成设计文件上报主管部门审批。

（三）项目的审查确定

主管部门根据有关施工图、工程预算及设计说明，组织有关人员进行审查论证，审查的主要内容为：

（1）高速公路病害或缺陷状况的分析、评价。

（2）病害或缺陷所在位置高速公路对应结构设施的性质、特点。

（3）处理方案是否与原有结构设施相匹配。

（4）技术上是否合理，方案是否有可行性。

（5）经济上是否可行、合理。

(6) 施工时是否能与周围环境吻合，不致产生较大冲突。

根据审查结果，对技术方案、施工图、工程预算作相应的修改完善，最后经审批单位确定后，即完成专项养护与大修工程的立项工作。

二、项目的组织措施

一般而言，高速公路专项养护与大修工程的内容涉及路基、路面、桥涵、隧道、交通安全设施、绿化设施、收费站场、机电设施等，以及其他路容路貌，与日常维护保养涉及的项目基本一致，但专项养护与大修工程更应立足于针对性、时效性及综合性，质量、工期、费用、目的明确，因此其实施要求有更明确具体的组织措施。

专项养护与大修工程项目，一般情况下都是根据综合性、专题性或特殊性的路况调查分析而提出的，并经过业主或业主代表审批后执行。一般情况下，专项养护与大修工程都以合同制的方式组织实施，合同应有明确的工程项目、内容、技术要求、质量标准、实施时间、施工过程的检查验收程序、费用计量支付办法等。

专项养护与大修工程同日常维修保养一样，由于处于边通车边施工的环境中，因此对交通管制能力、施工安全意识和经验要求都很高。因此，均提倡专业化养护和施工，同时为确保养护与维修的工程质量，一般均实行工程监理制。项目规模小、施工简单、时间短的，实行业主自行监理形式。项目规模大，技术要求高或业主没相应技术管理能力的，实行社会监理。必要时，大修工程需要质量监督部门介入管理。因此，为按时、按量、按质、安全地完成专项养护与大修工程，从组织措施上要求：

(1) 做好综合性、专题性或特殊性路况的调查分析和计算工作，确定专项养护或大修工程的施工技术方案，并经主管部门论证审查批准后方可组织实施。

(2) 编制详细完善的设计文件和施工要求，内容包括施工图表、工程概况、工程量、工程技术标准、质量要求、开工及竣工时间、检查验收程序、费用计量支付办法等。

(3) 实行招投标制，择优选择具有相应资质的专业化养护与施工单位，并签订施工合同。

(4) 业主要设立项目管理机构，配备必需的技术管理人员，检查、监督施工。施工单位在现场建立满足养护与施工需要的施工管理机构，配置相应的生产技术人员、管理人员和技术性工人，制定详细的施工组织设计。

(5) 根据施工作业区域及施工组织安排，根据有关规定，做出切实可行的施工交通组织方案和详细施工安全保障措施，经交通管理部门审批后严格执行。业主与施工单位签订施工安全责任书，明确双方在作业时的安全责任与义务。

(6) 实行工程监理制度，加强施工过程中的工程计量、检查、验收和费用支付的管理，确保工程质量、进度和费用能得到有效的控制。

(7) 开工前、施工中、竣工后，应及时整理好有关施工文件及竣工资料，工程完工后要进行申请验收工作，实行交(竣)工验收制度。

三、项目的技术管理

专项养护与大修工程的技术管理，主要包括建立健全各项技术管理制度，制定施工技术方案，进行施工图设计、施工组织设计、施工工艺管理、施工质量管理、技术文件管理等。专项养护与大修工程的技术管理按照时间的不同，其工作内容有所不同。

（一）项目准备阶段

（1）根据被管养公路的实际情况，认真进行年度路况综合调查以及进行季节性、专题性路况调查，根据调查情况，分析公路技术状况，针对病害或缺陷产生的原因和状况，提出综合、有效、先进、经济的技术方案和处理措施，并上报有关部门审批。

（2）组织有关部门和人员对方案进行评审。

（3）根据评审结果与要求，进行技术设计或施工图设计。

（4）整理、汇总上述有关技术文件、资料和图纸。

（二）项目实施阶段

专项养护与大修工程组织实施时，应根据工程实际情况编制详细的施工组织设计，进行相关的工程管理工作，其主要内容和工作程序如下：

（1）根据施工对象，制订施工方案。施工方案的内容主要包括：施工方法的确定、施工机具的选择、施工顺序的安排、施工工序的衔接安排等(具体内容见施工组织)。

（2）编制施工交通静态和动态控制图、制定施工安全制度和措施。从生产、教育、技术措施、交底、检查等方面建立制度，确保施工和交通安全。

（3）根据合同工期要求和关键性工序工期要求，编制详细的施工进度计划。

（4）根据工程量、工程进度要求、生产能力，计算人工、材料、机具需要量和进场使用计划。

（5）制定临时工程施工方案，并组织实施。

（6）制定工地材料的运输，并组织实施。

（7）布置施工平面图，确定材料堆放、机械停放位置及使用方式。

（8）编制施工工艺要领、技术措施要领和质量控制措施。

（9）编制工程质量、数量检查验收表格。

（10）编制施工组织设计说明书。

（11）进行技术交底，使参与施工的全体人员，明了所担负工程任务的特点、技术要求、施工工艺、时间及工序要求等。

（12）严格按照施工图及工艺要求施工，做好相关材料试验及施工质量的控制、检查、验收和技术档案收集管理工作，确保养护维修工程的质量。

（13）完工后，提出竣工验收申请并组织验收。

（14）编制竣工文件并归档。

第三节　大桥与特大桥的养护

大桥特大桥养护工作的主要任务是：采取正确有效的技术措施和科学规范的管理手段，对桥梁的现有设施进行经常维护，切实掌握桥梁的技术状况，确保桥梁安全、完好，为运营提供保障条件。

一、大桥特大桥养护机构和职责

桥梁养护工作实行分类管理、分级负责的制度。

管理处设立桥梁养护工区，或在养护工区内设立专门养护队，负责管区内特大桥、大桥的经常性的检测保养工作高速公路公司、分公司、管理处养护管理部门应分别设桥梁养护主任工程师、主管工程师、工程师，在各级养护部门领导下，具体负责经常性养护工作。

高速公路公司成立试验检测中心，业务归口养护部管理，试验检测中心受公司委托负责特大桥梁的定期检查、特殊检查、应急检查等技术工作。

(一) 特大桥梁养护工区(队)的职责

(1) 负责辖区内特大桥、大桥经常性检查的具体实施工作。

(2) 负责桥面的清扫保洁、排水设施的疏通工作以及冬季的防雪防滑工作。

(3) 负责桥梁各结构部件和各附属部件的维修保养工作。

(4) 负责桥梁养护设备的日常保养工作。

(二) 管理处桥梁养护工程师职责

(1) 主持辖区内桥涵构造物的经常性检查与技术档案的填写、整理。

(2) 负责向分公司主管桥梁养护工程师和本处领导报告三、四类桥梁的病害状况和受自然灾害及其他影响的损坏情况，并协助上级桥梁养护工程师作定期检查。

(3) 提出辖区内桥涵物的维修保养年度计划，并主持维修保养和抗灾抢险工作，考核桥梁养护管理质量。

(4) 编制专项工程的设计、预算文件，经分公司批准后组织施工、监理、验收等工作。

(5) 根据上级审定的超重车辆通过桥梁方案，组织和指导超重车辆通过，并详细检查主要受力部位变化情况、已有病害的发展和新病害的出现，并记录在案。

(三) 分公司主管桥梁工程师职责

(1) 制定安排桥梁年度定期检查计划，组织实施辖区内的桥梁定期检查，以及桥梁受各种自然灾害，人为损害情况的检查报告(包括桥梁养护方案、对策与措施)。

(2) 向公司桥梁养护主任工程师提出定期检查、特殊检查的年度计划报告，并协助实施桥梁养护的特殊检查和应急检查工作。

(3) 审核辖区内桥梁维修保养年度计划、监督、检查(大桥)管理处的桥梁维修保养工作，考核桥梁养护质量。

(4) 提出辖区内桥梁大修工程项目年度工作计划和建议，并组织实施，组织专项工程的中间检查和验收工作。

(5) 组织制定桥梁加固方案，参与辖区内桥梁新、改建工程的竣工验收。

(6) 审定超重车辆过桥方案，并负责组织过桥前后的现场检测工作。

(7) 负责辖区内桥梁技术档案的补充，完善和保密工作，定期对辖区内桥梁技术状况做出综合分析与评价。

(四) 公司桥梁养护主任工程师职责

(1) 负责公司桥梁养护技术管理工作，组织制定桥梁养护计划，考核桥梁养护质量。

(2) 审查并提出桥梁定期检查、特殊检查工作计划并组织实施；主持审定桥梁特殊检查、应急检查报告，审批桥梁大修加固和改造设计方案及预算并监督实施，组织工程竣工验收。

(3) 提出桥梁养护的科研计划，主持审定科研成果，组织检查分析桥梁养护工作中的重大安全、质量事故。

(4) 主持公司所属桥梁技术档案的修改，审查与技术情报的交流，组织进行技术业务培训。

二、大桥特大桥养护工作管理

(一) 管理处负责的桥梁养护工作

(1) 巡视检查桥涵结构物有无破坏或损坏现象，并记入《桥梁日常巡视和养护日志》。

(2) 桥面经常清扫、保持桥面清洁，伸缩缝内无积尘，泄水槽畅通无阻，雨后应及时扫除桥面积水，疏通排水设施，冬季备好备足防雪防滑材料，雪天及时撒布防滑防冻材料，排除积雪积冰，桥面用融雪剂优先选用环保型。

(3) 桥涵各结构部件是否有缺损、变形，发现后应及时处理。

(4) 支座定期清扫抹油保养，使支座处于正常工作状态，钢支座抹油保养时间一般安排在“五一”和“十一”前后进行。

(5) 其他病害的维修和保养工作。(上述工作应做到经常化、制度化。)

(6) 桥梁的经常性检查由养护(基建)科负责，每月进行1次，对存在的病害限期维修恢复，并作为年终考核内容，应在年终提出桥梁养护工作总结与桥梁技术状况报告报分公司。

(7) 桥梁定期检查由分公司主持以管理处为主进行桥梁定期检查，定期检查要保持检查人员的相对稳定，并提出检查报告报分公司。对需要进行专项、大修工程项目的纳入年度计划解决。

(8) 管理处按照分公司下达的年度养护工作计划和要求，编制专项工程项目实施方案和各项目的工程预算，报分公司审批后，具体组织实施。

(9) 专项、大修工程设计应以技术工艺简单易行、维修费用经济合理，尽可能不影响或少影响交通为原则，工程结束后，(大桥)管理处应及时编制工程决算报告并上报分公司。

(二) 桥梁特殊检查与技术改造

桥梁特殊检查承担方应在合同(协议)规定的时间内提交桥梁特殊检查技术报告，分公司主持，邀请有关方面专家对报告进行评审确认，达到合同规定要求时，方可最后结清合同金额，结束合同，评审结束后应将检查报告及评审意见一并上报公司。

技术状况属于四类的桥梁需进行单一的桥梁加固，技术改造时应按两阶段设计程序申报有关文件。

1. 初设阶段

桥梁技术改造方案应同桥梁技术状况检查评价报告一并上报公司，技术改造方案报告应由两个以上的加固方案组成，并应对其进行技术经济的可行性比较，作为技术评审，核定加固方案的依据，经过技术评审，初设阶段批复同意后，方可进行下一步的工作。

2. 施工图设计阶段

桥梁的施工图设计与预算，管理处应以书面形式于当年11月底前上报分公司，经批复后方可开工。

管理处应认真组织桥梁加固、改造工程的施工，桥梁养护工程师或委托监理工程师对工程实施监理，工程竣工后参与工程验收。桥梁加固技术改造工程完工后，由公司或委托分公司主持进行工程验收。

（三）养护定额管理

公司根据养护工作的经常性、预防性、季节性和全面性等特点，结合大桥特大桥的交通量、桥梁使用年限、桥梁技术状况、自然条件及附属设施的数量和完好程度，合理确定桥梁维修保养定额。

各管理处要加强桥梁养护管理工作，严格执行维修保养定额规定，大型桥梁养护资金一般要独立核算，确保养护资金专款专用。

分公司应有计划地进行各级桥梁养护技术人员的技术培训，购置必要的常用检测仪器，以提高桥梁养护技术人员的业务素质、管理水平和检测能力，不断提高桥梁养护技术管理水平。

三、桥梁技术档案管理

高速公路公司桥梁技术档案包括；全公司桥梁基本卡片；桥梁登记表；三、四类桥病害分析表；桥梁特殊检查报告，桥梁技术改造方案及评审意见。

管理处应设专人负责桥梁养护技术档案的管理，档案资料应包括：路况、桥梁登记表；施工、监理记录与施工资料；专项、大修工程竣工资料与验收报告；经常检查与巡查记录；定期检查与检查报告；特殊检查报告及处理意见；年度计划、总结及月报表；来往文件、工作日志等。

分公司管理的档案资料包括：年度计划及批复文件；定期检查报告；重点工程竣工资料及验收报告；桥梁基本状况卡片(列于路况资料中，进行定期修改)及各类报表；年度检查评比资料；年度专项工程和年度养护费用汇总资料等。

桥梁登记表，三、四类桥梁病害分析表，在进行桥梁定期检查后于当年报送分公司。

分公司应在每季度末，公司应在每年第四季度进行桥梁养护管理质量检查，对在检查中达到优秀的进行表彰奖励，达不到合格标准的进行处罚。

四、桥梁养护管理质量考核办法

桥梁养护管理质量检查由分公司按《桥梁养护管理质量检查评分标准》于每年第四季度进行。

每年11月15日前，(大桥)管理处应报送自检情况。

凡检查在90分以上者为优秀、75~90分为良好，60~75为合格，60分以下为不合格。凡在检查中达到优秀的由公司通报表彰，凡达不到60分者，通报批评。

评分标准中，桥梁完好率指大桥特大桥技术状况在一、二类的桥梁孔数所占全桥孔数的比例，它是评价桥梁养护管理质量的指标。

第四章
高速公路养护信息化管理

管理信息系统(Management Information System-MIS)是管理学科发展的一个重要领域，它是一个由人和计算机等组成的能进行信息收集、传递、储存、加工、维护和使用的系统。

第一节　路面养护管理数据库

一、数据库的基本概念

作为当今数据管理的主要方式，数据库系统在社会、经济、生活等各个方面的应用很广。随着公路交通发展的智能化、信息化，公路管理人员应当具备数据库的基本知识，从中找到与高速公路养护管理的结合点。数据库技术经过长期的发展和应用，已比较成熟，所涉及的内容也较多，限于篇幅的限制，在此仅介绍一些数据库的基础知识。

(一) 数据库

简单地说，数据库就是为了实现一定的目的，按某种规则组织起来的“数据”的集合。在现实生活中，这样的数据库随处可见。如，为了保持和朋友的联系，常常用一个通讯簿将他们的姓名、地址、电话等信息记录下来，这样要查朋友的信息就很方便。这个“通讯簿”就是一个最简单的“数据库”。每个人的姓名、地址、电话等信息就是这个数据库中的“数据”。可以在通讯簿这个“数据库”中添加新朋友的个人信息，也可以修改某个朋友的个人信息。

数据库主要有层次型数据库、网状数据库和关系数据库。在如今的数据库系统中应用最广的是关系数据库，在工程应用中也主要是使用关系数据库。

关系数据库是用一组表格来表示数据及其相互关系的数据库模型。关系数据库由一些表格组成。通常每一张表格称为一个关系，表格的名称称为关系名。表格中的每一行成为关系中的一个元组，每一列称为关系中的一个属性即数据项。属性取值范围称为域。对关系进行描述的表达式称为关系模式。关系数据模型具有形象、直观、应用方便等特点。同时还具有功能丰富、允许表达式对关系模型进行各种查询的高级语言。

(二) 数据库管理系统

数据库里的数据应该像图书馆里的图书一样，要让人能够很方便地找到才行。如果所有的书都不按规则，胡乱地堆在各个书架上，那么借书的人根本就没有办法找到他们想要的书。同样的道理，如果把很多数据胡乱地堆放在一起，也同样难以找到自己需要的信息，这种数据集合也不能叫作“数据库”。人们将越来越多的数据存入计算机中，通过一些编制好的计算机程序对这些数据进行管理，这些程序就被称为“数据库管理系统为 DBMS”，它可以帮助人们管理输入到计算机中的大量数据。比较流行的 DBMS 有 Foxpro. Microsoft Access. Oracle 等。

（三）表

关系数据库中的数据以二维表的形式进行存储，一张表实际上就是一个“关系”。密切相关的表便构成了一个数据库。

（四）字段（属性）

表中的列称为字段，它是一个独立的数据，用来描述数据的某些特征。

（五）记录

表中的行称为记录，它由若干个字段组成。如可以看到这样一条记录：10901，高速公路，162989，沥青路面，优。记录反映了某一事件的基本信息即该路段的编号、等级等信息，它是数据库操作的独立单位。

（六）主键（关键词）

在关系数据库表中不允许存在两个或两个以上的相同记录。主键是指关系表中能唯一确定一条记录的属性或属性的组合。一旦确定了主键的属性或属性组合的值，则唯一的一条记录就能被确定。

二、路面养护管理数据库设计

（一）数据库的一般设计过程

所谓数据库设计，就是根据一个单位的信息和数据库的硬、软件环境，设计出数据模式为外模式、逻辑模式、内模式，以及相应的应用程序。整个数据库设计的过程不只是在系统设计阶段独立完成，它是融合在系统调查、系统分析和系统实施各个阶段之中。数据库系统的设计可以划分为以下几个阶段：①用户需求分析；②概念结构设计；③逻辑结构设计；④物理结构设计；⑤数据库的实施；⑥数据库的维护。

（二）用户需求分析

需求分析阶段是对现实世界深入了解的过程。由于数据库是一个单位的模拟，设计时必须对一个单位的组织、各部门之间的联系、数据、信息流、报表及其格式等进行了解，获得用户对所要建立数据库的信息要求和处理要求的全面描述，与用户取得对需求的一致认识。需求分析的结果必须整理成需求说明，其中确认了数据库中应包含的数据及其有关特性，如数据名、属性、主键、数据量估计、更新要求、共享范围、语意约束等。要对数据库系统的整个应用情况进行全面、详细的调查，收集支持系统总的设计目标的基础数据和对这些数据的处理要求，确定用户的需求。

目前，我国高速公路的养护管理一般由高速公路股份有限公司负责。具体的养护管理实行总公司和下属管理处的二级管理，即总公司负责全线工程养护工作的统一领导与管理，主要职能部门是工程技术处。沿线设若干管理处，负责其所辖路段的工程养护，其主要职能部门是工程技术科。总公司组建的专业化养护中心，负责全线的专项工程、大中修工程、灾害性预防及抢修工程的实施，并在工程技术处的指导下对全线路况进行定期检测。

各管理处建立养护队，以机械化养护为主，负责所辖路段的维修保养。确定全部的用户信息需求比较困难，这也是系统开发中最困难的任务之一。因为：首先，系统本身的需求是不断变化的，用户的需求必须不断调整，使之与这种变化相一致。其次，由于用户缺少计算机化信息系统设计方面的专业知识，要表达他们的需求比较困难。最后，要调动用户的积极性，使他们能积极参与系统的分析与设计工作也有相当的难度。

1. 路面养护管理

一般而言，路面养护管理中需要的数据通常有：

(1) 路面的基本资料：路线名称、路段名称、起点桩号、终点桩号、路面结构材料类型、路面各层次的厚度、设计弯沉、路面宽度、建成年月、修建单位等。

(2) 路面的检测数据：路面弯沉数据(包括测点桩号、实测弯沉、代表弯沉等)及其统计分析信息、横向力系数及其统计分析信息、平整度数据及其统计分析信息等。

(3) 路面巡查数据：坑槽、松散、拥包、翻浆、沉陷、泛油、车辙、龟裂、网裂、波浪与搓板、横坡不适、平整度差、修补损坏等。

(4) 养护计划维修信息：养护费用计划数据(养护费用来源、分项养护费用支出等)、维修保养计划数据、专项工程计划数据、大修工程计划数据、灾害性预防及抢修工程计划数据等。

(5) 日常管理信息：人员管理信息(姓名、年龄、性别、学历、职称、岗位等)、合同管理信息(合同编号、合同名称、项目内容、签约单位、签约时间、合同期等)、设备管理信息等。

2. 用户对数据处理的要求

对用户对数据处理的要求是：

(1) 对数据能够进行增加、删除、修改操作，要求数据基本满足养护工作的实际需要。

(2) 对数据能够进行有条件查询和全部查询，对查询结果要求可以直接打印或存储。

(3) 能够将数据按要求组织起来，进行相关的统计分析，得出预期的结果，并以多种形式加以反映；能够提供相关的报表和业务台帐。

(4) 在实际工作中要求总公司和管理处每月进行两三次的数据交换。但总公司可要求随时调用管理处的最新数据。

(5) 要求对数据作好备份与转储管理并提供部分照片的存储和浏览功能。

(三) 概念设计

概念设计阶段的主要工作是在需求分析的基础上综合用户需求，用概念数据模型(如比较流行的E-R数据模型)表示数据及其相互的关系。概念数据模型与数据库管理系统(DBMS)有关，接近现实世界，用户容易理解。

概念设计产生的数据模式能够准确地反映用户的信息需求，并易于更改和扩充。除了在后续的设计工作中使用外，它也是和用户交流和数据库移植的重要工具。具体而言，为了避免将现实世界中的客观对象直接转换为机器世界中的对象，往往将它们抽象为不依赖任何具体机器的信息结构即概念模型。

关系数据库系统设计中比较流行的是E-R(Entit-Relationship)图法，这里简要介绍概念设计中的一些基本概念。

(1) 实体(Entity)：客观存在并可相互区分的事物。实体可以是人，也可以是物；可以是指实际的对象，也可以是某些概念；可以指事物本身，也可以指事物与事物之间的联系。如在路面养护管理系统中，某一段选定的路面就可称为一个实体。

(2) 属性(Attribute)指实体具有的某一特性。一个实体一般都用数个属性来进行描述。如一段路面的实体就可以有里程、强度、平整度等多个属性。

(3) 联系：各个实体之间具有各种各样的联系，一般来说联系可分为一对一的联系(1∶1)、一对多的联系(1∶n)、多对多的联系(n∶m)。一般来说，直接对数据库系统的整体进行E-R设计比较困难，常用的做法是，先设计出各个分系统的E-R图，再分析各分E-R图之间的接口，将它们合并成为整个系统的E-R图。在一般养护管理信息系统中，实体主要是各种路面指数、养护维修行为等。

路面养护系统数据库的逻辑设计是整个数据库设计的关键。E-R图数据模型的设计和合成要远比本节所涉及的内容要复杂，但限于篇幅限制，不能一一详细介绍，请读者参考关系数据库的有关书籍。

(四) 逻辑设计

数据库逻辑设计的基本任务是将概念设计得到的数据模式翻译成用逻辑数据模式表示的概念模式，同时将概念设计得到的用户视图转换成外模式。概念设计得到的数据模式用概念数据模型来表示，该模型主要面向现实世界和用户，与DBMS无关。而逻辑数据模式是用户从数据库所能看到的数据库模式，与DBMS相关。一般逻辑设计过程可以分3步进行。

(1) 将概念结构向一般关系模型转化；

(2) 将第一步得到的结构向特定的数据库软件支持下的数据模型转换；

(3) 依据应用的需求和具体的数据库管理软件的特征进行调整与完善。

数据库逻辑设计的结果不是唯一的。在逻辑结构设计基本完成后，应根据开发需要对设计结构进行适当的修改和调整，以进一步完善设计，提高系统的应用性能，最终确定基本数据结构。对于路面养护管理系统而言，数据库中应储存路面的基本信息、路面检测数据、路面巡查检验数据和路面养护相关的信息等。

(五) 物理设计

对于设计好的逻辑数据模型，选择一个最符合应用环境要求的物理结构，称之为数据库的物理设计。物理设计的主要内容包括：确定数据的存储安排、存取路径的选择与调整、确定系统配置。

首先，应当确定数据的存储格式。合理的数据安排能够提高系统的性能。如果采用MsS-SQL Server系统，主要是将日志设备和数据设备分开，并分别放在不同的分区上，这样能够改进系统的性能。

然后，要选择调整存取路径。对于多用户共享系统，同一数据存储应建立多条存储路径，以满足具有不同权限的用户使用。如在养护费用计划中涉及的敏感数据，需要建立多条存储路径。

最后，要确定系统的配置。对于不同规模的数据库系统，其系统配置要求各有不同。而且采用不同的DBMS也往往具有不同的系统要求。在数据库设计中，应该具体情况具体分析。

（六）数据库的建立与维护

完成上述高速公路养护数据库设计后，就可以着手建立数据库，输入数据进行测试与试运行。工作步骤如下：

(1) 建立实际数据库并加载。将逻辑设计和物理设计的结果用具体的DBMS提供的数据描述语言描述出来，然后在DBMS上运行这些语句，就可以建立起实际数据库。数据库的加载也称装入数据。

(2) 在正式将数据库投入运行之前，还要进行调试。通过执行数据库的各种操作，可以测试应用程序和系统性能，检查分析系统是否能够告诉公路养护管理的需求。

(3) 数据库的运行与维护。数据库通过试运行的检验与各项性能测试，基本符合要求并逐步完成运行评价，达到设计目标后，便可正式投入实际使用。这标志着数据库开发设计工作基本完成，数据库开始转入维护阶段。

在维护阶段中，数据库的调整、修改、新功能扩充、评价等工作仍继续进行。所以数据库的维护不但是为了保证数据库的正常运转，还具有对设计完成的数据库继续提高的任务。

三、路面养护管理系统中的数据库

在路面养护管理系统中，数据库是整个系统的核心。系统所需要的各种路况数据以不同的方式采集输入计算机后，通过数据库加以处理和管理，为系统的网级及项目级决策提供所需要的数据。

数据库在整个路面养护管理系统中主要有以下作用：

(1) 通过数据转换接口与数据采集设备相连，直接接收并存储来自数据采集设备的数据；

(2) 通过数据库管理模型接收并存储手工输入数据；

(3) 通过数据库通信接口，接收来自其他应用系统的数据或向其他系统传输数据；

(4) 存储并管理系统的模型参数数据；

(5) 为网级和项目级系统提供数据；

(6) 通过输出结果输出模型和路网基本数据信息。

第二节 路面养护管理系统

一、路面护管理系统发展概况

路面养护管理系统(Pavement Management System 为 PMS)利用计算机技术和数据检测、采集设备，建立数据库及信息分析、处理模型，优化养护方案，有效地利用资金和养护设备等资源，使公路网中的路面处于最佳的服务水平。

路面养护管理系统可划分为网级路面管理系统和项目级路面管理系统两类，两种系统具有不同的结构和功能，分别适用于不同的管理层次。

网级路面养护管理系统是以整个路网为研究对象，它的范围包括一个地区(省、市)的公路网或一整批的工程项目。通过路面状况评价、路面使用性能预测、道路使用者费用预测、养护方案效益分析和优化决策，网级系统将实现以下功能：①路网当前使用性能评价；②路面未来养护需求分析；③路网车速预测和评价；④路面养护水平(标准)优化分析；⑤养护预算优化分配；⑥养护投资敏感性及风险性分析；⑦新建、改建项目投资效益分析。

网级路面管理系统一般由数据库、使用性能评价模型、养护需求分析模型、车速预测评价模型、养护标准优化分析模型、养护预算优化分配模型、养护投资敏感性和风险性分析模型组成。

(1) 使用性能评价模型：给出当前路网各项评价指标的评价结果，主要以百分比的形式出现。

(2) 养护需求分析模型：提供未来 10 年内路面大中修养护的时间、费用、地点和方案。

(3) 车速预测评价模型：从行驶质量评价角度分析预测路网车速在未来 10 年内的变化情况，为公路改建、拓宽提供依据。

(4) 养护标准优化分析模型：给公路养护工程师提供达到要求的养护水平所需要的最小投资。

(5) 养护预算优化分配模型：分析不同投资水平给路网带来的变化，建立投资水平与路况的关系，以确定最佳路网投资方案和计划。

(6) 养护投资敏感性及风险性分析模型：提供分析推迟或提前养护对路面使用性能、养护费用和用户费用的影响。

项目级路面养护管理系统仅针对一个工程项目，它的主要任务是为管理部门对某一工程进行技术决策时提供对策，以选择费用—效益最佳的方案。它以数据库为核心，通过对路面相关的各种数据的采集形成数据库，利用这些数据进行路面使用性能评价，得出各种相关的使用性能指数，通过这些指数确定路面所处的损坏状况，由此给出各路段的养护、改建方案，对各方案加以经济分析比较，得出适合该路段的费用—效益最佳方案。当数据积累到足够程度后，便可以建立路面使用性能预估模型，对路面的各项使用性能指标进行预估。

总的来说，路面养护管理系统的发展目标是建立智能化的、既能交互式运行又有自适应能力的多目标决策管理体系。通过系统的建立和实施，可以进一步提高和改进路面的养护技术，改善现有的路网服务水平。

要建立路面养护管理系统数据库，构造路面评价、预测模型，离不开对道路运行和使用状况的了解。通过数据采集系统，取得路面使用状况的数据信息，是路面管理系统决策的依据。路面状况数据的采集，主要包括路面破损状况、路面承载能力状况、路面平整度和路面抗滑能力指数等内容。

二、路面养护管理系统

（一）系统概述及数据库设计

高速公路路面有沥青路面和水泥路面两种类型，两种路面养护管理系统具有类似的结构，它们的差别主要体现在性能参数的使用和测定方法的选择方面。

路面养护管理系统的结构由数据库系统和各种评价、分析、预测和优化模型组成。在采集所需的数据之后，根据一定的数据模型(如关系模型)，将数据有效地组织、存储起来，以方便对数据的查询。反映高速公路运营状况的各种数据是各种模型和决策的基础。

通过获取和处理数据，分析路面养护的需求，实现高速公路养护的合理决策。选择路面养护维修项目并组织实施，在养护工程结束后，将养护效果反馈给数据库系统。数据库的设计是整个信息系统的关键。要完整、准确地反映高速公路养护管理需求的信息，不但需要通过检测、问卷调查等各种形式采集，还必须进行有效、合理的数据组织。

（二）路面评价模型

根据储存在数据库中的数据，可以建立一定的模型对路面使用状况进行评价和分析。评价的内容包括路面破损状况、平整度、路面强度以及抗滑性能等。对于不同的评价内容有相应的评价指标。

（三）路面使用性能预估模型

路面使用性能预估，是在路面工程理论和预测学理论的指导下，以调查研究和统计资料为依据，以科学的定性和定量计算为手段，对路面使用性能发展演变规律进行分析和揭示，进而做出科学的预测，为高速公路养护管理提供可靠的决策支持的过程。

公路管理部门为合理使用有限资金以维持尽可能高的路面使用性能水平，需要进行规划。为此，必须确定何时应采取养护或改建措施以及采取何种措施最为经济。在路面养护管理系统中建立使用性能预估模型可以预估路面经过某种养护或改建措施后使用性能随时间而变化的关系。

高速公路路面使用性能预估模型，是路面养护管理系统的重要组成部分，是路面管理系统赖以完善的基础，是路面养护管理系统中的一项重要内容。高速公路路面使用性能预估模型可划分为两种基本类型：一是预估其使用性能指标单一数值的确定性模型；二是预估其状态分布的概率模型。确定型模型包括基本反应、结构功能、功能性能和使用性能模型等；概率模型包括残存曲线、马尔可夫和半马尔可夫模型。

1. 确定型模型的建模方法

在现有的路面管理系统中，绝大多数采用确定型模型预测路面的基本反映(应力、应变或位移等)、结构性能和使用寿命(以累计轴载作用次数或时间计)等。这类模型的建模方法主要有力学-经验法和回归分析法两种。

力学-经验法利用由结构分析得到的路面在行车荷载作用下的应力、应变或位移的反应，预估使用性能变量随时间或轴载作用次数的变化；而回归分析法则是利用回归分析技术建立使用性能变量同影响变量(如年数、交通量、路面结构和养护水平等)的经验关系，并借此进行预估。

2. 概率型模型的建模方法

由于影响路面使用性能变化的因素，如荷载、环境、材料性能和养护水平等都具有不同程度的变异性，使用性能变化的速率是不确定的，它可能比预期的快，也有可能比预期的慢。显然，确定型模型无法反映使用性能变化速率的这种不确定性，因而并不能保证得到可靠的预估。所以，有必要研究概率型模型的建模方法，以建立能够表达使用性能不确定性变化的概率性模型，供路面管理系统尤其是网级管理系统使用。

概率型模型中应用最多且最完善的是马尔可夫模型，其主要原因之一是马尔可夫过程为这种模型提供了合理的结构。应用马尔可夫过程建模的主要步骤如下：

(1) 选择使用性能变量，定义路况状态；

(2) 为不同路面类型或各种养护和改建措施分别提出转移概率矩阵；

(3) 利用转移概率矩阵预估某时段处于某种路况状态的概率。

(四) 经济分析模型

为了确定最优的高速公路养护维修方案以及实施顺序和实施时机，需要建立路面养护管理的经济分析模型，通过费用-效益分析，对各种方案在寿命期内的费用和效果进行评价。

在高速公路的使用过程中，会经过若干次的中修或大修，这些修理活动的费用主要由以下部分：路面初期修建费用、日常养护费用、路面大中修费用，以及不同养护维修方案费用差异而体现的效益，依此进行寿命周期费用分析。

1. 分析期

进行方案比较的时间段被称为分析期。分析期受路面结构、交通状况、环境等因素影响，通常为15~30年，高速公路路面养护管理系统的分析期建议采用20年。

2. 费用组成

在分析期内，与高速公路路面相关的费用主要是各年度内的日常养护费用、小修费用和路面大中修费用。

3. 效益分析

有效的养护维修使高速公路路面使用性能得到改善，并由此使路面养护分析期内的费用发生变化。这些变化可以用用户费用的节约效益来衡量，也可以用路面使用性能的改善效果来衡量。

（五）路面维修对策分析选择

高速公路路面维修对策的确定，涉及路面现有的状况、传统的对策模式、决策者的经验知识和价值观念以及可能的政策干预等诸多因素。传统上，公路部门通常对管理目标和可获得资源等因素综合权衡后，依据工程经验为具体路段选定养护或改建对策。这种决策模式具有明显的主观性和片面性，难以保证资源的有效利用。因此，在高速公路路面养护管理系统中，有必要引入某些科学的方法，以促使路面管理决策的理性化、系统化和过程化。

目前，有两类方法可用于高速公路路面维修对策的决策分析。第一类是借助某些系统化的方法总结和提炼路面养护工程长期积累的经验知识，并以过程化的形式为具有不同路况的路面选择合理可行的养护或改建对策，这类方法比较适宜于网级管理；第二类是经济分析方法，如寿命周期费用分析等，即通过对路面各种可行对策方案在分析期内支出的费用和产生的效益的分析比较，为路面选择最佳费用-效益对策方案，这类方法多用于项目级的管理。上述两种方法可分别认为是静态技术分析法和动态经济分析法。国内的一些路面管理系统中已经总结出了一些针对不同路面状况的维修对策，简要介绍如下。

1. 沥青路面养护维修对策

（1）小修保养对策：PCI 评价为优、良，RQI 也评价为优、良的路段，以日常养护为主，并对局部路面破损进行小修。

（2）中修对策：PCI 评价为中或 RQI 评价为中的路段，应进行中修罩面。

（3）大修对策：对于强度不满足要求的路段（高速公路、SSI 小于 0.8）应进行大修补强。

（4）抗滑处理：高速公路的 PCI、路面破损状况和强度均满足要求，但抗滑能力不足（SFC 小于 0.4）的路段，应加铺抗滑磨耗层。

（5）改建对策：因路面不适应现有交通量或载重的需要，应提高现有路面的等级，或通过加宽等措施提高路面的通行能力。

（6）专项养护：因自然灾害致使路面遭受严重损坏，可申请专款对路面进行修复。

2. 水泥混凝土路面养护维修对策

根据不同的路面等级和路况结合有关资料确定相应的养护和改建措施如下：

（1）路况为优或良级状态，即 PCI 为 70~100，采用小修、保养措施；

（2）中级路况状态，即 PCI 为 51~70，需采用小修或中修措施；

（3）路况差时，PCI 为 31~50，需采用中修或大修措施；

（4）路况很差时，PCI<30，应采用大修措施。

三、GIS 在高速公路养护管理中的应用

CIS（Geographic Information Sytem 为地理信息系统）是管理和分析空间数据的计算机系统，在计算机软硬件支持下，对空间数据按地理坐标或空间位置进行各种分析处理，完成数据输入、存储、处理、管理、分析、输出等功能，对数据实行有效管理，研究各种空间实体及其相互关系，通过对多因素信息的综合分析，可以快速地获取满足应用需要的信息，

并能以图形、数据、文字等形式表示处理结果。

GIS 是最适合于进行地理空间数据处理的计算机应用系统。公路具有典型的线型地理特征，适用于应用 GIS 进行形象化管理。随着 GIS 应用的普及，通过引入 GIS 技术以进一步丰富和完善路面养护管理系统功能，成为路面管理系统的发展趋势。

（一）GIS 的基本数据

一个完整的 GIS 应用系统包括数据采集设备、计算机硬件、GIS 开发平台（如流行的 GIS 开发系统 ARC \ INFO，MAPCIS 等）、GIS 数据及应用软件。而对于一个 GIS 应用软件来说，最重要的是建立一个完整、有效的数据库管理体系来管理 CIS 数据。现在的 GIS 开发软件（如 ARC \ INFO）一般都支持同流行商用 DBMS（如 ORACLE）的连接，以有效的管理 GIS 的各种数据。

GIS 数据包括反映地理实体空间位置的数据，空间数据又分为栅格数据和矢量数据两种，两种数据的组织和编码形式不同，但是可以互相转化。通过空间数据的组织编码可以表示 CIS 中的 3 种最基本的地理实体：点实体、线实体和面实体。CIS 中的另一种数据是反映地理实体属性的数据，称为属性数据，如用线实体表示一条高速公路，就可以在该线实体的属性数据中加入公路的修建时间、路面状况等信息。然后通过空间数据与属性数据的连接实现高速公路信息的查询。

1. 点实体

点实体包括由单独一对（x，y）坐标定位的一切地理或制图实体。点是空间上不可再分的地理实体，可以是具体的也可以是抽象的。在公路管理中可用点表示交通标志、交通事故点、桥梁位置等。属性描述中点可以有大小、形状及颜色的变化，以区分不同类型和性质的物体。节点是点的一种，用来在地图中表示拓扑连接关系。

2. 线实体

线实体可以定义为直线元素组成的各种线性要素，直线要素由两对（x，y）坐标定义。线实体中还包括弧和链，它们都是 n 个坐标的集合，这些坐标可以描述任何连续而又复杂的曲线。它可以表示公路、河流等信息。线实体的属性数据中可以用来描述线的宽度、线型及颜色的变化等。

3. 面实体

面实体数据是描述地理空间信息的最重要的一类数据。在区域实体中，具有名称属性和分类属性的，用面实体表示，如行政区、植被分布等；在公路管理中，可以将养管单位的养管区域描述为面实体。面实体的数据结构要比点实体和线实体要复杂，不但能表示位置和属性，更重要的是能表达区域的拓扑特性。

4. CIS 地图分层管理

CIS 地图与普通地图不同，它将表示不同物理内容的地图分门别类进行描述、存储及管理。每一部分称为一个图层。通常一个图层只表示单一的内容，如海洋、行政区、公路、河流等。GIS 显示地图数据时，采用图层叠加的方法显示出所需的信息。GIS 开发软件的图层管理可以确定图层的覆盖顺序、显示条件、可编辑性等。

（二）GIS 的基本功能及其在养护管理系统中的应用设想

CIS 是对各种地理信息进行处理的一种信息管理系统（MIS）。它可用于土地、矿产、环境、河流等许多领域。作为具有线型地理特征的公路，CIS 应用既有与其他领域相同的特点又有其特殊的方面。GIS 在公路养护管理中的应用应包括以下基本功能：

1. 基本地图管理

公路管理部门借助于地图辅助进行公路管理。公路地图除包括行政区域划分、城市、村庄、铁路及水系等一般信息外，特别包括与公路有关的信息如：公路名称、走向、等级、里程等。应用 GIS 出色的地图表现能力，将公路及相关信息可视化，是 CI 在公路养护管理中的基本功能。对公路地图还应包括地图的数字化及修改、放大、缩小、漫游、图层控制、坐标变换和地图输出等功能。由于公路信息是变化的信息，各种新信息应及时反映在地图的数据库结构中，以保持地图的真实性。

2. 专题地图管理

专题地图是在基本地图上，以不同的方式显示属性所形成的地图。利用专题地图可直观地了解属性信息的基本情况，如道路等级、交通量等。

（1）根据点实体属性数据的不同，可以显示出大小、颜色及形状的变化。例如：道班分布图可以用不同的符号大小和颜色表示道班的规模、人数及养护里程等信息。

（2）通过线实体的宽度及颜色的变化反映其属性数据。由于公路的线状结构，使得线实体在公路上的应用最为广泛。例如：可以用不同颜色的线表示路面的不同使用性能。同样可以用不同的颜色和宽度来表示交通量的大小。

（3）面实体利用形状和颜色的变化反映区域的不同属性数据。例如：可以用颜色来表示公路网的密度等。

3. 属性数据管理

路面养护管理系统中的数据多数具有空间属性，如路线、交通量及路况数据等。将这些数据进行地理编码，建立地图要素和属性数据之间的关系，就可以方便地在地图上显示路面养护管理系统的数据。

4. 数据查询

在 GIS 系统中，操作者可以在与地图要素相关的数据库中设定查询条件，选定的数据在地图上显示出来，这种查询方式叫数据查询。这是 CIS 中最具有代表性的数据可视化功能。GIS 的数据查询功能是公路养护管理中常用的查询方法。如，选择路面养护管理系统中的下一年度需要进行大修的路段，地图上就会显示这些路段在路网中的确切位置。

5. 空间查询

与数据查询相反，空间查询是通过对空间范围的选定查询，在此范围之内选择相关信息的属性数据。如，确定距市公路局 50km 以内的道班，只要在屏幕上以市公路局为圆心画一个 50km 的圆，GIS 就会显示这一范围内的所有道班在地图上的位置及有关属性信息。

6. 最佳路线选择

利用 GIS 的最佳路线选择功能，可以确定从 A 点到 B 点的最近路线方式。最佳路线选择总是在给定的条件下，根据地图上所反映的路网关系，道路等级、路面状况等信息，由系统自动确定最佳的行进方式。

7. 缓冲区域分析

建设一条高速公路会对沿线一定范围的经济发展产生影响，高速公路的每一个出口会对以此为中心的区域经济发展产生影响，同时公路也会对沿线的环境产生影响等。GIS 的缓冲区域分析可以辅助进行类似的分析工作。

缓冲区域可以分为点的缓冲区域、线的缓冲区域及面的缓冲区域。点的缓冲区域是以一个点为中心的圆形区域。线的缓冲区域是以一条线为中心的带状区域。区域的缓冲区域是一个与原区域形状相似但具有更大面积的区域。

8. 空间关系分析

由于 GIS 地图的各种地图要素是以不同的图层的形式进行叠加的，图层与图层之间的分析称为空间关系分析。如，河流与公路在 GIS 中分别在不同的图层，若分析某一河流对公路的影响，则需要进行空间关系分析。

以上是 GIS 在路面养护管理系统中应用应具备的主要功能。近年来，GIS 的应用研究在各行各业都是一个热点问题，随着“数字地球”的提出，CIS 的发展也得到了更大的丰富。一些新的研究方向，如三维 GIS、WebGIS 和具有时间动态分析功能的时态 GIS 等已取得了一定的成果，以后将会有更多更丰富的 GIS 功能运用在公路的现代化管理活动中。

第三节　桥梁养护管理系统

为了提高高速公路桥梁养护管理水平，建立起现代化的桥梁管理系统，是高速公路养护管理中一项非常重要的工作。公路桥梁养护管理系统是集桥梁各种静、动态数据库，数据采集方法、使用功能评价，图形、图像处理；费用分析、旧桥加固对策，统计查询功能为一体的桥梁计算机管理系统，它的主要功能和结构与路面养护管理系统相似。

一、桥梁状况数据的采集

(一) 桥梁缺损状况检测

桥梁缺损状况检测的主要内容有：

1. 桥面铺装

(1) 裂缝：水泥混凝土的纵横裂缝、交叉裂缝、断板、角隅断裂、接缝断裂；沥青混凝土的纵横裂缝、龟裂。

(2) 坑槽：沥青混凝土的松散、坑槽。

(3) 变形：水泥混凝土的拱胀、错台；沥青混凝土的拥包、车辙。

2. 桥面板

主要包括：(1)裂缝；(2)剥落；(3)露筋；(4)碎裂；(5)钢筋锈蚀；(6)空洞。

3. 伸缩缝装置

(1) 伸缩缝装置的缺陷：①U 型伸缩缝：沥青的挤出或冷缩；锌铁皮拉脱；②钢制板式伸缩缝：钢板破坏；角钢门缝隙被硬物卡死；连接螺栓损坏；③橡胶伸缩缝：橡胶件剥离损坏；锚固螺栓失效；伸缩缝本身下陷或高出。

(2) 铺筑料缺损：接头周围部分铺筑料的剥落、凹凸不平、渗水。

4. 排水系

（1）尘土、树叶、泥等堵塞排水设施。

（2）泄水管、槽破损，管体脱落。

5. 栏杆及扶手

（1）不完整：由于交通事故或养护管理不当，部分栏杆及扶手残缺。

（2）缺损：栏杆及扶手出现剥落、碎裂、露筋等。

（3）脱落：栏杆联手相互连接处脱落、开裂。

6. 人行道

（1）人行道缘石表面剥落、开裂、破碎。

（2）人行道与桥面板连接不牢固。

7. 上部结构

上部结构的基本构件依桥梁形式而定。拱桥指主拱圈，梁式桥指主梁。

其缺损状况分为：

（1）表面缺损：混凝土剥落露筋。

（2）裂缝：各种桥型裂缝的检查部位根据相关规定。

（3）变形：①梁式桥，即主梁纵曲线向下翘曲；②拱桥，即拱顶下沉、拱圈变形；③横向联系，即横向联系对于拱桥指横系梁，对于梁式桥指横隔板。

8. 下部结构

桥梁下部结构包括支座、墩台、基础，其检查数据如下。

（1）支座部分包括：①支座本身的损坏；②支座座板的损坏。

（2）墩台部分包括：①表面缺损；②裂缝。

（3）基础部分包括：①砖石基础松散、破裂；②桩基础受水冲刷、浸蚀，产生剥落、露筋；③浅基础受水冲刷而掏空。

（二）桥梁缺损状况监测

桥梁缺损状况采用以目估为主、借助仪器量测为辅的监测方法。

1. 表面缺损监测方法

（1）桥面铺装的龟裂、坑槽、破碎板、混凝土构件的剥落、露筋均以面积计（按缺损部位外接矩性的面积计算），并估算其可观察表面积的百分比。

（2）伸缩缝装置、支座等构件的缺损，按目测（必要时借助简单的仪器）结合应采取的养护对策规模判断其严重程度。

（3）基础缺损监测：对于水上部分采用目测处理，缺损严重者须进行开挖监测；对于水下部分，首先根据墩台身的缺损来判断基础的可能缺损程度，对于严重者，采用围堰开挖或潜水监测；对于缺损严重的深基础采用激光探测和振动检查方法。

2. 混凝土裂缝监测方法

混凝土裂缝的检查，一般应检查裂缝的宽度、分布及数量。除裂缝宽度的检查需借助仪器外，裂缝检查的其他项目一般可用目测进行。

检查裂缝的宽度，一般用带刻度的放大镜(或称读数显微镜)，目前常用的是 JDX-3 型读数显微镜，放大倍数为 20 倍，测量精度为 0.01mm。检查裂缝宽度的方法是：

（1）在裂缝的起点和终点，用红铅笔或红油漆作与裂缝相垂直的细线；

（2）在表面的裂缝上，选择目测裂缝宽度较大处作为放置读数显微镜测量裂缝宽度的固定位置，量侧裂缝的宽度。

3. 主梁、主拱圈变形及墩(台)位移的监测方法

主梁、主拱圈变形及墩(台)位移的监测，一般以目测为主，必要时借助钢线尺、垂球等简单仪器，并结合桥梁结构缺陷特征作定性判断。对目测认为变形及位移严重的重要桥梁，再采用精密水准仪进行详细量测。

二、桥梁结构检测系统

(一) 桥梁检测的目的

（1）尽早发现桥梁各部位的缺陷，及时清除隐患，从而节省维护保养所需的费用。

（2）预防桥梁坍塌，确保桥梁安全使用。

（3）建立制度化的检测法规。

(二) 混凝土桥的检测方法

1. 日常检查

以目视或放大镜检查桥梁各部位，以便早期发现混凝土裂缝、剥落损伤及其他异常现象，并对易发生变化的部位作重点检查。

2. 定期检查

使用桥梁检查车和各种仪器全面检测桥梁各部位，并对车行道、河道。

公共设施和桥周围环境进行检查。检查方式有：

（1）目视检查桥梁是否有缺陷和异常现象；

（2）敲打检查，用铁锤敲打混凝土的缺陷，看混凝土构件是否有空洞和分离现象；

（3）照相检查构件变化情况，从而评估变化原因和程度；

（4）非破坏性检查：目视检查和敲打检查后发现缺陷时，再利用各种仪器检测或钻芯取样分析。这种检查以 1 年或 2 年进行 1 次为宜。

3. 临时检查

在发现桥梁有异常情况时，应针对特定部位作临时检查，了解构件受影响的范围及程度。检查方法与定期检查一样。发生地区性地震、台风、火灾、暴雨或桥梁被碰撞时，应及时做临时检查。

4. 跟踪检查

凡发现桥梁构件出现裂缝、倾斜、变位或地基下沉以及环境对桥梁构件影响的变化，均应做跟踪检查。使用的检测仪器与定期检查相同。

5. 特殊检测

上述各种检查发现缺陷，但又无法确定是否需要修补，或无法确定用哪种方法修补时，应做进一步详细检测。检测项目有：

（1）混凝土强度试验及其他非破坏性试验；

（2）钢筋锈蚀试验；

（3）钻芯取样试验；

（4）加载重压试验。

（三）桥梁检测仪器的种类

1. 混凝土强度试验锤

这种锤的冲击能量为2.25N·m。仪器上装有记录仪，能够做连续试验。利用该锤可对制成的构件进行混凝土质量非破坏性试验，可测定构件抗压强度。

2. 混凝土孔隙及裂缝探测器

使用超声波方法测定混凝土的质量。根据测定的声波速度探测混凝土的孔隙及裂缝。

3. 钢筋探测器

测定混凝土中的钢筋位置、尺寸及混凝土层的厚度。

4. 钢筋锈蚀探测仪

利用仪器内的控制程序测定混凝土内钢筋的电位值，以便确定是否锈蚀及锈蚀程度，从而评估所需要改善的措施。

三、CBMS 桥梁管理系统

1. 系统结构

交通运输部推广应用的CBMS系统采用树型结构设计，由菜单方式调用，其结构共分4层：

（1）总控制层，该层的作用一是提供CBMS版本信息，二是对下层进行调用；

（2）子系统层，由数据管理、基本应用、统计处理、图形图像、评价对策、维修计划和费用分析等7个子系统组成，该层由总控层调用；

（3）模块层，由若干管理模块组成，受对应的子系统调用；

（4）功能层，设有100余项独立处理功能块，处理某项具体工作，各功能块由相应的上层模块调用。

CBMS采用层层调用、层层返回的结构方式，结构清晰，各功能相互独立，便于系统维护和功能扩展。

2. 系统功能设置

CBMS采用ORACLE关系数据库建有桥梁静态、动态、文档和加固方法等4个数据库、13个库文件、155项数据字段，与C语言嵌套建有数据管理、评价对策等7个子系统，100余项功能，按其特点可分为6个方面：

（1）数据管理功能：CBMS提供了很强的数据处理功能，可进行数据输入移改、查询删除、校验名份、重装、传输等处理，这些操作通过“数据管理子系统”实现。

(2) 日常事务处理：提供固定检索、任意查询、快速制表、输出桥卡、汇总一览表、定检表以及近40种统计功能，满足日常管理工作需要。

(3) 图像管理功能：提供彩色图像扫描、编辑、分类显示和印刷输出，通过图像信息决策，直观清晰、一目了然。

(4) 编制桥梁维修检查计划功能：系统根据数据采集员现场数据采集所提出的维修检查建议，编制桥梁维修计划、特检计划和定期检查计划，输出结果按桥梁病害程度、桥龄大小、路网交通量及道路类别等关键字排序。

(5) 提供维修费用估价功能。系统建立多种维修方案基价，用户键入工程数量就可估算出所需费用。

(6) 评价对策功能。CBMS提供了桥梁使用功能评定及加固对策人工智能处理子系统。桥梁使用功能评定是根据桥梁的结构缺损状况、荷载承重足够性和桥面交通适应性等3方面，同时考虑交通量、道路类别、绕行距离，从而为桥梁的维修改造计划的制定提供依据。CBMS采用了AHP层次分析法，其中层次分析法的评价结果以分数形式表达(CBMS中采用100分制)。模糊评判以模糊数学为理论基础，其结果采用等级制形式表示，CBMS采用1~5等级制。

第四节　附属设施养护管理系统

一、附属设施状况数据采集

高速公路附属设施状况包括：路基设施状况、挡土墙状况、涵洞状况、绿化状况、交通安全设施状况以及高速公路标志标线状况等项目。状况数据的采集采用不分段的方法，即采集数据如实反映附属设施损坏的类型、位置、严重程度等数据。

(一) 路基状况数据

路基状况主要采集路肩的清洁、平整状况、横向坡度适应性等内容；边坡状况主要采集边坡裂缝或剥落、边坡冲沟、边坡塌陷等内容；边沟状况主要采集坡度适应性、阻塞状况等内容。

(二) 挡土墙状况数据

主要采集挡土墙状况的数据有泄水孔阻塞、表面剥落、墙体损坏，如：断裂、裂缝或沟缝脱落、墙体变形、坍塌等。

(三) 涵洞状况数据

涵洞状况主要采集孔径不适应、宽度不适应、洞身破坏、堵塞等内容。

(四) 绿化状况数据

绿化状况主要是从修剪、美观、生长状况、有无病虫害等方面定性地采集数据。

满分为 10 分，如存在病害或缺陷，根据标准扣分。空白路段：宜绿化路段一侧连续未绿化长度 20m 以上者；护管不善：路树，花卉修剪不整齐或修剪过度，抚育不良；病虫害未及时防治；路树影响行车视线。按其是否影响绿化植物的继续生长分为一般、严重两类。

（五）交通安全设施状况数据

交通安全设施包括高速公路的护栏、隔离栅、防眩设施、隔音墙、照明设施等。护栏状况主要采集的是油漆剥落、破坏变形等内容；隔离栅状况主要采集它的不清洁、油漆剥落、损坏变形等内容；防眩设施状况主要采集它的表面损坏、设备缺损等内容；隔音墙状况主要采集它的排水阻塞、损坏变形等内容；照明设施状况主要采集它的灯泡缺损、设备损坏等内容。

（六）标志标线状况数据

标志标线状况主要采集标线的污垢、磨损、脱落或覆盖等内容；标志的污垢、遮挡、变形或倾斜、油漆剥落、锈蚀、缺损状况等内容。

二、附属设施管理系统

（一）系统结构

附属设施管理系统相对于路面、桥梁管理系统来说要简单，主要是通过附属设施管理系统对附属设施的状况进行评价，然后在评价的基础上进行需求分析，最后得出维修项目计划。

（二）附属设施状况评价

根据对附属设施状况数据的采集，并进行相应的评分，可将结果分为好、中、差 3 个等级。评价时一般以 1km 作为一个评价路段。

在使用过程中，养护单位可以根据设施的整体状况分布、养护维修的目标要求和养护经费的限制等具体情况调整评价标准。

（三）养护维修对策

养护单位根据实际的养护管理经验，针对不同的附属设施类型分别制定养护维修对策。由于各地的具体情况不同，养护对策也各有不同。一般将损坏状况评价为：良好、一般、差 3 个等级。并针对主导的损坏类型，提出相应的维修措施。

（四）养护维修费用模型

附属设施的养护费用应根据各地的定额和人工、材料、机具价格，对选定的养护维修对策进行分析和测算，建立费用模型。由于附属设施的维修费用比之路面和桥梁要少，所以其经济分析模型也要较前两者要简单，但费用分析的基本步骤和内容与路面的费用分析模型相似，可参照前两节的费用模型进行附属设施的养护费用分析和估算。

第五节　高速公路综合养护管理系统

高速公路管理系统(Pavement Management System for China Express ways-CPMS)是利用自动化检测技术、信息技术、系统工程技术和公路工程技术，对高速公路资产进行养护、管理与决策的集成系统。是高速公路现代化和信息化建设的重要组成部分。

CPMS 的范畴为高速公路有形资产。包括：路基、边坡、中央隔离带、路面、路肩、桥涵构造物、沿线设施(标志、标线、收费站、服务区和养护工区)和绿化。CPMS 是在路面管理系统的基础上开发的、适用于高速公路养护管理的系统。

一、高速公路管理系统软件组成

(1) 高速公路数据库/Datalnfo 8.0 专业版；高速公路数据库/Datalnfo 8.0(C/S)。高速公路数据库分单机版(Professional)和网络版(C/S)，主要数据项目包括：路线、路基边坡、路面、桥涵构造物、沿线设施、绿化、景观、沿线环境等。

(2) 公路模型数据库/Model Bank 5.0。

(3) 路线评价系统/RSD 3.0。该系统对包括：路基、路面、构造物、设施、绿化在内的高速公路的各个组成部分，进行视觉评价和分析。主要用于现有高速公路线形的后评价和养护工程设计的预评价。

(4) 路面管理系统/Cpms Network 6.0。该系统是高速公路管理系统的重要组成部分，其作用包括：公路路况评价、养护需求分析、养护预算需求分析、养护投资效益分析、养护预算优化分配、编制养护计划。

(5) 桥涵评价系统/BES 2.0。该系统的主要作用包括：桥梁技术等级评定、涵洞养护状况评定、隧道养护状况评定。

(6)日常养护系统/ROMS 6.0(路基、路面、构造物、设施、绿化)。在高速公路日常养护管理中，通过日常巡查监测道路状况，对出现的问题或可能出现的损坏，根据专家知识进行及时科学的决策。对路基、路面、桥涵构造物、沿线设施、绿化等各种损坏，提出养护对策，指出在什么位置，出现何种损坏，需要用什么方法(人员、材料、工序、机械、现场管理等)进行养护。

(7) 养护质量评定系统/MQ1 3.5(路基、路面、构造物、设施、绿化)。该系统是高速公路管理系统的重要组成部分，用于高速公路养护质量检测评定。评定内容包括：路基、路面、桥涵构造物、沿线设施、绿化等方面。

(8) 投资效益分析系统/HiBa 3.0。通过对高速公路养护工程项目：改建、大修、专项工程的寿命周期费用(建设费用+养护费用+运营费用+用户费用)分析，对高速养护项目进行经济评价，预测项目的经济效益，分析项目的经济可行性。

(9) 养护计划编制系统/Auto Rep 3.0。根据高速公路管理系统各组成部分的分析结果，自动制作公路养护计划。

(10) 前方图像管理系统/RoWIl(ms)7.0。通过高速公路前方图像管理系统，实现传统数据库所不能完成的视觉评价和视觉分析。

(11) 安全评价系统 SF Sim 5.0。通过模拟道路几何因素、路面状况、交通量和交通组成、车辆特性，预测车速曲线和车速变化速率，据此分析指定路段的行驶舒适性和道路事故发生的概率。

二、高速公路管理系统硬件组成

(1) 前方图像采集系统/ROWI(定位、桌面、稳定、摄像)；

(2) 路面破损识别系统/CIAS 2.0；

(3) 路况数据采集仪(MQI 专用)/PCR 3.0；

(4) 日常养护数据采集仪/RCRPDA 3.0；

(5) 景观图像采集系统/RDVIEW 2.0(软件、硬件)；

(6) 运行速度采集系统/SPL 2.0(软件、硬件)；

(7) 弯沉检测系统；

(8) 道路平整度检测系统；

(9) 滑性能检测系统/SCRIM；

(10) 距离定位系统(DPS)3.0(软件、硬件)。

第五章 桥梁工程施工基础知识

桥梁工程的施工建设关系着建设的整体质量与施工安全，更牵涉广大人民群众的生命财产健康安全。因此，必须要加大对桥梁施工技术的研究，对其进行分析和优化，为确保安全顺利出行提供有力保障。

第一节 桥梁的基本分类

一、按桥梁的基本结构形式分类

按桥梁的基本结构形式分类，主要有拱桥、梁桥、悬索桥、斜拉桥等。

(一) 拱桥

拱桥指的是在竖直平面内以拱作为上部结构主要承重构件的桥梁。拱桥的主要承重构件是拱圈或拱肋。在竖向荷载作用下，主要承受压力，同时也承受弯矩(但比同跨径梁桥小很多)。

我国建造拱桥的历史要比以造拱桥著称的古罗马晚好几百年，但我国的拱桥却独具格，造型优美，曲线圆润，富有动态感。单拱的如北京颐和园玉带桥，拱圈呈抛物线形，桥身用汉白玉，桥形如垂虹卧波。多孔拱桥适于跨度较大的宽广水面，常见的多为三、五、七孔，著名的颐和园十七孔桥，长约 150m，宽约 6.6m，连接南湖岛，丰富了昆明湖的层次，成为万寿山的对景。河北赵州桥的“敞肩拱”是中国首创，在园林中仿此形式的很多，如苏州东园中的一座。

拱桥可用砖、石、混凝土等抗压性能良好的材料建造；大跨度拱桥则用钢筋混凝土或钢材建造，以承受发生的力矩。按拱圈的静力体系分为无铰拱、双铰拱、三铰拱。前二者为超静定结构，后者为静定结构。

无铰拱的拱圈两端固结于桥台，结构最为刚劲，变形小，比有铰拱经济，结构简单，施工方便，是普遍采用的形式，但修建无铰拱桥要求有坚实的地基基础。

双铰拱是在拱圈两端设置可转动的铰支承，结构虽不如无铰拱刚劲，但可减弱桥台位移等因素的不利影响，在地基条件较差和不宜修建无铰拱的地方，可采用双铰拱桥。

三铰拱则是在双铰拱的拱顶再增设一铰，结构的刚度更差些，拱顶铰的构造和维护也较复杂，一般不宜作主拱圈。

我国在建造钢筋混凝土拱桥的实践中进行了拱轴线优化，混凝土徐变对混凝土拱内力重分布影响、连拱计算、拱桥荷载横向分布、各种形式拱桥的设计计算理论的创立与完善、组合装配式混凝土拱桥的施工控制等研究。

为了适应在软土地基上建造混凝土拱桥，提出了组合桥台形式与其计算理论。在拱桥施工方法上也有所创新：如中小跨径拱桥以预制拱肋为拱架，少支架施工为主，或采用悬砌方法；大跨径拱桥则采取纵向分条，横向分段，预制拱肋，无支架吊装，组合拼装与现浇相组合的施工方法，此外，在采用无支架转体施工方法建造拱桥方面也有不少成功的经验。

（二）梁桥

梁桥是我国古代最普遍、最早出现的桥梁，古时称作平桥。它的结构简单，外形平直，比较容易建造。把木头或石梁架设在沟谷河流的两岸，就成了梁桥。梁桥以受弯为主的主梁作为承重构件的桥梁。主梁可以是实腹梁或桁架梁。实腹梁构造简单，制造、架设和维修均较方便，广泛用于中、小跨度桥梁，但在材料利用上不够经济。桁架梁的杆件受轴向力，材料能充分利用，自重较轻，跨越能力大，多用于建造大跨度桥梁。按照主梁的静力体系，分为简支梁桥、连续梁桥和悬臂梁桥。

（1）简支梁桥：主梁以孔为单元，两端设有支座，是静定结构。一般适用于中、小跨度，结构简单制造、运输和架设均甚方便，多做成标准设计，以便于构件生产工艺工业化施工机械化，提高质量，降低造价。

（2）连续梁桥：主梁若干孔为一联，连续支承在几个支座上，是超静定结构。当跨度较大时，采用连续梁较省材料更适合用悬臂拼装或悬臂灌筑、纵向拖拉或顶推法施工。

（3）悬臂梁桥：上部结构由铺固孔悬臂和悬挂孔组成悬挂孔支承在悬臂上用铰相连。有单悬臂梁桥（三跨构成，中跨较大以满足通航要求）和双悬臂梁桥（可构成多跨的长大梁桥）。

梁桥为桥梁的基本体系之一，使用广泛，在桥梁建筑中占有很大比例，其上部结构可以是木结构、钢结构、钢筋混凝土结构预应力混凝土结构或钢筋混凝土桥面板和钢梁的组合结构。

（三）悬索桥

悬索桥，又名吊桥。指的是以通过索塔悬挂并铺固于两岸（或桥两端）的缆索（或钢链）作为上部结构主要承重构件的桥梁。其缆索几何形状由力的平衡条件决定，一般接近抛物线。

从缆索垂下许多吊杆，把桥面吊住，在桥面和吊杆之间常设置加劲梁，同缆索形成组合体系，以减小活载所引起的挠度变形。

悬索桥的构造方式是 19 世纪初发明的，现在许多桥梁使用这种结构方式。现代悬索桥，是由索桥演变而来。适用范围以大跨度及特大跨度公路桥为主，当今大跨度桥梁全采用此结构。

悬索桥是以承受拉力的缆索或链索作为主要承重构件的桥梁，由悬索、索塔、锚碇、吊杆、桥面系等部分组成。悬索桥的主要承重构件是悬索，它主要承受拉力，一般用抗拉强度高的钢材(钢丝、钢绞线、钢缆等)制作。由于悬索桥可以充分利用材料的强度，并具有用料省、自重轻的特点，因此悬索桥在各种体系桥梁中的跨越能力最大，跨径可以达到1000m以上。

按照桥面系的刚度大小，悬索桥可分为柔性悬索桥和刚性悬索桥。柔性悬索桥的桥面一般不设加劲梁因而刚度较小，在车辆荷载作用下，桥面将随悬索形状的改变而产生S形的变形，对行车不利，但它的构造简单，一般用作临时性桥梁。刚性悬索桥的桥面用加劲梁加强刚度较大。加劲梁能同桥梁整体结构承受竖向荷载。除以上形式外，为增强悬索桥刚度，还可采用双链式悬索桥和斜吊杆式悬索桥等形式，但构造较复杂。

(四) 斜拉桥

斜拉桥又称斜张桥，是将主梁用许多拉索直接拉在桥塔上的一种桥梁，是由承压的塔，受拉的索和承弯的梁体组合起来的一种结构体系。其可看作是拉索代替支墩的多跨弹性支承连续梁。其可使梁体内弯矩减小，降低建筑高度，减轻了结构重量，节省了材料斜拉桥是将梁用若干根斜拉索拉在塔柱上的桥。它由梁、斜拉索和塔柱三部分组成。斜拉桥是一种自锚式体系，斜拉索的水平力由梁承受、梁除支承在墩台上外，还支承在由塔柱引出的斜拉索上。按梁所用的材料不同可分为钢斜拉桥、结合梁斜拉桥和混凝土梁斜拉桥。

斜拉桥是我国大跨径桥梁最流行的桥型之一。目前为止建成或正在施工的斜拉桥共有30余座，仅次于德国、日本，居世界第三位。大跨径混凝土斜拉桥的数量已居世界第一。我国一直以发展混凝土斜拉桥为主，近几年开始修建钢与混凝土的混合式斜拉桥，如汕头碧石大桥，主跨518m；武汉长江第三大桥，主跨618m。钢箱斜拉桥如南京长江第二大桥南汉桥，主跨628m；武汉军山长江大桥，主跨460m。前几年上海建成的南浦(主跨423m)和杨浦(主跨602m)大桥为钢与混凝土的结合梁斜拉桥。

我国斜拉桥的主梁形式：混凝土以箱式、板式边箱中板式为主。钢梁以正交异性极钢箱为主，也有边箱中板式。

一般说，斜拉桥跨径100~300m是合适的，在这一跨径范围，斜拉桥与悬索桥相比，斜拉桥有较明显优势。德国著名桥梁专家F. leonhardt认为，即使跨径1400m的斜拉桥也比同等跨径悬索桥的高强钢丝节省1/2，其造价低30%左右。

二、根据桥梁的材料和受力体系分类

(一) 桥梁上部构造使用的材料

根据桥梁上部构造使用的材料，可将桥梁划分为圬工桥(包括砖、石、混凝土桥)钢筋混凝土桥、预应力混凝土桥、钢桥和木桥等多种形式；也可根据桥梁的长度和跨径的大小，将其划分为特大桥、大桥、中桥和小桥。

(二) 桥梁结构的受力体系

根据桥梁结构的受力体系，可以划分为梁式桥拱桥、钢架桥、吊桥和组合体系桥等，其具体划分情况和要求如下：

1. 梁式桥

梁式桥包括梁桥和板桥，主要承重构件是梁(板)，在竖向荷载作用下承受弯矩而无水平推力，墩台也仅承受竖向压力。

2. 拱桥

拱桥的主要承重构件是拱圈或拱肋。在竖向荷载作用下，主要承受压力，同时也承受弯矩(但比同跨径梁桥小很多)。墩台则不仅要承受竖向压力和弯矩，还要承受很大的水平推力。

3. 刚架桥

上部结构与下部结构连成一个整体。其主要承重结构为梁、柱组成的刚架结构，梁柱连接处具有很大的刚性。在竖向荷载作用下，梁部主要受弯，柱脚则要承受弯矩、轴力和水平推力。这种桥的受力状态介于梁式桥和拱桥之间。

4. 吊桥

吊桥的主要受重构件是悬挂在两边搭架、锚固在桥台后面的锚锭上的缆索。在竖向荷载下，通过吊杆使缆索承受拉力，而塔架则要承受竖向力的作用，同时承受很大的水平拉力和弯矩。

5. 组合体系桥

根据结构的受力特点，由几个不同体系的结构组合而成的桥梁称为组合体系桥。这种组合体系桥跨越能力比一般简支梁桥大，且对墩台没有推力作用，因此对地基的要求就与一般简支梁桥一样。

斜拉桥其实也是一种组合体系桥，是由主梁与斜缆相结合的组合体系，可以使主梁像多点弹性支承的连续梁一样工作，这样既发挥了高强材料的作用，又显著减小了主梁截面，使结构减轻而获得很大的跨越能力。但斜缆的拉力在主梁上的轴向分量很大，这一问题在大跨径斜拉桥中将变得非常突出。

三、按施工方法分类

(一) 整体浇筑式梁桥

整体浇筑式梁桥多数在桥孔支架模板上现场浇筑而成，其整体性好、刚度大、易于做成复杂形状，特别是城市立体交叉中的斜、弯、坡桥等。但整体浇筑梁桥施工周期长、施工速度慢，耗费大量支架和模板，因此除了弯斜桥外，很少采用。

桥梁上部结构现场浇筑的施工方法主要有以下几种：

1. 固定支架法

多适用于旱地上的钢筋混凝土和预应力混凝土中小跨径连续梁桥的施工。施工时，应先在跨间设置支架，然后安装模板、绑扎钢筋，并进行现场浇筑混凝土。支架按其构造的不同可分为满布式、柱式梁式和梁柱式等几种类型，所用材料有门式支架、扣件式支架、碗扣式支架、贝雷桁片、万能杆件及各种型钢组合构件。支架虽为临时结构，但施工中需承受梁体的大部分恒重，因此必须有足够的强度和刚度，同时支架的地基要可靠必要时需对地基进行加固处理。

2. 在支架上逐孔现浇施工

与固定支架法相似，逐孔现浇施工时，仅在梁的一孔(或二孔)间设置支架，完成后将支架整体转移到下一孔连续施工。

在支架上逐孔现浇施工常用的支架有浇地式、梁式和落地移动式三种，其中落地式支架多用于旱地桥梁或桥墩较低的情况；梁式支架的承重梁则可支承在位于桥墩承台的立柱上或锚固于桥墩的横梁上；落地移动式支架可在地面设置轨道，支架在轨道上(或其他滑动、滚动装置上)进行转移。

逐孔现浇施工的接头通常设在距桥墩中心约 $L/5$ 弯矩较小的部位，这种施工方法适用于中小跨径及结构构遣比较简单的预应力混凝土桥梁。

3. 移动模架逐孔现浇施工

移动模架逐孔现浇施工，即使用不着地移动式的支架和装配式的模板进行连续逐孔现浇施工。采用移动模架施工时，施工速度快，机械程度高，且安全可靠，又不会受桥下各种条件的影响，能周期循环施工，一般适用于跨径 20~50m 的预应力混凝土连续梁桥施工，且桥长至少应在 500m 以上。同时也适用于弯桥、坡桥、斜桥。

4. 顶推施工

顶推施工是在桥台的后方设置施工场地，分节段浇筑梁体，并用纵向预应力筋将浇筑节段与已完成的梁体联成整体，在梁体前端安装长度为顶推跨径 0.7 倍左右的钢导梁，然后通过千斤顶水平推力，将梁体向前方顶推出施工场地。重复这些工序即可完成全部梁体的施工。

(二) 预制装配式梁桥

预制装配式梁桥是将预制厂(场)预制的构件，在现场吊装就位，然后再连接构件接头而形成整体。当前梁桥主要是采用预制装配式方法。

预制装配式梁桥工业化程度高，质量较好，同时能与桥梁下部结构同时施工。缩短工期并能节省大量模板和支架。

组合式简支梁桥也是一种装配式梁桥结构。不过它是用纵向水平缝将桥梁分割为梁肋及桥面板两部分，便于集中制造和运输吊装。

四、其他分类方法

(一) 按跨越障碍的性质分

按跨越障碍的性质分类一般可分为：跨河桥、跨线桥和高架线路桥。

(二) 按用途分

按用途分类可分为：公路桥铁路桥、公路铁路两用桥、农用桥、人行桥、运水桥(渡槽)、城市桥及其他专用桥梁(如通过管线、电缆等)。

(三) 按桥梁主跨结构所用材料分

根据桥梁主跨结构所用材料，桥梁可划分为木桥、圬工桥(包括砖、石、混凝土桥)、钢筋混凝土桥、预应力混凝土桥和钢桥。

（四）根据桥梁跨径总长 L_1 和单孔跨径 L_2

根据桥梁跨径总长 L_1 和单孔跨径 L_2 的不同，桥梁可分为特大桥（$L_1 \geqslant 500$m 或 $L_2 \geqslant 100$m）、大桥（$L_1 \geqslant 100$m 或 $L_2 \geqslant 40$m）、中桥（100m>L_1>30m 或 40m>$L_2 \geqslant 20$m）、小桥（30m $L_1 \geqslant 8$m 或 20m>$L_2 \geqslant 5$m）。

（五）按行车道位置分类

按上部结构的行车道位置可分为上承式桥、下承式桥和中承式桥。

桥面布置在主要承重结构之上的称为上承式桥。上承式桥构造较简单，施工方便，且其主梁或拱肋等的间距可按需要调整，以求得经济合理的布置。一般来说，上承式桥梁的承重结构宽度可做得小些，因而可节约墩台圬工数量。此外，在上承式桥上行车时，视野开阔感觉舒适；桥面布置在主要承重结构下缘的称为下承式桥，桥面布置介于上、下缘之间的称为中承式桥。对于城市桥梁，有时受周围建筑物等的限制，不容许过分抬高桥面标高时，也可修建下承式桥。

（六）特殊分类

除上述各种固定式桥梁外，还有按特殊使用条件修建的活动桥（开启桥、升降桥）、浮桥漫水桥等。

第二节　桥梁的基本组成

随着大型桥梁的增多，结构先进性和复杂性的增强，对桥梁使用品质的要求越来越高，传统提法的局限性逐渐显露。

桥梁由桥跨结构、支座系统、桥墩、桥台、墩台基础等五大部件和桥面铺装、排水系统、栏杆、伸缩缝、灯光照明等五小部件组成。

一、五大部件

五大部件是指桥梁承受汽车或其他运输车辆荷载的桥跨上部结构与下部结构。它们必须通过承受荷载的计算与分析，是桥梁结构安全性的保证。

（一）上部结构

上部结构包括桥跨结构和支座系统，它是在线路中断时跨越障碍的主要承重结构。它的作用是承受车辆等荷载，并通过支座传给墩台。

（1）桥跨结构（或称桥孔结构、上部结构）：它是路线遇到障碍（如江河、山谷或其他路线等）中断时，跨越这类障碍的结构物。

（2）支座系统：是将桥跨结构所承受的荷载传递于桥梁的墩台系统上，它应在保证上部结构在预计的荷载温度变化或其他因素作用下的位移功能。

（二）下部结构

下部结构由桥墩、桥台和墩台基础组成（单孔桥没有桥墩）。下部结构的作用是支承上部结构，并将结构重力和车辆荷载等传给地基；桥台还与路堤连接并抵御路堤土压力。

1. 桥墩

是设在河中或岸上以支承桥跨上部结构的结构部件。

2. 桥台

是设在桥梁两端的结构。桥台的一端与路堤相接并防止路堤滑塌，另一端则支承桥跨上部结构的端部。为保护桥台和路堤填土，桥台两侧常做一些防护工程。

3. 墩台基础

是保证桥梁墩台安全并将荷载传至地基的结构。基础工程在整个桥梁工程施工中是比较困难的部分，而且常常需要在水中施工，因而遇到的问题也很复杂。

二、五小部件

五小部件是直接与桥梁服务功能有关的部件，总称桥面构造。它的作用是抵御水流的冲刷、防止路堤土坍塌。随着技术水平和社会经济水平的提高，人们对行车舒适性和结构物的观赏性要求越来越高，因而在桥梁设计施工中对五小部件越来越加以重视。

（一）桥面铺装

桥面铺装指的是为保护桥面板和分布车轮的集中荷载，用沥青混凝土、水泥混凝土、高分子聚合物等材料铺筑在桥面板上的保护层。

桥面铺装又称车道铺装，其作用是保护桥面板防止车轮或履带直接磨耗面，保护主梁免受雨水侵蚀，并借以分散车轮的集中荷载。常用的桥面铺装有水泥混凝土，沥青混凝土两种铺装形式。在不设防水层的桥面上，也有采用防水混凝土铺装的。桥面铺装形式有：

（1）水泥混凝土或沥青混凝土铺装。装配式钢筋混凝土、预应力混凝土桥通常采用水泥混凝土或沥青混凝土铺装；其厚度为 60~80mm，强度不低于行车道板混凝土的强度等级。桥上的沥青混凝土铺装可以做成单层式的(50~80mm)或双层式的(底层 40~50mm，面层 30~40mm)。

（2）防水混凝土铺装。在需要防水的桥梁上，当不设防水层时，可在桥面板上以厚 80~100mm 且带有横坡的防水混凝土作铺装层，其强度不低于行车道板混凝土强度等级，其上面可不另设面层而直接承受车轮荷载。但为了延长桥面铺装层的使用年限，宜在上面铺筑厚 20mm 的沥青表面作磨耗层。为使铺装层具有足够的强度和良好的整体性(亦能起联系各主梁共同受力的作用)，一般宜在混凝土中铺设直径为 4~6mm 的钢筋网。

（二）桥面排水和防水设施

应能迅速排除桥面积水，并使渗水的可能性降至最小限度，并应保证桥下无滴水和结构上无漏水现象。

1. 桥面排水

在桥梁设计时要有一个完整的排水系统，在桥面上除设置纵横坡排水外，常常需要设置一定数量的泄水管。当桥面纵坡大于 2%而桥长小于 50m 时，桥上可以不设泄水管，此时可在引道两侧设置流水槽；当桥面纵坡大于 2%而桥长大于 50m 时，就需要设置泄水管，一般顺桥长方向每隔 12~15m 设置一个。

桥面纵坡小于2%时，泄水管就需设置更密一些。一般顺桥长方向每隔6~8m设置一个。泄水管可以沿行车道两侧左右对称排列，也可交错排列，其离缘石的距离为200~500mm。泄水管也可布置在人行道下面。目前常用的泄水管有钢筋混凝土泄水管和金属泄水管两种。

2. 防水层

桥面防水层设置在桥面铺装层下面，它将透过铺装层渗下来的雨水汇集到排水设施（泄水管）排出。国内常用的为贴式防水层，由两层卷材（如油毡）和三层黏结材料（沥青胶砂）相间组合而成，一般厚10~20mm。桥面伸缩缝处应连续铺设，不可切断；桥面纵向应铺过桥台背；截面横向两侧，则应伸过缘石底面从人行道与缘石砌缝里向上叠起100mm。

3. 栏杆

栏杆是桥梁和建筑上的安全设施，要求坚固，且要注意美观。从形式上看，栏杆可分为节间式与连续式两种。前者由立柱，扶手及横挡组成，扶手支承于立柱上；后者具有连续的扶手，由扶手，栏杆柱及底座组成。常见种类有：木制栏杆、石栏杆、不锈钢栏杆、铸铁栏杆、铸造石栏杆、水泥栏杆、组合式栏杆。

栏杆在使用中起分隔、导向的作用，使被分割区域边界明确清晰，设计好的栏杆，很具装饰意义。一般低栏高0.2~0.3m，中栏0.8~0.9m，高栏1.1~1.3m。栏杆柱的间距一般为0.5~2m。

4. 桥梁伸缩缝

为满足桥面变形的要求，通常在两梁端之间、梁端与桥台之间或桥梁的铰接位置上设置伸缩缝。要求伸缩缝在平行、垂直于桥梁轴线的两个方向，均能自由伸缩，牢固可靠，车辆行驶过时应平顺、无突跳与噪声；要能防止雨水和垃圾泥土渗入阻塞；安装、检查、养护、消除污物都要简易方便。在设置伸缩缝处，栏杆与桥面铺装都要断开。

伸缩缝的类型有：

（1）镀锌薄钢板伸缩缝：这是一种简易的伸缩缝，目前在中小跨径的装配式简支梁桥上，当梁的变形量在20~40mm时常选用。

（2）钢伸缩缝：钢伸缩缝由钢材制作，它能直接承受车辆荷载，并根据伸缩量的大小调整钢盖板的厚度，钢伸缩缝也易于在斜桥上使用。它的构造比较复杂，只有在温差较大的地区或跨径较大的桥梁上才采用。当跨径很大时，一方面要加厚钢板，另一方面需要采用更完善的梳形钢板伸缩缝。

（3）橡胶伸缩缝：它是以橡胶带作为跨缝材料。这种伸缩缝的构造简单使用方便，效果好。在变形量较大的大跨度桥上，可以采用橡胶和钢板组合的伸缩缝。

5. 灯光照明系统

在现代城市中，大型桥梁通常是城市的标志性建筑，大多装设了灯光照明系统。城市灯光环境离不开光源的开发和灯具设计形式及技术的发展，光源与灯具设计除去其光亮色彩给城市带来的美感之外，灯具本身的形象和特色也为美化城市增添优雅的笔触。

第三节　桥梁工程施工准备

一、技术准备

(一) 熟悉设计文件、研究施工图纸并进行现场核对

经过批准的设计图纸和技术说明等设计文件是参建各方质量控制的重要依据。按图纸施工是施工阶段质量控制的一项重要原则。施工单位在收到拟建工程的设计图纸和有关技术文件后，应尽快组织工程技术人员熟悉、研究所有技术文件和图纸，全面领会设计意图；检查图纸与其各组成部分之间有无矛盾和错误；几何尺寸、坐标、标高、说明等方面是否一致；技术要求是否正确；并根据现场情况进行核对。同时要作出详细记录，记录应包括对设计图纸的疑问和有关建议。

(二) 原始资料进一步调查

对拟建工程进行实地勘察，进一步获得有关原始资料，以确定施工方案，合理安排施工顺序和施工进度计划。

1. 自然条件的调查分析

(1) 应了解的地质情况主要内容有：地质构造、墩(台)位处的基岩埋深、岩层状态、岩石性质、覆盖层土质、地基土的性质和类别以及承载力、土的冻结深度、妨碍基础施工的障碍物、地震级别和烈度等。

(2) 水文方面的主要调查内容：河流的流量和水质、年水位变化情况、最高洪水位和最低枯水位的时期及持续时间、流速和漂浮物、地下水位的高低变化、含水层的厚度和流向；冰冻地区的河流封冻时间融冻时间、流冰水位冰块大小；受潮汐影响河流或水域中潮水的涨落时间潮水位的变化规律和潮流等情况。

(3) 气象情况：气象情况应了解的主要内容有：历年的气温、气候、降雨、降雪、冰冻、台风(含龙卷风、雷雨大风等突发性灾害)风向、风速等变化规律；冬、雨期的期限及冬季地层冻结厚度等情况。

2. 技术经济条件的调查分析

主要内容包括：施工现场的动迁、当地可利用的地方材料、砂石料场、水泥生产厂家及产品质量、地方能源和交通运输、地方劳动力和技术水平、当地生活物资供应、可提供的施工用水用电条件、设备租赁、当地消防治安，分包单位的力量和技术水平等状况。

3. 制订施工方案进行施工设计

在全面掌握设计文件和设计图纸，正确理解了设计意图和技术要求，以及进行以施工为目的的各项调查之后，应根据进一步掌握的情况和资料，对投标时初步拟定的施工方法和技术措施等进行重新评价和深入研究，以制定出详尽的和更符合现场实际情况的施工方案。

施工方案一经确定，即可进行各项临时性结构的施工设计，施工设计应在保证安全的

前提下，尽量考虑使用现有材料和设备，因地制宜，使设计出的临时结构经济适用、装拆简便、通用性强。

4. 编制施工组织设计

桥梁工程的施工组织设计是桥梁施工全过程中实施各项活动的基本技术经济文件和组织的综合性文件，是使施工连续性、均衡性、节奏性、协调性和经济性进行的指导性文件，同时又是对桥梁工程施工实行科学化管理的重要手段。编制施工组织设计的目的在于全面、合理、有计划地组织施工，从而具体实现设计意图，优质高效地完成施工任务。

5. 编制施工预算

施工预算是在工程中标价的基础上，根据施工图纸、施工组织设计或施工方案、施工定额等文件及现场的实际情况，由施工单位进行编制的。施工预算是施工企业内部控制各项成本支出、考核用工、签发施工任务单、限额领料以及基层进行经济核算的依据，也是制订分包合同时确定分包价格的依据。

施工预算编完后，按规定办理审批手续，经批准后的施工预算是建设银行拨款和施工单位核算成本的依据。

6. 施工前的技术交底

技术交底一般由建设单位(业主)主持，设计、监理和施工单位(承包商)参加。

技术交底的主要内容有：工程设计概况、设计说明、结构尺寸及相互关系、施工工艺、技术安全措施规范要求、质量标准对工程材料的技术要求、试验项目及施工注意事项等。

技术交底的主要程序为：先由设计单位说明工程的设计依据、意图和功能要求，并对特殊结构、新材料新工艺和新技术提出设计要求，进行技术交底。然后由施工单位根据研究图纸的记录以及对设计意图的理解，提出对设计图纸的疑问、建议和变更。最后在统一认识的基础上，对所探讨的问题逐一做好记录，形成“设计技术交底纪要”由建设单位正式行文，参加单位共同会签盖章，作为与设计文件同时使用的技术文件和指导施工的依据，以及建设单位与施工单位进行工程结算的依据。

二、劳动组织准备

(一) 建立组织机构

确定组织机构应遵循的原则是：根据工程项目的规模、结构特点确定机构中各职能部门的设置；人员的配备应力求精干，以适应任务的需要；坚持合理分工与密切协作相结合，分工明确，责权具体，以便于指挥和管理。

(二) 合理设置施工班组

施工班组的建立，应认真考虑专业和工种之间的合理配置，技工和普(通)工的比例应满足合理的劳动组织，并符合流水作业生产方式的要求，同时还要制订出工程的劳动力需要量计划。

(三) 集中施工力量，组织劳动力

进场人是施工的主体，人的素质高低及质量意识强弱直接影响到工程的质量，因此应对施工队伍及人员的素质进行控制。

施工中需要的工种很多，如木工、起重工、混凝土工、钢筋工、电焊工、预应力张拉工、测量工、试验工和机械修理工等都是桥梁施工中不可缺少的工种，而潜水工、新工艺的操作工等属于特殊工种对这些直接为施工服务的工种及其他缺乏的工种或技术水平要求较高的工种进场后都应进行技术、质量、安全操作、消防和文明施工等方面的培训教育。

(四) 施工组织设计、施工计划和施工技术交底

在单位工程或分部分项工程开工之前，应将工程的设计内容施工组织设计、施工计划和施工技术等要求，详尽地向施工班组和工人进行交底，以保证工程能严格按照设计图纸、施工工艺、安全技术措施、降低成本措施和施工验收规范的要求进行施工；新技术新材料、新结构和新工艺的实施方案和保证措施要落实；有关部位的设计变更和技术措施等事项必须贯彻执行。

交底工作应按照管理系统自上而下逐级进行，根据不同对象交底可采取书面、口头和现场示范等形式。

班组和操作工人在接受交底后，要组织其成员对所担负的工作进行认真的分析研究，弄清结构的关键部位、要达到的质量标准、须采取的安全措施以及应遵循的操作要领，并明确任务，做好分工协作。

(五) 建立健全各项管理制度

工地必须建立健全各项管理制度，以使各项施工活动能顺利进行。

工地一般应建立技术质量责任制度、工程技术档案管理制度、施工图纸会审制度、技术交底制度、技术部门及各级人员的岗位责任制、工程材料和构件的检查与验收制度、工程质量检查与验收制度、材料出入库制度、安全操作制度、机具使用保养制度等。

三、物资准备

(1) 各种材料、构件、制品、机具和设备是保证桥梁工程施工顺利进行的物质基础，这些物资的准备工作必须在相应的工程开工之前完成，方能满足工程连续施工的要求。

(2) 物资准备工程的内容主要包括：①材料准备，如钢材木材、水泥、砂石材料等；②工程施工设备的准备；③其他各种小型生产工具、小型配件等的准备。

(3) 物资准备工作的程序一般为：①制定需要量计划；②与有关单位签订供货合同；③拟定运输计划和运输方案，④按规定方式储存和堆放物资。

四、施工现场准备

施工现场的准备工作，主要是为工程的施工创造有利的施工条件和物资保证。

(一) 做好施工控制网测量

按照勘测设计单位提供的桥位总平面图和测图控制网中所设置的基线桩水准标高以及重要标志的保护桩等资料，进行三角控制网的复测，并根据桥梁结构的精度要求和施工方案补充加密施工所需要的各种标桩，建立满足施工要求的平面和高程施工测量控制网。

(二) 做好补充钻探

桥梁在设计时所依据的地质钻探资料，有时因钻孔数量较少或钻孔位置相距过远而不

能充分反映实际的地质情况。为满足施工的需要，有必要对一些墩位或桩位进行补充钻探，以查明实际的地质情况或可能存在的地下障碍物，为基础工程的施工创造有利条件。

（三）做好“三通一平”

“三通一平”是指水通、电通、路通和平整场地。为蒸汽养护及寒冷地区采暖的需要，还要考虑暖气供热的要求。

（四）建造临时设施

按照施工总平面图的布置建造所有生产办公、生活居住和储存等临时用房以及临时便道、码头、混凝土搅拌站、构件预制场地等。

由于临时设施的项目繁多，内容庞杂，因此建造时应精打细算，做好规划，合理地确定项目、数量和进度等。要因地制宜，降低造价，使之尽量标准化和通用化以便于拆迁和重复利用。

（五）安装调试施工机具

按照施工机具需要量计划，组织施工机具的进场，并根据施工总平面图的布置将施工机具安置在规定的地点。对所有施工机具都必须在开工之前进行检查和试运转。

（六）材料试验、储存与堆放

按照材料的需要量计划，及时提出材料的试验申请计划，如混凝土和砂浆的配合比和强度、钢材的机械性能等试验，并组织材料进场，按规定的地点和指定的方式进行储存堆放。

（七）新技术项目试制和试验

按照设计文件和施工组织设计的要求认真组织新技术项目的试验研究。

（八）做好冬雨期施工安排

按照施工组织设计的要求，落实冬雨季的临时设施和技术措施，做好施工安排。

（九）落实消防和保安措施

建立消防和保安等组织机构，制定有关的规章制度，布置安排好消防和保安等措施。

（十）安全、环保及文明施工措施

建立安全、环保及文明施工等组织机构和有关的规章制度，提出和安排好安全、环保及文明施工等措施，这对城市桥梁施工尤为重要。

第六章 桥梁下部结构施工

第一节 浅基础施工

浅基础分为柔性基础与刚性基础，一般采用明挖施工。采用明挖法施工特点是工作面大，施工简便，其施工程序和主要内容为基坑围堰、基坑排水、基坑开挖、基底检验、基础砌筑及基坑回填。

一、基坑围堰

所谓围堰，就是在基坑四周修筑一道临时、封闭、挡水的构筑物，主要有土石围堰、木围堰、套箱和板桩围堰等。

（一）土围堰

土围堰是完全依靠堰本身的重力获得稳定和强度的。适用于水深 1.5m 以内，水流流速 0.5m/s 以内，河床土质渗水较小的情况。

（1）筑堰材料宜用黏性土或砂夹黏土，填出水面之后应进行夯实。

（2）在筑堰之前，必须将堰底下和河床上的树根、石块及杂物清除干净。因混有树根、石块杂物的填筑土不易夯压并易形成渗水孔道，故施工前应将其清除。

（3）填筑围堰程序是上游开始至下游合拢，这样可减小围堰填筑过程中的水流冲刷，易于填筑牢固。首先填筑的上游部分，可加大围堰宽度，以抵抗水流冲刷力。

（4）因筑堰引起流速增大使堰外坡面有受冲刷的危险时，可在外坡面用草皮、柴排、片石、草袋或土工织物等加以防护。

（二）土袋围堰

土袋围堰适用于水深 3.5m 以下，流速小于 2m/s 的透水性较小的河床。

（1）土袋中以装不渗水的黏性土为宜，装土量宜为土袋容量的 1/2~2/3。袋口应缝口。装土过少，用袋太多，不经济；装土过多，堆码不平稳，空隙多，易渗漏。若采用黏土心的土袋围堰时，也可用砂土装袋。

（2）围堰中心部分可填筑黏土及黏性土芯墙。堰外边坡为 1：1~1：0.5，堰内边坡为

1∶0.5~1∶0.2，坡脚与基坑顶边缘的距离和堰顶的宽度同土围堰的规定。

(3) 堰底河床处理及堆码方向同土围堰的规定。堆码的土袋的上下层和内外层应相互错缝，尽量堆码密实、平整。

(4) 土袋围堰的袋与袋之间的空隙易造成漏水通道，防治方法：一是堆码内外两层土袋，在其中间填筑防水黏土，厚0.5~1.0m；二是不分内外层，在每层堆码间的空隙填以松散黏土。

(三) 木板桩围堰

一般适用于砂性土、黏性土和不含卵石且透水性较好的其他土质河床。

当水深在2~4m时，可采用单层木板桩，如渗水严重时，可在外侧堆土。如堆土外侧表面不加任何防冲刷防护时，仅适用于流速不大于0.5m/s的河流。

当水深在4~6m时，可用中间填土的双层木板桩围堰。具有压缩河床断面少，体积小等优点，但需耗费大量木材。

(四) 钢板桩围堰

当水深大于5m且不能用其他围堰的情况下，砂性土、半千硬性黏土、碎卵石类土及风化岩等透水性好的河床。根据需要可修筑成单层、双层和构体式。适用于防水及挡土，施工方便，入土深度应大于河床以上部分长度。

二、基坑排水与降水

(一) 集水井排水

集水井排水适用于除严重流沙以外的各种土质，它主要是用水泵将水排出坑外，排水时，泵的抽水量应大于集水井内的渗水量。

当采用集水井排水时，集水井宜设在河流的上游方向。排水设备的能力宜大于总渗水量的1.5~2.0倍。遇粉细砂土质应采取防止泥砂流失的措施。

(二) 井点降水

井点降水适用于粉、细砂和地下水位较高、有承压水、挖基较深、坑壁不易稳定的土质基坑。在无砂的黏质土中不宜使用。

井管可根据土质分别用射水、冲击、旋转及水压钻机成孔。降水曲线应深入基底设计标高以下0.5m。

三、基坑开挖

(一) 不加固坑壁的开挖(放坡法)

机械开挖基坑时，当坑底无地下水，坑深在5m以内，且边坡坡度符合相关规定时，可不加支承。

放坡法适用于：①干涸无水河滩、河沟或修筑围堰后能排除地面水的河沟；②地下水位低于基底，或渗水小、不影响坑壁稳定；③基础埋置不深，施工周期短，挖基坑时不影响邻近建筑物的安全。

(1) 为避免地面水冲刷坑壁，在基坑顶四周适当距离设置截水沟。

(2) 基坑坑壁坡度应按地质条件、基坑深度、施工方法等情况确定。当为无水基坑、且土层构造均匀时，基坑坑壁坡度可按规定确定。

(3) 基坑深度大于5m时，可采用二次放坡法施工，在边坡中断加设宽约0.5~1.0m的护道。

(4) 基坑顶边应留有护道，弃土或静荷载距基坑边缘不小于0.5m，动荷载距基坑边缘不小于1.0m。

(5) 当采用机械挖土时，挖至坑底时应保留0.1~0.2m底层，在基础浇筑圬工前用人工挖至基底标高。

(6) 施工时应随时观察基坑边缘顶面土有无裂缝，坑壁有无松散塌落，确保安全施工。

(7) 开挖后的基坑不得长期暴露，扰动或浸泡，应及时组织验槽、砌筑。

(二) 加固坑壁的开挖

虽然基坑放坡开挖比较经济，但在下列情况下应采取坑壁加固措施：

(1) 地下水位高于基底且渗透量大，影响坑壁的稳定。

(2) 放坡开挖工作量过大，不符合多快好省的要求。

(3) 基坑较深，施工期较长。

(4) 受施工场地限制或邻近有建筑物，不能采用放坡开挖。

加固坑壁常用的支承形式有二挡板承、木式支承、混凝土护壁(喷射或支模现浇)支承、钢板桩支承、钢筋混凝土板桩支承、锚桩式支承等。

(1) 挡板支承

挡板支承分垂直衬板支承和水平衬板支承两种，但用水平衬板支承加固坑壁要比垂直衬板支承加固坑壁来得简单方便。

(2) 喷射混凝土护壁

对于一般深度的各种土层，即使地质不良的地段，或者是在雨期施工时，滴水量少于60m^3/h等情况下，只要坑壁稍有自承时，均可采用喷护法开挖基坑。

① 喷射混凝土配合比一般为水：水泥：砂石(0.4~0.5)：1：4，速凝剂的掺加量为水泥用量的3%~4%，掺入后停放时间不应超过20min。

② 采用喷射支承加固时，应按设计要求逐层开挖、逐层加固。若坑壁上有明显出水点处，应设置导管排水。

③ 当用锚杆挂网喷射混凝土支护、开挖基坑时，各层锚杆要求进入稳定层的长度和间距、钢筋的直径或钢绞线的束数，应符合设计要求。

④ 在基坑开挖1m左右，即用混凝土喷射机喷射一层含速凝剂的混凝土，以保护坑壁；然后继续往下挖，再喷护直至坑底。一次下挖深度，较稳定的土层可为1m左右；含水量大的土层不宜超过0.5m。对于无水少水的坑壁，喷护应由下向上进行；有渗水的坑壁，喷护则应由上向下进行，以防新喷的混凝土被水冲坏。

⑤ 喷射完成后，检查混凝土的平均厚度、强度，其值均不得小于设计要求，锚杆的平均抗拔力不小于设计值，最小拔力不小于设计值的90%。混凝土喷射表面应平顺，钢筋和锚杆不外露。

（三）基坑开挖要求

1. 灯光照明系统

开挖基坑应符合下列规定：

（1）基坑宜安排在枯水或少雨季节开挖。

（2）坑壁必须稳定。

（3）基底应避免超挖，严禁受水浸泡和受冻。

（4）当基坑及其周围有地下管线时，必须在开挖前探明现况。对施工损坏的管线，必须及时处理。

（5）槽边堆土时，堆土坡脚距基坑顶边线的距离不得小于1m，堆土高度不得大于1.5m。

（6）基坑挖至标高后应及时进行基础施工，不得长期暴露。

2. 基坑开挖

基坑开挖允许偏差应符合规定。

四、基底检验与处理

（一）基底检验

1. 基底检验的内容

（1）检查基底的平面位置、尺寸和高程是否符合设计要求。

（2）检查基底地质情况、土质的均匀性和承载力是否与设计资料相符。

（3）检查基底处理和排水情况是否符合要求。

（4）对特别复杂的地质应进行荷载试验，对大、中桥，采用触探和钻探取样做土工试验。

（5）检查施工记录及有关试验资料等。

2. 小桥涵的地基检验

可采用直观或触探方法，必要时可进行土质检验。触探包括动力触探和静力触探两种。动力触探又分轻型、中型和重型三种。重型动力触探接触，按探头不同分为Ⅰ型（管式贯入器）和Ⅱ型（圆锥头）。前者为标准贯入用具，适用于细粒砂类土、黏性土；后者适用于砂类土和圆砾、卵石层。静力触探是利用电测原理确定大的力学性质的一种原位测试方法，试验时利用静压力装置将探头压入土层，适用于黏性土及砂类土。

土工试验只在特殊地基处理（如软土地基等）时才有必要。荷载试验是研究和取得地基承载力、形变模量的基本方法之一，但做比试验很费时间，一般只在大、中桥的特殊地基处理时，应设计部门的要求才做。

3. 特殊检验

大、中桥和地基土质复杂、结构对地基有特殊要求的地基检验。一般采用触探和钻探（钻深至少4m）取样做土工试验，或按设计的特殊要求进行荷载试验。

此外，特大桥按设计要求处理。

（二）基底处理

基底处理应根据地基土的种类、强度和密度，按照设计要求，结合现场情况，采取相应的处理方法。

1. 岩石层

（1）清除风化层松碎石块及泥污等。

（2）如岩层倾斜度大于 15°时，应挖成台阶，使承重面与受力方向垂直，砌筑前应将岩石表面冲洗干净。

2. 砂砾层

整平夯实，砌筑前铺一层 2cm 厚的浓稠水泥砂浆。

3. 黏土层

铲平坑底，尽量不扰动土的天然结构；不得用回填土的办法来整平基坑，必要时，加铺一层厚 10cm 的碎石层，层面不得高出基底设计标高；基坑挖好后，要尽快处理，防止暴露过久或被雨水淋湿而变质。

4. 多年冻土

（1）基础不应置于季节冻融土层上，并不得直接与冻土接触。

（2）基础的基底修筑于多年冻土层（即永陈土）上时，基底之上应设置隔温层或保温层材料，且铺筑宽度应在基础外缘加宽 1m。

（3）按保持冻结原则设计的明挖基础，其多年平均地温等于或高于-30℃时，应于冬期施工，多年平均地温低于-30℃时，可在其他季节施工，但应避开高温季节。

（4）施工前做好充分准备，组织快速施工。做好的基础应立即回填封闭，不宜间歇。必须间歇时，应以草袋、棉絮等加以覆盖，防止热量侵入。

（5）施工过程中，严禁地表水流入基坑。明水应在距坑顶 10m 之外修排水沟。水沟之水，应引之远离坑顶排放并及时排除融化水。

（6）施工时，必须搭设遮阳棚和防雨篷，并及时排除季节冻层内的地下水和冻土本身的融化水。

5. 溶洞

（1）影响基底稳定的溶洞，不得堵塞溶洞水路。

（2）干溶洞可用砂砾石、碎石、干砌片或浆砌片石及灰土等回填密实。

（3）基底干溶洞较大，回填处理有困难时，可采用桩基处理，桩基应进行设计，并经有关单位批准。

6. 泉眼

（1）可将有螺口的钢管紧紧打入泉眼，盖上螺帽并拧紧，阻止泉水流出；或向泉眼内压注速凝的水泥砂浆，再打入木塞堵眼。

（2）堵眼有困难时，可采用管子塞入泉眼，将水引流至集水坑排出或在基底下设盲沟引流至集水坑排出，待基础砌体完成后，向盲沟压注水泥浆堵塞。采用引流排水时，应注意防止砂土流失，引起基底沉陷。

（3）基底泉眼，不论采用何种方法处理，都不应使基底泡水。

五、基坑回填

(1) 基坑回填时，其结构的混凝土强度应不低于设计强度的70%。

(2) 在覆土线以下的结构必须通过隐蔽工程验收。

(3) 基坑内积水需抽除，淤泥及杂物须清除干净。

(4) 凡淤泥、腐殖土、有机物质超过5%的垃圾土、冻土或大石块不得回填，回填须采用含水量适中的亚黏土或砂质黏土。

(5) 填土应分层建筑，分层夯实或压实，每层松铺厚度一般为30cm，在墩、台结构物两侧同时回填，同步上升。若基坑为道路路基，则应按道路施工的要求进行。

(6) 桥台填土一般应在梁体结构安装完成后进行，若施工安排确须提前，应对填土高度和上升速度加以限制，并加强对台身位移的观察。在台身或挡土墙设有泄水孔部位，应按设计要求做泄水过滤层，严禁卡车直接在台后卸土或推土机推土，以免台背发生前倾或位移。

(7) 填土经碾压、夯实后不得有翻浆、“弹簧”现象。

(8) 填士施工中，应随时检查土的含水量和密实度。

(9) 设有支承的基坑，在回填土时，应随土方填筑高度分次由下往上拆除，严禁采取一次拆除后填土作业。

(10) 用手推车、自卸汽车、机动翻斗车、装载机等向基坑内卸土应遵守下列规定：①基坑边必须对车轮设牢固挡掩；②基坑内人员必须位于安全位置；③卸土时应设专人指挥，指挥人员必须站位于车辆、机械侧面；④手推车严禁撒把倒土。

(11) 使用推土机向基坑内推土时，应设专人指挥。指挥人员应站在推土机侧面，确认基坑内人员已撤至安全位置，方可向推土机操作工发出向基坑内推土的指令。

(12) 当年筑路和管线上填方的压实度标准应符合相关要求。

(13) 除当年筑路和管线上回填土方以外，填方压实度不应小于87%(轻型击实)。

(14) 填料应符合设计要求，不得含有影响填筑质量的杂物。基坑填筑应分层回填、分层夯实。

第二节　深基础施工

深基础可采用多种方法施工，例如沉入桩钻孔灌注桩、沉井、沉箱等。

一、沉入桩基础

沉入桩是将预制桩用锤击打或振动法沉入地层至设计要求标高。沉入桩按施工方法大致可分为锤击沉桩、振动沉桩、射水沉桩及静力压桩等四种。

(一) 预制桩

预制桩包括木桩、混凝土桩和钢桩。木桩由于承载力小，且我国木材资源匮乏，已经不再使用。较常用的是混凝土桩和钢桩。

1. 混凝土桩制作

(1) 在现场预制时，场地应平整、坚实、不积水，并应便于混凝土的浇筑和桩的吊运。

(2) 钢筋混凝土桩的主筋，宜采用整根钢筋，如需接长宜采用闪光对焊。主筋与箍筋或螺旋筋应连接紧密，交叉处应采用点焊或钢丝绑扎牢固。

(3) 混凝土的坍落度宜为4~6cm。

(4) 混凝土应连续浇筑，不得留工作缝。

(5) 预制桩出场前应进行检验，出场时应具备出场合格检验记录。如预制桩不够长，需要接长时，可采用法兰盘、钢板或硫磺砂浆进行连接。

(6) 钢筋混凝土和预应力混凝土桩的预制允许偏差应符合规定。

(7) 桩身表面无蜂窝、麻面和超过0.15mm的收缩裂缝。小于0.15mm的横向裂缝长度，方桩不得大于边长或短边长的1/3，管桩或多边形桩不得大于直径或对角线的1/3；小于0.15mm的纵向裂缝长度，方桩不得大于边长或短边长的1.5倍，管桩或多边形桩不得大于直径或对角线的1.5倍。

2. 钢桩制作

(1) 制作钢管桩的材料应符合设计要求，并有出厂合格证明和试验报告。

(2) 钢管桩的分段长度应满足桩架的有效高度、制作场地条件、运输与装卸能力。

(3) 钢管桩宜在工厂制作。

(4) 钢桩防腐应符合设计要求，并应符合相关规定。

(5) 钢管桩制作允许偏差应符合规定。

3. 桩的起吊、运输与堆放

(1) 预制桩的起吊强度应符合设计要求；当设计无规定时，预制桩达设计强度的75%方可起吊，起吊应中稳，不得损坏桩身混凝土。预制桩强度达到设计强度的100%方可运输，运输时桩身应平置。

(2) 桩的运输、堆放应符合下列规定：①堆放场地应平整、坚实、排水通畅；②混凝土桩的支点应与吊点上下对准，堆放不宜超过4层；③钢桩的支点应布置合理，防止变形，堆放不得超过3层。应采取防止钢管桩滚动的措施。

(二) 选择沉桩设备和施工方法

1. 锤击沉桩法

(1) 锤击沉桩是以桩锤锤击预制桩的桩头而将桩沉入地下土层中的施工方法。宜用于砂类土、黏性土。桩锤可选择单动汽锤、柴油机锤；当沉入桩数量少，入土深度小，在交通不便地区亦可使用落锤。

(2) 锤重与桩重的合理比值根据有关要求。

(3) 各种桩锤的施工效果在某种程度上受地层、地质、桩重和桩长等条件的限制，因此应视具体情况注意选用不同桩锤。

锤击法沉桩的施工机械包括桩锤、桩架，动力装置、送桩杆(替打)及衬垫等，应按工程地质条件、现场环境、工程规模、桩型特性、桩密集度、工期、动力供应等多种因素来选择。

2. 振动沉桩

振动沉桩是桩头通过桩帽连接振动箱，开动振动箱，桩在振动和自重作用下沉入土中。如遇硬土下沉过慢，可加压下沉或将桩略提高0.6~1.0m，然后重新快速冲下。振动沉桩宜用于锤击沉桩效果较差的密实的黏性土、砾石、风化岩。主要特点表现在以下几方面：

（1）操作简单、沉桩效率高，工期短，省费用。

（2）不需要辅助设备，适用性强。

（3）噪声较小，桩在地基中入土迅速、无公害。

（4）沉桩时桩的横向位移和变形小，不易损坏桩。

3. 射水沉桩

在密实的砂土、碎石土砂砾的土层中用锤击法、振动沉桩法有困难时，可采用射水作为辅助手段进行沉桩施工。

射水施工方法的选择应视土质情况而异，在砂夹卵石层或坚硬土层中，一般以射水为主，锤击或振动为辅；在亚黏土或黏土中，为避免降低承载力，一般以锤击或振动为主，以射水为辅，并应适当控制射水时间和水量；下沉空心桩，一般用单管内射水。

射水沉桩的设备包括：水泵、水源、输水管路（应减少弯曲，力求顺直）和射水管等。此外，不同土壤、不同深度和不同断面的桩，所需水压、水量、射水管的数量和直径等，可参照规定选用。

4. 静力压桩

静力压桩法系借助专用桩架自重、配重或结构物自重，通过压梁或压柱将整个桩架自重、配重或结构物反力，以卷扬机滑轮组或电动油泵液压方式施加在桩顶或桩身上，当施加给桩的静压力与桩的入土阻力达到动态平衡时，桩在自重和静压力作用下逐渐沉入地基土中。

静力压桩宜用于软黏土（标准贯入度 $N<20$）、淤泥质土。

压桩架一般高16~20m，静压力400~800kN。长桩需制成2~4节，每节长6~7m，桩尖，一节可达8~9m。桩压入土中至桩顶露出地面2m左右时，将下一节桩接上。静力压桩按加力方式分为压桩机施工法、吊载压力施工法、结构自重压力施工法等。

（三）沉桩

沉桩施工应根据现场环境状况采取防噪声措施。在城区、居民区等人员密集的场所不得进行沉桩施工。

1. 锤击沉桩

（1）桩锤的选择应根据地质条件、桩形、土的密度程度、单桩轴向承载力及现有的施工条件等确定。

（2）混凝土预制桩达到设计强度后方可沉桩。

（3）当沉桩的桩顶标高低于落锤的最低标高时，应设送桩，其强度不得小于桩的设计强度。送桩应与桩锤、桩身在同一轴线。

（4）开始沉桩时，应控制桩锤的冲击能，低锤慢打，当桩入土一定深度后，可按要求落距和正常击频率进行。

(5) 锤击沉桩时，应采用与锤桩相适应的、适当弹性和厚度的锤垫和桩垫，并在锤击过程中及时修理和更换，避免打坏桩。

(6) 锤击沉桩应考虑锤击振动对新浇筑混凝土的影响，当混凝土强度未达到5MPa，距新浇筑的混凝土30m范围内，不得进行沉桩。

(7) 环境温度在-10℃以下时，应尽量避免进行钢管桩的锤击沉桩工作。

(8) 沉桩时，以控制桩尖设计标高为主。当桩尖已达设计标高，而贯入度仍较大时，应继续锤击，使贯入度接近控制贯入度。

(9) 沉桩过程中应注意下列事项：①桩帽与桩周围应略有间隙，以便锤击时，桩可在桩帽内做微小的自由松动，避免桩身产生过大扭转应力。②混凝土或预应力混凝土桩顶面应附有适合桩帽大小的桩垫，其厚度视桩垫材料、桩长及桩尖所受抗力大小决定，以使锤的冲击力均匀分布到桩的整个顶面上。

(10) 沉型钢桩时，应采取防止桩横向失稳的措施。

(11) 锤击沉桩应考虑锤击振动和挤土等对岸坡稳定或临近建筑物的影响，可根据具体情况采取措施并对岸坡和邻近建筑物位移和沉降等进行观察，及时记录，如有异常变化，应停止沉桩并研究处理。

(12) 斜坡上沉桩，应掌握桩的外移规律，并根据土质、坡度、水深、水流等情况(斜桩尚应考虑自重的影响)，结合施工实践经验，桩身宜向岸移一定距离下桩，以使沉桩后桩位符合设计要求。

(13) 锤击沉桩的最后贯入度，柴油锤宜为1~2mm/击，蒸汽锤宜为2~3mm/击。

(14) 停锤应符合下列要求：①桩端位于黏性土或较松软土层时，应以标高控制，贯入度作为校核。如桩沉至设计标高，贯入度仍较大时，应继续锤击，其贯入度控制值应由设计确定。②桩端位于坚硬、硬塑的黏土及中密以上的粉土、砂、碎石类土、风化岩时，应以贯入度控制。当硬层土有冲刷时应以标高控制。③贯入度已达到要求，而桩尖未达到设计标高时，应在满足冲刷线下最小嵌固深度后，继续锤击三阵(每阵10锤)，贯入度不得大于设计规定的数值。

(15) 在沉桩过程中发现以下情况应暂停施工，并应采取措施进行处理：①贯入度发生剧变。②桩身发生突然倾斜、位移或有严重回弹。③桩头或桩身破坏。④地面隆起。⑤桩身上浮。

2. 振动沉桩

(1) 如果采用有桩架的振动沉桩机，则振桩机机座、桩帽应连接牢固，桩机和桩中心轴线应尽量保持在同一点线上。

(2) 振动沉桩法应考虑振动对周围环境的影响，并应验算振动上拔力对桩结构的影响。

(3) 开始沉桩时应以自重下沉或射水下沉，待桩身稳定后再采用振动下沉。

(4) 每根桩的沉桩作业，应一次完成，中途不宜停顿过久。

(5) 每一根沉桩工作应一气呵成，不可中途停留过久，以免桩周围土壤阻力恢复，继续下沉困难。

(6) 在沉桩过程中如发生：①贯入度发生剧变；②桩身发生突然倾斜、位移或有严重回弹；③桩头或桩身破坏；④地面隆起；⑤桩身上浮等情况或机械故障应即暂停，查明原因经采取措施后，方可继续施工。

3. 射水沉桩

(1) 在砂类土、砾石土和卵石土层中采用射水沉桩，应以射水为主。在黏性土中采用射水沉桩，应以锤击为主。

(2) 射水沉桩宜采用多级离心泵，在进水口处应装置真空计，出水口处应装置压力计。起动水泵时，应注满接引水。采用活塞式水泵时，应在压力管中安设气罩。

(3) 当桩尖接近设计高程时，应停止射水进行锤击或振动下沉，桩尖进入未冲动的土层中的深度应根据沉桩试验确定，一般不得小于2m。

(4) 采用中心射水沉桩，应在桩垫和桩帽上，留有排水通道，降低高压水从桩尖返入桩内的压力。

(5) 射水沉桩应根据土层情况，选择高压泵压力和排水量。

(6) 当桩的位置不正时，可将一水管向下推进，另一水管维持原位或提高，以纠偏歪。射水管在土中时，水源不能中断，以免喷嘴堵塞。

(7) 为加快沉桩速度，可一面冲射一面用锤轻击，锤击时应将射水管提起，使喷水嘴高于桩尖，以防射水设备堵塞或损坏。

(8) 在沉桩过程中，应及时检查桩的入土深度和桩位，特别是斜桩更应注意。将近停止射水前，必须再检查一次桩位，最后校正。

4. 静力压桩

(1) 压桩前应在桩身作出明显的深度标志，以便压桩时记录压入深度和压力的数值。

(2) 压桩机在进入现场前，工作场地应先平整，并根据现场条件，预先确定压桩机压桩顺序，尽量减少压桩机行走距离。

(3) 根据地质钻探，静力触探或试桩资料估算压桩阻力，以选用适当的压桩设备，其重力宜大于压桩阻力的40%。

(4) 吊装前应清理桩身，并检查桩身有无明显碰损处，以免影响夹持下压。如影响则不得使用。

(5) 吊桩进入压桩机夹具后，应对准桩位。开始压桩时，应使较低的压力徐徐压入，待无异常情况后，再开始正常工作。

(6) 压入桩过程中，应防止一棵桩压入时中断工作，以免间歇后桩阻力增大。采用接桩时应尽量缩短接桩时间，以减少压桩阻力。如需接送桩时，应保证送桩的中心轴线与桩身的中心轴线上下一致。

(7) 压桩过程中，应随时注意桩下沉有无变化，如有水平方向位移时，则可能桩尖遇到障碍，当移动较大时，应将桩拔出，清除障碍或与设计单位研究后改变位置。

5. 沉桩质量要求

(1) 沉入桩的入土深度、最终贯入度或停打标准应符合设计要求。

(2) 沉桩允许偏差应符合规定。

(3) 接桩焊缝外观质量应符合规定。

二、钻孔灌注桩基础

钻孔灌注桩施工是采用不同的钻孔方法，在土中形成一定直径的井孔，达到设计标高后，再将钢筋骨架吊入井孔中，灌注混凝土形成桩基础。

（一）钻孔准备

1. 场地准备

钻孔场地的平面尺寸应按桩基设计的平面尺寸、钻机数量和钻机机座平面尺寸、钻机移位要求、施工方法及其他配合施工机具设施布置等情况决定。具体应符合下列要求：

（1）在旱地上，应清除杂物，平整场地；遇软土应进行处理。

（2）在浅水中，宜用筑岛法施工。

（3）在深水中，宜搭设平台。如水流平稳，钻机可设在船上，船必须锚固稳定。

2. 制浆池、储浆池、沉淀池设置

制浆池、储浆池、沉淀池，宜设在桥的下游，也可设在船上或平台上。

3. 埋设护筒

钻孔前应埋设护筒。护筒可用钢或混凝土制作，应坚实、不漏水。为增加刚度防止变形，在护筒上、下端及中部的外侧各焊一道加劲肋。当使用旋转钻时，护筒内径应比钻头直径大 20cm；使用冲击钻机时，护筒内径应大 40cm。护筒顶面宜高出施工水位或地下水位 2m，并宜高出施工地面 0. 3m。其高度尚应满足孔内泥浆面高度的要求。

护筒埋设应符合下列要求：

（1）在岸滩上的埋设护筒，当地下水位大于 1. 0m 时，可采用挖埋法，对于砂性土不得小于 2m，当表面土层松软时，护筒应埋入密实土层中 0. 5m 以下。

（2）水中筑岛，护筒应埋入河床面以下 1m 左右。在水深小于 3m 的浅水处安放护筒。一般须围堰筑岛。岛面应当高出施工水位 0. 5~0. 7m，亦可适当提高护筒顶面高程，以减少筑岛填土体积，然后按要求埋设护筒的方法施工。当桩位处无法围堰筑岛时，可先将套箱或套筒沉入水中，再在套箱或套筒内安放护筒。

（3）在水中平台上沉入护筒，可根据施工最高水位、流速、冲刷及地质条件等因素确定沉入深度，必要时应沉入不透水层。在水深大于 3m 的深水河床安放护筒。在深水中安放护筒，通常利用浮船工作平台。

（4）护筒埋设允许偏差：顶面中心偏位宜为 5cm。护筒斜度宜为 1%。

4. 泥浆

在砂类土、碎石土或黏土砂土夹层中钻孔应用泥浆护壁。

（1）泥浆原料要求：泥浆宜选用优质黏土、膨润土或符合环保要求的材料制备。一般可选用塑性指数大于 25，粒径小于 0. 074mm，黏粒含量大于 50%的黏质土制浆。当缺少上述性能的黏质土时，可用性能略差的黏质土，并掺入 30%的塑性指数大于 25 的黏质土。

（2）泥浆性能指标：钻孔泥浆一般由水、黏土（或膨润土）和添加剂按适当比例配制而成，其性能指标可参照规定选用。

（3）泥浆制备：泥浆的制备按照钻孔方法的不同采用不同的制备方法：①当采用回钻

钟机钻孔时，通过泥浆搅拌机成浆，贮存在泥浆池内，再用泥浆泵输入钻孔内；②当采用冲击钻孔时，可直接将黏土投入钻孔内，依靠钻头的冲击作用成浆。

(4) 泥浆各种性能指标的测定方法：①相对密度 ρ_x。可用泥浆相对密度计测定；②黏度 η(Pa·s)，工地用标准漏斗黏度计测定；③含砂率(%)，工地用含砂率计测定。

(二) 钻孔施工

1. 钻架与钻机安装

钻架是钻孔、吊放钢筋笼、灌注混凝土的支架，应能承受钻具和其他辅助设备的重量，具有一定的刚度。我国生产的定型旋转钻机和冲击钻机都附有定型钻架。

(1) 采用冲击钻机冲孔作业时，垫木应放在坚固的地面上，孔口周围必须有良好的排水系统，确保钻机处地面不受水浸泡，以维持机身平稳，施钻时必须保证钻头对准桩位中心。

(2) 当采用卷扬机冲击锥冲孔作业时，三脚架高度不小于 7m，按锤重的 10 倍负荷选择扒杆。转身滑轮(底滑轮)应用地锚固定。架顶起重滑轮应与桩位中心对准后固定。

(3) 钻架架立稳固后，在安装有关机具设备时，以使起重滑轮、转向滑轮和绞车或卷扬机三者在同一竖直平面中为宜。

2. 施工一般规定

(1) 钻孔时，孔内水位宜高出护筒底脚 0.5m 以上或地下水位以上 1.5~2m。

(2) 钻孔时，起落钻头速度应均匀，不得过猛或骤然变速。孔内出土，不得堆积在钻孔周围。

(3) 钻孔应一次成孔，不得中途停顿。钻孔达到设计深度后，应对孔位、孔径、孔深和孔形等进行检查。

(4) 钻孔中出现异常情况，应进行处理。

3. 正循环钻孔施工

正循环是用泥浆泵将泥浆以一定压力通过空心钻杆顶部，从钻杆底部喷出。底部的钻锥在旋转时将土壤搅松成为钻渣，被泥浆浮悬，随泥浆上升而溢出流至孔外的泥浆槽，经过沉淀池中沉淀净化，再循环使用，孔壁靠水头和泥浆保护。

(1) 钻机安置要平稳，磨盘中心，即钻杆中心应对准设计桩轴心位置。

(2) 钻进过程中，由于钻杆细，如用有液压进钻的钻机，则钻机施加压力应适度，不宜过大，以免钻杆发生弯曲变形，以致使孔偏斜。如用磨盘转动钻杆使钻头及钻杆自动钻进时，则应使提吊钻头的钢丝绳索保持铅直状态，切不可使钻杆发生晃动，以使孔身不直或扩孔过大。

(3) 开始冲孔时一般地表土质比较松软，宜采取低锤快打，使孔口孔壁逐渐挤压密实，但不可冲击过猛，以免产生塌孔。

(4) 冲孔过程中升降钻具的速度不可太快，起钻时钻具要稳，不得摇晃，以免碰撞孔壁。

(5) 钻进过程中须用检孔器检孔。检孔器用钢筋笼做成，其外径等于设计孔径，长度等于孔径长度的 4~6 倍。每钻进 4~6m，或土层变化和更换钻锥前，都必须检孔。不可采取重压、冲击或强插检孔器的方式检孔。

(6) 钻孔结束后，经过测量孔深已达设计要求时(一般应比设计深度加深0.5m)立即吊装钢筋骨架，如预计钻孔完成后不能紧接着进行骨架吊装和灌注混凝土时，不得拆除钻孔设备。

4. 反循环钻孔施工

反循环与正循环程序相反，泥浆由孔外流入孔内，而用真空泵或其他方法(如空气吸泥机等)将泥渣通过钻杆中心从钻杆顶部吸出，或将吸浆泵随同钻锥一同钻进，从孔底将泥渣吸出孔外。

(1) 护筒埋入深度，除去保持不漏水外，在有流速的河道上，还应考虑冲刷及地下土层透水的问题。

(2) 由于反循环的钻孔泥浆不起排渣作用，故其相对密度较低，具体指标：泥浆相对密度：1.02~1.08；pH值：8~10；胶体率：>95%；含砂量：<4%；泥皮厚度：<2mm；失水量：10~20mL/30min。

(3) 反循环钻孔的排渣方法有泵吸法及气举法两种，泵吸法以钻孔深度在40m左右为好；气举法排渣钻孔深度可达100m以上，但如果井的深度小于7m，则气举法是无效的。

(4) 钻渣通过空心钻杆或管道排出井外。在钻孔直径大于1.0m时，应采用反循环工艺，如条件不具备，也可采用正循环。钻孔直径大于1.5m时的钻孔，必须采用反循环钻孔方法施工。

(5) 反循环钻孔在停止钻进后再由泵吸或气举方式在很短时间的排渣，出口泥浆与井口入口泥浆相对密度相同时，终止清孔，进行下道工序。

(三) 清孔

钻孔过程中必有一部分泥浆和钻渣沉于孔底，必须将这些沉积物清除干净，才能使灌注的混凝土与地层或岩层紧密结合，保证桩的设计承载能力。

清孔常用的方法有抽浆清孔、掏渣清孔及换浆清孔三种。

(1) 抽浆清孔：由风管将压缩空气输进排泥管，使泥浆形成密度较小的泥浆空气混合物，在水柱压力下沿排泥管向外排出泥浆和孔底沉渣，同时用水泵向孔内注水，保持水位不变直至喷出清水或沉渣厚度达设计要求为止。适用于孔壁不易坍塌各种钻孔后的柱桩和摩擦桩。

(2) 掏渣清孔：用掏渣筒或大锅锥掏清孔内粗粒钻渣。适用于冲抓、冲击、简便旋转成孔的摩擦桩。

(3) 换浆清孔：正反循环旋转钻机可在钻孔完成后不停钻、不进尺，继续循环浆清渣直至达到清理泥浆的要求。适用于各类土的摩擦桩。

清孔时应符合下列规定：

(1) 钻孔至设计标高后，应对孔径、孔深进行检查，确认合格后即进行清孔。

(2) 清孔时，必须保持孔内水头，防止坍孔。

(3) 清孔后应对泥浆试样进行性能指标试验。

(4) 清孔后的沉渣厚度应符合设计要求。设计未规定时，摩擦桩的沉渣厚度不应大于300mm；端承桩的沉渣厚度不应大于100mm。

（四）吊装钢筋笼

钢筋笼根据设计尺寸和钻架允许起吊高度，可整节或分节制作。

（1）钢筋笼宜整体吊装入孔。需分段入孔时，可在进口接长，上下两段应保持顺直。

（2）应在骨架外侧设置控制保护层厚度的垫块，其间距竖向宜为 2m，径向圆周不得少于 4 处。钢筋笼入孔后，应牢固定位。

（3）在骨架上应设置吊环。为防止骨架起吊变形，可采取临时加固措施，入孔时拆除。

（4）钢筋笼吊放入孔应对中、慢放，防止碰撞孔壁。下放时应随时观察孔内水位变化，发现异常应产即停放，检查原因。

（五）灌注水下混凝土

灌注水下混凝土之前，应再次检查孔内泥浆性能指标和孔底沉渣厚度，如超过规定，应进行第二次清孔，符合要求后方可灌注水下混凝土。

1. 水下混凝土的原材料及配合比设计

（1）水泥应符合下列规定：①选用水泥不得对混凝土结构强度、耐久性和使用条件产生不利影响；②选用水泥应以能使所配制的混凝土强度达到要求、收缩小、和易性好和节约水泥为原则；③水泥的强度等级应根据所配制混凝土的强度等级选定。水泥与混凝土强度等级之比，C30 及以下的混凝土，宜为 1.1～1.2；④水泥的技术条件应符合现行国家标准 GB 175—2007《通用硅酸盐水泥》的规定，并应有出厂检验报告和产品合格证；⑤进场水泥应按现行国家标准 GB 50204—2015《混凝土结构工程施工质量验收规范》的规定进行强度、细度、安定性和凝结时间的试验；⑥当在使用中对水泥质量有怀疑或出厂日期逾 3 个月（快硬硅酸盐水泥逾 1 个月）时，应进行复验，并按复验结果使用。

（2）矿物掺合料应符合下列规定：①配制混凝土所用的矿物掺合料宜为粉煤灰、火山灰、粒化高炉矿渣等材料；②矿物掺合料的技术条件应符合现行国家标准 GB/T 1596—2017《用于水泥和混凝土中的粉煤灰》、GB/T 2847—2005《用于水泥中的火山灰质混合材料》等的规定，并应有出厂检验报告和产品合格证。对矿物掺合料的质量有怀疑时，应对其质量进行复验；③掺合料中不得含放射性或对混凝土性能有害的物质。

（3）细骨料应符合下列规定：①混凝土的细骨料，应采用质地坚硬、级配良好、颗粒洁净、粒径小于 5mm 的天然河砂、山砂，或采用硬质岩石加工的机制砂；②混用土用砂一般应以细度模数 2.5～3.5 的中、粗砂为宜；③砂的分类、级配及各项技术指标应符合建设部现行标准 JGJ 52—2006《普通混凝土用砂、石质量及检验方法标准》的有关规定。

（4）粗骨料应符合下列规定：①粗骨料最大粒径应按混凝土结构情况及施工方法选取；②施工前应对所用的粗骨料进行碱活性检验；③粗骨料的颗粒级配范围、各项技术指标以及碱活性检验应符合现行标准《普通混凝土用砂、石质量及检验方法标准》的有关规定。

（5）拌合用水应符合建设部现行标准 JGJ 63—2006《混凝土用水标准》的规定。

（6）外加剂应符合现行国家标准 GB 8076—2008《混凝土外加剂》的规定。

（7）混凝土配合比应符合下列要求：①混凝土配合比应以质量比计，并应通过设计和试配选定；②混凝土配合比设计应符合国家现行标准《普通混凝土配合比设计规程》的规定；③混凝土的最大水胶比和最小水泥用量应符合规定；④混凝土的最大水泥用量（包括矿物掺合料)不宜超过 500kg/m³，同时在配制大体积混凝土时，水泥用量不宜超过 350kg/m³；⑤配制混凝土时，应根据结构情况和施工条件确定混凝土拌合物的坍落度，可按规定选用；⑥当工程需要获得较大的坍落度时，可在不改变混凝土的水胶比、不影响混凝土的质量情况下，适当掺入外加剂等。

(8) 水下混凝土的原材料及配合比除应满足上述(1)~(7)的要求以外，尚应符合下列规定：①水泥的初凝时间，不宜小于 2.5h；②粗骨料优先选用卵石，如采用碎石宜增加混凝土配合比的含砂率；③细骨料宜采用中砂；④混凝土配合比的含砂率宜采用 0.4~0.5，水胶比宜采用 0.5~0.6；⑤水下混凝土拌合物应具有足够的流动性和良好的和易性；⑥灌注时坍落度宜为 180~220mm；⑦混凝土的配制强度应比设计强度提高 10%~20%。

2. 导管安设

(1) 浇筑水下混凝土的导管应符合下列要求：①导管内壁应光滑圆顺，直径宜为 20~30cm，节长宜为 2m；②导管不得漏水，使用前应试拼、试压，试压的压力宜为孔底静水压力的 1.5 倍；③导管轴线偏差不宜超过孔深的 0.5%，且不宜大于 10cm；④导管采用法兰盘接头宜加锥形活套，并采用螺旋丝扣型接头时必须有防止松脱装置；⑤导管直径与壁厚关系根据有关规定。

(2) 导管内使用的混凝土止水球或木球胶垫大小要合适(大于导管内径 1cm)，安装要正，不能漏浆。止水球应安装在导管内水面以上约 20cm 处。亦可安设特制活门代替止水球。

(3) 导管上的漏斗箱应有一定的高度，保证漏斗内的混凝土顶面高出孔中水位以上的距离：对清水护壁高出为 3~4m，在泥浆护壁时应酌量提高。

(4) 在试压好的导管表面用磁漆标出 0.5m 一格的连续标尺，并注明导管全长尺度，以便灌注混凝土时掌握提升高度及埋入深度。

(5) 导管顶面设置高度应符合设计要求，并应使导管(包括法兰盘的直径)与骨架内径周围留有必要的间距，以便导管自由拔出。

3. 水下混凝土施工

水下混凝土施工灌注多采用导管法施工。

(1) 首批灌注混凝土所需数量应满足导管首次埋深(≥1.0m)和填充导管底部的需要。

(2) 在灌注水下混凝土前，宜向孔底射水(或射风)翻动沉淀物 3~5min。

(3) 混凝土应连续灌注，中途停顿时间不宜大于 30min。

(4) 混凝土灌注过程中，应始终保持导管位置居中。提升导管时有专人掌握，不能倾斜、位移及将骨架钢筋挂住。如发现骨架上升时，应立即停止提升导管，使导管降落，并用力摇动，与骨架脱开。

(5) 在灌注水下混凝土过程中，导管的埋置深度宜控制在 2~6m，并应有专人排除漫出之水，防止塌孔。待水下混凝土终凝后，轻轻凿去顶面 0.5m 左右厚的部分(泥浆与混凝土混合部分)，直到露出纯净混凝土面，再灌注接桩混凝土。灌注水位以上混凝土时，可改为普通混凝土的灌注方法。

(6) 为确保灌注混凝土后能提升一节(1~1.5m)导管，并使导管下口埋置在混凝土中的深度不少于 1m，因此开始灌注混凝土时，除漏斗中混凝土储备够量外，应有 3~4 辆小车储备混凝土，剪球后混凝土下砸，孔口翻浆，待漏斗中混凝土快漏完时，及时灌注储备在小车上的混凝土。

(7) 当导管下口埋置深度到3m左右，或导管中混凝土下去时，应立即提升导管。提升导管要求及时准确，混凝土埋置深度不宜太深，以免增加提升困难，提升时亦不宜过快，提升后导管的埋置深度不宜少于1m。

(8) 灌注混凝土应采取防止钢筋骨架上浮的措施。灌注的桩顶标高应比设计高出0.5~1m。使用全护筒灌注水下混凝土时，护筒底端应埋于混凝土内不小于1.5m，随导管提升逐步上拔护筒。

(9) 灌注混凝土应有记录。灌入钻孔的混凝土至少要留取3个试块，供作抗压强度试验。钻孔灌注桩应逐根填写钻孔灌注桩施工记录及钻孔桩钻孔质量检验记录。

(10) 灌注混凝土桩未达到设计强度70%时，不得承受荷载，更不得在同一墩台上相邻桩位进行钻孔作业。除按规定采取快速脱模法外，一般灌注混凝土3d后，方可拆除护筒。

(11) 灌注水下混凝土过程中，发生断桩时，应会同设计、监理根据断桩情况研究处理措施。

（六）混凝土灌注桩质量要求

(1) 成孔达到设计深度后，必须核实地质情况，确认符合设计要求。

(2) 孔径、孔深应符合设计要求。

(3) 混凝土抗压强度应符合设计要求。

(4) 桩身不得出现断桩、缩径。

(5) 钢筋笼制作和安装质量检验应符合要求，且钢筋笼底端高程偏差不得大于±50mm。

(6) 混凝土灌注桩允许偏差应符合规定。

三、沉井基础

沉井是井筒状的结构物，一般由井壁、刃脚、内隔墙、横梁、框架、封底和顶盖板组成，它是以井内挖土，克服刃脚正面阻力及沉井内壁摩阻力后依靠沉井自垂下沉至设计标高，经过混凝土封底，并填塞井孔，使其成为桥梁墩台的基础。

（一）就地制作沉井

(1) 在旱地制作沉井应将原地面平整、夯实；在浅水中或可能被淹没的旱地、浅滩应筑岛制作沉井；在地下水位很低的地区制作沉井，可先开挖基坑至地下水位以上适当高度（一般为1~1.5m），再制作沉井。制作沉井处的地面承载力应符合设计要求。当不能满足承载力要求时，应采取加固措施。

(2) 筑岛制作沉井时，应符合下列要求：①筑岛标高应高于施工期间河水的最高水位0.5~0.7m，当有冰流时，应适当加高；②筑岛的平面尺寸，应满足沉井制作及抽垫等施工要求；③筑岛材料应以透水性好、易于压实和开挖的无大块颗粒砂土或碎石土；④筑岛应考虑水流中刷对岛体稳定性的影响，并采取加固措施；⑤在斜坡上或在靠近堤防两侧筑岛时，应采取防止滑移的措施。

(3) 刃脚部位采用土内模时，宜用黏性土填筑，土模表面应铺20~30mm的水泥砂浆，砂浆层表面应涂隔离剂。

(4) 沉井分节应视下沉速度、开挖方法、土层性质、沉井的平面尺寸和沉井深度。做全面分析而定。

(5) 底节沉井的最小高度，应能满足拆除支垫或挖除土体时的竖向挠曲强度要求。

(6) 混凝土强度达到25%时可拆除侧模，混凝土强度达75%时方可拆除刃脚模板。

(7) 底节沉井抽垫时，混凝土强度应满足设计文件规定的抽垫要求。抽垫程序应符合设计规定，抽垫后应立即用砂性土回填、捣实。抽垫时应防止沉井偏斜。

(8) 就地制作沉井质量要求。①钢壳沉井的钢材及其焊接质量应符合设计要求和相关标准规定；②钢壳沉井气筒必须按受压容器的有关规定制造，并经水压(不得低于工作压力的1.5倍)试验合格后方可投入使用；③混凝土沉井制作允许偏差应符合规定；④混凝土沉井壁表面应无孔洞、露筋、蜂窝、麻面和宽度超过0.15mm的收缩裂缝。

(二) 沉井下沉

1. 抽垫

(1) 当混凝土达到设计强度后，方可进行抽垫，抽除垫木应分区、依次、对称、同步进行。以定位垫木为中心，由远到近，先短边后长边，最后撤四根定位垫木。

(2) 抽垫前应将井孔内所有杂物清除干净，并检查其准备工作全部就绪后，方可发出信号，开始抽垫。

(3) 抽垫时，先掏挖垫木下的填砂，再用大锤、撬棍、锤撬拨动，并在垫木上临时钉一扒钉，挂上绳钩，井内外互相配合，连敲带拖，一鼓作气地迅速将垫木抽出。一般垫木宜向外抽出。

(4) 回填时，在开始拆除几组垫木时，可不回填，当抽出几组现出空档后，即进行回填，回填时分层，洒水夯实，每层厚20~30cm。以定位垫木不压断为准，回填材料有碎石、砂砾石等。

(5) 抽垫过程中，应在沉井顶面上下左右各设置一个测点，观测其下沉量。

2. 排水

在渗水量小，土质稳定的地层中宜采用排水下沉。有涌水翻砂的地层，不宜采用排水下沉。

排水下沉应遵守下列规定：

(1) 提升架应进行施工设计，其强度、刚度、稳定性应满足施工安全的要求。使用前应验收，确认合格并形成文件。

(2) 除土过程中应设专人排除地下水。

(3) 人工除土应符合下列要求：①涌水、涌沙量大时不宜人工除土；②劳动组织合理，井内人员不宜过多；③在刃脚处除土应均匀、对称，保持沉井均衡下沉；④井内应有充足照明；⑤沉井内应设安全梯和安全绳；⑥人员不得在刃脚和隔墙附近停留、休息；⑦作业中应在沉井口设专人监护，确认安全。

(4) 土方提升时应设专人指挥，井下人员必须撤至安全处。

(5) 采用抓斗除土时，井内禁止有人。

3. 不排水下沉

（1）不排水下沉时，机械除土的最大深度不得超过刃脚标高下 2m，并应均匀、对称进行。松软土质不得直接在刃脚处除土。粉砂、细砂土层，不得降低井内水位，且必须保持井内水头高于井外 1m 以上。

（2）除为了纠正沉井倾斜外，井内的土一般应由各井孔均匀清除，各井孔土面高差不得超过 50cm。

（3）在沉井入土较深，并壁侧面阻力较大，应根据具体情况，采取有效的下沉方法。一般需要采取抓土、吸泥、射水交替或联合作业；必要时还需辅以降低井内水位（当土壤稳定性较好时）以增加沉井重量，或在井底放炮震压，或在井顶压量，才能到沉设计标高。

4. 辅助下沉

（1）高压射水：当局部地点难以由潜水员定点定向射水掌握操作时，在一个沉井内只可同时开动一套射水设备，并不得进行除土或其他起吊作业，可用高压射水。

（2）泥浆套辅助下沉应遵守下列规定：①泥浆套应设地表围圈防护；②压浆泵应完好，压力表必须经校验、标定，压浆系统各接口应连接牢固；③压浆管应通畅，且不可直接冲刷土层；④现场应设泥浆沉淀地，其周围应设防护栏杆；对水泥残渣应妥善处置，不得漫流。

5. 沉井接高

（1）沉井接高前应尽量纠正倾斜，接高各节的竖向中轴线应与前一节的中轴线相重合。

（2）接高时，井顶露出水面不得小于 150cm，露出地面不得小于 50cm。

（3）接高时应均匀加载，可在刃脚下回填或支垫，防止沉井在接高加载时突然下沉或倾斜。

（4）接高时应清理混凝土界面，并用水湿润

（5）接高后的各节沉井中轴线应一致。

（6）沉井下沉采用水中抓土方法，可利用拼组的浮船作操作平台，将抓土斗的导向滑车固定于浮船塔架的横梁上，并利用横梁调节抓斗的取土位置，均衡抓取，或采用挖土深浅，掌握平稳正直下沉。

6. 沉井下沉质量要求

（1）沉井浮运应符合下列要求：①预制浮式沉井在下水、浮运前，应进行水密试验，合格后方可下水；②钢壳沉井底节应进行水压试验，其余各节应进行水密检查，合格后方可下水。

（2）沉井下沉应符合下列要求：①就地浇筑沉井首节下沉应在并壁混凝土达到设计强度后进行，其上各节达到设计强度的 75%后方可下沉；②就地制作沉井下沉就位允许偏差应符合规定。

（三）沉井封底与填充

1. 潜水作业

（1）施工前应根据下潜任务、下潜环境、工作部位、水深等情况制定潜水作业方案和相应的安全技术措施，并按施工组织设计管理规定的审批程序批准后实施。

（2）潜水作业应由潜水员操作，潜水员必须经专业培训，持证上岗。

（3）作业前工程项目经理部负责人和主管施工技术人员必须向潜水员进行作业任务、环境和安全技术交底，并形成文件。

（4）潜水作业条件比较困难的情况下应设一名备用潜水员，必要时下水协助或救援。

（5）潜水作业必须配备供潜水员与地面指挥人员联系的通信器材。通信器材必须完好、有效，作业前必须检查试用，确认合格。

（6）潜水员必须按规定配备潜水设备。潜水和加压前应对潜水设备进行检查，确认合格后，方可进行作业。

（7）使用氧气呼吸器的潜水深度不得超过10m，使用空气呼吸器的潜水深度不得超过40m。

（8）潜水员的潜水时间应依潜水深度计算确定。

（9）潜水作业时，沉井内及其附近不得进行起重吊装作业，在沉井外2000m内不得进行爆破作业，在沉井外200m内不得进行振动、锤击沉桩作业。

（10）潜水作业必须由工程项目经理部负责人现场指挥。作业过程中，指挥人员必须随时与潜水员联系，掌握其安全状况，确认正常。发现异常，必须立即采取安全措施或指令潜水员浮出水面。

（11）潜水作业前，必须进行试作业，确认正常。

（12）潜水作业时，沉井各室内的水位应一致，沉井内的水位应高于井外的水位。

（13）沉壁上不得有钢筋等外露物。

（14）多室沉井潜水作业时，严禁潜水员穿越邻室。

（15）沉井内吸泥清基时，吸泥机和高压射水枪的闸阀必须设专人值守，并服从潜水员的指挥。潜水员用手扶持吸泥机作业时，不得用手、脚去探摸吸泥机头部或骑在吸泥机弯头上。

（16）水下爆破作业应符合下列要求：①潜水员应熟悉爆破器材的性能、操作技术和安全要求；②同一次起爆中，不得使用不同型号的雷管；③引爆导线与电源之间应安装闸刀开关，设专人值守；④炸药包密封后，潜水员应将炸药包随身带入水下，不得用绳传递；⑤发生“瞎炮”时，应切断电源，待15min无异常后，方可下潜处理。

2. 基底清理

对于排水开挖下沉的沉井，施工人员可以下到沉井内进行基底清理。检查地基土质是否符合设计要求，必要时可钻探取样检查；不排水下沉须潜水员进行基底清理。

清基时，应将风化岩层全部凿除，清除陡坎、松土及污泥。必要时可在基底铺一层碎石，岩石不平的应凿成台阶形。

3. 沉井封底

（1）采用数根导管同时浇筑时，导管数量和位置宜符合规定。

（2）导管底端埋入封底混凝土的深度不宜小于0.8m。

（3）混凝土顶面的流动坡度宜控制在1∶5以下。

（4）在封底混凝土上抽水时，混凝土强度不得小于10MPa，硬化时间不得小于3d。

（四）浮式沉井施工

1. 沉井制作

(1) 沉井的底节应做水压试验，其他各节应经水密试验，合格后方可入水。

(2) 沉井的气筒应按受压容器的有关规定，经检验合格后方可使用。

(3) 沉井的临时性井底，除应做水密试验，确认合格外，尚应满足在水下拆除方便的要求。

2. 沉井浮运

沉井在浮运前，应对所经水域和沉井位置处河床进行探查，确认水域无障碍物，沉井位置的河床平整。应掌握水文、气象及航运等情况；应检查拖运、定位、导向、锚碇等设施状况，确认合格。

3. 浮式沉井接高

(1) 沉井悬浮于水中应随时验算沉井的稳定性。

(2) 接高时，必须均匀对称地加载，沉井顶面宜高出水面 1.5m 以上。

(3) 应随时测量墩位处河床冲刷情况，必要时应采取防护措施

(4) 带气筒的浮式沉井，气筒应加以保护。

(5) 带临时性井底的浮式沉井及双壁浮式沉井，应控制各灌水隔舱间的水头差不得超过设计要求。

4. 浮式沉井着床定位

(1) 着床宜安排在枯水时期、低潮水位和流速平稳时进行。

(2) 着床前应对锚碇设备进行检查和调整，确保沉井着床位置准确。

(3) 着床前应探明墩位处河床的情况，确认符合设计要求。

(4) 着床位置，应根据河床高差、冲淤情况、地层及沉井入土下沉深度等因素研究确定，宜向河床较高位置偏移适当尺寸。

(5) 沉井着床后，应尽快下沉，使沉井保持稳定。

(6) 浮式沉井下沉就位允许偏差应符合规定。

第三节　桥墩与桥台

一、桥墩与桥台基本构造

（一）桥墩分类与构造

在两孔和两孔以上的桥梁中除两端与路堤衔接的桥台外其余的中间支承结构称为桥墩。

按桥墩结构形式可分为实体墩、柱式墩、和排架墩等；按平面形状可分为矩形墩、尖端形墩、圆形墩等。建筑桥墩的材料可用木料、石料、混凝土、钢筋混凝土、钢材等。

1. 重力式桥墩

重力式桥墩是实体的圬工墩，主要靠自身的重量来平衡外力，从而保证桥墩的强度和

稳定。主要用 C15 或 C15 以上的片石混凝土浇筑，或用浆砌块石和料石，也可以用混凝土预制块砌筑。优点是整体刚度大，抗倾覆性能以及承重性能都很好；缺点是自重大，不宜做得过大而使桥梁自重加大。

2. 空心式桥墩

可采用钢筋混凝土或混凝土。优点是节省材料，减轻桥墩的自重，施工速度快，质量好，节省模板支架；缺点是，抵抗流水冲击和水中夹带的泥砂或冰块冲击力的能力差，所以不宜在有上述情况的河流中采用。

3. 柱式墩

桩式墩是将钻孔桩基础向上延伸作为桥墩的墩身，在桩顶浇筑盖梁，柱式桥墩一般可分为独柱、双柱和多柱等形式。在墩位上横向可以是一根或多根桩，设置一排桩时的叫排桩墩。优点是材料用量经济，施工简便，适合平原地区建桥使用。缺点是跨度不宜做得太大，一般小于 13m，且在有漂流物和流速过大的河流中不宜采用。

4. 柱式墩

一般由基础上的承台、柱式墩身和盖梁组成。优点是能减轻墩身自重，节约坊工材料，比较美观，刚度和强度都较大，在有漂流物和流冰的河流中可以使用。

5. 柔性墩

柔性墩是在多跨桥的两端设置刚性较大的桥台，中墩均为柔性墩。即墩体的整体刚度很小，在墩顶水平推力的作用下发生较大的水平位移。优点是由于桥墩的水平推力是按各墩的刚度分配的，故分配到每个柔性墩上的水平推力很小。

6. 薄壁墩

主要分为钢筋混凝土薄壁墩和双壁墩以及 V 形墩三类。其共同特点是在横桥向的长度基本和其他形式的墩相同，但是在纵桥向的长度很小。其优点是，可以节省材料，减轻桥墩的自重，同时双壁墩可以增加桥墩的刚度，减小主梁支点负弯矩，增加桥梁美观。V 形墩可以间接地减小主梁的跨度，使跨中弯矩减小，同时又具有拱桥的一些特点，更适合大跨度桥的建造。

（二）桥台分类与构造

桥台指的是位于桥梁两端并与路基相连接的支承上部结构和承受桥头填土侧压力的构造物。

在岸边或桥孔尽端介于桥梁与路堤连接处的支承结构物。它起着支承上部结构和连接两岸道路同时还要挡住桥台背后填土的作用。桥台具有多种形式，主要分为重力式桥台、轻型桥台、框架式桥台、组合式桥台、承位桥台等。

1. 重力式桥台

重力式桥台也符实体式桥台，主要靠自重来平衡台后的土压力。桥台台身多数由石砌、片石混凝土或混凝土等圬工材料建造，并采用就地建筑的方法。重力式桥台的整体性好，刚度大，抗倾覆能力强，但是由于桥台是实体，故自重较大。重力式桥台依据桥梁的跨径、桥台高度及地形条件的不同，有多种形式。常用的有 U 形桥台、埋置式桥台、八字式或一字式等。

2. 轻型桥台

钢筋混凝土轻型桥台，是利用钢筋混凝土结构的抗弯能力来减少圬工体积而使桥台轻型化。主要可分为薄壁轻型桥台和支承梁轻型桥台。其优点是结构自重轻，施工方便。

3. 框架式桥台

框架式桥台是一种在横桥向成框架式结构的桩基础轻型桥台，优点是所受的土压力较小，可用于地基承载力较低、台身较高、跨径较大的梁桥。其构造形式有双柱式、多柱式、墙式、半重力式和双排式、板凳式等。

4. 组合桥台

为使桥台轻型化，桥台本身主要承受桥跨结构传来的竖向力和水平力，台后的土压力由其他结构来承受，从而形成了组合桥台。优点是受力明确，节省材料。缺点是构造复杂，施工不方便。

5. 承拉桥台

承拉桥台在斜弯桥中使用，主要用来承受由于荷载的偏心作用而使支座受到的拉力。

二、模板与支架

1. 模板与支架制作

（1）组合钢模板的制作应符合 GB/T 50214—2013《组合钢模板技术规范》的要求。

（2）采用其他材料作模板时，应符合下列规定：①钢框胶合板模板的组配面板宜采用错缝布置；②高分子合成材料面板、硬塑料或玻璃钢模板，应与边肋及加强肋连接牢固。

（3）木模板的制作要严格控制各部分尺寸和形状。

（4）采用机械加工模板杆件应遵守下列规定：①加工机械应完好，防护装置应齐全有效，使用前应经检查、试运行，确认正常；②使用范围、操作程序应符合说明书规定；③机具运行中，严禁作业人员触摸其传动部位；④作业中需要更换刨刀、锯片、钻头、刀具时，必须切断电源，并设有效的监管措施，待机械停止运转后，方可拆装；⑤操作工作业时应扣紧衣扣和袖口，理好衣角，严禁戴手套，长发应紧束不得外露；⑥加工机具应设专人管理，定期保养和维修，发现隐患必须及时排除；⑦作业中遇停电和下班后应立即关机，并切断机械电源。

（5）模板制作允许偏差根据规定。

2. 模板与支架安装

（1）支架立柱必须落在有足够承载力的地基上，立柱底端必须放置垫板或混凝土垫块。支架地基严禁被水浸泡，冬期施工必须采取防止冻胀的措施。

（2）支架通行孔的两边应加护桩，夜间应设警示灯。施工中易受漂流物冲撞的河中支架应设牢固的防护设施。

（3）使用扣件式钢管支架做横板支架时，支架搭设应符合下列规定：①立杆应竖直，2m 高度的垂直偏差不得大于 1.5cm，且每搭完一步支架后，应时行校正；②可调底座的调节螺杆伸出长度超过 30cm 时，应采取可靠的固定措施；③满堂红支架的四边和中间每隔四排立杆应设置一道纵向剪刀撑，由底至顶连续设置；④高于 4m 的满堂红支架，其两端和中间每隔四排立杆应从顶层开始向下每隔两步设置一道水平剪刀撑；⑤当梁模板支架立杆采用单根立杆时，立杆应设在梁模板中心线处，其偏心距不得大于2.5cm。

(4) 使用门式钢管支架做模板支架时，应遵守下列规定：①施工前应对门架立杆地基进行应力验算，必要时应对地基进行回固处理；②可调底座调节螺杆伸出长度不宜超过20cm；③构造设计上，宜以立杆直接传递荷载。

(5) 安设支架过程中，应随安装随架设临时支承。采用多层支架时，支架的横垫板应水平，立柱应铅直，上下层立柱应在同一中心线上。

(6) 模板、支架制作及安装应符合施工设计方案的规定，且稳固牢靠，接缝严密，立柱基础有足够的支承面和排水、防冻措施。

(7) 安装模板应符合下列规定：①支架、安装完毕，经检验合格后方可安装模板；②安装模板应与钢筋工序配合进行，妨碍绑扎钢筋的模板，应待钢筋工序结束后再安装；③安装墩、台模板时，其底部应与基础预埋件连接牢固，上部应采用拉杆固定；④模板在安装过程中，必须设置防倾覆设施。

(8) 当采用充气胶囊作空心构件芯模时，模板安装应符合下列规定：①胶囊在使用前应经检查确认无漏气；②从浇筑混凝土到胶囊放气止，应保持气压稳定；③使用胶囊内模时，应采用定位箍筋与模板连接固定，防止上浮和偏移；④胶囊放气时间应经试验确定，以混凝土强度达到能保持构件不变形为度。

(9) 固定在模板上的预埋件、预留孔内模不得遗漏，且应安放牢固。

(10) 模板、支架安装允许偏差根据规定。

3. 模板与支架拆除

(1) 拆除作业应自上而下进行，不得上下多层交叉作业。作业时应先拆侧模，后卸落拱架式支架。落架后，应先拆底模，后拆拱架或支架。落架作业不得影响拱架、支架的稳定。

(2) 非承重侧模应在混凝土强度能保证结构棱角不损坏时方可拆除，混凝土强度宜为2.5MPa及以上。

(3) 芯模和预留孔道内模应在混凝土抗压强度能保证结构表面不发生塌陷和裂缝时，方可拔出。

(4) 钢筋混凝土结构的承重模板、支架和拱架的拆除，应符合设计要求。当设计无规定时，应符合规定。

(5) 拆除模板、支架、拱架时，必须确保未拆除部分的稳定，必要时应对未拆部分采取临时加固、支承措施，确认安全后，方可拆除。

(6) 模板、支架、拱架拆除后，应及时拆卸零配件，并码放在指定地点或清运出场。带钉木模板应及时拔钉。

(7) 拆除作业暂时停止时，必须将活动部件支稳或固定，并确认牢固后，方可离开现场。

(8) 在水深超过1.2m的水域中拆除模板、支架、拱架，应选派熟悉水性的人员，并采取防溺水措施。

三、混凝土工程

（一）混凝土结构的环境类别

（1）室内正常环境。

（2）室内潮湿环境；非严寒和非寒冷地区的露天环境、与无侵蚀性的水或土壤直接接触的环境。

（3）严寒和寒冷地区的露天环境，与无侵蚀性的水或土壤直接接触的环境。

（4）使用除冰盐的环境；严寒和寒冷地区冬季水位变动的环境；滨海室外环境。

（5）海水环境。

（6）受人为或自然的侵蚀性质物质影响的环境。

（二）混凝土拌制与运输

（1）拌制混凝土所用各种材料应按质量投料，并采用自动计量装置，并应定期检定，保持计量准确。

（2）混凝土原材料每盘称量允许偏差根据规定。

（3）混凝土应使用机械集中拌制，使用机械拌制时，自全部材料装入搅拌机开始搅拌起，至开始卸料时止，延续搅拌的最短时间应符合规定。

（4）混凝土拌合物应均匀、颜色一致，不得有离析和泌水现象。混凝土拌合物均匀性的检测方法应符合现行国家标准 GB/T 9142—2000《混凝土搅拌机》的规定。

（5）混凝土拌合物的坍落度，应在搅拌地点和浇筑地点分别随机取样检测，每一工作班或每一单元结构物不应少于两次。评定时应以浇筑地点的测值为准。如混凝土拌合物从搅拌机出料起至浇筑的时间不超过 15min 时，其坍落度可仅在搅拌地点取样检测。

（6）混凝土从加水搅拌至入模的延续时间不宜大于相关要求。

（7）混凝土在运输过程中应采取防止发生离析、漏浆、严重泌水及坍落度损失等现象的措施。用混凝土搅拌运输车运输混凝土时，途中应以每分钟 2~4 转的慢速进行搅动。当运至现场的混凝土出现离析、严重泌水等现象，应进行第二次搅拌。经二次搅拌仍不符合要求，则不得使用。

（三）浇筑混凝土

（1）浇筑混凝土前，应对支架、模板、钢筋和预埋件进行检查，确认符合设计和施工设计要求。模板内的杂物、积水、钢筋上的污垢应清理干净。

（2）使用龙门架或井架运送混凝土应符合下列要求：①提升架宜由有资质的企业生产，具有质量合格证和相关的技术文件；②架体基础结构应经设计确定；③附墙架的设置应符合产品技术文件要求，其间隔不宜大于 9m；④提升高度在 30m（含）以下，由于条件限制无法设置附墙架时，应采用缆风绳稳固架体；⑤地锚结构应根据土质和受力情况，经计算确定；⑥安装架体时必须先将地梁与基础连接牢固；⑦安装龙门架时，两边立柱必须交替进行，每安装两节，除将单肢柱临时固定外，必须将两立柱横向连接一体等。

（3）提升机架体地面进料口的顶部必须设防护棚，其宽度应大于架体外缘；棚体结构应能承受 10kPa 的均布静荷载。

(4) 架体及其提升机安装完成后，必须经检查、试运行、验收合格，并形成文件后方可交付使用。

(5) 使用提升机应符合下列要求：①使用前应制定操作规程，建立管理制度和检修制度；②使用提升机必须配备具有资质的操作工，持证上岗；③使用前和使用中应对架体、附墙架、缆风绳、地锚、安全防护装置、电气设备、信号装置、钢丝绳等的安全状况进行检查，确认安全；④运送混凝土的质量必须符合提升机的使用要求，严禁超载；⑤严禁人员攀登、穿超提升机架体和吊篮上下等。

(6) 拆除提升机应符合下列要求：①拆除缆风绳或附墙架前，必须先设临时缆风绳或支承，确保架体的自由高度得大于两个标准节(一般为 8m)；②拆除龙门架的天梁前，必须先对两个立柱采取稳固措施；③作业中，严禁从高处向下抛掷物体。

(7) 自高处向模板内倾卸混凝土时，其自由倾落高度不得超过 2m；当倾落高度超过 2m 时，应通过串筒、溜槽或振动溜管、等设施下落；倾落高度超过 10m 时应设置减速装置。

(8) 混凝土应按一定厚度、顺序和方向水平分层浇筑。上层混凝土应在下层混凝土初凝前浇筑、捣实。上下层同时浇筑时，上层与下层前后浇筑距离应保持 1.5m 以上。

(9) 混凝土的浇筑应连续进行，振捣持续时间宜为 20~30s，以混凝土不再沉落、不出现气泡、表面呈现浮浆为度。如因故间断时，其间断时间应小于前层混凝土的初凝时间。

(10) 施工缝处理后，应待下层混凝土强度达到 2.5MPa 后，方可继续浇筑后续混凝土。

4. 混凝土养护

(1) 常温下混凝土浇筑完成后，应及时覆盖并洒水养护。

(2) 当气温低于 5℃时，混凝土的水压凝结速度大为降低，应采取保温措施，并不得对混凝土洒水护养。

(3) 混凝土洒水养护的时间，采用硅酸盐水泥、普通硅酸盐水泥或矿渣硅酸盐水泥的混凝土，不得少于 7d；掺用缓凝型外加剂或有抗渗等要求以及高强度混凝土，不得少于 14d，使用真空吸水的混凝土，可在保证强度条件下适当缩短养护时间。

(4) 采用涂刷薄膜养护剂养护时，养护剂应通过试验确定，并应制定操作工艺。

(5) 采用塑料膜覆盖养护时，应在混凝土浇筑完成后及时覆盖严密，保证膜内有足够的凝结水。

(6) 电热养护应符合下列要求：①施工前应根据结构物特点、现场环境条件进行电热养护施工设计，选定相应环境下的安全电压；②电热装置的电气接线必须由电工安装和拆卸，电热装置每次通电前，必须由电工检查，确认安全；③电热区域内的金属结构和外露钢筋必须有接地装置，并缠裹绝缘材料；④测温人员必须按规定佩戴防护用品，应在规定路线行走、规定位置测温；⑤养护区必须设护栏，非作业人员禁止入内；⑥养护结束后必须及时切断电源，拆除电热装置系统。

四、预应力混凝土工程

(一) 材料进场检验

预应力筋进场时，应对其质量证明文件、包装、标志和规格进行检验，并应符合下列规定：

（1）钢丝检验每批不得大于60t，从每批钢丝中抽查5%，且不少于5盘，进行形状、尺寸和表面检查，如检查不合格，则将该批钢丝全数检查；从检查合格的钢丝中抽取5%，且不少于3盘，在每盘钢丝的两端取样进行抗拉强度、弯曲和伸长率试验，试验结果有一项不合格时，则不合格盘报废，并从同批未检验过的钢丝盘中取双倍数量的试样进行该不合格项的复验，如仍有一项不合格，则该批钢丝为不合格。

（2）预应力筋使用前应进行外观质量检查，不得有弯折，表面不得有裂纹、毛刺、机械损伤、氧压铁锈、油污等缺陷。

（3）预应力筋锚具、夹具和连接器应符合国家现行标准GB/T 14370—2015《预应力筋用锚具、夹具和连接器》和JGJ 85—2010《预应力筋用锚具、夹具和连接器应用技术规程》的规定。

（4）预应力筋用锚具、夹具和连接器使用前应进行外观质量检查，表面不得有裂纹、机械损伤、锈蚀、油污等。

（5）预应力管道应具有足够的刚度、能传递黏结力，且应符合下列要求：①胶管的承受压力不得小于5kN，极限抗拉力不得小于7.5kN，且应具有较好的弹性恢复性能；②钢管和高密度聚乙烯管的内壁应光滑，壁厚不得小于2mm；③金属螺旋管道宜采用镀锌材料制作，制作金属螺旋管的钢带厚度不宜小于0.3mm，金属螺旋管性能应符合国家现行标准的规定。

（二）预应力钢筋制作

1. 预应力筋下料

预应力筋下料应符合下列规定：

（1）预应力筋的下料长度应根据构件孔道或台座的长度、锚夹具长度等经过计算确定。实际下料长为8根9m钢筋和1根4.223m钢筋。为了避免浪费钢筋和砂轮层的损耗，采用8根9m钢筋和1根4.5m钢筋。

（2）预应力筋宜使用砂轮锯或切断机切断，不得采用电弧切割。钢绞线切断前，应在距切口5cm处用绑丝绑牢。

（3）钢丝束的两端均采用墩头锚具时，同一束中各根钢丝下料长度的相对差值，当钢丝束长度小于或等于20m时，不宜大于1/3000；当钢丝束长度大于20m时，不宜大于1/5000，且不得大于5mm。长度不大于6m的先张预应力构件，当钢丝成束张拉时，同束钢丝下料长度的相对差值不得大于2mm。

2. 高强钢丝

高强钢丝采用锻头锚固时，宜采用液压冷锻。

3. 预应力筋

预应力筋由多根钢丝或钢绞线组成时，在同束预应力筋内，应采用强度相等的预应力钢材。编束时，应逐根梳理顺直，不扭转，绑扎牢固，每隔1m一道，不得互相缠绞。编束后的钢丝和钢绞线应按编号分类存放。钢丝和钢绞线束移运时支点距离不得大于3m，端部悬出长度不得大于1.5m。

（三）混凝土施工

（1）拌制混凝土应优先采用硅酸盐水泥、普通硅配盐水泥，不宜使用矿渣硅酸盐水泥，不得使用火山灰质硅酸盐水泥及粉煤灰硅酸盐水泥。混凝土中严禁使用含氯化物的外加剂及引气型减水剂。粗骨料应采用碎石，其粒径宜为5~25mm。

(2) 混凝土中的水泥用量不宜大于550kg/m^3。

(3) 从各种材料引入混凝土中的氯离子最大含量不宜超过水泥用量的0.06%。超过以上规定时，宜采取掺加阻锈剂、增加保护层厚度、提高混凝土密实度等防锈措施。

(4) 浇筑混凝土时，对预应力筋锚固区及钢筋密集部位，应加强振捣。后张构件应避免振动器碰撞预应力筋的管道。

(四) 预应力施工

1. 预应力筋的张拉控制应力

预应力筋的张拉控制应力对于保证预应力结构物的抗裂性能及承载力至关重要，故必须符合设计要求，并严格执行。

2. 预应力筋采用应力控制方法张拉

预应力筋采用应力控制方法张拉时，应以伸长值进行校核。实际伸长值与理论伸长值的差值应符合设计要求；设计无规定时，实际伸长值与理论伸长值之差应控制在6%以内。

3. 预应力张拉

预应力张拉时，应先调整到初应力，该初应力宜为张拉控制应力的10%~15%，伸长值应从初应力时开始量测。

4. 预应力筋和锚固的张拉控制

预应力筋和锚固应在张拉控制应力处于稳定状态下进行，锚固阶段张拉端预应力筋的内缩量，不得大于设计规定。

5. 先张法施工

先张法施工是在预制构件时，先在台座上张拉预应力筋，然后支模浇筑混凝土构件成型的施工方法。先张法制作预应力混凝土构件，多在预制场的台座上进行施工时应符合下列要求：

(1) 张拉台座应具有足够的强度和刚度，其抗倾覆安全系数不得小于1.5，抗滑移安全系数不得小于1.3，张拉横梁应有足够的刚度，受力后的最大挠度不得大于2mm。锚板受力中心应与预应力筋合力中心一致。

(2) 预应力筋连同隔离套管应在钢筋骨架完成后一并穿入就位。就位后，严禁使用电弧焊对梁体钢筋及模板进行切割或焊接。隔离套管内端应堵严。

(3) 预应力筋张拉应符合下列要求：①同时张拉多根预应力筋时，各根预应力筋的初始应力应一致；②如混凝土未达到要求的强度而行张拉，混凝土收缩、徐变所引起的预应力损失值将大为增加，同时可使锚下混凝土产生裂纹甚至破碎；③张拉程序应符合设计要求，设计未规定时，其张拉程序应符合规定；④张拉过程中，预应力筋的断丝、断筋数量不得超过相关规定。

(4) 放张预应力筋时混凝土强度必须符合设计要求。设计未规定时，不得低于设计强度的75%。放张顺序应符合设计要求。设计未规定时，应分阶段、对称、交错地放张。放张前，应将限制位移的模板拆除。

(5) 先张法预应力施工允许偏差根据规定。

6. 对桥墩盖梁常的后张法施工工艺

由于城市高架道路的大力发展，为满足高架道路净宽与地面道路净宽的需要，对桥墩盖梁常采用后张法施工工艺，施工时应符合下列要求：

（1）预应力管道安装应符合下列要求：①管道应采用定位钢筋牢固地固定于设计位置；②金属管道接头应采用套管连接，连接套管宜采用大一个直径型号的同类管道，且应与金属管道封裹严密；③管道应留压浆孔和溢浆孔，曲线孔道的波峰部位应留排气孔，在最低部位宜留排水孔；④管道安装就位后应立即通孔检查，发现堵塞应及时疏通。管道经检查合格后应及时将其端面封堵；⑤管道安装后，需在其附近进行焊接作业时，必须对管道采取保护措施。

（2）预应力筋安装应符合下列要求：①先穿束后浇混凝土时，浇筑之前，必须检查管道，并确认完好；浇筑混凝土时应定时抽动、转动预应力筋；②先浇混凝土后穿束时，浇筑后应立即疏通管道，确保其畅通；③混凝土采用蒸汽养护时，养护期内不得装入预应力筋；④穿束后至孔道灌浆完成应控制规定时间以内，否则应对预应力筋采取防锈措施；⑤在预应力筋附近进行电焊时，应对预应力钢筋采取保护措施。

（3）预应力筋张拉应符合下列要求：①混凝土强度的设计未规定时，不得低于设计强度的75%，且应将限制位移的模板拆除后，方可进行张拉；②预应力筋张拉端的设置，应符合设计要求，当设计未规定时，曲线预应力筋或长度不大于或等于25m的直线预应力筋，宜在两端张拉；③张拉前应根据设计要求对孔道的摩阻损失进行实测，以便确定张拉控制应力，并确定预应力筋的理论伸长值；④预应力筋的张拉顺序应符合设计要求；⑤预应力筋张拉程序应符合规定；⑥张拉过程中预应力筋断丝、滑丝、断筋的数量不得超过相关规定。

（4）张拉控制应力达到稳定后方可锚固，预应力筋锚固后的外露长度不宜小于30mm，锚具应采用封端混凝土保护，当需较长时间外露时，应采取防锈蚀措施。锚固完毕经检验合格后，方可切割端头多余的预应力筋，严禁使用电弧焊切割。

（5）预应力筋张拉后，应及时进行孔道压浆，对多跨连续有连接器的预应力筋孔道，应张拉完一段灌注一段。孔道压浆宜采用水泥浆，水泥浆的强度应符合设计要求；设计无规定时不得低于30MPa，压浆时排气孔、排水孔应有水泥浓浆溢出。

（6）压浆后应从检查孔抽查压浆的密实情况，如有不实，应及时处理。压浆作业，每一工作班应留取不少于3组砂浆试块，标准养护28d，以其抗压强度作为水泥浆质量的评定依据。

（7）压浆过程中及压浆后48h内，结构混凝土的温度不得低于5℃。否则应采取保温措施。当白天气温高于35℃时，压浆宜在夜间进行。

（8）埋设在结构内的锚具，压浆后应及时浇筑封锚混凝土。封锚混凝土的强度等级应符合设计要求，不宜低于结构混凝土强度等级的80%，且不得低于30MPa。

（9）孔道内的水泥浆强度达到设计规定后方可吊移预制构件；设计未规定时，不应低于砂浆设计强度的75%。

（10）钢筋后张法预应力施工允许偏差根据规定。

五、砌体工程

（一）材料要求

1. 砂浆用砂

砂浆用砂宜采用中砂或粗砂，当缺少中、粗砂时也可采用细砂，但应增加水泥用量。

砂的最大粒径，当用于砌筑片石时，不宜超过5mm；当用于砌筑块石、粗料石时，不宜超过2.5mm砂的含泥量：砂浆强度等级不小于M5时，不得大于5%；当砂浆强度等级小于M5时不得大于7%。

2. 砌筑用石料

石料应符合设计规定的类别和强度，石质应均匀、耐风化、无裂纹。石料抗压强度的测定，应符合JTG E41—2005《公路工程岩石试验规程》的规定。在潮湿和浸水地区主体工程的石料软化系数，不得小于0.8，对最冷月份平均气温低于-10℃的地区，除干旱地区的不受冰冻部位外，石料的抗冻性指标应符合冻融循环25次的要求。

同产地石材至少抽取一组试件进行抗压强度试验；在潮湿和浸水地区使用的石材，应各增加一组抗冻性能指标和软化系数试验的试件。

此外，水泥外加剂、水等其他材料应符合相关要求。

（二）砌筑砂浆

1. 砂浆的强度应符合设计要求

设计无规定时，主体工程用砂浆强度不得低于M10，一般工程用砂浆强度不得低于M5，设计有明确冻融循环次数要求的砂浆，经冻融试验后，质量损失率不得大于5%，强度损失率不得大于25%。

每个构筑物、同类型、同强度等级每100m^{3}砌体为一批，不足100m^{3}的按一批计，每批取样不得少于一次。砂浆强度试件应在砂浆搅拌机出料口随机抽取，同一盘砂浆制作一组试件。

2. 砂浆强度等级

砂浆强度等级应制作边长为70.7mm的立方体试件，以在标准养护条件下28d的抗压极限强度表示(6块为一组)。砂浆强度等级可分为M20、M15、M10、M7.5、M5。

3. 砂浆的配合比

砂浆的配合比宜经设计，并通过试配确定。水泥砂浆中的水泥用量不宜小于200kg/m^3；水泥混合砂浆中水泥与掺合料的总量应为300～350kg/m^3，在满足稠度和分层度的前提下，掺合料的用量宜尽量减少。

4. 砌筑砂浆

砌筑砂浆应具有良好的和易性，保证砌体胶结牢固。砂浆稠度应以标准圆锥体沉入度表示，石砌体宜为5～7cm。对吸水率较大的砌筑料石，天气干热多风时，可适当加大稠度值。

5. 砂浆的饱满度

砂浆的饱满度应达到80%以上。

6. 砂浆搅拌

砂浆应使用机械搅拌，搅拌时间不得少于1.5min。砂浆应随拌随用，并应在拌合后4h内使用完毕。在运输和储存中发生离析、泌水时，使用前应重新拌合，已凝结的砂浆不得使用。

（三）材料运输

1. 运输准备工作

运输前，应检查运输道路，确认其能满足车辆运输安全要求。

2. 使用专用夹具搬运砌块

使用专用夹具搬运砌块应遵守下列规定：

(1) 标准夹具应由具有资质的企业生产，具有合格证。

(2) 自制夹具宜轻巧，应经过结构计算确定，由专业技工加工，由质量管理人员跟踪检查，成品经试用，确认合格后方可投入使用。

(3) 夹具应纳入工具管理范畴，保持完好状态。使用前应检查、试夹，确认完好。

3. 向基坑内运送材料

向基坑内运送材料宜采用溜槽。运送砌块严禁抛掷，不得碰撞支护结构。

4. 向基坑内运送材料

使用机动翻斗车运输砌块、砂浆应符合下列要求：

(1) 行驶前必须将料斗锁牢，严禁在行驶中掉斗。

(2) 行驶时应从一挡起步，不得用离合器处于半结合状态来控制车速。

(3) 转弯时应提前减速。接近坑边时应减速，不得剧烈冲撞挡掩。

(4) 制动时，应逐渐踩下制动踏板，避免紧急制动。

(5) 严禁翻斗车载人。

(6) 重车下坡应倒车行驶。

(7) 不得在料斗卸料工况下行驶。

(8) 停车应选择安全地点，不得在坡道上停车。

(9) 多辆翻斗车纵队行驶时，前后车之间应保持8m以上的安全距离，在下雨或冰雪路面上，应再加大间距。

(10) 运转中或料斗内载荷时，严禁在车底下进行任何作业。

(11) 作业后应对车辆进行清洗，清除泥土和混凝土等粘结物。

（四）砌筑施工

(1) 采用分段砌筑时，相邻段的高差不宜超过1.2m，工作缝位置宜在伸缩缝或沉降缝处，同一砌体当天连续砌筑高度不宜超过1.2m。

(2) 砌体应分层砌筑，灰缝均匀，缝宽符合要求，咬槎紧密，严禁通缝。砌筑时各层石块应安放稳固，石块间的砂浆应饱满，粘结牢固，石块不得直接贴靠或留有空隙。砌筑过程中，不得在砌体上用大锤修凿石块。

(3) 在已砌筑的砌体上继续砌筑时，应将已砌筑的砌体表面清扫干净和湿润。

(4) 浆砌片石施工应符合下列规定：①砌体下部宜选用较大的片石，转角及外缘处应选用较大且方正的片石；②砌筑时宜以2~3层片石组成一个砌筑层，每个砌筑层的水平缝应大致找平，竖缝应错开；③片石应采取坐浆法砌筑，自外边开始；④砌片石墙必须设置拉结石，拉结石应均匀分布，相互错开，每0.7m^{2}墙面至少应设置块。

（5）浆砌块石施工应符合下列规定：①用作镶面的块石，外露面四周应加以修凿，其修凿进深不得小于7cm；②每层块石的高度应尽量一致，每砌筑0.7~1.0m应找平一次；③砌筑镶面石时，上下层立缝错开的距离应大于8cm；④砌筑填心石时，灰缝应错开。

（6）浆砌料石施工应符合下列规定：①每层镶面石均应先按规定灰缝宽及错缝要求配好石料，并进行试摆。为求水平缝一致，可先干放于木条或铁棍上然后将石块沿边棱翻开，再用坐浆法顺序砌筑，并应随砌随填塞立缝；②一层镶面石砌筑完毕，方可砌填心石，其高度应与镶面石平，当采用水泥混凝土填心镶面石可先砌2~3层后再浇筑混凝土；③每层镶面石均应采用一丁一顺砌法，宽度应均匀；④浆砌料石竖缝应错开，不应贯通。

（7）砌体砌缝宽度、位置应符合相关要求。

（五）砌体勾缝及养护

（1）砌筑时应及时把砌体表面的灰缝砂浆向内剔除2cm，砌筑完成1~2日内应采用水泥砂浆勾缝。如设计规定不勾缝，则应随砌随将灰缝砂浆刮平。

（2）勾缝前应封堵脚手架眼，剔凿瞎缝和窄缝，清除砌体表面粘结的砂浆、灰尘和杂物等并将砌体表面洒水湿润。

（3）砌体勾缝形式、砂浆强度等级应符合设计要求。设计无规定时，块石砌体宜采用凸缝或平缝；细料石及粗料石砌体应采用凹缝。

（4）砌石勾缝宽度应保持均匀，片石勾缝宽宜为3~4cm；块石勾缝宽宜为2~3cm；料石、混凝土预制块缝宽宜为1~1.5cm。

（5）块石砌体勾缝应保持砌筑的自然缝，勾凸缝时，灰缝应整齐，拐弯圆滑流畅、宽度一致，不出毛刺，不得空鼓脱落。

（6）料石砌体勾缝应横平竖直深浅一致，十字缝衔接平顺，不得有瞎缝、丢缝和粘接不牢等现象，勾缝深度应较墙面凹进5mm。

（7）砌体在砌筑和勾缝砂浆初凝后，应立即覆盖洒水，湿润养护7~14d，养护期间不得碰撞、振动或承重。

六、现浇混凝土墩台

（一）模板

模板分为固定式模板和组合式定型钢模板。固定式模板一般用木材或竹胶板制作，又称组合式模板；组合式定型钢模板节约大量木材，组装拆卸方便，通用性好，可多次周转使用，具有较好的经济效益，是桥梁工程中常用的模板。

（二）墩台混凝土浇筑

墩台施工前应在基础顶面放出墩台中线和墩台内、外轮廓线的准确位置。

1. 采用液压滑动模板施工

（1）滑模施工应符合现行JGJ 65—2013《液压滑动模板施工安全技术规程》的有关规定。

(2) 参加滑模作业的人员必须进行安全技术培训，考核合格方可上岗。

(3) 滑模施工中应经常与当地气象台、站取得联系，遇有雷雨、6级(含)以上大风时，必须停止施工，并将作业平台上的设备、工具、材料等固定牢固，人员撤离，切断通向平台的电源。

(4) 采用滑模施工的墩台周围必须划定防护区，警戒线至墩台的距离不得小于结构物高度的1/10，且不得小于10m。不能满足要求时，应采取有效的安全防护措施。

(5) 滑模施工应根据墩台结构滑模工艺使用机具和环境状况对滑模进行施工设计，制定专项施工方案，采取相应的安全技术措施。

(6) 液压滑动模板应由具有资质的企业加工，具有合格证和全部技术文件，进场前应经验收确认合格，并形成文件。

(7) 滑升作业前，应检查模板和平台系统，确认符合设计要求；检查电气接线，确认符合JGJ 65—2013《液压滑动模板施工安全技术规程》有关规定；检查液压系统，确认各部油管连接牢固、无渗漏，并经试运行确认合格，形成文件。

(8) 滑模系统应由专业作业组操作，经常维护，发现问题及时处理。

(9) 浇筑和振捣混凝土时不得冲击、振动模板及其支承；滑升模板时不得进行振捣作业。

(10) 滑升过程中，应随时检查保持作业平台和模板的水平上升，发现问题应及时采取措施。

(11) 夜间施工应有足够的照明。便携式照明应采用36V(含)以下的安全电压。固定照明灯具距平台不得低于2.5m。

(12) 拆除滑模装置必须按专项方案规定进行。

2. 量力式混凝土墩台施工

(1) 墩台混凝土浇筑前应对基础混凝土顶面做凿毛处理清除锚筋污锈。

(2) 墩台混凝土宜水平分层浇筑，每次浇筑高度宜为1.5~2m。

(3) 墩台混凝土分块浇筑时，接缝应与墩台截面尺寸较小的一边平行，邻层分块接缝应错开，接缝宜做成企口形。分块数量，墩台水平截面积在200m^{2}内不得超过两块；在300m^{2}以内不得超过3块。每块面积不得小于50m^2。

3. 柱式墩台施工

(1) 模板、支架除应满足强度、刚度外，稳定计算中应考虑风力影响。

(2) 墩台柱与承台基础接触面应凿毛处理，清除钢筋污锈。浇筑墩台柱混凝土时，应铺同配合比的水泥砂浆一层。墩台柱的混凝土宜一次连续浇筑完成。

(3) 柱身高度内有系梁连接时，系梁应与柱同步浇筑。V形墩柱混凝土应对称浇筑。

(4) 采用预制混凝土管做柱身外模时，预制管安装应符合下列要求：①基础面宜采用凹槽接头，凹槽深度不得小于5cm；②上下管节安装就位后，应采用四根竖方木对称设置在管柱四周并绑扎牢固，防止撞击错位；③混凝土管柱外模应设斜撑，保护浇筑时的稳定；④管接口应采用水泥砂浆密封。

4. 现况混凝土墩台改建施工

(1) 顶升(卸落)用的千斤顶应完好、有效。使用前应进行检查、试用，确认合格。

(2) 千斤顶顶升(卸落)作业时,必须备保险垫木,当主梁顶升(卸落)高度符合要求时,立即在墩台上放入保险垫木,待确认垫木稳固后,方可落梁。严禁千斤顶长时间承重。

(3) 同一端顶升(卸落)使用的千斤顶规格型号应一致,顶升(卸落)时,起落速度应均匀一致,每次升降行程不得大于10cm。

(4) 两端主梁顶(卸落)应对称交错进行,不得同步升(降)

(5) 新浇筑的墩台混凝土达到设计规定强度后,方可安装主梁。

七、石砌墩台

(一) 基础砌筑

当基础开挖完毕并处理后,即可砌筑基础。砌筑时,应自最外边缘开始(定位行列),砌好外圈后填砌腹部。

基础一般采用片石砌筑。当基底为土质时,基础底层石块直接干铺于基土上;当基底为岩石时,则应铺座灰再砌石块。第一层砌筑的石块应尽可能挑选大块的,平放铺砌,且交替丁放和顺放,并用小石块将空隙填塞,灌以砂浆,然后开始一层一层平砌。每砌2~3层就要大致找平后再砌。基础平面位置误差不应超过±5cm。

(二) 墩台身砌筑

(1) 基础砌筑完后,检查平面位置和标高,如均符合设计要求,即可砌筑墩台身。

(2) 砌筑前应将基础顶面洗刷干净。砌筑时,桥墩先砌上下游圆头石或分水尖;桥台先砌四角转角石,然后在已砌石料上挂线,砌筑边部外露部分,最后填砌腹部。

(3) 为了美观和更好地防水,墩台表面砌缝,靠外露面需另外勾缝,靠隐蔽面随砌筑刮平。

(4) 勾缝最好在整个墩台砌筑后自上而下进行,以保证勾缝整齐干净。一般采用凸缝或平缝,浆砌规则块材也可采用凹缝。

(5) 常用墩台砌筑工艺方法有浆砌层石、浆砌块石、浆砌料石等,具体可参见相关内容。

八、预制钢筋混凝土柱和盖梁

(一) 预制柱安装

(1) 柱与基础连接处必须接触严密、焊接牢固混凝土灌注密实,混凝土强度符合设计要求。

(2) 杯口在安装前应校核长、宽、高确认合格。杯口与预制件接触面均应凿毛处理,埋件应除锈并应校核位置,合格后方可安装。

(3) 预制柱安装就位后应采用硬木楔或钢楔固定,并加斜撑保持柱体稳定,在确保稳定后方可摘去吊钩。

(4) 安装后应及时浇筑杯口混凝土,待混凝土硬化后拆除硬楔,浇筑二次混凝土,待杯口混凝土达到设计强度75%后方可拆除斜撑。

(5) 预制混凝土柱制作允许偏差应符合相关的规定。

(6) 预制柱安装允许偏差应符合相关的规定。

(7) 混凝土柱表面应无孔洞、露筋、蜂窝、麻面和缺棱、掉角现象。

(二) 预制钢筋混凝土盖梁安装

(1) 预制盖梁安装前，应对接头混凝土面凿毛处理，预埋件应除锈。

(2) 在墩台柱上安装预制盖梁时，应对墩台柱进行固定和支承，确保稳定。

(3) 盖梁就位时，应检查轴线和各部尺寸，确认合格后方可固定，并浇筑接头混凝土。接头混凝土达到设计强度后，方可卸除临时固定设施。

九、墩台帽与盖梁

(一) 施工放样

一般在墩、台混凝土灌注至或砌石砌至离墩、台帽下缘约 30~50cm 高度时测出墩、台纵横中心轴线，并开始竖立墩、台帽模板安装铺栓孔或安装预埋支座垫板绑扎钢筋等。

桥台台帽放样时应注意不要以基础中心线作为台帽背墙线。模板立好后，在灌注混凝土前应再次复核，以确保墩、台帽中心、支座垫石等位置、方向和高程不出差错。

(二) 墩、台帽模板

1. 重力式墩、台帽模板

在墩、台帽高程以下 25~30cm 处即停止填腹石的砌筑，开始安装墩、台帽模板。先用两根大约 15cm×15cm 的方木用长螺栓拉夹于墩帽下，然后再在方木上安装墩帽模板。台帽模板亦可用木料支承在锥体上。

2. 混凝土和钢筋混凝土墩、台帽模板

墩、台帽系支承上部结构的重要部分，其位置、尺寸和高程的准确度要求较严，墩、台身混凝土灌注至墩、台帽下约 300~500mm 处就应停止灌注，以上部分待墩、台帽模板立好后一次灌注，以保证墩、台帽底有足够厚度的紧密混凝土。墩帽下面的一根拉杆可利用墩帽下层的分布钢筋，以节省铁件。

台帽背墙模板应特别注意纵向支承或拉条的刚度防止灌注混凝土时发生鼓肚，侵占梁端空隙。

3. 悬壁墩帽

当桥墩不高时，可利用桥墩基础边竖支架，在悬出的支架上立模。

(1) 当桥墩较高时，可预先在墩身上部预埋螺栓 2~3 排；以铺定牛腿支架、承托模板。

(2) 模板的安装程序为：在支架上先安装好底模板；墩上绑扎或整体吊放墩帽钢筋；竖立侧面模板；装横挡螺栓、横向支承、拉杆和斜撑。

(3) 悬臂墩帽混凝土应由墩中部向悬臂端顺序浇筑。帽高在 50cm 以上时，应分层浇筑，使模板受力校均匀，并便于混凝土士振动密实。

(三) 盖梁支架

盖梁支架一般可搭设满堂式扣件钢管支架或满堂式碗扣钢管支架，此种支架结构简单受力明确。针对盖梁圬工体积小、重量轻的特点，可充分利用已浇筑完毕立柱(最好是双柱或三柱式墩台)竖向承重能力，采用无支架施工方案。

无支架施工时利用已施工完毕的立柱作为竖向承重结构，在立柱适当高度处用两个半圆形夹具将立柱夹紧，在半圆夹具探出牛腿或在立柱适当高度外预留水平贯穿的孔洞，在孔洞内穿入型钢作为牛腿，在牛腿上架设纵梁(一般用工字钢或贝雷架)并将整排桩柱用螺栓相对夹紧，以纵梁作为盖梁模板搭设平台的一种施工技术。

(四) 盖梁模板

盖梁模板有定型钢模板、竹胶大模板、组合钢模板等形式，一般采用侧模包地模式，结构同墩台帽模板。在交通繁华路段施工盖梁宜采用整体组装模板快装组合支架。

(1) 桩柱墩帽亦称盖梁，除装配式的以外，需要现场立模浇筑。

(2) 盖梁圬工体积小，有条件利用钢筋混凝土桩柱本身作模板支承。其方法是用两根木梁将整排桩柱用螺栓相对夹紧，上铺横梁，横梁间衬以方木，调节间距，也可用螺栓隔桩柱成对夹紧，在横梁上直接安装底模板。两侧模板借助于横梁、上拉杆和一对三角撑所组成的方框架来固定。所有框架榫眼及角撑均预先制好，安装时只用木楔尖紧框构四周，就能迅速而正确地使模板定位。

(3) 盖梁为悬臂梁时，混凝土浇筑应从悬臂端开始，预应力钢筋混凝土盖梁拆除底模时间应符合设计要求；如设计无规定，预应力孔道压浆强度应达到设计强度后，方可拆除底模板。

(4) 现浇混凝土盖梁不得出现超过设计规定的受力裂缝。

(5) 现浇混凝土盖梁允许偏差应符合相关的规定。

(6) 盖梁表面应无孔洞、露筋、蜂窝、麻面。

十、台背回填

(1) 台身、挡墙混凝土强度等级达到设计强度的75%以上时，方可进行回填，拱桥台背填土应在承受拱圈水平推力前完成。

(2) 台背填土不得使用含杂质、腐殖物或冻土块的土类。宜采用透水性土。

(3) 台背锥坡应同时回填，并应按设计宽度一次填齐。

(4) 台背填土宜与路基填土同时进行，宜采用机械碾压。台背 0.8~1m 范围内宜回填砂石、半刚性材料，并采用小型压实设备或人工夯实。

(5) 轻型桥台台背填土应待盖板和支承梁安装完成后，两台对称均匀进行。

(6) 刚构应两端对称均匀回填。

(7) 拱桥台背填土应在主拱施工前完成；拱桥台背填土长度不应小于台高的 3~4 倍。

(8) 柱式桥台台背填土宜在柱侧对称均匀地进行。

(9) 回填土均应分层夯实，填土压实度应符合国家现行标准 CJJ 1—2008《城镇道路工程施工与质量验收规范》的有关规定。

(10) 台背填土的长度，台身顶面处不应小于桥台高度加 2m 底面不应小于 2m。

第七章
混凝土梁桥上部结构施工

第一节　支架上浇筑梁式桥

一、固定支架上浇筑

(1) 支架的地基承载力应符合要求，必要时，应采取加强处理或其他措施。

(2) 应有简便可行的落架拆模措施。

(3) 各种支架和模板安装后，宜采取预压力法消除拼装间隙和地基沉降等非弹性变形。

(4) 安装支架时，应根据梁体和支架的弹性、非弹性变形，设置预拱度。

(5) 支架底部应有良好的排水措施，不得被水浸泡。

(6) 浇筑混凝土时应采取防止支架不均匀下沉的措施。

(7) 整体浇筑时应采取措施，防止梁体不均匀下沉产生裂缝，若地基下沉可能造成梁体混凝土产生裂缝时，应分段浇筑。

(8) 整体浇筑钢筋混凝土梁、板允许偏差应符合规定。

二、移动模架上浇筑

在移动模架上浇筑时，模架长度必须满足分段施工要求，分段浇筑的工作缝，应设在零弯矩点或其附近，并符合下列要求：

(1) 支架应利用专用设备组拼，在施工时能确保质量和安全。

(2) 箱梁外、内模板在滑动就位时，模板平面尺寸、高程、预拱度的误差，必须在容许范围内。

(3) 混凝土内预应力筋管道、钢筋、预埋件设置应符合相关规定。

第二节　悬臂浇筑与拼装

一、悬臂浇筑

悬臂浇筑是利用悬吊模架（挂篮）就地分段浇筑，待每段混凝土养护并张拉预应力后；

再将挂篮移前，浇筑下一节段，直至合龙。

（一）挂篮

1. 常用挂篮

（1）滑动斜拉式挂篮：滑动斜拉式挂篮在力学体系方面有较大的突破，其上部采用斜拉体系代替梁式或桁架式结构的受力，而由此引起的水平分力，通过上下限位装置(或称水平制动装置)承受，主梁的纵向倾覆稳定由后端锚固压力维持。其底模平台后端仍吊挂或锚固于箱梁底板之上。

（2）预应力斜拉式挂篮：预应力斜拉式挂篮系利用梁部结构本身的预应力束拉紧刚性模板，使得临时设施数量大大减少，但因属永久结构和临时结构相结合，需设计、施工，乃至建设单位意见一致方可采用。

（3）菱形挂篮：菱形挂篮主要由菱形桁架、提吊系统、走行系统、模板及张拉操作平台五部分组成。其中菱形桁架是挂篮的主要承重结构，前后提吊系统承受约一半的挂篮荷载。

（4）自承式挂篮：自承式挂篮的两种形式本质上与预应力斜拉式挂篮并无很大区别，唯一不同的是预应力筋采用特殊设计，并配置必要的定位销和钢销。

2. 挂篮设计要求

挂篮结构主要设计参数应符合下列规定：

（1）挂篮质量与梁段混凝土的质量比值宜控制在0.3~0.5，特殊情况下不得超过0.7。

（2）允许最大变形(包括吊带变形的总和)为20mm。

（3）施工、行走时的抗倾覆安全系数不得小于2。

（4）自锚固系统的安全系数不得小于2。

（5）斜拉水平限位系统和上水平限位安全系数不得小于2。

（二）悬臂浇筑混凝土

（1）墩顶梁段及附近梁段可采用托架或膺架为支架就地浇筑混凝土。托架或膺架要经过设计，计算弹性及非弹性变形，必要时进行预压。

（2）当梁段与桥墩设计为非刚性连接时，浇筑悬臂段混凝土前，应先将墩顶梁段与桥墩临时固结。

（3）墩顶梁段和附近梁段可采用托架或膺架为支架就地浇筑混凝土。

（4）在梁段混凝土浇筑前，应对挂篮(托架或膺架)、模板、预应力筋管道、钢筋、预埋件、混凝土材料、配合比、机械设备和混凝土接缝处理情况进行全面检查，对于梁段结合面，腹板与顶板、底板接缝处对凿毛、模板接缝和混凝土级配进行严格检查；经签认后方可浇筑。

（5）桥墩两侧梁段悬臂施工进度应对称、平衡，平衡偏差不得超过设计要求值。

（6）悬臂浇筑段前端底板和桥面的标高，应根据挂篮前端的垂直变形及预拱度设置，施工过程中要对实际高程进行监测。

（7）箱形截面混凝土浇筑顺序应按设计要求办理，当采用两次浇筑时，各梁段的施工应错开。箱体分层浇筑时，底板可一次浇筑完成，腹板可分层浇筑，分层间隔时间宜控制在混凝土初凝前且使层与层覆盖住。对齿板处混凝土要加强振捣。

(8) 梁段混凝土达到要求的强度后，方可进行预应力筋的张拉和压浆。

(9) 悬臂浇筑混凝土时，宜从悬臂前端开始，最后与前段混凝土连接。

(10) 悬臂浇筑预应力混凝土梁允许偏差应符合规定。

(11) 梁段混凝土的拆模时间，应根据混凝土强度及施工安排确定。混凝土应尽量采用早强措施，使混凝土的强度及早达到预施应力的强度要求，缩短施工周期，加快施工进度。

(12) 混凝土养护应覆盖洒水，如冬期施工应保温养护。

(三) 连续梁(T构)合龙、体系转换和支座反力调整

1. 连续梁合龙

(1) 合龙段的长度宜为2m。

(2) 合龙前应观测气温变化与梁端高程及悬臂端间距的关系。

(3) 合龙前应按设计规定，将两悬臂端合龙口予以临时连接，并将合龙跨一侧墩的临时锚固放松或改成活动支座。

(4) 合龙前，在两端悬臂预加压重，并于浇筑混凝土过程中逐步撤除，以使悬臂端挠度保持稳定。

(5) 合龙宜在一天中气温最低时进行。

(6) 合龙段的混凝土强度宜提高一级，以尽早施加预应力。

2. 体系转换

连续梁的梁跨体系转换，应在合龙段及全部纵向连续预应力筋张拉、压浆完成，并解除各墩临时固结后进行。

3. 支座反力调整

梁跨体系转换时，支座反力的调整应以高程控制为主，反力作为校核。

二、悬臂拼装

悬臂拼装是将预制好的节段，用支承在已完成悬臂上的专门悬拼吊机悬吊于梁位上逐段拼装。

(一) 梁段预制

(1) 梁段应在同一台座上连续或奇偶相间预制。

(2) 预制台座使用前应采用1.5倍梁段质量预压。

(3) 梁段间的定位销孔及其他预埋件应位置准确。

(4) 预制梁段吊移前，应分别测量各段的相对高差，并在各梁段上测设与梁轴线垂直的端横线。

(5) 预制梁段允许偏差应符合规定。

(二) 梁段起吊、运输与堆放

(1) 梁段的起吊、运输可参考相关规定。

(2) 梁段在存放场地应平稳牢固地置于垫木上。底面有坡度的梁段，应使用不同高度的垫木。垫木的位置应与吊点位置在同一竖直线上。

（三）梁段的拼装接缝

1. 墩顶临时支承

墩顶临时支承采用硫磺水泥砂浆时，应遵守下列规定：

(1) 熬制前必须履行用火申报手续，经消防管理人员检查确认防火措施落实，并签发用火证后，方可点火作业。

(2) 熬制硫磺砂浆应在室外进行，并应位于施工现场的下风方向，远离生活区。不得在架空线路下方熬制。

(3) 熬制时，严禁在猛火空锅中投料和中途投放大块硫磺，溶液不得超过锅容量的3/4，作业人员严禁离开岗位。

(4) 熬制完成，作业人员离开岗位前，必须熄灭余火。

(5) 严禁用锡焊制品盛装硫磺砂浆，装溶液量不得超过容器容量的2/3。运输时，速度应缓慢、均匀，不得忽快忽慢，并应避开人员。

(6) 吊运硫磺水泥砂浆时，吊运范围内严禁有人。

(7) 硫磺水泥砂浆临时支承，在用电热方法撤除时，电热丝不得与其他金属接触；硫磺水泥砂浆块与支座之间必须设隔热设施；作业人员应站在上风向。

2. 梁段拼装

(1) 桥墩两侧应对称拼装，保持平衡。平衡偏差不得大于设计规定，轴线挠度必须在设计规定范围内。

(2) 悬拼吊架走行及悬拼施工时的抗倾覆稳定系数不得小于1.5。

(3) 吊装前应对吊装设备进行全面检查，并按设计荷载的130%进行试吊。

(4) 悬拼施工前应绘制主梁安装挠度变化曲线，悬臂拼装过程中应随时观测桥轴线和安装挠度曲线的变化情况，并与设计值进行对比，遇有较大偏差时应及时处理，以便控制块件的安装高程。

(5) 悬拼施工应按锚固设计要求将墩顶梁段与桥墩临时锚固，或在桥墩两侧设立临时支承，从承受墩两侧悬拼产生的不平衡力矩。

(6) 墩顶梁段与悬拼第一段之间应设10~15cm宽的湿接缝，并应符合下列要求：①湿接缝的端面应凿毛清洗；②波纹管伸入两梁段长度不得小于5cm，并进行密封；③湿接缝混凝土强度宜高于梁段混凝土一个等级，待接缝混凝土达到设计强度后方可拆模、张拉预应力束。

(7) 悬臂拼装预应力混凝土梁允许偏差应符合规定。

3. 梁段接缝处理

采用环氧树脂接缝时，涂胶并将梁段靠拢调整后，即应开始张拉部分预应力束，对梁段进行挤压才能黏结良好，挤压力大小与胶黏剂种类有关。

(1) 混凝土表面应尽量平整，疏松表面层及附着的水泥应清除干净。

(2) 胶拼前，应清除胶拼面上浮浆、杂质、隔离剂，并保持干净。

(3) 胶拼前应先预拼，检测并调整其高程、中线，确认符合设计要求。涂胶应均匀，厚度宜为1~1.5mm。涂胶时，混凝土表面温度不宜低于15℃。

(4) 涂胶人员应有防护措施，安装调整位置，标高应在三小时内完成。

(5) 环氧树脂胶浆应根据环境温度、固化时间和强度要求选定配方。固化时间应根据操作需要确定，不宜少于 10h，在 36h 内达到梁体设计强度。

(6) 梁段正式定位后，应按设计要求张拉定位束，设计无规定时，应张拉部分预应力束，预压胶拼接缝，使接缝处保持 0.2MPa 以上压应力，并及时清理接触面周围及孔道中挤出的胶浆。待环氧树脂胶浆固化、强度符合设计要求后，再张拉其余预应力束。

(7) 在设计要求的预应力束张拉完毕后，起重机方可松钩。

4. 梁段预应力张拉

(1) 梁段拼装完毕，应经检查，确认符合设计要求。现浇接头混凝土强度应达到设计规定方可张拉，设计无规定时，张拉强度不得小于梁段混凝土设计强度标准值的 75%。

(2) 胶拼梁段拼装完成后应立即检查，确认合格，并张拉部分预应力束，使胶拼缝处预压应力大于 0.2MPa。

(3) 张拉过程中，应随时观察、检测各梁段变化和明槽钢束的稳定情况。发现异常必须立即停止张拉，采取措施处理并确认合格后，方可继续张拉。

(四) 连续梁(T 构)合龙与体系转换

(1) 预应力连续梁桥在用悬臂拼装时，梁顶部是承受负弯矩，即预应力筋都布置在梁截面上部，两个悬臂在跨中合龙以后，跨中附近变为正弯矩，即该部位梁截面下部成为受拉状态，梁上部变换为受压状态。若在合龙前不采取措施，则原在梁截面上部张拉的预应力筋拉应力松弛，如预应力筋置于明槽内侧可能向上漂浮，如梁下部未曾张拉预应力筋时，则拼装的块件就会折断坠落。

(2) 在体系转换前，应按设计要求张拉部分梁段底部的预应力束，并在悬臂端设置向下的预留度。

第三节 顶推施工

顶推施工适用于跨径 40~60m 预应力混凝土等截面(等高)连续梁架设。顶推施工可架设直桥、弯桥、坡桥。顶推施工可选用单点顶推或多点顶推方式。

一、梁段预制

(1) 预制场地应设在桥台后面桥轴线的引道或引桥上，当为多联顶推时，为加速施工进度，可在桥两端均设场地，从两端相对顶推。

(2) 预制场地上空，宜搭设固定或活动的作业棚，其长度宜大于两倍预制梁段长度，使梁段作业不受天气影响，并便于混凝土养护。

(3) 梁段预制宜采用全断面一次浇筑。

(4) 预制梁段模板、托架、支架应经预压消除其永久变形。宜选用刚度较大的整体升降底模，升降及调整高程宜用螺旋(或齿轮)千斤顶装置。浇筑过程中的变形不得大于 2mm。

(5) 梁段间端面接缝应凿毛、清洗、充分湿润。现浇梁段波纹管宜穿入已浇梁段10cm以上，与已浇梁段波纹管对严。

(6) 梁段浇筑前应将导梁安装应位，并校正位置后方可浇筑梁段混凝土。

二、预制梁台座

(1) 台座可设在引道上或临时墩上。直线桥必须设在正桥轴线上，弯桥或坡桥的临时墩必须在与正桥同曲率的平曲线、竖曲线或其延长线上。

(2) 临时墩墩顶设置的滑座、滑块应按支承梁段顶推过程的竖向和水平荷载设计。

(3) 临时支架可设在天然地基上或支承桩上，并应设卸架装置。

(4) 托架宜采用钢结构，并与底模连成一体。其强度、刚度和变形应满足梁段制作要求。

(5) 整体升降底模与托架间可采用硬木楔调整局部高程，底模的平整度应符合要求。

箱梁滑道部位的底模宜采用整条厚钢板($\delta>10$mm)铺设，其焊接接头处应刨光或打磨光滑。

三、顶推方式

(1) 单点顶推：限用于直线桥、顶推梁段长度较短、桥墩可承受较大水平荷载、后座能提供足够的水平反力时。多数在箱梁两侧安设顶推千斤顶或拉杆牛腿。

(2) 多点顶推：可用于直桥、弯梁桥及设竖曲线的坡桥，梁段长度可达到500m或更长。桥墩承受水平荷载不大，可用于柔性墩顶推。顶推拉杆可设在箱梁两侧，亦可设在梁底桥梁轴线上。

四、顶推装置

常用的顶推装置有穿心式千斤顶、拉杆顶推装置等。

(1) 千斤顶油泵、拉杆应依据总推力值选定。千斤顶的总顶力不得小于计算推力的两倍。

(2) 拉锚器应按需要设置在箱梁底部或两侧每一梁段宜设置一组，拉锚器宜采用插入钢牛腿形式，便于拆装。

(3) 滑道宜采用不锈钢或镀铬钢带包卷在铸钢底层上，铸钢采用螺栓固定在支座垫石上。滑道顺桥方向长度应大于千斤顶行程加滑块长度；其宽度应为滑块宽度的1.2~1.5倍。

(4) 滑块宜由埋入钢板的橡胶块黏附聚四氯乙烯板组成。

五、梁段顶推

采用顶推法施工，每一节段从制梁开始到顶推完毕，一个循环约需6~8d；全梁顶推完毕即可调整、张拉和锚固部分预应力筋，进行灌浆、封端、安装永久支座，主体工程即告完成。

(1) 检查顶推千斤顶的安装位置，校核梁段的轴线及高程，检测桥墩(包括临时墩)、临时支墩上的滑座轴线及高程，确认符合要求，方可预推。

（2）顶推千斤顶用油泵必须配套同步控制系统，两侧顶推时，必须左右同步，多点顶推时各墩千斤顶纵横向均应同步运行。

（3）顶推前进时，应及时由后面插入补充滑块，插入滑块应排列紧凑，滑块间最大间隙不得超过10~20cm。滑块的滑面(聚四氯乙烯板)上应涂硅酮脂。

（4）顶推过程中导梁接近前面桥墩时，应及时顶升牛腿引梁，将导梁引上墩顶滑块，方可正常顶进。

（5）顶推过程中应随时检测桥梁轴线和高程，做好导向、纠偏等工作。梁段中线偏移大于20mm时应采用千斤顶纠偏复位。滑块受力不均匀、变形过大或滑块插入困难时，应停止顶推，用竖向千斤顶将梁托起校正。竖向千斤顶顶升高度不得大于10mm。

（6）顶推过程中应随时检测桥墩墩顶变位，其纵横向位移均不得超过设计要求。

（7）顶推过程中如出现拉杆变形、拉铺松动、主梁预应力锚具松动、导梁变形等异常情况应立即停止顶推，妥善处理后方可继续顶推。

（8）平曲线弯梁顶推时应在曲线外设置法线方向向心千斤顶铺固于桥墩上，纵向顶推的同时应启动横向千斤顶使梁段沿圆弧曲线前进。

（9）竖曲线上顶推时各点顶推力应计入升降坡形成的梁段自重水平分力，如在降坡段顶进纵坡大于3%时，宜采用摩擦系数较大的滑块。

（10）顶推施工梁允许偏差应符合规定。

六、落梁就位

当桥梁顶推完毕，可用多台千斤顶同时将梁顶起，拆除滑动装置时，顶梁或落梁应均匀对称，升降高差各墩台间不得大于10mm，同一墩台两侧不得大于1mm。必要时，还须根据设计要求松弛施工预应力。落梁温度应符合设计要求，一般在20℃左右。

第四节 装配式梁板施工

一、构件预制、吊运

（一）构件预制

（1）预制场地准备。根据施工现场条件，运输条件，水电供应，吊装方案，经济指标等方面的要求，综合确定预制场地位置。场地应平整、坚实，并采取必要的排水措施。

（2）预制台座应坚固、无沉陷，台座表面应光滑平整，在2m长度上平整度的允许偏差为2mm。气温变化大时应设伸缩缝。

（3）模板应根据施工图设置起拱。预应力混凝土梁、板设置起拱时，应考虑梁体施加预应力后的上拱度，预设起拱应折减或不设，必要时可设反拱。

（4）采用平卧重叠法浇筑构件混凝土时，下层构件顶面应设隔离层。上层构件须待下层构件混凝土强度达到5MPa后方可浇筑。

（5）预制梁、板允许偏差应符合规定。

（二）构件吊运

1. 吊点位置控制

构件吊点位置一般都在设计图上已标明，设计无要求时，应根据构件配筋情况、外形特征等计算确定。构件的吊环应竖直。吊绳与起吊构件的交角小于60°时应设置吊梁。

（1）细长构件：细长构件中所配的钢筋，往往是按照受力情况位置的，而吊点位置又是根据细长构件内正弯矩与负弯矩相等条件确定的。因此，吊点选择不当会使构件产生裂缝以至断裂。

（2）一般构件：一般构件若以下部受拉为主的构件，如梁、板等。由于钢筋配置上下不对称，吊点均距支点不远处，以减少起吊时吊点处的负弯矩。

（3）厚大构件：为防止吊运过程中构件翻身，一般多采用四点吊。

（4）曲线梁：因曲线梁的重心比较难找，一般通过计算找出，吊点位置的连线必须通过重心。

2. 构件起吊

构件吊运时混凝土的强度不得低于设计强度的75%，后张预应力构件孔道压浆强度应符合设计要求或不低于设计强度的75%。

（1）绑扎：为了节省钢材及起吊方便，吊点有时用预留吊孔来代替吊环。构件起吊时，须用千斤绳来绑扎，绑扎处应位于构件重心之上，千斤绳与结构件棱角接触处，应用橡胶、麻袋或木块隔开。

（2）起吊：首先选用机械吊车起吊，工地上一般采用电动启动的吊车，除了吊车起吊外，还有涌扒杆偏吊法、千斤顶起吊法、横向滚移法、龙门吊机法等。

3. 构件运输

（1）构件运输前应根据其质量、外形尺寸选择适宜的运输车辆和吊装机械与专用工具。

（2）大型构件运输前应踏勘运输路线，确认运输道路的承载力（含桥梁和地下设施）、宽度、转弯半径和穿越桥梁、隧道的净空与架空线路的净高满足运输要求。

（3）构件超长、超高、超宽、起重时，应制定专项运输方案，并经道路交通管理部门批准。

（4）构件运输应遵守下列规定：①运输车辆和吊装机械，严禁超规定使用和超载；②车辆、机械停置场地应平整、坚实；③吊移构件时，吊点位置应符合设计规定，发现吊钩弯扭应矫正。吊绳夹角大于60°时应设吊梁；④装卸构件前，机、车均应制动；⑤起重机应在车辆后方装卸等。

4. 构件堆放

（1）梁式构件应竖立放置，并应采取斜撑等防止倾覆的措施；板式构件不得倒置。支承位置应与吊点位置在同一竖直线上。

（2）堆放构件的场地应平整、坚实。

（3）构件应按吊运及安装次序顺序堆放。

（4）构件堆放时，应放置在垫木上，吊环向上，标志向外。混凝土养护期未满的，应继续洒水养护。

（5）水平分层堆放构件时，其堆放高度应按构件强度、地面承载力等条件确定。层与层之间应以垫木隔开，各层垫木的位置应在吊点处，上下层垫木必须在一条竖直线上。

（6）雨期和冰冻地区的春融期间，必须采取措施防止地面下沉，造成构件断裂。

二、简支梁架设

简支梁架设应结合现场条件、所掌握的安装设备、桥梁跨径、构件荷重等情况作出妥善的安装方案，各受力部件的设备、杆件应经内力验算，并报请上级主管部门审查批准。

施工现场内运输通道应畅通，吊装场地应平整、坚实。在电力架空线路附近作业时，必须采取相应的安全技术措施。风力6级(含)以上时，不得进行吊装作业。

1. 起重机架梁

（1）起重机工作半径和高度的范围内不得有障碍物。

（2）严禁起重机斜拉斜吊，严禁轮胎起重机吊重物行驶。

（3）使用双机抬吊同一构件时，吊车臂杆应保持一定距离，必须设专人指挥。每一单机必须按降效25%作业。

2. 门式吊梁车架梁

（1）吊梁车吊重能力应大于1/2梁重，轮距应为主梁间距的两倍。

（2）导梁长度不得小于桥梁跨径的两倍另加5～10m引梁，导梁高度宜小于主梁高度，在墩顶设垫块使导梁顶面与主梁顶面保持水平。

（3）构件堆放场或预制场宜设在桥头引道上。桥头引道应填筑到主梁顶高，引道与主梁或导梁接头处应砌筑坚实平整。

（4）吊梁车起吊或落梁时应保持前后吊点升降速度一致，吊梁车负载时应慢速行驶，保持平稳，在导梁．上行驶速度不宜大于5m/min。

3. 跨墩龙门吊架梁

（1）跨墩龙门架应根据梁的质量、跨度、高度专门设计拼装。

（2）门架应跨越桥墩及运梁便线(或预制梁堆场)，应高出桥墩顶面4m以上。

（3）跨墩龙门吊纵移时应空载，吊梁时门架应固定，安梁小车横移就位。

（4）运梁便线应设在桥墩一侧，跨过桥墩及便线沿桥两侧铺设龙门吊轨道；轨道基础应坚实、平整，枕木中心距50cm，铺设重轨，轨道应直顺，两侧龙门轨道应等高。

（5）龙门吊架梁时，应将两台龙门吊对准架梁位置，大梁运至门架垂直起吊，小车横移至安装位置落梁就位。

（6）两台龙门吊抬梁起落速度、高度及横向移梁速度应保持一致，不得出现梁体倾斜、偏转和斜拉、斜吊现象。

（7）导梁推移过程和吊梁车在导梁上行驶时，导梁下应划定防护区，禁止人员入内。

4. 穿巷式架桥机架梁

（1）导梁安装应符合下列要求：①导梁宜在桥头引道上拼装，接头应连接牢固；②就位后两列导梁轴线距离应符合要求；③就位后两列导梁顶面应水平、同高。

（2）轨道安装应符合下列要求：①轨道应与导梁连接牢固；②轨道接头应平顺，不得有错台；③两条轨道轴线距离应符合要求。

(3) 架桥机宜在桥头引道上拼装导梁及龙门架，经检验、试运转、试吊后推移进入架梁桥孔。

(4) 架桥机悬臂推移时应平稳，后端加配重，其抗倾覆安全系数不得低于1.5。风荷载较大时应采取防止横向失稳的措施。

(5) 龙门吊上起重小车行走梁的端部应设限位装置。

(6) 龙门吊吊梁就位应符合下列要求：①龙门吊吊梁在导梁上纵移时，起重小车应停在龙门架跨中；②前后龙门吊应同步行驶；③起重小车吊梁应垂直起落，不得斜拉；④起重小车吊梁横移时，两龙门吊上的小车速度应一致。

(7) 桥梁构件堆放场或预制场宜设在桥头引道上，沿引道运梁上桥，大梁运进两导梁间起重龙门下，两端同时吊起，两台龙门抬吊大梁沿导梁同步纵移到架梁桥孔，龙门固定，起重小车横移到架梁位置落梁就位。

(8) 龙门架吊梁在导梁上纵移时，起重小车应停在龙门架跨中。纵移大梁时前后龙门吊应同步。起重小车吊梁时应垂直起落，不得斜拉。前后龙门吊上的起重小车抬梁横移速度应一致，保持大梁平稳不得受扭。

(9) 龙门吊暂停作业时，应锁紧夹轨器，控制开关拨到零位，切断电源，锁闭操作室门窗。

(10) 拆除龙门吊应在桥头进行。拆除前必须切断电源。拆除龙门吊时底部应垫牢，顶部应设缆风绳，并采取临时连接措施。

(11) 龙门吊吊梁和装拆作业区应设护栏和安全标志，严禁非作业人员入内。

第五节　预制节段逐跨拼装施工

一、节段预制

（一）一般规定

(1) 节段预制前应根据实际条件综合考虑后确定采用短线法或长线法进行节段的预制。

(2) 节段预制前应熟悉设计图纸及有关文件，制定施工工艺，对各环节进行质量控制，使节段的成品符合设计及施工全过程的要求。

(3) 按节段拼装施工的要求，在节段上设置的预埋件、预留孔、局部加固构件、节段间临时张拉的预紧结构，均应取得设计单位及监理单位认可。

(4) 预制前，首先应建立精密的水平控制网和高程控制网，宜采用线形控制软件技术。采用短线法预制节段时，前一节段在预制台座上的空间定位误差将导致下一节段乃至整跨梁的线形、梁长产生较大的偏差，由此就需要在后续节段预制时对前一节段产生的偏差进行修正，避免产生累积误差。

（二）预制场地要求

(1) 预制场地的布置应便于节段移运堆放、养护及装车等要求，并应符合下列规定：

①场地应平整、坚实，应设有排水和养护系统；②预制台座及场内道路应有足够的承载力承受结构自重及施工荷载。

（2）预制场地内的测量控制点应远离热源、振动源，并具有良好的通视条件。预制场内应设有靶标及测量塔，并应有备用的测量控制点。

（三）模板系统

（1）长线法预制节段应符合下列规定：①同一连续匹配浇筑的节段应在同一个长线台座上制作；②台座位坚实可靠，地基变形应满足节段预制精度要求；③模板宜采用钢模板。以保证模板具有足够的承载能力与刚度，并能适应混凝土养护、安装板除便捷与长期周转使用的要求。

（2）短线法预制节段应符合下列规定：①端模及侧模应采用钢模板，端模应铅直、牢固，匹配节段移出就位时应根据梁体曲线精确就位；②匹配节段应有可靠精确的空间调整装置；③模板应与匹配节段连接紧密、无漏浆，并应满足反复使用的质量要求；④内模宜安装在可移动的台车支架上，做成可调整的模板系统，应保证其刚度及承载能力满足节段预制的精度要求。

（3）模板在出厂前应进行拼装验收。

（4）节段浇筑前，应对模板的空间位置和安装质量进行检查验收，模板安装质量应符合要求。

（四）节段预制材料

（1）节段预制材料的选取应符合设计要求，并应按照国家现行标准有关规定进行质量检查和验收。

（2）钢筋制作应符合下列规定：①为避免钢筋骨架在起吊提升移动安装过程中发生不可恢复的变形，使整个骨架具备良好的整体性与刚度满足起吊、入模的要求，宜制成整体钢筋骨架，整体放入模板内；②钢筋骨架的制作应在胎架上完成；③制作完成后的钢筋骨架在吊装时，吊架的吊点布置应合理，宜采用多点起吊。

（3）混凝土性能除应符合国家现行标准有关的规定外，还应符合设计对弹性模量、收缩、徐变等方面的具体要求。

（五）节段制作

（1）模板安装前应在匹配面上均匀涂刷对混凝土无害并便于清洗的水性脱模剂，其性能不得影响节段拼装对接时接缝粘结材料的粘结性能，必要时应进行试验验证。

（2）预制节段施工对预埋件的制作精度要求较高，宜在钢结构厂内统一加工，以保证预埋件的质量符合精度要求。当按要求设置所需要的预埋件及预留孔时，必须采用定位钢筋予以准确固定。体外预应力筋转向器的安装必须准确可靠。

（3）节段混凝土的浇筑应符合下列规定：①混凝土下料应均匀，并应按一定厚度、顺序和方向分层浇筑，分层厚度不宜大于300mm。混凝土入模温度不宜超过32℃；②侧模及底模上宜按需要设置附着式振捣器。混凝土应振捣密实；③浇筑过程中应严格控制混凝土坍落度。

（4）节段混凝土养护应符合下列规定：①应根据环境温度、水泥品种、外加剂、施工进度要求以及对混凝土性能的要求，提出养护方案；②采用自然养护时，应每天记录环境温度与天气状况；③蒸汽养护具有提高混凝土强度增长速度的特点，适用于低温条件下预制生产，并可加快节段预制速度。

(5) 节段脱模应符合下列规定：①脱模时间应符合设计要求。当设计无要求时，在混凝土抗压强度符合设计强度标准值的75%的要求后，方可拆除内外模板；②脱模或移动节段时，均应防止伤及梁体棱角及剪力键；③节段脱模后应及时检查验收，节段预制质量应符合要求。

(6) 节段堆放应符合下列规定：①节段吊离预制台座移至存放场地后应及时进行养护；②节段在存放场地上宜采用垫木橡胶板等弹性支承物支承，支点位置应得到设计认可；③节段叠放在层数不宜超过两层，并应对梁段受力及地基承载力进行验算；④节段应满足设计规定的存放时间。当设计无要求时，不得少于14d。

二、节段移运

(一) 预制场地内移运

(1) 节段吊离台座、移运、堆放时，混凝土的强度不应低于设计要求。

(2) 节段在预制场内的移运、装车宜采用搬运机、龙门起重机等移动起吊装置。

(3) 移运、吊放节段应匀速、缓慢。在以往的施工中，预制场内节段移运所采用的搬运机的提升速度限制在2m/min之内；在悬挂节段的重载状态下，搬运机的行走速度控制在35km/h之内；为避免损坏场地搬运机空载时的行驶速度也控制在10km/h之内。

(二) 节段场外运输

(1) 应根据运输道路条件、节段重量、节段尺寸等因素选择合适的场外运输设备。

(2) 运输线路的选择应合理线路上所经过的桥梁应能满足运输要求。车辆行驶应缓慢匀速。

(3) 采用船舶运输时，应事先与气象港监、水务等相关部门联系。

(4) 节段在运输过程中应采取保护、固定措施，并应符合下列规定：

① 节段支承点的设置应避免运输设备振动对节段造成的不利影响。

② 应根据运输路线上的最大纵横坡，设置纵横向限位装置。

三、逐跨拼装预制节段

(一) 一般规定

1. 采用架桥机进行节段拼装的准备工作

采用架桥机进行节段拼装前，应根据整跨桥梁的设计重量和现场条件选定架桥机。在确定承载主梁的最大承载力时，应充分考虑施工荷载的作用。

(1) 上行式架桥机的承载主梁位于混凝土桥跨的上方。通常架桥机自带有卷扬机等起重设备，用于节段的提升、移动和拼装。在节段接装时，所有的节段通过悬吊杆悬挂在承载主梁的下方。由于其主要构造都在立柱、盖梁的上方，因此可以避免对地面社会交通的影响。该种类型的架桥机也可在河谷、海洋等环境下不依赖辅助设施进行施工。但上行式架桥机的承载主梁的位置较高，在设计、施工的过程中需要特别关注架桥机的稳定性等安全问题。同时受恶劣天气的影响较下行式架桥机更大。

(2) 下行式架桥机的承载主梁是位于节段下方的导梁。这类架桥机需要龙门吊机、地面吊机或特制的吊机等辅助起重设备的配合。所有的节段都放置在导梁上完成拼装。导梁支承在锚固于桥墩上的桥墩托架。这些特点对使用下行式架桥机的现场环境造成了一定限制。下行式架桥机采用千斤顶支承节段，不需要悬吊杆体系，更为安全，且抗风性能也更好。同时，下行式架桥机承载主架采用油压千斤顶支承节段，便于调整节段的倾斜角度。

因此，对逐跨拼装设备的选择应综合考虑环境条件、造价、桥梁结构设计、气候等多种因素，因地制宜选择最合适的类型。

2. 编制施工方案

节段拼装作业前，应编制专项施工方案，明确各项工序的技术要求措施与应急预案，做好拼装前的各项准备工作，并应作技术、质量、安全与文明施工交底。

(二) 节段提升、固定

(1) 节段和提升附属装置的总重量必须在起重设备的安全起重范围内。

(2) 节段的提升应缓慢匀速，提升速度宜限制在 2m/min 内。

(3) 采用上行式架桥机提升或旋转节段时，应暂时封闭作业影响范围内的道路交通。开放交通时，节段底部最低点应满足净空要求。

(4) 上行式架桥机承载主梁的前后悬臂段起吊节段时，如果过于靠近悬臂的端部，会使悬臂段挠度过大，甚至会造成悬臂段断裂或架桥机失稳，因此应保证提升卷扬机的位置处于架桥机的安全范围内。

(5) 节段之间应设置防止碰撞的垫块。

(6) 采用上行式架桥机拼装节段时，需要留出足够的空间用于起吊、提升、悬挂每一跨内的最后一个节段，节段错层悬挂的数量越多，留给最后一个节段提升的空间越大，安全性越高。

(7) 采用下行式架桥机拼装节段时，应采取有效措施抵抗支承面倾斜时节段重量对装载车产生的水平分力。

(三) 节段拼装

(1) 拼装节段时，由于每个节段都是匹配拼装的，因此，每一跨内首个节段的空间定位误差将对整跨梁的线形产生很大的影响，甚至可能产生较大的上翘、下挠或偏离轴线而使施工难以进行。应对第一节段的空间位置进行临时定位、固定。

(2) 应事先在预制场内对节段匹配面进行预处理；清除尘土、油脂等污染物及松散混凝土与浮浆后，应进行冲洗然后进行干燥处理。

(3) 在节段预制完成至出厂拼装期间由于受横向预应力张拉、支承点布置方式以及混凝土层材料等因素的影响，节段本身可能会发生空间扭曲以及尺寸变化，因此节段拼装前宜进行试拼装，试拼装的节段质量应符合出场条件的要求。

(4) 胶接缝应符合下列规定：①应根据施工地区的常年温度变化、使用环境等情况，通过试验选用合适的胶黏剂；②胶黏剂的涂抹厚度不宜超过 3mm，其有效工作时间应按成孔拼装要求确定，不宜小于 1h；③胶黏剂应涂抹均匀，覆盖整个匹配面；④节段的拼装、临时预应力张拉、节段的固定以及胶黏剂挤出后的清除工作都应在胶黏剂失去和易性之前完成；⑤当拼装涂抹作业下方开放交通时，必须在车道上方设置防胶黏剂滴落的设施。避免影响地面交通正常通行或污染地面。

（四）预应力施工

（1）节段内预埋的波纹管或抽拔管应与匹配节段的各预留孔接顺，并宜穿入加强芯棒。抽拔管应贯穿整个节段长度并伸入匹配节段的预留孔内，伸入长度不宜小于200mm。应根据混凝土强度确定抽拔管的拔出时机，以确保节段拼装后预留孔的通顺。

（2）密封圈压缩变形系数小会产生真缝侧向膨胀系数大会缩小孔道内径。

（3）为保证节段拼装后孔道的密封性，宜在孔道口设弹性密封圈。密封圈的设计应考虑密封材料的压缩变形系数侧向膨胀系数与压力之间的对应关系。

（4）临时预应力筋的布置、张拉力应符合设计要求，并应满足多次张拉的作业要求。当设计对张拉力没有要求时匹配面的混凝土压力不得小于0.3MPa。临时预应力筋应在结构永久预应力施工完成后方可拆除。

（5）纵向预应力孔道宜采用真空压浆，这样可以检验预应力孔道的密闭性能，有效地保证孔道压浆的密实度，也可反映节段接缝的密闭情况，保证接缝的密实止水效果，避免体内预应力筋受到腐蚀抽真空时的负压不应小于0.06MPa。

（6）采用体外预应力应满足下列规定：①体外预应力筋，PE护套及建筑脂建筑结构膏、热收缩套等材料的各项技术性能应符合设计要求和国家现行有关标准的规定；②预埋锚垫板、转向器、预留孔以及减少摩阻的垫板应定位准确；③外露的预应力筋和锚具应按设计要求进行防护处理。

（五）支承转换

（1）支承转换的顺序应通过计算确定。保证接缝断面的混凝土处于受压状态。支承转换时纵向永久预应力的张拉与支承转换的操作须交替进行，在施工中应对控制状态进行测量、反馈并进行受力状态调整，逐步完成支承转换过程。这个过程宜采用有限元软件建模、计算并将理论计算值与实测值进行对比，并以此为依据修正模型，从而提高施工控制的精确度。

（2）当架桥机不具备支承转换的功能时，可通过事先设置在下部结构顶部的临时千斤顶顶升节段完成支承转换。

（3）根据桥梁结构设计体系形式，支承结构可采用永久支座临时支座或千斤，并应符合下列规定：①支承转换前应使梁底与支座间接触，但不应使支座受压。②连续梁的中支点宜采用临时支座。

（4）当拼装后的整跨梁体的三维位置不符合设计要求时，应进行调整。

（5）当采用上行式架桥机时，应在支承转换过程全部完成后，方可拆除节段在架桥机上的固定装置。

（六）结构体系转换

（1）采用逐跨拼装法施工的桥梁，架设完成后应处于简支状态。形成连续梁，应进行结构体系转换，并应符合下列规定：①应根据设计规定，制定详细的结构体系转换施工工艺；②现浇混凝土湿接头施工前应准确放置永久支座；③现浇混凝土结构的养护应符合国家现行有关标准的要求；④应在湿接头的强度达到设计要求后，方可进行相关的预应力张拉；⑤应在一联内所有纵向预应力及横向预应力张拉完成后，方可将临时支座对称均衡更换为永久支座。

（2）每联连续箱梁或每跨简支箱梁完成后，应及时进行检查验收，其质量标准应符合规定。

四、架桥机节段拼装施工

（1）架桥机应满足节段拼装施工所需要的起重能力、跨越能力、转弯半径以及架桥机满荷载时的刚度、承载能力及稳定性等要求。同时，应符合国家对同类设备的有关安全及防护规定。

（2）架桥机拼装前应检查结构部件，当发现永久变形、焊缝开裂等影响结构安全与使用的现象时，应进行修整，并应达到设计要求。

（3）架桥机安装调式完成后应进行荷载试验。

（4）每班施工前应对架桥机的各系统进行检查。

（5）架桥机的起吊装置应具备过载保护装置、卷扬机的过缠绕和欠缠绕保护装置、限位及缓冲装置、风速报警装置、避雷装置等。

（6）架桥机进行节段拼装、移动就位、维护保养等作业时，应按架桥机操作手册、保养手册的有关规定进行操作，事先应制定安全可靠的工艺流程，并应在作业过程中加强安全管理和监控。

第八章
拱桥上部结构施工

第一节 石料及混凝土预制块砌筑拱圈

一、拱石加工

(1) 拱石和混凝土预制块强度等级以及砌体所用水泥砂浆的强度等级，应符合设计要求。当设计对砌筑砂浆强度无规定时，拱圈跨度小于或等于 30m，砌筑砂浆强度不得低于 M10；拱圈跨度大于 30m，砌筑砂浆强度不得低于 M15。

(2) 拱石加工，应按砌缝和预留空缝的位置和宽度，统一规划。

(3) 拱石应立纹破料，按样板加工，石面平整。

(4) 拱石砌筑面应呈辐射状，除拱顶石和挫座附近的拱石外，每排拱石沿拱圈内弧宽度应一致。

(5) 拱座可采用五角石，拱座平面应与拱轴线垂直。

(6) 拱石两相邻排间的砌缝，必须错开 10cm 以上。同一排上下层拱石的砌缝可不错开。

(7) 当拱圈曲率较小、灰缝上下宽度之差在 30%以内时，可采用矩形石砌筑拱圈；拱圈曲率较大时应将石料与拱轴平行面加工成上大、下小的梯形。

(8) 拱石的尺寸应符合下列要求：①宽度(拱轴方向)，内弧边不得小于 20cm；②高度(拱圈厚度方向)应为内弧宽度的 1.5 倍以上；③长度(拱圈宽度方向)应为内弧宽度的 1.5 倍以上。

二、砌筑程序

(1) 砌筑拱圈前，应根据拱圈跨径矢高厚度及拱架的情况，设计拱圈砌筑程序。砌筑时，须设置变形观测缝，随时注意观测拱架和变形情况，必要时对砌筑程序进行调整控制拱圈的变形。

(2) 跨径小于 10m 的拱圈，当用满布式拱架砌筑时，可从两端拱脚起，顺序向拱顶方向对称、均衡地砌筑，最后在拱顶合龙。当用拱式拱架砌筑时，宜分段、对称地先砌拱脚段和拱顶段。

(3) 跨径 10~25m 的拱圈，因跨径较大，必须分多段砌筑，先对称地砌拱脚和拱顶段，再砌 1/4 跨径段，最后砌封顶段。

(4) 跨径大于 25m 的拱圈砌筑程序应符合设计要求。宜采用分段砌筑或分环分段相结合的方法砌筑。必要时可采用预压载边砌边卸载的方法砌筑。分环砌筑时，应待下环封拱砂浆强度达到设计强度的 70%以上后，再砌筑上环。

(5) 多孔连续拱桥拱圈的砌筑，应考虑连拱的影响，制定相应的砌筑程序。

多孔连续拱桥，相邻孔的施工顺序应按设计规定的控制条件确定，尽量平衡邻孔所产生的水平推力，以保证每一施工阶段在施工荷载作用下，桥墩及拱圈(拱肋)截面应力和偏心距以及稳定性都能满足设计要求。否则将导致桥墩及拱圈破坏。多孔连续拱桥施工工序也不宜分的过多，否则对施工进度技术管理都带来一定困难。一般可按拱圈、边墙(或立柱腹拱)和填腹(桥面系)三个工序安排。

三、空缝设置和填塞

(一) 砌筑拱圈

砌筑拱圈时，应在拱脚和各分段点设置空缝。以避免拱架变形导致节段间砌缝开裂，预留空缝设在拱圈易于变形开裂的部位。空缝还在捣实填塞砂浆时产生挤压力可使拱圈升高脱离模板，便于拱架的拆除。

(二) 空缝

空缝的宽度在拱圈外露面应与砌缝一致，空缝内腔可加宽至 30~40mm。为保证空缝的宽度，当拱圈跨径≥15m 时，拱脚部位附近的空缝宜用铸铁垫隔，其他部位的空缝可用 M2.5 水泥砂浆块垫隔。

拱圈内各砌缝中承受的压力离拱脚越近越大而且跨径越大压力越大。当跨径≥16m 时，M2.0 水泥砂浆垫块已不能承受拱脚以上拱圈的压力，故要求跨径≥16m 时要用铸铁垫块隔垫。一般跨径 16~25m 时，由拱脚起的两道空缝跨径 30~40m 时，由拱脚起的三道空缝宜用 30mm×30mm×100mm 的铸铁块隔垫。因填塞空缝的砂浆经捣固后向两侧砌体挤压，空缝变宽，铸铁垫块可抽出以便倒用，故可多用铸铁垫块，少用水泥垫块(水泥垫块不抽出)。

在靠近拱圈底面和侧面处，缝宽应与周围砌缝相同，沿空缝的拱石，靠空缝一面应加工凿平。

(三) 空缝填塞

空缝填塞应在砌筑砂浆强度达到设计强度的 70%后进行，应采用 M20 以上半干硬水泥砂浆分层填塞。此外，空缝可由拱脚逐次向拱顶对称填塞，也可同时填塞。

(四) 拱圈的辐射缝

拱圈的辐射缝应垂直于拱轴线辐射缝，两侧相邻两行拱石的砌缝应互相错开(同一行内上下层砌缝可不错开)，错开距离不应小于 100mm。

(五) 空缝的填塞顺序

空缝的填塞顺序视具体情况而定，可由拱脚逐次向拱顶对称填塞，或先填塞拱脚处，次填塞拱顶处，然后自拱顶向两端对称逐条填塞，所有空缝也可同时填塞。

为保证在砌筑拱圈过程中，空缝的宽度和形状不发生改变，同时能将上侧拱段压力传到下侧拱段及墩台上去，应在空缝中设置坚硬垫块。

四、拱圈合龙

(1) 拱圈封顶合龙一般均在各空缝砂浆填塞完毕并有一定强度后进行。如设计规定不采取刹尖封顶(用铁楔击入)时，则待空缝砂浆强度达到设计强度的50%即可进行；如采用刹尖法封顶时会对两侧已砌拱圈产生压力，应待空缝砂浆强度达到设计强度的70%时进行；若用千斤顶预加压力时，则关系到压力大小、施加方法时间等许多问题应由设计规定。

(2) 拱圈(拱肋)封拱合龙温度应符合设计要求，当设计无要求时，宜在当地年平均温度或5℃~10℃时进行。

(3) 封拱合龙前用千斤顶施加压力的方法调整拱圈应力时，砂浆强度应达到设计强度。

(4) 拱圈封拱合龙时砌体砂浆强度应达到设计规定。设计无规定时应遵守下列规定：①砌体砂浆达到设计强度的50%后，方可封拱合龙；②封拱合龙前采用千斤顶施压调整拱圈应力时拱圈砂浆必须达到设计强度后方可进行。

(5) 砌筑拱圈允许偏差应符合要求。

五、拱上结构砌筑

(1) 当拱上结构在拱架卸架前砌筑时，合龙砂浆达到设计强度的30%即可进行。

(2) 当先卸架后砌拱上结构时，应待合龙砂浆达到设计强度的70%方可进行。

(3) 当采用分环砌筑拱圈时，应待上环合龙砂浆达到设计强度的70%方可砌筑拱上结构。

(4) 当采用预施压力调整拱圈应力时，应待合龙砂浆达到设计强度后方可砌筑拱上结构。

第二节　就地浇筑混凝土拱圈

一、拱架上浇筑混凝土拱圈

(1) 跨径小于16m的拱圈或拱肋混凝土，应按拱圈全宽从拱脚向拱顶对称、连续浇筑，并在混凝土初凝前完成。当预计不能在限定时间内完成时，则应在拱脚预留一个隔缝并最后浇筑隔缝混凝土，以防止拱脚处最先浇筑的混凝土开裂。

(2) 跨径大于或等于16m的拱圈或拱肋，宜分段浇筑。分段位置，拱式拱架宜设置在拱架受力反弯点、拱架节点、拱顶及拱脚处；满布式拱架宜设置在拱顶、1/4跨径、拱脚及拱架节点等处。各段的接缝面应与拱轴线垂直，各分段点应预留间隔槽，其宽度宜为0.5~1m，位置设在拱圈易于变形开裂的部位。当预计拱架变形较小时，可减少或不设间隔槽，应采取分段间隔浇筑。分段浇筑时拱架易于拆除，较大跨径拱圈还可在间隔槽内用千斤顶施加压力。

(3) 分段浇筑程序应对称于拱顶进行，使拱架变形保持均匀和尽可能的最小，以保证浇筑过程中拱圈变形均匀，不发生开裂。

(4) 各浇筑段的混凝土应一次连续浇筑完成，因故中断时，应将施工缝凿成垂直于拱轴线的平面或台阶式接合面。

(5) 间隔槽混凝土，应待拱圈分段浇筑完成，其强度达到75%设计强度，且结合面按施工缝处理后，由拱脚向拱顶对称浇筑。拱顶及两拱脚间隔槽混凝土应在最后封拱时浇筑。

(6) 分段浇筑钢筋混凝土拱圈(拱肋)时，为避免整根钢筋随气温变化和拱架的沉陷产生附加应力或隆起变形，纵向不得采用通长钢筋，有钢筋接头的间隔槽，一般选择两个对称位置，钢筋接头应安设在后浇的几个间隔槽内，并应在浇筑间隔槽混凝土时焊接。

(7) 浇筑大跨径拱圈(拱肋)混凝土时，宜采用分环(层)分段方法浇筑，分环分段浇筑拱圈并分环合龙的施工方法可使已合龙的环层产生拱架作用，在浇筑后一环层混凝土时，可减轻拱架的负担。但施工周期较长，故适用于大跨径拱圈混凝土浇筑；也可纵向分幅浇筑，中幅先行浇筑合龙，达到设计要求后，再横向对称浇筑合龙其他幅。

(8) 拱圈(拱肋)封拱合龙时混凝土强度应符合设计要求，设计无规定时，各段混凝土强度应达到设计强度的75%；当封拱合龙前用千斤顶施加压力的方法调整拱圈应力时，拱圈(包括已浇间隔槽)的混凝土强度应达到设计强度。

(9) 现浇混凝土拱圈允许偏差应符合规定。

二、劲性骨架浇筑混凝土拱圈

(1) 劲性骨架混凝土拱圈(拱肋)浇筑前应进行加载程序设计，计算出各施工阶段钢骨架以及钢骨架与混凝土组合结构的变形、应力，并在施工过程中进行监控。

(2) 分环多工作面浇筑劲性骨架混凝土拱圈(拱肋)的关键是分次多点均衡加载，使劲性骨架变形均匀，并有效地控制结构内力和稳定性。

(3) 分环多工作面浇筑劲性骨架混凝土拱圈(拱肋)时，各工作面的浇筑顺序和速度应对称、均衡，对应工作面应保持一致。

(4) 分环浇筑劲性骨架混凝土拱圈(拱肋)时，两个对称的工作段必须同步浇筑，且两段浇筑顺序应对称。

(5) 当采用水箱压载分环浇筑劲性骨架混凝土(拱肋)时，应严格控制拱圈(拱肋)的竖向和横向变形，防止骨架局部失稳。水箱压载法，即在拱圈(或拱肋)顶部布置水箱，随着混凝土浇筑面从拱脚向拱顶的推进，根据拱圈(或拱肋)变形和应力的观测值，通过对水箱注水加载和放水卸载来实现对拱轴线竖向变形的控制。

(6) 当采用斜拉扣索法连续浇筑劲性骨架混凝土拱圈(拱肋)时，应设计扣索的张拉与放松程序，施工中应监控拱圈截面应力和变形，混凝土应从拱脚向拱顶对称连续浇筑。

(7) 劲性骨架制作及安装允许偏差应符合规定。

三、拱上结构施工

在支架上浇筑的混凝土拱圈，其拱上结构施工应符合下列规定：

(1) 拱上结构应在拱圈及间隔槽混凝土浇筑完成且混凝土强度达到设计强度以后进行施工。设计无规定时，可达到设计强度的30%以上；如封拱前需在拱顶施加预应力，应达到设计强度的75%以上。

(2) 立柱或横墙底座位与拱圈(拱肋)同时浇筑，立柱上端施工缝应设在横梁承托底面上。

(3) 相邻腹拱的施工进度应同步。

(4) 桥面系的梁与板宜同时浇筑。

(5) 两相邻伸缩缝间的桥面板应一次连续浇筑。

第三节　装配式混凝土拱

本节适用于箱形拱、肋拱及箱肋组合拱的少支架或无支架施工，大、中跨径装配式箱形拱施工前，必须核对验算各构件吊运、堆放、安装、拱肋合龙和施工加载等各阶段的强度和稳定性。

一、少支架安装拱圈(拱肋)

少支架是相对满堂支架而言，仅在拱肋或拱片接头处设立单排或双排支架，进行接头连接施工，称为少支架施工。只要河床地形允许，无洪水威胁，应采用少支架施工，因它比无支架施工方便和安全。

(1) 拱肋安装就位后应立即检测轴线位置和高程，符合设计要求后方可固定、松索。并及时安设支承和横向连系，防止倾倒。

(2) 现浇拱肋接头和合龙缝宜采用补偿收缩混凝土。横系梁混凝土宜与接头混凝土一并浇筑。

(3) 支架卸落应符合下列要求：①当拱肋接头及横系梁混凝土达到设计强度的75%或满足设计规定后，方可卸落支架；②拱圈的混凝土质量、台后填土情况经检查，确认符合设计要求后方可卸架；③支架卸落宜分两次或多次进行，使拱圈逐渐受力成拱；④卸架时应观测拱圈挠度和墩台变位情况，发现异常应及时采取措施；⑤多跨拱桥卸架应在各跨拱肋合龙后进行，当需提前卸架时，必须经验算确认桥墩能够承受不平衡水平推力。

二、无支架安装拱圈(拱肋)

(1) 拱圈(拱肋)安装应结合桥梁规模、现场条件等选择适宜的吊装机具，并制定吊装方案。各项辅助结构均应按相关规范经过设计确定。缆索吊机在吊装前必须按规定进行试吊。

(2) 拱肋吊装时，除拱顶段以外，各段应设一组扣索悬挂。

(3) 扣架应固定在墩台顶上，并应进行强度和稳定性验算。架顶应设置风缆。

(4) 各扣索位置如果偏移拱肋的竖直面，就会使所扣挂的拱肋偏移设计平面位置，造成拱肋横向失稳，必须与所吊挂的拱肋在同一竖直面内。

（5）各段拱肋由扣索悬挂在扣架上时，必须设置风缆，拱肋接头处应横向连接。风缆应待全孔合龙、横向连接构件混凝土强度满足设计要求后才可撤除。

（6）各拱肋松索合龙应符合下列要求：①松索前，拱轴线位置和各接头位置应经校正符合设计要求；②每次松索应监测拱轴线平面的垂直度和接头高程，防止非对称变形造成的拱肋失稳；③松索应自拱脚向拱顶进行，先松拱脚段扣索一次，然后按比例、对称、均匀进行；④合龙温度应符合设计规定，设计无规定时宜在气温接近年平均气温时合龙。

（7）对中、小跨拱，当整根拱肋吊装或每根拱肋分两段吊装时，当横向稳定系数不小于4可采取单肋合龙，松索成拱。

（8）当跨径大于80m或单肋横向稳定系数小于4时，应采用双基肋分别合龙并固定双肋间横向联系，再同时松索成拱。

（9）当拱肋分数段吊装时，均应先从拱脚段开台，依次向拱顶分段吊装，最后由拱顶段合龙。

（10）多孔拱桥吊装应按设计加载程序进行，宜由桥台或单向推力墩开始依次吊装。

三、拱上结构施工

中、小跨径装配式拱桥主拱圈现浇混凝土强度达到设计强度的75%以后，已经承受拱上结构荷载，可先卸除支架。同时，可以避免拱上结构完成后卸架拱圈沉降不均匀造成拱上结构开裂。

四、装配式混凝土拱部结构质量要求

（1）预制拱圈质量检验允许偏差应符合规定。

（2）拱圈安装允许偏差应符合规定。

（3）悬臂拼装的桁架拱允许偏差应符合规定。

（4）腹拱安装允许偏差应符合规定。

（5）拱圈外形圆顺，表面平整，无孔洞、露筋、蜂窝、麻面和宽度大于0.15mm的收缩裂缝。

第四节　钢管混凝土拱

一、钢管拱助制作

（一）钢管要求

（1）钢管混凝土拱所用钢管直径大，一般采用钢板卷制焊接管，其中对桁式钢管拱中直径较小的腹杆、横联管可直接采用无缝钢管。

（2）成品钢管通常为8～12m长，一般经接头、弯制、组装后，形成拱肋。

（3）拱肋钢管的种类规格应符合设计要求，应在工厂加工，具有产品合格证。

（二）钢管换肋加工

（1）在钢管拱肋加工制作前，首先应根据设计图的要求绘制施工详图。施工详图按工艺程序要求，绘成零件图、单元构件图、节段构成图及试装图。

（2）钢管拱肋加工的分段长度应根据材料、工艺、运输、吊装等因素确定。在制作前，应根据温度和焊接变形的影响，确定合龙节段的尺寸并绘制施工详图，精确放样。

（3）弯管宜采用加热顶压方式，加热温度不得超过 800℃。如果加热温度超过 800℃，加热次数超过两次，钢材会起微观组织的变化，导致力学性能变坏，可能破坏钢管材质。

（4）拱肋节段焊接强度不应低于母材强度。所有焊缝均应进行外观检查；对接焊缝应100%进行超声波探伤，其质量应符合设计要求和国家现行标准规定。

（5）在钢管拱肋上应设置混凝土压注孔、倒流截止阀、排气孔及扣点、吊点节点板。

（6）钢管拱肋外露面应按设计要求做长效防护处理。

二、钢管拱肋安装

钢管拱肋具有各种形式，从断面看，可以是单管双管或多管，从立面看，可以是管型或由管组成的桁构型。钢管混凝土拱桥施工中最主要的工序之一为拱肋安装。

（1）拱肋的拼装顺序一般按设计要求进行。

（2）钢管拱肋成拱过程中，应同时安装横向连系，未安装连系的不得多于一个节段，否则应采取临时横向稳定措施。

（3）节段间环焊缝的施焊应对称进行，并应采用定位板控制焊缝空隙，不得采用堆焊。

（4）合龙口的焊接或栓接作业应选择在环境温度相对稳定的时段内快速完成。

（5）采用斜拉扣索悬拼法施工时，扣索采用钢绞线或高强钢丝束时，安全系数应大于 2。

三、钢管混凝土浇筑

（1）管内混凝土宜采用泵送顶升压注施工，由两拱脚至拱顶对称均衡地连续压注完成。

（2）大跨径拱肋钢管混凝土应根据设计加载程序，宜分环分段并隔仓由拱脚向拱顶对称均衡压注。压注过程中拱肋变位不得超过设计规定。

（3）钢管混凝土应具有低泡、大流动性、收缩补偿、延缓初凝和早强的性能。

（4）钢管混凝土压注前应清洗管内污物，润湿管壁，先泵入适量水泥浆再压注混凝土，直至钢管顶端排气孔排出合格的混凝土时停止。压注混凝土完成后应关闭倒流截止阀。

（5）超声波检测可检查管内混凝土是否均匀，缺陷大小、混凝土与钢管是否密贴及混凝土密实度和强度，精确度较高，因此，钢管混凝土的质量检测办法应以超声波检测为主；通过人工敲击听声音的变化，可以检查出钢管混凝土与钢管内壁间的空隙精确度可达 1~2mm，这是最常用的方法，但准确性不够理想。所以人工敲击为辅。

（6）钢管混凝土的泵送顺序应按设计要求进行，宜先钢管后腹箱，以避免钢管产生压扁变形。

四、钢管混凝土拱质量要求

(1) 钢管内混凝土应饱满，管壁与混凝土紧密结合。

(2) 钢管拱肋制作与安装允许偏差应符合规定。

(3) 钢管混凝土拱肋允许偏差应符合规定。

(4) 钢管混凝土拱肋线形圆顺，无折弯。

第五节 转体施工

转体施工的拱桥的桥体转盘体系必须精心施工，各部分的几何尺寸如发生较大的偏差，易产生转体不平衡等恶果，故对预制场地的选择、桥体结构尺寸和旋转环道精度作出规定。

转体施工有平转施工和竖转施工两种方法。

一、平转施工

平转施工主要适用于刚构梁式桥斜拉桥钢筋混凝土拱桥及钢管混凝土拱桥。平转施工基本原理，是将桥体(上部结构)整跨或从跨中分成两个半跨，利用两岸地形搭架或设胎预制，在桥梁墩(台)处设置转盘，将待转桥体的部分或全部置于其上预制，通过张拉锚扣体系实现脱架和对于转轴的重力平衡，再以适当动力(卷扬机、千斤顶等)牵引转盘，将桥体平转至合龙位置，浇筑合龙段接头混凝土，封固转盘，完成平转施工。

(一) 有平衡重平转施工

有平衡重平转施工工艺可以采用不同的锚扣体系。箱形拱、肋拱宜采用外锚扣体系；桁架拱刚架拱宜采用内锚扣(上弦预应力钢筋)体系

1. 转体平衡重

转体平衡重可利用桥台或另设临时配重。

2. 采用外锚扣体系

当采用外锚扣体系时，应符合下列要求：

(1) 扣索宜采用精轧螺纹钢筋、带镦头锚的高强钢丝、预应力钢绞线等高强材料，安全系数不得低于2。

(2) 扣点应设在梁悬臂端点或拱顶点附近，控制好扣索合力作用点的位置，使桥体截面应力处于允许的受力状态。

(3) 外锚扣体系的扣点宜采用一个，便于内力计算和施工。为使扣点处的扣索能产生向上的分力和横向分力，便于调整悬臂端的高程和轴线，扣索锚点高程不得低于扣点。

(4) 宜采用千斤顶张拉扣索，张拉力先按设计张拉吨位控制，再按桥体脱开支架的要求适当调整。

3. 采用内锚扣体系

当采用内锚扣体系时，扣索可利用结构钢筋或在其杆件内另穿入高强钢筋。完成桥体

转体合龙，且浇筑接头混凝土达到设计强度时，应解除扣索张力。利用结构钢筋做锚索时应验算其强度。

4. 张拉扣索

张拉扣索时的桥体混凝土强度应达到设计要求，当设计无要求时，不应低于设计强度的 80%，扣索应分批、分级张拉。扣索张拉至设计荷载后，应调整张拉力使桥体合龙高程符合要求。

5. 转体合龙

转体合龙应符合下列要求：

(1) 应控制桥体高程和轴线，合龙接口相对偏差不得大于 10m。

(2) 合龙应选择当日最低温度进行。当合龙温度与设计要求偏差 3℃或影响高程差±10mm 时，应修正合龙高程。

(3) 合龙时，宜先采用钢楔临时固定，再施焊接头钢筋，浇筑接头混凝土，封固转盘。在混凝土达到设计强度的 80%后，再分批、分级松扣，拆除扣锚索。

6. 平转转盘

平转转盘有双支承式转盘和单支承式转盘两种，除大桥和重心较高的桥体外，宜采用构造简单实用的中心单支承式转盘。

7. 平转转盘

转体牵引力应按下式计算：

$$T=\frac{2fGD}{3D}$$

式中，T 为牵引力(kN)；G 为转体总重力(kN)；D 为牵引力偶臂；f 为摩擦系数，无试验数据时，可取静摩擦系数为 0.1~0.12，动摩擦系数为 0.06~0.09。

8. 牵引转动

牵引转动时应控制速度，角速度宜为 0.01~0.02rad/min；桥体悬臂端线速度宜为 1.5~2.0m/min。

(二) 无平衡量平转施工

1. 平衡重的锚固体系

平衡重的锚固体系由锚碇尾索、支承锚梁(铺块)及立柱组成，应利用锚固体系代替平衡重。锚碇可设于引道或边坡岩层中。桥轴向可利用引桥的梁作为支承，或采用预制、现浇的钢筋混凝土构件作支承。非桥轴向(斜向)的支承应采用预制或现浇的钢筋混凝土构件。

2. 转动体系

转动体系由转动铰、提升体系(滑轮组、牵引绳等)锚固体系(锚索锚碇等)组成。转动体系施工可按下列程序进行：安装下转轴、浇筑下环道、安装转盘、浇筑转盘混凝土、安装拱脚铰浇筑铰脚混凝土拼装拱体、穿扣索和安装上转轴等。施工时应符合下列要求：

(1) 转动体系的下转轴宜设置在桩基上。桩柱混凝土浇筑至环道设计高程下时，应安装用钢板卷制加工的轴圈。

（2）轴圈安装前应先进行试装，防止钢轴的支承角钢与桩柱主钢筋发生干扰，转圈与转轴的平面位置与竖直度应符合设计要求；然后点焊固定在桩柱主盘上，浇筑填心混凝土。

（3）转盘可用钢带焊制而成，其内径、走板平面平整度、焊缝均应符合设计要求。

（4）拱铰铰头可用钢板加工，其配合误差应小于2m。浇筑铰脚角锥体混凝土时可采用预制钢筋混凝土模板，承托拱体可利用第一段拱体的横隔板，并将其封闭，增设受弯钢筋来承担。

（5）上转轴的轴心平面位置应按照设计要求与下转轴的轴心设置偏心距。

3. 尾索张拉

尾索张拉宜在立柱顶部的错梁（锚块）内进行，操作程序同于后张预应力施工。尾索张拉荷载达到设计要求后，应观测1～3d如发现索间内力相差过大时，应再进行一次尾索张拉，以求均衡达到设计内力。

4. 扣索张拉

扣索张拉前应在支承以及拱轴线上（拱顶、3/8、1/4、1/8跨径处）设立平面位置和高程观测点，在张拉前和张拉过程中应随时观测。每索应分级张拉至设计张拉力。

5. 拱体施工要点

（1）拱体旋转到距设计位置约5°时，应放慢转速距设计位置相差1时，可停止外力牵引转动，借助惯性就位。

（2）当拱体采用双拱肋平转安装时，上下游拱体宜同步对称向桥轴线旋转。

（3）当拱体采用两岸各预制半跨，平转安装就位，拱顶高程超差时，宜用千斤顶张拉、松卸扣索的方法调整拱顶高差。

6. 其他

（1）当台座和拱顶合龙口混凝土达到设计强度的80%后方可对称均衡地卸除扣索。

（2）尾索张拉、扣索张拉、拱体平转、合龙卸扣等工序，必须进行施工观测。

二、竖转施工

竖转施工主要适用于转体重量不大的拱桥或某些桥梁预制部件安装。如混凝土肋拱、钢筋混凝土拱。

竖转施工基本原理是，将桥体从跨中分成两个半跨，在桥轴方向上的河床设架预制，待转桥体的岸端设铰，桥台或台后设临时塔架支承提升系统，通过卷扬机提升牵引绳将桥体竖转至合龙位置浇筑合龙段接头混凝土，封固转铰完成竖转施工。

（1）对混凝土肋拱、刚架拱和钢管混凝土拱、当地形和施工条件适合时，可选择竖转法施工其转动系统由转动铰提升体系（动定滑车组，牵引绳等）和锚固体系（锚索、锚碇等）等组成。

（2）待转桥体在桥轴线的河床上设架或拼装。根据提升能力确定转动单元为单肋或双肋，宜采用横向连接为整体的双肋为一个转动单元。

（3）支承提升和锚固体系的台后临时塔架可由引桥墩或立柱替代，提升动力可选用3080kN卷扬机。

（4）桥体下端转动铰可根据推力大小选用轴销铰、弧形柱面铰和球面铰等，前者为钢制，后两者为混凝土制并用钢板包裹铰面。

（5）转动时应符合下列要求：①应根据提升能力确定转动单元，宜以横向连接为整体的双肋为一个转动单元；②转动速度宜控制在0.005~0.01rad/min；③合龙混凝土和转动铰封填混凝土达到设计强度后，方可拆除提升体系。

三、转体施工拱质量要求

（1）转体设施和锚固体系应安全可靠。

（2）双侧对称施工误差应控制在设计规定的范围内。

（3）转体施工拱允许偏差应符合规定。

第九章
大跨径桥梁施工

第一节　斜拉桥施工

斜拉桥由斜索塔柱和主梁所组成。

一、索塔

（一）塔式起重机使用注意事项

（1）起重吊装指挥人员必须经专业技术培训，持证上岗。

（2）起重机操纵机构应完好，变幅指示器、力矩限制器、起重量限制器等防护装置必须齐全、灵敏、可靠，不得随意调整或拆除。严禁利用限制器和限位装置代替操纵机构。作业前应检查，确认符合要求。

（3）作业前应检查吊索具，确认符合要求。

（4）现场及其附近有电力架空线路时，作业应符合规定。

（5）作业时，指挥人员与操作工必须密切配合，执行规定指挥信号。操作工应按照指挥人员的信号作业，当信号不清或错误时，操作工可拒绝执行。

（6）起重机的轨道基础应符合下列要求：①路基承载能力应满足起重机作业要求；②每间隔 6m 应设轨距拉杆一个，轨距允许偏差为公称值的 1/1000，且不超过土 3mm；③在纵横方向上，钢轨顶面的倾斜度不得大于 1/1000；④钢轨接头间隙不得大于 4mm，并应与另一侧轨道接头错开，错开距离不得小于 1.5m，接头处应架在轨枕上，两轨顶高度差不得大于 2mm；⑤距轨道终端 1m 处必须设置缓冲止挡器，其高度不应小于行走轮的半径，在距轨道终端 2m 处必须设置限位开关碰块；⑥鱼尾板连接螺栓应紧固，垫板应固定牢靠。

（7）起重机的混凝土基础应符合下列要求：①混凝土强度等级不低于 C35；②基础表面平整度允许偏差 1/1000；③埋设件的位置、标高和垂直度与施工工艺应符合生产企业产品说明书的要求。

（8）起重机的轨道基础或混凝土基础应验收合格后，方可使用。

（9）起重机的金属结构、轨道和所有电气设备的金属外壳应有可靠的接地装置，接地电阻不得大于 4。

(10) 起重机的拆装必须由具有资质的专业队进行，并应有技术和安全人员在场监护。

(11) 起重机拆装前，应编制拆装方案，规定作业方法、质量要求和安全技术措施，经企业技术负责人审批后实施。作业前必须向全体作业人员交底。

(12) 拆装作业前应检查轨道基础或混凝土基础，并对起重机的各部位、卷扬机、吊索具电气设备及其电路液压系统等进行检查，并及时处理隐患，确认合格。

(13) 起重机的拆装作业应在白天进行。当遇大雨、大雪、大雾沙尘暴和风力6级(含)以上等恶劣天气时，必须停止作业。

(14) 指挥人员应熟悉拆装作业方案，遵守拆装工艺和操作规程，使用明确的指挥信号。拆装作业人员必须听从指挥，当指挥信号不清或有错误时，应停止作业，待联系清楚后再进行。

(15) 拆装人员必须熟悉并认真执行拆装工艺和操作规程，当发现异常情况或疑难问题时，应及时向技术负责人反映，不得自行其是，防止处理不当而造成事故。

(16) 在拆装上回转、小车变幅的起重臂时，应根据生产企业说明书的拆装要求进行，并应保持起重机的平衡。

(17) 采用高强度螺栓连接的结构，宜使用生产企业制造的连接螺栓，自制螺栓应有质量合格的试验证明，否则不得使用。连接螺栓应采用扭矩扳手或专用扳手，并应按装配技术要求拧紧。

(18) 在拆装作业中，当遇天气剧变、突然停电、机械故障等意外情况，短时间不能继续作业时，必须将已安装的部位达到稳定状态并固定牢靠，或已拆除部件吊至地面放置稳固，未拆部位处于稳定状态，经检查确认无隐患后，方可停止作业。

(19) 安装起重机时，必须将大车行走缓冲止挡器和限位开关碰块安装牢固可靠，并应将各部位的栏杆、平台、扶杆、护圈等安全防护装置齐。

(20) 起重机安装过程中，必须分阶段进行技术检验。整机安装完毕，应进行整机技术检验和调整，各机构动作应正确、平稳、无异响，制动可靠，各安全装置应灵敏有效；在无载荷情况下，塔身和基础平面的垂直度允许偏差为4/1000，分附段和整机检验合格，并填写记录，经技术负责人审查签证后，方可交付使用。

(21) 每月或连续大雨后，应及时对轨道及其基础进行检查和维修，确认轨距偏差，钢轨顶面的倾斜度，轨道基础的弹性沉陷，钢轨的直顺度和轨道的通过性能等符合要求。混凝土基础不得有不均匀沉降。

(22) 配电箱应设置在轨道中部，电源电路中应装设错相和断相保护装置与紧急断电开关，电缆卷筒应灵活有效，不得拖缆。

(23) 起重机在无线电台、电视台或其他强电磁波发射天线附近施工时，与吊钩接触的作业人员，应戴绝缘手套和穿绝缘鞋，并应在吊钩上挂接临时放电装置。

(24) 当同一施工地点有两台以上起重机时，应保持两机间任何接近部位(包括吊重物)距离不得小于2m。

(25) 起重机作业前，应检查机械各部及其仪表、轨道及其基础、电气接线和环境，确保符合安全作业要求。

(26) 作业前，应进行空载运转，确认各工作机构运转正常、无噪音和异响、制动和安全防护装置齐全有效后，方可作业。

(27) 起吊重物时，重物和吊具的总质量不得超过起重机相应幅度下规定的起重量。

(28) 作业中应根据起吊重物和现场情况，选择适当的工作速度，并应从零点开始，依次逐级增加速度，严禁越挡操作。在变换运转方向时，应将控制手柄扳到零位，待电动机停转后再转向另一方向，不得直接变换运转方向、突然变速或制动。采用涡流制动调速系统的起重机，不得长时间使用低速挡或慢就位速度作业。

(29) 在吊钩提升、起重小车或行走大车运行到限位装置前，均应减速缓行到停止位置，并应与限位装置保持一定距离(吊钩不得小于 1m，行走轮不得小于 2m)。严禁采用限位装置作为停止运行的控制开关。

(30) 动臂式起重机的起升、回转行走可同时进行，变幅应单独进行。每次变幅后应对变幅部位进行检查，确认正常。允许带载变幅的，当载荷达到额定起重量的 90% 及以上时，严禁变幅。

(31) 提升重物，严禁自由下降。重物就位时，可采用慢就位机构或利用制动器使之缓慢下降；重物作水平移动时，应高出障碍物 50cm 以上。

(32) 作业中，当停电或电压下降时，应立即将控制器扳到零位，并切断电源。如吊钩上挂有重物，应使重物缓慢地下降到安全地带。

(33) 作业中遇风力 6 级(含)以上时，应立即停止作业，锁紧夹轨器，将回转机构的制动器完全松开，起重臂应能随风转动。对轻型俯仰变幅起重机，应将起重臂落下并与塔身结构锁紧。

(34) 作业中，操作人员临时离开操纵室时，必须切断电源锁紧夹轨器。

(35) 起重机载人专用电梯严禁超员，其断绳保护装置必须可靠。起重机作业时，严禁开动电梯。电梯停用时，应降至塔身底部位置，不得长时间悬在空中。

(36) 作业后，起重机应停放在轨道中间位置，起重臂应转到顺风方向，并松开回转制动器，小车和平衡重应置于非工作状态，吊钩宜升到离起重臂顶端 2~3m 处。

(二) 施工升降机使用注意事项

(1) 施工升降机应为人货两用电梯。机械必须由具有资质的专业队安装和拆卸。操作和维修工必须由经过专业培训持证上岗。

(2) 地基应浇制混凝土基础，其承载能力应大于 150kPa，并应有排水设施。

(3) 安装、拆卸和维修必须按本机说明书规定进行。

(4) 升降机的专用开关箱应设在底架附近便于操作的位置。箱内必须设短路、过载、相序、断相和零位保护等装置。

(5) 升降机梯笼周围 2.5m 范围内应设置稳固的防护栏杆，出入口应设防护栏杆和防护门。全行程四周不得有危害安全运行的障碍物。

(6) 升降机安装后，应对基础附壁支架和升降机的安装质量、精度等进行全面检查，并应按规定程序进行技术试验(包括坠落试验)，经确认合格，并形成文件后，方可投入运行。

(7) 升降机的防坠安全器，在使用中不得任意拆检调整，需要拆检调整时或每用满一年后，均应由生产企业或指定的认可单位进行调整、检修或鉴定。

(8) 升降机在投入使用前和使用中每隔3个月，必须按说明书规定程序进行坠落试验。

(9) 作业前应检查并确认，结构无变形连接螺栓无松动；齿条和齿轮、导向轮和导轨均结合正常；钢丝绳固定良好、无异常磨损；运行范围内无障碍。

(10) 启动前，应检查并确认电缆、接地线完整无损，控制开关在零位。电源接通后应测试绝缘情况，确认无漏电现象；并应试验、确认各限位装置、梯笼、围护门等处的电器联锁装置良好可靠，电器仪表灵敏有效。启动后，应进行空载升降试验，测定各传动机构制动器的效能，确认正常后，方可开始作业。

(11) 升降机在每班首次载重运行时，当梯笼升离地面1~2m时，应停机试验制动器的可靠性；当发现制动效果不良时，必须调整或修复后方可运行。

(12) 梯笼内乘人或载物时，应使载荷均匀分布，不得偏重。严禁超载运行。

(13) 操作人员应根据指挥信号操作。作业前应鸣声示意。在升降机未切断总电源开关前操作人员不得离开操作岗位。

(14) 当升降机运行中发现有异常情况时，必须立即停机并采取有效措施将梯笼降到底层，排除故障后方可继续运行。在运行中发现电气失控时，必须立即按下急停按钮；在未排除故障前，严禁打开急停按钮。

(15) 升降机在大雨、大雾、风力6级(含)以上和导轨架、电缆等结冰时，必须停止运行，并将梯笼降到底层，切断电源。风雨后，应对升降机各有关安全装置进行一次检查，确认正常后，方可运行。

(16) 升降机运行到最上层或最下层时，严禁用行程限位开关作为停止运行的控制开关。

(17) 当升降机在运行中由于断电或其他原因而中途停止时，可进行手动下降，并由专业人员操作。

(18) 作业后，应将梯笼降到底层，各控制开关拨到零位，切断电源，锁好开关箱，闭锁梯笼门和防护门。

(三) 索塔施工

(1) 索塔施工应根据其结构特点与设计要求选择适宜的施工方法与施工设备。除应采用塔式起重机、施工升降机之外还必须设置登高安全通道、安全网、临边护栏等安全防护装置。

(2) 索塔施工安全技术方案中应对高空坠物雷击、强风、寒暑、暴雨、飞行器等制定具体的防范措施，实施中应加强检查。

(3) 索塔施工应选择天顶法或测距法等测量方法，测量方案编制、仪器选择和精度评价等应经过论证，索塔垂直度、索管位置与角度应符合设计所要求的精度。

(4) 倾斜式索塔施工时，必须对各个施工阶段索塔的强度与变形进行计算，并及时设置相应的对拉杆或钢管(型钢桁架)主动撑等横向支承结构。

(5) 索塔横梁模板与支承结构设计时，除应考虑支承高度、结构质量、结构的弹性与非弹性变形因素外，还应考虑环境温差、日照、风力等外界因素的影响，宜设置支座调节系统，并合理设置预拱度。

(6) 索塔施工中宜设置劲性钢骨架。索塔混凝土浇筑应根据混凝土合理浇筑高度、索管位置及吊装设备的能力分节段施工。劲性骨架的接头形式及质量标准应得到设计的确认。

(7) 索塔上的索管安装定位时，宜采用三维空间极坐标法，并事先在索管与索塔上设置定位控制点。

(8) 索塔施工的环境温度应以施工段高空实测温度为准。索塔冬期施工时，模板应采取保温措施。

(9) 当设计规定安装避雷设施时，电缆线宜敷设于预留孔道中，地下设施部分宜在基础等施工时配合完成。

(四) 索塔施工质量要求

(1) 索塔及横梁表面不得出现孔洞、露筋和超过设计规定的受力裂缝。

(2) 索塔应设置避雷器，其接地电阻不得大于 10Ω。

(3) 现浇混凝土索塔允许偏差应符合规定。

(4) 索赔表面应平整、直顺，无蜂窝、麻面和大于 0. 15mm 的收缩裂缝。

二、主梁

斜拉桥的主梁分混凝土梁、钢梁和结合梁架设方法主要包括顶推法、平转法、支架法、悬臂浇筑法和悬臂拼装法。

(一) 施工一般规定

(1) 施工前应根据梁体类型、地理环境条件、交通运输条件、结构特点等综合因素选择适宜的施工方案与施工设备。

(2) 当设计采用非塔、梁固结形式时，必须采取塔、梁临时固结措施，且解除临时固结的程序必须经设计确认。在解除过程中必须对拉索索力、主梁标高、索塔和主梁内力与索塔位移进行监控。

(3) 主梁施工时应缩短双悬臂持续时间，尽快使一侧固定，必要时应采取临时抗风措施。

(4) 主梁施工前，应先确定主梁上的施工机具设备的数量、质量、位置及其在施工过程中的位置变化情况，施工中不得随意增加设备或随意移动。

(5) 采用挂篮悬浇法或悬拼法施工之前，挂篮或悬拼设备应进行检验和试拼，确认合格后方可在现场整体组装。组装完成经检验合格后，必须根据设计荷载及技术要求进行预压，检验其刚度、稳定性、高程及其他技术性能，并消除非弹性变形。

(6) 混凝土斜拉桥墩顶梁段允许偏差应符合规定。

(二) 混凝土梁施工

合龙段混凝土浇筑前，将合龙段两端的梁体分别向桥墩方向顶出一定距离是为对合龙段混凝土提供一定的预压力，保证拼接严密。混凝土主梁施工应符合下列规定：

(1) 支架法现浇施工应消除温差支架变形等因素对结构变形与施工质量产生的不良影响。支架搭设完成后应进行检验，必要时可进行静载试验。

(2) 悬拼法施工主梁应符合下列要求：①根据设计索距、吊装设备的能力等因素确定预制梁段的长度；②梁段预制宜采用长线台座、齿合密贴浇筑工艺；③梁段拼接宜采用环氧树脂拼接缝，拼前应清除拼接面的污垢、油渍与混凝土残渣，并保持干燥；④接缝材料的强度应大于混凝土结构设计强度，拼接时应避免粘结材料受挤压而进入预应力预留孔道；⑤梁段拼装后应及时进行梁体预应力与挂索张拉。

（3）合龙段现浇混凝土施工应符合下列要求：①合龙段相毗邻的梁端部应预埋临时连接钢构件；②合龙段两端的梁段安装定位后，应及时将连接钢构件焊连一体，再进行混凝土合龙施工，并按设计要求适时解除临时连接；③合龙前应不间断地观测数日的昼夜环境温度场变化与合龙高程及合龙口长度变化的关系，同时应考虑风力对合龙精度的影响，综合诸多因素确定适宜的合龙时间；④合龙段现浇混凝土宜选择补偿收缩且早强混凝土；⑤合龙前应按设计要求将合龙段两端的梁体分别向桥墩上方顶出一定距离。

（三）钢主梁（构成）施工

（1）主梁为钢箱梁时现场宜采用栓焊结合、全栓接方式连接，采用全焊接方式连接时，应采取防止温度变形措施。

（2）当结合梁采用整体梁段预制安装时，混凝土桥面板之间应采用湿接头连接，湿接头应现浇补偿收缩混凝土；当结合梁采用先安装钢梁，现浇混凝土桥面板时，也可采用补偿收缩混凝土。

（3）合龙前应不间断地观测数日的昼夜环境温度场变化梁体温度场变化与合龙高程及合龙口长度变化的关系，确定合龙段的精确长度与适宜的合龙时间及实施程序，并应满足钢梁安装就位时高强螺栓定位、拧紧以及合龙后拆除墩顶段的临时固结装置所需的时间。

（4）实地丈量计算合龙段长度时，应预估斜拉索的水平分力对钢梁压缩量的影响。

（四）主梁施工质量要求

（1）悬臂浇筑拼装必须对称进行。

（2）合龙段两侧的高差必须在设计允许范围内。

（3）混凝土表面不得出现露筋、孔洞和宽度超过设计规定的受力裂缝。

（4）悬凝浇筑混凝土主梁允许偏差应符合规定。

（5）悬臂拼装混凝土主梁允许偏差应符合规定。

（6）梁体线形平顺梁段接缝处无明显折弯和错台，表面无蜂窝麻面和大于 0.15mm 的收缩裂缝。

（7）钢筋梁制作、拼装、安装允许偏差应符合规定。

（8）结合梁的工字钢梁段制作与拼装允许偏差应符合规定。

（9）结合梁的混凝土板允许偏差应符合规定。

三、拉索和锚具

（一）拉索和锚具制作和防护

（1）拉索及其锚具应由具备相应资质的专业单位制作，应按现行国家及行业相关标准的要求进行生产，并应按标准或设计要求进行检查和验收。

（2）对高强钢丝拉索，在工厂制作时应按 1.2~1.4 倍设计索力对拉索进行预张拉检验，合格后方可出厂。

(3) 锚杯、锚板、螺母和垫块等主要受力件的半成品在热处理后应进行超声波探伤，探伤合格后方可进入下一道工序。

(4) 拉索防护材料的质量应符合国家现行标准《桥梁缆索用高密度聚乙烯护套料》和产品技术要求。

(5) 拉索成品、锚具交货时应提供产品质量证书和出厂检验报告、产品批号、设计索号及型号、生产日期数量等。

(6) 拉索成品和锚具出厂前，应采用柔性材料缠裹。拉索运输和堆放中应无破损、无变形、无腐蚀。

(二) 拉索现场自制

(1) 编束时宜用梳型板梳编，每 1.5~2.0m 段用铁丝绑扎，防止扭曲。

(2) 冷铸墩头锚在环氧树脂高温固化时，应确保温控仪的精密度和实际通电时间。

(3) 对制成的拉索应进行预拉，确认冷铸锚合格，并测定每索钢丝拉力、延伸和回缩并记录，以便正式张拉并校核。

(三) 拉索安装

在索塔上张拉并向上安装拉索时，索塔上张拉端锚具上应安装连接器与引出杆，从锚箱预埋管内伸出，拉索提升到引出杆的连接器时，即可与拉索的锚具连接，再由索塔上张拉千斤顶将拉索安装就位。拉索锚具引出就位后，应将引出用的千斤顶引出杆、连接器等拆除，再按设计要求的索力进行张拉。

(1) 安装拉索应根据塔高、布索方式、索长、索径和施工现场状况等选择架设方法和设备。

(2) 成品缆索放索时应设制动设施防止卷盘的缆索自由散开伤人。

(3) 展平的缆索不得在地面上拖磨不得堆压、弯折。

(4) 在索塔上张拉并向下安装拉索时，可将拉索提升到安装高度后，牵引钢丝绳可从索塔锚箱预埋管内引出并栓柱张拉端锚具，配合提升作业将锚具自锚箱预埋管中伸出，并旋紧锚具的螺母，使其初步定位，然后再用特制的夹持工具将锚固端锚具伸入主梁锚箱预埋管道中直至露出锚具，并初步旋紧定位然后再按设计要求的索力进行张拉。

(5) 安装由外包 PE 护套单根钢丝线组成的半成品拉索时，应控制每一根钢丝线安装后的拉力差在±5%内，并应设置临时减振器。

(6) 施工中不得用起重钩等易于对缆索产生集中力的吊具直接挂扣缆索，宜用带胶垫的管形夹具或尼龙吊带等多点起吊方法，防止损伤缆索保护层。

(7) 锚头和缆索穿入塔、梁索管时，应采取限位器等防止偏位和损伤的措施。

(8) 安装过程中缆索应保持直顺，不得扭曲。锚头螺纹应包裹，防止损伤。

(9) 施工中，必须对索管与锚端部位采取临时防水、防腐和防污染措施。

(10) 施工中发现缆索保护层和锚头损伤应及时修补，并记入档案。

(四) 拉索张拉

(1) 拉索张拉的顺序、批次和量值应符合设计要求。应以振动频率计测定的索力油压表量值为准，并应视拉索减振器以及拉索垂度状况对测定的索力予以修正，以延伸值作校核。

（2）拉索应按设计要求同步张拉，对称同步张拉的斜拉索，张拉中不同步的相对差值不得大于10%。两侧不对称或设计索力不同的斜拉索，应按设计要求的索力分段同步张拉。

（3）在下列工况下，应采用传感器或振动频率测力计检测各拉索索力值，并进行修正：①每组拉索张拉完成后；②悬臂施工跨中合龙前后；③全桥拉索全部张拉完成后；④主梁体内预应力钢筋全部张拉完成，且桥面及附属设施安装完成后。

（4）拉索张拉完成后应检查每根拉索的防护情况，发现破损应及时修补。

（五）拉索质量要求

（1）拉索和锚头成品性能质量应符合设计要求和国家现行标准规定。

（2）拉索和锚头防护材料技术性能应符合设计要求。

（3）拉索拉力应符合设计要求。

（4）平行钢丝斜拉索制作与防护允许偏差应符合规定。

（5）拉索表面应平整、密实、无损伤、无擦痕。

四、施工控制与索力调整

（1）施工控制是斜拉桥主梁与拉索施工阶段设计计算的延伸与完善。因此需要对各个工况的实际状况进行分析处理并以试验与监测数据作为分析验算的控制参数，经过温度修正和标准化处理并与设计值的偏差作出分析、判断，对偏差超限作出调整对策。

（2）施工控制，在主梁悬臂施工阶段应以标高控制为主；在主梁施工完成后，应以索力控制为主。

（3）施工控制应包括下列内容：①主梁线形、索塔的水平位移。②高程轴线偏差。③拉索索力、支座反力以及梁、塔应力。

（4）在施工控制中应根据梁段自重、主梁材料的弹性模量及徐变系数、拉索弹性模量的理论值与实际值之间的差异，对索力进行调整。

（5）施工控制宜采用卡尔曼滤波法、最小二乘误差控制法或无应力状态控制法与自适应控制法等计算方法。主梁施工初期可采用经验参数或设计参数设置混凝土弹性模量、拉索弹性模量、混凝土徐变系数、梁段混凝土及施工荷载、挂篮刚度等控制参数，并通过施工初期若干梁段的施工结果对上述参数进行验证与修正。

（6）拉索的拉力误差超过设计规定时，应进行调整，调整时可从超过设计索力最大或最小的拉索开始(放或拉)调整至设计索力。调索时应对拉索索力拉索延伸量、索塔位移与梁体标高进行监测。

（7）为避免日照与温差影响测量精度，宜选择在日出之前或日落之后进行测量工作，并在记录中注明当时当地的温度与天气状况。

（8）施工中，宜采用光电跟踪测量技术与计算机跟踪索力检测技术。

第二节　悬索桥施工

悬索桥是特大跨径的唯一桥型，施工前应根据悬索桥的构造和施工特点，有计划地做好构件的加工、特殊机械设备的设计制作和必要的试验等准备工作。

悬索桥的施工精度要求很高，每个环节都不能忽视，随着工程进度要及时做好监控工作，防止施工中出现结构位移与应力过大现象，确保工程施工质量结构安全。

一、锚碇

锚碇是悬索桥的主要受力结构，要抵抗来自主缆的拉力，并传递给地基基础。锚碇由锚块、锚块基础、主缆的锚固架及固定装置组成。锚碇按受力形式分为重力式锚碇和隧道式锚碇。重力式锚碇是靠庞大体积混凝土的自重抵抗主缆的拉力，根据主缆索索股锚固位置的不同可分为前锚式和后锚式，其铺固体系又分型钢锚固体系和预应力锚固体系。

隧道式锚碇是在特定的地质条件下，即基岩坚实、完整的情况下，它可直接采用岩体作为锚碇，也可先开挖成隧道再浇筑混凝土成为锚碇。

（一）重力式锚碇

施工型钢锚固体系统主要由锚架和支架组成。锚架包括锚杆、前锚梁、拉杆、后锚梁等，是主要的传力构件。支架是安放锚杆、锚梁并使之精确定位的支承结构。预应力锚固体系是索股锚头由两根螺杆和锚固连接器相连，再对穿过锚块混凝土的预应力束施加预应力，使锚固连接器与铺块连接成整体，承受索股的拉力。重力式锚碇施工应符合下列规定：

（1）基坑施工需爆破岩层时应使用小型爆破法。

（2）锚固体系施工应符合下列要求：①型钢锚固体系的钢构件制作，试拼、运输、安装等应符合规定。②预应力锚固体系的焊件必须进行超声波和磁粉探伤检查，锚头应安装防护套，并注入防护性油脂。

（3）锚体混凝土施工应根据铺碇形式尺寸等分块施工，块间预留接缝内宜浇筑微膨胀混凝土；浇筑混凝土时应采取温度控制措施防止混凝土出现裂缝；浇筑后应控制混凝土内外温差在25℃以内。

（4）承重索架设应对称连续进行，保持边跨与中跨作业均衡，并控制塔顶变位，扭转值在设计规定范围内。

（二）隧道式锚碇施工

（1）隧道式锚碇在隧道开挖时应采用小药量爆破。

（2）开挖中应采取排水和防水措施，对于岩洞周围裂缝较多的岩石应予以处理。

（3）岩洞开挖到设计截面后，应及时支护并进行锚体混凝土灌筑。

（4）锚体混凝土必须与岩体结合良好，宜采用微膨胀混凝土。

（三）锚碇施工质量要求

（1）锚碇锚固系统制作允许偏差：①预应力锚固系统制作允许偏差应符合规定；②刚架锚固系统制作允许偏差应符合规定。

（2）锚碇锚固系统安装允许偏差：①预应力锚固系统安装允许偏差应符合规定；②刚架锚固系统安装允许偏差应符合规定。

（3）锚碇混凝土施工质量要求：①混凝土表面不得有孔洞露筋和受力裂缝；②锚碇结构允许偏差应符合规定；③锚碇表面应无蜂窝、麻面和大于0.15mm的收缩裂缝。

二、索塔

索桥的索塔分钢塔和钢筋混凝土塔。在我国使用较多的为钢筋混凝土塔，也有用预应力混凝土塔的情况。

根据不同高度、结构外形、截面尺寸、机械设备和施工经验采用不同的施工方法：

（1）索塔施工应按斜拉桥有关规定进行。

（2）塔顶钢框架是支承索鞍的构件，安装精度要求较高，必须在索塔上横系梁施工完毕，且达到设计强度后方能进行。

（3）索塔完工后，必须测定裸塔倾斜度、跨矩和塔顶标高，作为主缆线形计算调整的依据。

三、施工猫道

猫道是为悬索桥主缆架设、紧缆索夹安装、吊索架设、缠丝、加劲梁架设等需要而架设的施工便桥。除应具有足够的强度和抗风稳定性外，还要考虑施工的方便操作空间及放置机械的需要而确定其标高和宽度。

（1）猫道形状和各部尺寸应满足主缆工程施工的需要；猫道临边必须设防护栏杆，其高度宜为 1.5m；栏杆的水平杆不得少于 3 道，且均匀设置；立杆间距不宜大于 70cm；各节点必须连接牢固。

（2）猫道承重索可用钢丝绳或钢绞线，其安全系数不得小于 30。

（3）猫道采用钢丝绳作承重索时，必须进行预张拉，消除非弹性变形。预张拉荷载不得小于各索破断力的 1/2；承重索按规定长度切断后，其端部应灌铸锚头；锚头应进行静载检验，确认合格并记录。

（4）边跨和中跨的承重索应对称、连续架设。架设后应进行线形调整。各根索的跨中标高相对误差宜控制在±30mm 之内。猫道承重索一般是边跨和中跨分开设置，这样施工比较方便。大跨悬索桥承重索架设过程中，要求对其施加较大的牵引力和反拉力才能使其保持在不影响通航的高度，这样对卷扬机的功率要求较高。在这种情况下，可先架设托架，托架承重绳较细，对卷扬机功率要求较低，然后再通过托架架设猫道承重索是比较经济又安全的办法。

（5）猫道面层应从塔顶向跨中、锚碇方向铺设，并且上、下游两幅猫道应对称、平衡地铺设。采用这种方法时，在下滑过程中，为了下滑能顺利进行和安全，面层前端应设置导向装置，并设置反向滑轮系统控制下滑速度。

（6）中跨、边跨的猫道架设进度，应以塔的两侧水平力差异不超过设计要求为准。在架设过程中必须监测塔的偏移量和承重索的垂度。

（7）加劲梁架设前，应将猫道改吊于主缆上，然后解除猫道承重索与塔和锚碇的连接。

（8）主缆防护工程完成后，方可拆除猫道。

四、主缆架设与防护

目前常用的牵引索股的方法是曳拉器牵引和轨道小车牵引。

索股牵引先在主缆位置的侧边进行，牵引完毕后，经过横移，将其移到索鞍的正上方。横移过程是先把索股从猫道滚筒上提起，为了不损伤索股，要确定全跨径索股已离开猫道滚筒后，才能横向移动。

(一) 索股牵引

(1) 牵引过程中应对索股施加反拉力。

(2) 牵引最初几根时，应低速牵引，检查牵引系统运转情况，对关键部位进行调整后方能转入正常架设工作。

(3) 牵引过程中发现绑扎带连续两处切断时，应停机进行修补，监视索股中的着色丝，一旦发生扭转，必须采取措施加以纠正。

(4) 牵引到对岸，在卸下锚头前必须把索股临时固定。

(5) 索股两端的锚头引入锚固系统前，必须将索股理顺，对鼓丝段进行梳理。

(6) 索股横移时，必须将索股从猫道滚筒上提起，确认全跨径的索股已离开猫道滚筒后，才能横向移到索鞍的正上方。横移时拽拉量不宜过大，索股下方不得有人。

(二) 索股锚头入锚

(1) 在索鞍区段内的索股从六边形断面理成矩形，其钢丝在矩形断面内的排列应符合既能顺利入鞍槽又使空隙率最小的原则。整形过程应在索股处于无应力状态下使用专用的整形器进行。索股整形完毕方可放入鞍槽，并用木块楔紧。整形时应保持钢丝平顺，不得交叉扭转、损伤。

(2) 索股锚头入铺后应进行临时锚固。索股应设一定的抬高量，抬高量宜为 200～300mm，并做好编号标志。

(三) 索股线形调整

(1) 索股线形调整分基准索股和一般索股。由于基准索股是一般索股调整的基准，对基准索股进行绝对高程测量和调整。

(2) 索股内力调整以张拉调整设备读数和锚头移动量双控确定。要求实际锚固力与设计值的偏差不大于 3%。

(3) 索股调整一般依据垂度的偏差来计算出放松量，将主缆放松相应数量来实现。

(4) 索股线型调整时还应注意以下事项：①垂度调整应在夜间温度稳定时进行；②绝对垂度调整，应测定基准索股下缘的标高及跨长、塔顶标高及变位、主索鞍预偏量、散索鞍预偏量；③相对垂度调整，应按与基准索股若即若离的原则进行；④调整合格的索股不得在鞍槽内滑移；⑤索力的调整应以设计提供的数据为依据。

(四) 紧缆

紧缆工作应分两步进行，并应符合下列规定。

1. 预紧缆应在温度稳定的夜间进行

预紧缆时宜把主缆全长分为若干区段分别进行，索股上的绑扎带采用边紧缆边拆除的方法，不宜一次全部拆除。预紧缆完成处必须用不锈钢带捆紧，不锈钢带的距离可为 5～6m，预紧缆目标空隙率宜为 25%～28%。

2. 正式紧缆宜采用专用的紧缆机把主缆整成圆形

正式紧缆的方向宜向塔柱方向进行。当紧缆点空隙率达到设计要求时，在紧缆机附近设两道钢带，其间距可取100mm，带扣应放在主缆的侧下方。紧缆点间的距离宜为1m。

当紧缆机离开5m以上便可测量竖向及横向缆径，不圆度(即竖、横径差)应不大于5%，空隙率与设计值的偏差不大于±2%。孔隙率可按下式计算：

$$K=1-\frac{nd^2}{D^2}$$

式中，K 为空隙率；D 为紧缆后主缆直径；d 为钢丝直径；n 为钢丝根数。

(五) 主缆架设质量要求

(1) 索股和锚头允许偏差应符合规定。

(2) 主缆架设允许偏差应符合规定。

(3) 主缆架设后索股应直顺、无扭转；索股钢丝应直顺、无重叠和鼓丝、镀锌层完好。

(六) 主缆防护

(1) 主缆防护应在桥面铺装完成后进行。

(2) 防护前必须清除主缆表面灰尘油污和水分等，并临时覆盖。待涂装及缠丝时再揭开临时覆盖。

(3) 主缆涂装应均匀，严禁遗漏。涂装材料应具有良好的防水密封性和防腐性，并应保持柔软状态，不硬化、不脆裂、不霉变。

(4) 缠丝作业宜在二期恒载作用于主缆之后进行，缠丝材料以选用软质镀锌钢丝为宜。缠丝作业应由电动缠丝机完成。

(5) 钢丝缠绕应紧密均匀，缠丝张力应符合设计要求。

(6) 主缆防护允许偏差应符合规定。

(7) 缠丝不重叠交叉。缠丝腻子应填满。

五、索鞍、索夹与吊索

(一) 索鞍安装

(1) 索鞍安装应选择在白天连接完成。

(2) 索鞍安装时的预偏量为调整主缆拉力而设置的。悬索桥主缆在空缆状态下索塔两侧的水平拉力是平衡的，但在上部构造施工过程中，这种平衡很难保持，尤其是单跨悬索桥在加劲梁架设时及桥面铺装时，中跨主缆拉力明显加大，这将导致索塔受弯，弯曲量过大时将会危及索塔结构安全。通过设置预偏量在加劲梁架设、桥面铺装过程中应按设计提供的数据逐渐顶推到永久位置。顶推前应确认滑动面的摩阻系数，控制顶推量，确保施工安全。

(3) 主索鞍散索鞍允许偏差应符合规定。

(4) 主索鞍、散索鞍安装允许偏差应符合规定。

(5) 索鞍防护层应完好、无损。

（二）索夹、吊索安装

（1）目前设计主缆时，其弹性模量基本是采用主缆高强钢丝的弹性模量，实际上是主缆与主缆钢丝的弹性模量有一定差别，另外还有索股制作及架设所产生的误差，导致实际的空缆线形与设计的空缆线形不一致。因此，索夹安装前，必须测定主缆的空缆线形，经设计单位确认索来位置后，方可对索夹进行放样、定位、编号。放样、定位应在环境温度稳定时进行。索夹位置处主缆表面的油污及灰尘应清除并涂防锈漆。

（2）索夹在运输和安装过程中应采取保护措施防止碰伤及损坏。

（3）索夹安装位置纵向误差不得大于10mm。当索夹在主缆上精确定位后，应立即紧固索夹螺栓。

（4）紧固同一索夹螺栓时，各螺栓受力应均匀，并应按三个荷载附段（即索夹安装时、钢箱梁吊装后、桥面铺装后）对索夹螺栓进行紧固。

（5）索夹允许偏差应符合规定。

（6）吊索运输、安装过程中不得受损坏。

（7）吊索安装应与加劲梁安装配合进行，并对号入座。

（8）安装时必须采取防止扭转措施，保持直顺。

（9）吊索和锚头允许偏差应符合规定。

（10）索夹和吊索安装允许偏差应符合规定。

六、加劲梁

加劲钢箱梁应由具有相应资质的企业制造，并应符合国家现行标准《铁路钢桥制造规范》的规定。

（一）加劲钢箱安装要求

1. 钢箱梁安装的安全要求

（1）安装作业应在索夹、吊索安装完毕，经检查确认合格，并形成文件后进行。

（2）安装前，吊装机械及其辅助设备应安装就位，并经检查、试吊，确认正常。

（3）桥下为铁路、道路、公路河湖或施工范围内有架空线时，应与有关管理单位联系，制定设施保护、交通疏导方案，并经同意。吊装前在桥下应划定防护区，设护栏和安全标志，并设人值守。

（4）安装作业应在索塔两端对称均衡进行，控制索塔两端水平力之差符合设计规定。

（5）吊装中应观测索塔变位情况，根据塔顶位移量，按设计要求分阶段调整索鞍偏移量。

（6）每一梁段安装就位后必须连接牢固。

（7）吊装中不得碰撞已安装就位的梁段。

2. 施工控制的要求

加劲梁安装宜从中跨跨中对称地向索塔方向进行。

3. 吊装过程的施工要点

吊装过程中应观察索塔变位情况，宜根据设计要求和实测塔顶位移量分阶段调整索鞍偏移量。

4. 其他

(1) 安装时，应避免相邻梁段发生碰撞。

(2) 安装合龙段前，必须根据实际的合龙长度，对合龙段长度进行修正。

(二) 梁段间焊接连接

1. 梁段之间焊接连接时的安全要求

(1) 焊接作业应在风力小于5级温度高于5℃，湿度小于85%的环境中进行。

(2) 雨天箱外不得施焊。

(3) 箱梁内焊接时必须采取排烟措施。

(4) 施焊部位应对称进行。

(5) 焊缝应按设计规定进行无损检验，确认合格。

2. 其他施工要点

(1) 安装时应有足够数量和强度的固定点。当焊缝形成并具有足够的刚度和强度时，方能解除安装固定点。

(2) 焊接接头应进行100%的超声波探伤，并应抽取30%进行射线检查，当有一片不合格时，应对该接头进行100%的射线检查。

(3) 加劲肋的纵向对接接缝可只做超声波探伤。

(三) 钢加劲梁段拼装质量要求

(1) 悬索桥钢箱梁段制作允许偏差应符合规定。

(2) 钢加劲梁段拼装允许偏差应符合规定。

(3) 安装线形应平顺，无明显折弯。焊缝应平整顺齐、光滑。防护涂层应完好。

第三节　钢桥施工

一、钢桥制造

(一) 准备工作

1. 制作场所

(1) 钢桥制作场地应平整、坚实，宜采用刚性地面，其承载力应满足要求。

(2) 钢桥制作场地不得有影响钢材吊装的建(构)筑物、架空线等障碍物。

(3) 钢桥制作宜在具备相应条件的车间内加工。在露天场地制作，应有防雨、雪设施，周围应设护栏，非施工人员禁止入内。

(4) 加工机具、材料、工件等应合理布置，电气接线与拆卸必须由电工负责。

(5) 钢桥制作场地应经检查验收合格后，方可投入使用。

2. 钢材堆放

(1) 钢材堆放场地应平整、坚实、不积水，并设防雨、雪设施。

(2) 钢材应按品种、型号规格分类整齐码放。

(3) 码垛高度应由地基承载力确定，且不宜超过1.2m；每层应隔垫，确保吊装穿绳的安全操作。

(4) 每排垛之间应有安全通道，其宽度应满足运输车辆要求，且不小于1.5m。

3. 工作台和工装胎具

(1) 钢桥制作使用的工作台和工装胎具应满足钢梁制作要求，其强度、刚度和稳定性应满足钢桥制作中的安全要求。

(2) 工作台和工装胎具应按施工组织设计规定制作；制作完成后，必须经验收，确认合格，并形成文件。

(3) 工装胎具和加工杆件总高度在2m(含)以上应设临边防护设施。必要时应在工装胎具侧面支搭作业平台。

(二) 加工

1. 加工机械安装、使用

(1) 机械应安装在坚实的基础上。安装完毕后应按机械说明书的规定进行检测和试运转，经验收合格后方可使用。

(2) 机械的防护装置应齐全、有效。

(3) 机械周围不得有影响操作的障碍物，室外作业应设防雨、雪棚。

(4) 加工机械应设专人管理。操作人员必须经安全技术培训，考核合格方可上岗。

(5) 加工机械应在使用说明书规定的适用范围内，按操作规程操作。

(6) 使用期间应建立维护、保养、检查制度，保持完好。

(7) 机械操作人员和配合作业人员应协调一致，相互配合。

(8) 两班以上作业应建立交接班制度，确认安全并形成文件。

(9) 机械运行中发现异常或故障，必须立即关机断电，并进行检修；检修后应经检查、试运行确认安全，方可继续使用；严禁机械带病运转和在运转中维修。

(10) 作业后必须关机断电，清洁机械、清扫现场。

2. 放样号料

(1) 放样应在坚固的放样台上进行。

(2) 作业中，严禁抛掷工具。

(3) 燃割工件时，应合理布置垫块，且不得使用方木等易燃物作垫块，确保工件燃割后的稳定。

3. 剪切、冲裁工件

(1) 不得将数层钢板叠在一起剪切和冲裁，并应根据加工钢板的厚度调整剪刃间隙。

(2) 剪切窄板时，应使用宽度厚度符合要求的压垫板压紧。

(3) 作业时，应根据钢板的尺寸和质量确定吊具和操作人数。两人(含)以上作业时，应由一人指挥。

(4) 操作人员双手距刃口或冲模应保持20cm以上的距离，不得将手置于压紧装置或待压工件的下部。

(5) 送料时必须在剪刀、冲刀停止动作后进行。

(6) 作业过程中出现异常情况，必须立即关机断电；排除除障后应经检查确认安全方可继续作业。严禁机械带病作业。

4. 气割加工

(1) 气割加工应符合现行《焊接与切割安全》有关规定。

(2) 气割加工现场应符合下列要求：①气割加工现场必须按消防部门的规定配置消防器材；②气割作业场地周围10m范围内不得堆放易燃易爆物品，不能满足时，必须采取隔离措施；③气割作业现场应通风良好，能及时排除有害气体、灰尘、烟雾；④现场宜设各种气瓶的专用库，并建立领发料制度；⑤作业现场用气量应随用随供，不宜多存。露天作业时，乙炔瓶、氧气瓶等应搭设防护棚；⑥风力5级(含)以上天气不得露天作业。

(3) 气割加工设备应符合下列要求：①操作者必须经专业培训，持证上岗；②作业人员必须按规定穿戴工作服、手套、护目镜等防护用品；③气瓶及其附件、软管气阀与割矩的连接处应牢固，不得漏气。使用前和作业中应用皂水检查，确认严密；④气割胶管应妥善固定，禁止与焊接电缆、钢丝绳等绞在一起；⑤作业中不得手持连接胶管的割矩爬梯、登高，胶管不得缠身等。

5. 工件矫正

(1) 机械矫正时，工件应放置平稳，设专人指挥。

(2) 工件表面应保持清洁，不得有熔焊的金属渣。

(3) 使用滚(平)板机矫正钢板时，操作人员必须站在机床两侧，严禁站在机床前后或站在钢板上。

(4) 矫正小块钢板时，应在其下垫能满足机械要求的钢垫板，垫板一端与轧辊距离不得小于30cm，并不得偏斜。

(5) 钢板出现滚偏时，必须关机断电后方可进行调正。

(6) 使用压力矫正工件时，工件应放置在承压台正中；遇有偏心和斜面的工件，应压在工件的重心位置上，并应对工件采取稳定措施。

(7) 矫正大型工件时，操作人员不得用手把持工件，应站在工件可能偏斜、偏移翻滚的范围之外，发现异常情况应立即关机，及时采取措施，并确认工件稳固。

(8) 作业结束后必须关机断电，保养机械，清扫现场。

6. 制孔

(1) 制孔前，应检查钻床和夹具，确认安全。

(2) 制孔时，钢板必须卡牢，钢板不得有位移和震动；工件上、机床上不得放置其他物件。

(3) 后孔法制孔，必须将杆(工)件和制孔设备支垫稳固。制孔设备应有足够的作业空间。

(4) 使用摇臂钻制孔，横臂必须卡紧，横臂回转范围不得有障碍物。

(5) 手动时钻、退钻时，应逐渐增压或减压，不得在手柄上加套管进钻。

(6) 钻头上缠有铁屑时，应停车用刷子清除，不得直接用手清除。

(7) 严禁触摸旋转的刀具和在刀具下翻转、卡压、测量工件。

(8) 制孔结束后必须关机断电，待钻床与工件脱离后，方可吊装杆(工)件。

(9) 铰孔、扩孔或量测孔径拨取量棒(量规)时，不得用力过猛。

(10) 制孔后的飞刺铁屑、污垢应及时清除。

7. 杆件组装

(1) 杆件组装应按施工方案、工艺规定设临时支承和紧固件。

(2) 组装大型杆件应使用起重设备起落工件应缓慢、匀速，避免工装胎具受冲击荷载或集中荷载。

(3) 向工装胎具上搬运小型工件和工具，应直接传递，不得抛掷。

(4) 在胎具上铺设直立、斜置、上置的工件时，应在胎具上设防止工件倾倒、翻转、坠落、位移的临时固定装置。

(5) 工件和临时装置的锐边、锐角应倒钝，飞边、毛刺、污垢应清除。

(6) 杆件组装时，必须使用刚性材料临时固定，严禁使用钢丝绳固定工件。

(7) 入孔和梁端部位应设安全标志，夜间和阴暗时应设警示灯。

(8) 主梁上翼板未组装封盖前严禁人员站在腹板上作业。

(9) 楔具应焊牢，拆楔应切割、磨平，不得锤击打落。

(10) 杆件组装时，应由作业组长统一指挥，各工位协调配合。

8. 杆件焊接

(1) 操作者必须经专业培训，持证上岗。数控、自动、半自动焊接设备应实行专人专机制度。

(2) 焊工作业时必须使用带有滤光镜的头罩或手持防护面罩，戴耐火的防护手套，穿焊接防护服，穿绝缘、阻燃、抗热防护鞋；清除焊渣时应戴护目镜。

(3) 电焊机、电缆线、电焊钳应完好，绝缘性能良好，焊机防护装置齐全有效，使用前应检查，确认符合要求。

(4) 使用中的焊接设备应随时检查，发现安全隐患必须立即停止使用；维修后的焊接设备，经检查确认安全后，方可继续使用。

(5) 长期停用的电焊机，使用前必须检验，绝缘电阻不得少于 0.5MΩ，接线部分不得有腐蚀和受潮现象。

(6) 电焊机的电源缆线长不得大于 5m，二次引出线长不得大于 30m。

(7) 电焊机的二次引出线焊把线、电焊钳等的接头必须牢固。

(8) 作业时，电缆线应理顺，不得身背臂夹、缠绕身体，严禁搭在电弧和炽热焊件附近与锋利的物体上。

(9) 作业时不得使用受潮焊条；更换焊条必须戴绝缘手套；合开关时必须戴干燥的绝缘手套，且不得面向开关。

9. 杆件矫正

(1) 杆件矫正必须由作业组长统一指挥。

(2) 矫正前，杆件应放置稳固。矫正过程中应随时观察，确认正常。发现异常情况，必须立即停止矫正，经处理确认杆件稳定后，方可继续矫正。

(3) 采用冷矫工艺应符合上述 5. 的规定，并应缓慢加压，随时观察杆件的变形情况，保持杆件的稳定。

(4) 采用燃矩加热矫正应符合下列要求：①采用燃矩加热矫正应符合相关的规定；②采用多台(个)燃矩加热时，操作人员必须相互照应，并保持3m以上的作业距离。

(三) 钢梁试拼装

(1) 试拼装现场应划定作业区，非作业人员严禁入内。

(2) 试拼装场地应平整、坚实，面积和承载力应满足试拼装要求。

(3) 试拼装应由具有经验的专业技术人员主持；吊装作业必须由信号工指挥。

(4) 作业前应根据杆件形状、尺寸质量选择适宜的起重机。

(5) 试拼装现场附近有电力架空线路时，应设专人监护。

(6) 试拼装的支墩结构应进行施工设计，经计算确定。

(7) 试拼装时应采取防倾覆措施。

(8) 吊装时，被吊杆件(梁段)上严禁有人；杆件四角应加设缆风绳，保持稳定。

(9) 杆件(梁段)就位应缓慢、平稳准确。在距离就位点5~10cm的空间位置应暂停，使用工具辅助就位；严禁碰撞已装杆件(梁段)；严禁手推、脚蹬辅助就位。

(10) 对孔时，应用冲钉探孔，严禁手指深入。

(11) 试拼装时必须在前杆件(梁段)拼装稳固确认安全后，方可进行后杆件(梁段)的拼装。

(四) 钢梁制作质量要求

(1) 钢梁制作允许偏差应分别符合规定。

(2) 焊钉焊接后应进行弯曲试验检查，其焊缝和热影响区不得有肉眼可见的裂纹。

(3) 焊钉根部应均匀，焊脚立面的局部未熔合或不足360°的焊脚应进行修补。

二、钢桥安装

(一) 钢梁运输

钢梁按规定进行拼装合格后，方可运至施工现场。

(1) 实地踏勘确定运输路线。运输道路的承载力(含桥梁、地下设施)宽度、转弯半径应满足运输要求；穿过的桥梁和隧道的限高和净跨应满足运输的安全要求；跨路架空线的净高应满足安全规定。

(2) 施工组织设计中规定的运输车辆和配套吊装机械准备就绪，经检查符合要求。

(3) 杆件若超长、超高超宽超重时，应先与道路交通管理部门研究确定运输方案，并经批准。

(4) 在社会道路、公路上或跨越道路、公路架梁时，应编制交通疏导方案和相应安全措施，并经道路交通管理部门批准。

(5) 跨越铁路架梁时，架设方案应经铁路管理部门批准。

(二) 支搭临时支墩

(1) 现场应设作业区，非作业人员严禁入内。

(2) 支墩应进行施工设计，其结构的强度刚度、稳定性应满足施工过程中最不利施工荷载的要求。

（3）支墩应设在坚实平整的地基上，地基承载力不能满足要求时，应对地基进行加固。

（4）支墩必须支设牢固，使用前应经验收确认合格，并形成文件。

（5）支墩上的千斤顶砂箱等临时支承设施应与支墩连接牢固。

（6）道路范围内的支墩边缘应设安全标志，夜间和阴暗时应设警示灯。

（三）钢梁杆件吊装

1. 准备工作

钢梁杆件(梁段)吊装前应进行以下检查工作，确认安全：

（1）吊点的位置构造应符合设计要求，吊装孔应按设计规定进行结构补强。

（2）各种辅助设施应符合施工设计要求。

（3）各种吊装机具应完好，防护装置应齐全有效。

（4）现场应无障碍物，现场及其附近有电力架空线路时。

（5）桥上临边防护设施应齐全，符合施工设计要求。

2. 吊装前的施工保障措施

吊装前，主管施工技术人员必须向所有作业人员进行安全技术交底，使吊装指挥人员、机械操作工、配合安装的作业人员了解杆件(梁段)的质量、重心位置，掌握杆件(梁段)安全就位的方法、措施。

3. 钢梁杆件(梁段)吊装就位

钢梁杆件(梁段)吊装就位应遵守下列规定：

（1）现场必须划定作业区，设护栏或派人值守，非作业人员严禁入内。

（2）桥上施工临边防护设施必须在钢梁安装中同步安装。

（3）杆件吊装全过程，应设专人跟踪检查辅助设施稳定状况，确认安全；发现异常必须立即停止吊装，排除隐患确认安全后，方可恢复吊装作业。

（四）钢梁现场安装前准备工作

（1）安装前应对临时支架、支承、吊车等临时结构和钢梁结构本身在不同受力状态下的强度、刚度和稳定性进行验算。

（2）安装前应按构件明细表核对进场的杆件和零件，查验产品出厂合格证、钢材质量证明书。

（3）对杆件进行全面质量检查，对装运过程中产生缺陷和变形的杆件，应进行矫正。

（4）安装前应对桥台、墩顶面高程、中线及各孔跨径进行复测，误差在允许偏差内方可安装。

（5）安装前应根据跨径大小河流情况、起吊能力选择安装方法。

（五）钢梁安装

（1）钢梁安装前应清除杆件上的附着物，摩擦面应保持干燥、清洁。安装中应采取措施防止杆件产生变形。

（2）在满布支架上安装钢梁时，冲钉和粗制螺栓总数不得少于孔眼总数的1/3，其中冲钉不得多于2/3，孔眼较少的部位，冲钉和粗制螺栓不得少于6个或将全部孔眼插入冲钉和粗制螺栓。

(3) 用悬臂和半悬臂法安装钢梁时，连接处所需冲钉数量应按所承受荷载计算确定，且不得少于孔眼总数的1/2，其余孔眼布置精制螺栓。冲钉和精制螺栓应均匀安放。

(4) 高强度螺栓栓合梁安装时，冲钉数量应符合上述规定，其余孔眼布置高强度螺栓。

(5) 安装用的冲钉直径宜小于设计孔径0.3mm，冲钉圆柱部分的长度应大于板束厚度；安装用的精制螺栓直径宜小于设计孔径0.4mm；安装用的粗制螺栓直径宜小于设计孔径1.0mm。冲钉和螺栓宜选用Q345碳素结构钢制造。

(6) 吊装杆件时，必须等杆件完全固定后方可摘除吊钩。

(7) 安装过程中，每完成一个节间应测量其位置、高程和预拱度，不符合要求应及时校正。

(8) 钢梁安装允许偏差应符合规定。

(六) 高强度螺栓连接

(1) 安装前应复验出厂所附摩擦面试件的抗滑移系数，合格后方可进行安装。

(2) 高强度螺栓连接副使用前应进行外观检查并应在同批内配套使用。

(3) 使用前，高强度螺栓连接副应按出厂批号复验扭矩系数，其平均值和标准偏差应符合设计要求。设计无要求时扭矩系数平均值应为0.11~0.15，其标准偏差应小于或等于0.01。

(4) 高强度螺栓应顺畅穿入孔内，不得强行敲入，穿入方向应全桥一致。被栓合的板束表面应垂直于螺栓轴线，否则应在螺栓垫圈下面加斜坡垫板。

(5) 施拧高强度螺栓时，不得采用冲击拧紧、间断拧紧方法。拧紧后的节点板与钢梁间不得有间隙。

(6) 当采用扭矩法施拧高强度螺栓时，初拧、复拧和终拧应在同一工作班内完成。初拧扭矩应由试验确定，可取终拧值的50%。

(7) 当采用扭角法施拧高强螺栓时，可按国家现行标准《铁路钢桥高强度螺栓连接施工规定》的有关规定执行。

(8) 施拧高强度螺栓连接副采用的扭矩扳手，应定期进行标定，作业前应进行较正，其扭矩误差不得大于使用扭矩值的±5%。

(9) 高强度螺栓终拧完毕必须当班检查。每栓群应抽查总数的5%且不得少于两套。抽查合格率不得小于80%否则应继续抽查，直至合格率达到80%以上。对螺栓拧紧度不足者应补拧，对超拧者应更换、重新施拧并检查。

(七) 焊缝连接

(1) 焊接工艺评定报告是编制焊接工艺单的依据，是焊工操作的唯一依据。通过评定选择合适的焊接材料、焊接方法施焊条件及焊接工艺参数，以保证焊接接头的力学性能达到设计要求。所以首次焊接之前必须进行焊接工艺评定试验。

(2) 焊工和无损检测员必须经考试合格取得资格证书后，方可从事资格证书中认定范围内的工作，焊工停焊时间超过6个月，应重新考核。

(3) 焊接环境温度，低合金钢不得低于5℃，普通碳素结构钢不得低于0℃。焊接环境湿度不宜高于80%。

(4) 焊接前应进行焊缝除锈，并应在除锈后24h内进行焊接。

(5) 预热处理可减少施焊时钢材变形和残余应力，是保证焊接质量的有效措施，焊接前，对厚度25mm以上的低合金钢预热温度宜为80～120℃，预热范围宜为焊缝两侧50～80mm。

(6) 多层焊接宜连续施焊，并应控制层间温度。每一层焊缝焊完后应及时清除药皮、熔渣、溢流和其他缺陷后，再焊下一层。

(7) 钢梁杆件现场焊缝连接应按设计要求的顺序进行。设计无要求时，纵向应从跨中向两端进行，横向应从中线向两侧对称进行。

(8) 现场焊接应设防风设施，遮盖全部焊接处。雨天不得焊接，箱形梁内进行CO_2气体保护焊时，必须使用通风防护设施。

(9) 焊缝外观质量应符合规定。

(八) 焊缝探伤检验

(1) 焊接完毕，所有焊缝必须进行外观检查。外观检查合格后，应在24h后按规定进行无损检验，确认合格。

(2) 采用超声波探伤检验时，其内部质量分级应符合规定。焊缝超声波探伤范围和检验等级应符合规定。

(3) 当采用射线探伤检验时，其数量不得少于焊缝总数的10%，且不得少于一条焊缝。探伤范围应为焊缝两端各250～300mm；当焊缝长度大于1200mm时，中部应加探250～300mm；焊缝的射线探伤应符合现行国家标准《金属熔化焊焊接接头射线照相》的规定，射线照相质量等级应为B级；焊缝内部质量应为Ⅱ级。

(九) 现场涂装

(1) 涂装前钢材表面不得有焊渣、灰尘、油污、水和毛刺等。钢材表面除锈等级和粗糙度应符合设计要求。

(2) 防腐涂料应有良好的附着性、耐蚀性，其底漆应具有良好的封孔性能。

(3) 上翼缘板顶面和剪力连接器均不得涂装，在安装前应进行除锈、防腐蚀处理。

(4) 涂装前应先进行除锈处理。首层底漆于除锈后4h内开始，8h内完成。涂装时的环境温度和相对湿度应符合涂料说明书的规定，当产品说明书无规定时，环境温度宜在5～38℃，相对湿度不得大于85%；当相对湿度大于75%时应在4h内涂完。

(5) 涂料和辅料配制应遵守下列规定：①涂料和辅料入场时，应有完整、清晰的包装标志、检验合格证和说明书；②调配涂料应在专用调配室进行，应随用随配，每次配料不得超过20kg；③涂料需加热时，必须使用热水、蒸汽等热源；④严禁使用火炉、电炉、煤气炉等明火。

(6) 涂装遍数应符合设计要求，每一涂层的最小厚度不应小于设计要求厚度的90%，涂装干膜总厚度不得小于设计要求厚度。涂层干漆膜总厚度应符合设计要求。当规定层数达不到最小干漆膜总厚度时，应增加涂层层数。

(7) 涂装应在天气晴朗、4级(不含)以下风力时进行，夏季应避免阳光直射。涂装时构件表面不应有结露，涂装后4h内应采取防护措施。

（8）喷涂作业应遵守下列规定：①喷涂作业人员必须经安全技术培训，考核合格方可上岗；②多支喷枪同时作业时，必须保持5m（含）以上间距，并按同一方向喷涂；③作业中，严禁喷枪嘴对人、设备和设施，不得触摸喷嘴和窥视喷嘴口；④喷枪停止使用时必须固锁安全装置。清洁喷枪时，必须先卸压、关机、断电；⑤喷涂作业场所的各种可燃残留物和受其污染的垃圾、棉纱等必须及时清理，并放入带盖的金属桶内，妥善处理；⑥喷涂作业结束后，剩余涂料和辅料应及时送回仓库，不得随意乱放，作业人员应及时撤离现场。

（十）落梁就位

（1）钢梁就位前应清理支座垫石，其标高及平面位置应符合设计要求。

（2）固定支座与活动支座的精确位置应按设计图并考虑安装温度施工误差等确定。

（3）落梁前后应检查其建筑拱度和平面尺寸、校正支座位置。

（4）连续梁落梁步骤应符合设计要求。

第十章
桥面及附属结构施工

第一节　支座安装

支座的种类和规格较多，支座使用必须符合设计要求。安装前必须进行全面检验，不合格者，不得使用。

支座顶面底面应与梁底或墩台顶面密贴，使支座全面积承受上部构造传递的竖直荷载，以保证支座的承载能力。

一、一般规定

（1）当实际支座安装温度与设计要求不同时，应通过计算设置支座顺桥方向的预偏量。

（2）支座安装平面位置和顶面高程必须正确，不得偏斜、脱空、不均匀受力。

（3）支座滑动面上的聚四氟乙烯滑板和不锈钢板位置应正确，不得有划痕、碰伤。

（4）墩台帽、盖梁上的支座垫石和挡块宜二次浇筑，确保其高程和位置的准确。垫石混凝土的强度必须符合设计要求。

（5）支座与梁底及垫石之间必须密贴间隙不得小于 0. 3mm。

（6）支座锚栓应在其位置调整准确后，锚栓与孔之间间隙必须填捣密实。

（7）支座安装允许偏差根据规定。

二、板式橡胶支座安装

（一）支座结构

1. 普通板式橡胶支座

普通板式橡胶支座应至少由两层以上加劲钢板，且钢板全部包在橡胶弹性材料内形成的支座。

2. 四氟滑板橡胶支座

四氟滑板橡胶支座是在普通板式橡胶支座顶面黏结一块一定厚度的聚四氟乙烯板材形成的支座。

（二）技术要求

1. 力学性能要求

支座力学性能要求根据规定。

支座抗压弹性模量 E 和支座形状系数 S 应按下列公式计算：

$$E=5.4G\cdot S^2$$

矩形支座：

$$S=\frac{l_{0a}\cdot l_{0b}}{2t_1(l_{0a}+l_{0b})}$$

圆形支座：

$$S=\frac{d_0}{4t_1}$$

式中，E 为支座抗压弹性模量（MPa）；G 为支座抗剪弹性模量（MPa）；S 为支座形状系数；l_{0a}为矩形支座加劲钢板短边尺寸（mm）；l_{0b}为矩形支座加劲钢板长边尺寸（mm）；t_1为支座中间单层橡胶片厚度（mm）；d_0为圆形支座加劲钢板直径（mm）。

2. 材料要求

（1）橡胶：橡胶的物理机械性能应满足相关要求。

（2）加劲钢板：①加劲钢板的强度不应低于 Q235C 钢板强度，其质量应满足 GB/T 912 的有关要求；②钢板加工时，应除锈、去油污，钢板周边应仔细加工，去除毛刺。

（3）聚四氟乙烯板材：①支座使用的聚四氟乙烯板材应是采用平均粒径不大于 50mm 的新鲜纯料模压板材，模压成型压力不应小于 30MPa；②四氟滑板支座中使用的聚四氟乙烯板材的表面应光滑、平整，不应有裂纹、气泡、分层和机械损伤，其物理机械性能应满足相关要求；③四氟滑板支座上粘贴的聚四氟乙烯板材表面应压制润滑油储油槽，储油槽直径为 8mm±0.5mm，深度为 $t/2$±0.1mm；④四氟滑板支座粘贴的聚四氟乙烯板材最小厚度应符合规定。

（4）不锈钢板：①四氟滑板支座中使用的不锈钢板，应采用 0Cr17Ni12Mo2、0Cr19Ni3Mo3 或 1Cr18Ni9T 不锈钢，其技术条件应符合《不锈钢冷轧钢板和钢带》的规定；②四氟滑板支座中使用的不锈钢板的厚度应符合规定。

（5）硅脂油：①硅脂油宜采用 5201-2 硅脂润滑油；②硅脂油应经过检验，在 40℃时不应干涸不应有害于滑移面材料，并应具有良好的抗臭氧、防腐蚀和防水性能，不应含有机械杂质；③硅脂油的技术条件应符合 HG/T 2502—1993《5201 硅脂》的有关规定。

（6）粘结剂：粘结剂应是不可溶的和热固性的，其质量应稳定，粘结橡胶与钢板、四氟板与橡胶的剥离强度应满足相关要求。

（三）支座安装

1. 支座选用

（1）选用板式橡胶支座时，支座的最大承载力应与桥梁支点反力相吻合，其容许偏差范围宜为±10%。

（2）对于弯、坡斜、宽桥梁，宜选用圆形板式橡胶支座。公路桥梁工程不宜使用带球冠的橡胶支座或坡形的橡胶支座。

（3）当桥梁纵坡度不大于1%时，板式橡胶支座可直接设置于墩台上，但应考虑纵坡影响所需要的厚度。当纵坡坡度大于1%时，应采用预埋钢板、混凝土垫块或其他措施将梁底调平，保证支座平置。板式橡胶支座应按 JTG D62—2004《公路钢筋混凝土及预应力混凝土桥涵设计规范》的有关规定验算并在验算满足规定要求后方可使用。

（4）四氟滑板橡胶支座应水平安装。支座的四氟滑板不得设置在支座底面，与四氟滑板接触的不锈钢板也不能设置在桥梁墩、台垫石上。

2. 安装准备

（1）板式橡胶支座安装处宜设置支承垫石，支承垫石平面尺寸大小应按局部承压计算确定，垫石长度、宽度应比支座相应的尺寸增加 50mm 左右，其高度应为 100mm 以上，且应考虑便于支座的更换。

（2）支座垫石内应布置钢筋网，钢筋直径为 8mm 时，间距宜为 50mm×50mm，桥梁墩、台内应有竖向钢筋延伸至支座垫石内，支座垫石的混凝土强度不应低于 C30。

（3）支座垫石表面应平整、清洁、干爽、无浮沙。支座垫石顶面标高要求准确无误。在平坡情况下，同一片梁两端支承垫石及同一桥墩、台上支承垫石应处于同一设计标高平面内，其相对高差不应超过±1. 5mm，同一支承垫石高差应小于 0. 5mm。

3. 支座安装

（1）支座进场后，应检查支座上是否有制造商的商标或永久性标记。安装时，应按照设计图纸要求，在支承垫石和支座上均标出支座位置中心线，以保证支座准确就位。

（2）支座安装时，应防止支座出现偏压或产生过大的初始剪切变形。安装完成后，必须保证支座与上、下部结构紧密接触，不得出现脱空现象。对未形成整体的梁板结构，应避免重型车辆通过。

（3）桥梁墩台的设计应考虑支座养护、更换的需要。任何情况下，不允许两个或两个以上的支座沿梁纵向中心线在同一支承点并排安装；在同一根梁（板）上，横向不宜设置多于两个支座；不同规格的支座不应并排安装。

（4）支座安装后，应全面检查是否有支座漏放，支座安装方向、支座形式是否有错，临时固定设施是否拆除，四氟滑板支座是否注入硅脂油（严禁使用润滑油代替硅脂油）等现象，一经发现，应及时调整和处理，确保支座安装后的正常工作，并记录支座安装后出现的各项偏差及异常情况。

三、盆式橡胶支座安装

（一）盆式橡胶支座分类

1. 按使用性能

（1）双向活动支座：具有竖向承载竖向转动和双向滑移性能，代号为：SX。

（2）单向活动支座：具有竖向承载、竖向转动和单一方向滑移性能，代号为：DX。

（3）固定支座：具有竖向承载和竖向转动性能代号为：CD。

（4）减振型固定支座：具有竖向承载、竖向转动和减振性能，代号为：JZGD。

（5）减振型单向活动支座：具有竖向承载、竖向转动、单一方向滑移和减振性能，代号为 JZDX。

2. 按适用温度范围

（1）常温型支座：适用于-25～60℃。

（2）耐寒型支座：适用于-40～60℃。

（二）盆式橡胶支座结构形式

（1）双向活动支座和单向活动支座由顶板、不锈钢冷轧钢板、聚四氟乙烯板、中间钢板、黄铜密封圈、橡胶板、钢盆、锚固螺栓、防尘圈和防尘围板等组成。

（2）固定支座由顶板、黄铜密封圈、橡胶板、钢盆、锚固螺栓、防尘圈和防尘围板等组成。

四、盆式橡胶支座安装技术要求

（一）支座用材的物理机械性能

1. 橡胶

盆式支座的橡胶板应采用氯丁橡胶、天然橡胶或三元乙丙橡胶，防尘圈使用氯丁橡胶或三元乙丙橡胶，不应使用再生橡胶和硫化废弃物，其最小含胶量不得低于重量的 55%。

（1）常温型支座橡胶板采用氯丁橡胶。耐寒型支座橡胶板采用天然橡胶或三元乙丙橡胶。

（2）常温型支座防尘圈采用氯丁橡胶。耐寒型支座防尘圈采用三元乙丙橡胶。

2. 聚四氟乙烯板

盆式支座用聚四氟乙烯板应由新鲜纯料模压而成，而非车削板材。

加工原料不应使用回头料或掺加任何填料。聚四氟乙烯板所用原料的平均粒径不大于 50μm。模压成型压力一般情况下不宜小于 30MPa。

支座用聚四氟乙烯板，在平均压应力为 30MPa 及用 5201 硅脂润滑的条件下，聚四氟乙烯板和不锈钢冷轧钢板对磨时，在常温条件下[（23±5）℃]应满足下列要求：初始摩擦系数不大于 0.010，线磨耗率不大于 15μm/km。

3. 不锈钢冷轧钢板

双向活动支座和单向活动支座的不锈钢冷轧钢板及单向活动支座导向挡块上的侧向不锈钢条采用 03C25N6Mo3Cu2N、022G25Ni17Mo4N 牌号不锈钢冷轧钢板，其化学成分及力学性能应符合《不锈钢冷轧钢板和钢带》的有关规定。

4. 5201 硅脂

聚四氟乙烯板应用 5201-2 硅脂润滑。5201-2 硅脂应经过检验，应保证支座在使用温度范围内不会干涸，对滑移面材料不得有害，并具有良好的抗臭氧、耐腐蚀及防水性能。5201-2 硅脂的理化性能指标应符合《5201 硅脂》的有关规定。

5. 黄铜

盆式支座密封圈应用 H62 牌号黄铜，其板材的化学成分、力学性能应符合《铜及铜合金板材》的有关规定。

6. 钢件

（1）支座顶板、中间钢板等如采用钢板时，钢板技术要求应符合 GB/T 699—2015《优质碳素结构钢》中牌号 25 或 GB/T 700—2006《碳素结构钢》中牌号 Q275 的有关规定。

（2）盆式支座用铸钢件，牌号为 ZG270500 或 ZG230450，其化学成分、热处理后的机械性能和冲击韧性等应符合 GB/T 11352—2009《一般工程用铸造碳钢件》的有关规定。

7. 导向滑条

单向活动支座中间钢板两侧的导向滑条应采用 SF-1 三层复合板。

（二）支座用材规格

1. 橡胶板

盆式支座用橡胶板的设计容许压应力为 25MPa。橡胶板的尺寸偏差应符合规定。支座装配时，橡胶板直径不大于 1000mm 时，橡胶板与盆环的直径间隙不得大于 1mm；橡胶板直径大于 1000mm 时，橡胶板和盆环的直径间隙不得大于 2mm。

2. 聚四氟乙烯板

盆式支座用聚四氟乙烯板的设计容许压应力为 30MPa。聚四氟乙烯板的最小厚度为 7mm，最大厚度不超过 8mm，其中嵌放在中间钢板凹槽内的厚度不小于 4mm，凸出中间钢板的高度不小于 3mm。聚四氟乙烯板的尺寸偏差应符合规定。

支座装配时，聚四氟乙烯板和中间钢板凹槽之间的间隙应符合规定。

聚四氟乙烯板的滑动面上应设有存放 5201-2 硅脂的储脂坑，储脂坑应采用热压成型，不能用机械方法成型。

3. 不锈钢冷轧钢板

不锈钢冷轧钢板厚度为 2~3mm，钢板对角线长度小于 1500mm 时，厚度为 2mm；钢板对角线长度不小于 1500mm 时，厚度为 3mm。单向活动支座的侧向不锈钢条厚度为 2mm。

4. 黄铜密封圈

黄铜密封圈应由 2~3 层开口圆环组成。铜环开口间隙不大于 0.5mm。

5. SF1 三层复合板

SF1 三层复合板的基体高密度铜合金板厚度为(2.15±0.15)mm。

（三）支座用材外观质量

1. 橡胶板

橡胶板外观不得有裂纹、掉块、损伤及鼓泡等缺陷。外观质量应符合相关要求，不允许有规定的三项以上的缺陷同时存在。

2. 不锈钢冷轧钢板

不锈钢冷轧钢板不能有分层，表面不能有裂纹、气泡、杂质结疤等影响使用的缺陷。不锈钢冷轧钢板不能有拼接。

3. 硅脂

5201-2 硅脂为乳白色或淡灰色半透明脂状物，不允许有机械杂质。

4. SF1 三层复合板

SF-1 三层复合板表面应无明显脱层、起泡、剥落、机械夹杂等缺陷。

（四）铸钢件

1. 内在质量

铸钢件外观检验合格后。应逐件进行超声探伤，探伤灵敏度以当量平底孔为准，要求铸钢件达到1级质量要求。探伤方法及质量评级方法应按《铸钢件超声探伤及质量评级标准》的规定进行。对超声探伤不易判断的缺陷可采用渗透或磁粉探伤做辅助检查。

2. 缺陷

铸钢件经机械加工后，表面存在的铸造缺陷应符合规定。

3. 缺陷焊补

铸钢件焊补前，应将缺陷处清铲至呈现良好金属为止，并将距坡口边沿30mm范围内及坡口表面清理干净。焊后应修磨至符合铸件表面质量要求，且不能有未焊透、裂纹、夹渣、气孔等缺陷。盆环、底板焊补后不能影响机被性能。焊补处表面颜色允许与母体稍有差异。

（五）装配要求

（1）凡待装的零、部件，应有质量检验部门的合格标记。外购件和协作件应有证明其合格的证件，方可进行装配。

（2）凡已喷涂的零、部件，在油漆未干透前，不应进行装配。

（3）零、部件装配前，应将铁屑、毛刺、油污泥沙等杂物清除干净。其配合面及摩擦表面不允许有锈蚀碰伤和影响使用性能的划痕。相互配合的表面均应干净。

（4）装配橡胶板和聚四氟乙烯板时，不允许用锤直接敲击。若需敲击时，中间应垫以软垫或不易损伤橡胶板和聚四氟乙烯板表面的垫块。橡胶板下不应有空气垫层。

（5）装配橡胶板时，盆腔内清除干净后均匀涂抹一层5201-2硅脂进行润滑。橡胶板安装后，橡胶板与中间钢板接触的表面也应涂抹一层5201-2硅脂。橡胶板放入钢盆后，橡胶板与钢盆的间隙处再用5201-2硅脂填满。

（6）装配黄铜密封圈时，各层铜环开口应沿钢盆周边均匀布置。

（7）在中间钢板嵌放聚四氟乙烯板前，聚四氟乙烯板背面应经表面活化处理，中间钢板凹槽擦净后均匀涂抹一薄层环氧树脂，以对聚四氟乙烯板进行粘贴。粘贴时应注意储脂坑的排列方向，聚四氟乙烯板的主要滑移方向。单向活动支座聚四氟乙烯板的主要滑移方向应与导向块平行。双向活动支座的主要滑移方向为顺桥向，聚四氟乙烯板的主要滑移方向应与支座顺桥向底边相平行。

（8）活动支座顶板和钢盆组装前，应用丙酮或酒精将不锈钢冷轧钢板表面和聚四氟乙烯板表面擦洗干净，并在聚四氟乙烯板的储脂坑内注满5201-2硅脂。

（9）支座外露表面应平整、美观、焊缝均匀。漆膜表面应光滑，不应有露漆、流痕、皱褶等现象。

（10）支座组装时，应调平且上下对中，确认没有空气垫层后，用连接件将支座连成整体。

（11）支座组装后，支座高度偏差要求为：竖向承载力为0.4~20MN的支座，支座高度偏差不大于3mm；竖向承载力大于20MN的支座，支座高度偏差不大于4mm。

（六）盆式支座安装

（1）盆式支座下面应设置支承垫石，支承垫石混凝土强度等级不宜低于C40，垫石高度应考虑支座安装、养护和更换的方便。支承垫石及墩顶混凝土应按《公路钢筋混凝土及预应力混凝土桥涵设计规范》中的局部承压构件要求配置相应的钢筋网。墩台顶面需按锚固套筒规格、数量预留锚体孔。预留锚栓孔的直径和深度应大于套筒直径和长度50mm～60mm。锚栓孔中心位置偏差不应超过10mm。

（2）支座运达施工现场后，应开箱检查支座各部件及装箱单，检查合格后再装入包装箱内，支座安装时方可再开箱。

（3）活动支座开箱后要注意对聚四氟乙烯板和不锈钢冷轧钢板的保护，防止划伤和脏物黏附于不锈钢冷轧钢板与聚四氟乙烯板表面，并注意检查5201-2硅脂是否注满。

（4）支座安装时，支承垫石顶面应凿毛，并用清水冲去垫石表面的碎石和细砂，同时清除锚孔内的杂物。待垫石表面干燥后，在锚固螺栓孔位置以外的支承垫石顶面涂满环氧砂浆调平层，调平层高程略高于支座设计高程，然后将支座就位、对中并调整水平后，当支座调至设计高程时，用垫块将支座垫起，再用环氧砂浆或强度等级高的砂浆灌注套筒周围空隙及支座底板四周未填满环氧砂浆的部位，并注意将环氧砂浆填捣密实。支座底板以外溢出的砂浆应清理干净。待砂浆硬化后，再拆去支座的垫块，并用环氧砂浆将垫块部位填满。

（5）有纵坡的桥梁，在支座顶板长度范围内的桥梁梁底，设计时应将该部位梁底用预埋钢板调成水平。支座顶板范围内的梁体混凝土也应按《公路钢筋混凝土及预应力混凝土桥涵设计规范》进行局部承压计算并配置相应的钢筋网。活动支座顶板安装时，应考虑安装温度对位移的影响。

（6）双向活动支座和单向活动支座安装时，要特别注意检查聚四氟乙烯板，聚四氟乙烯板的主要滑移方向应与桥梁顺桥向相一致。

（7）支座中心线与主梁中心线应重合或平行，单向活动支座安装时，顶板导向块和中间钢板的导向滑条应保持平行，交叉角不得大于5′。

（8）在桥梁实行体系转换要切割临时锚固装置时，应采取隔热措施，以免损坏橡胶板和聚四氟乙烯板。

（9）支座安装完毕检查合格后，要拆除支座出厂时顶、底板间的连接构件，并安装支座防尘围板。

五、球形支座安装

球形支座各向转动性能一致，适用于弯桥、坡桥、斜桥、宽桥及大跨径桥，球形支座无承重橡胶块，特别适用于低温地区。

球型支座是在盆式橡胶支座的基础上发展起来的一种新型桥梁支座，它由下支座凹板、球冠衬板、上支座滑板、聚四氟乙烯滑板（平面和球面各一块）及橡胶密封圈和防尘罩等部件组成。

通过在上支座板上设置导向槽或导向环可约束支座的单向或多向位移，可以制成球型支座的单向活动支座、多向活动支座及固定支座。

（1）支座出厂时，应由生产厂家将支座调平，并拧紧连接螺栓，防止运输安装过程中发生转动和倾覆。支座可根据设计需要预设转角和位移，但需在厂内装配时调整好。

（2）支座安装前应开箱检查配件清单检验报告、支座产品合格证及支座安装养护细则。施工单位开箱后不得拆卸、转动连接螺栓。

（3）当下支座板与墩台采用螺栓连接时，应先用钢楔块将下支座板四角调平，高程、位置应符合设计要求，用环氧砂浆灌注地脚螺栓孔及支座底面垫层。环氧砂浆硬化后，方可拆除四角钢楔，并由环氧砂浆填满楔块位置。

（4）当下支座板与墩台采用焊接连接时，应采用对称间断焊接方法将下支座板与墩台上预埋钢板焊接。焊接时应采取防止烧伤支座和混凝土的措施。

（5）当梁体安装完毕，或现浇混凝土梁体达到设计强度后，在梁体预应力张拉之前，应拆除上、下支座板连接板。

第二节　桥面系工程

一、排水设施

桥面雨水通过横坡排入泄水管，然后由泄水管把水排出桥面。

（1）泄水管的安装，宜在浇筑主梁时预留孔洞，在做桥面铺装一起时埋入。施工时注意进水口四周和铺装层要做严实，泄水管壁和防水层衔接处要做好防水，防止雨水渗入结构层。

（2）汇水槽、泄水口顶面高程应低于桥面铺装层10~15mm。

（3）泄水管下端至少应伸出构筑物底面100~150mm。泄水管宜通过竖向管道直接引至地面或雨水管线，其竖向管道应采用抱箍、卡环定位卡等预埋件固定在结构物上。

（4）泄水管安装应牢固可靠，与铺装层及防水层之间应结合密实，无渗漏现象；金属泄水管应进行防腐处理。

（5）桥面泄水口位置允许偏差应符合规定。

二、桥面防水层

桥面的防水层，设置在行车道铺装层下边，它将透过铺装层渗下的雨水汇积到排水设施排出，防止雨水渗入主梁中引起钢筋的锈蚀。桥面防水层有涂膜防水层、卷材防水层及防水粘结层等几种类型。

（一）一般规定

（1）桥面应采用柔性防水，不宜单独铺设刚性防水层。桥面防水层使用的涂料、卷材、胶黏剂及辅助材料必须符合环保要求。

（2）为防止基层混凝土继续水化释水造成防水层黏结不牢，或基层混凝土继续干缩开裂导致防水层开裂，规定桥面防水层应在现浇桥面结构混凝土或垫层混凝土达到设计要求强度，经验收合格后方可施工。

(3) 桥面防水层应直接铺设在混凝土表面上，不得在两者间加铺砂浆找平层。

(4) 防水基层面应坚实、平整、光滑、干燥，阴、阳角处应按规定半径做成圆弧。防水层施工前应将浮尘及松散物质清除干净，并应涂刷基层处理剂。基层处理剂应使用与卷材或涂料性质配套的材料。涂层应均匀、全面覆盖，待渗入基层且表面干燥后方可施作卷材或涂膜防水层。

(5) 防水卷材和防水涂膜均应具有高延伸率、高抗拉强度、良好的弹塑性、耐高温和低温与抗老化性能。防水卷材及防水涂料应符合国家现行标准和设计要求。

(6) 桥面采用热铺沥青混合料作磨耗层时，应使用可耐 140℃～160℃高温的高聚物改性沥青等防水卷材及防水涂料。

(7) 桥面防水层应采用满贴法。防水层总厚度和卷材或胎体层数应符合设计要求。缘石、地袱、变形缝、汇水槽和泄水口等部位应按设计和防水规范细部要求作局部加强处理。防水层与汇水槽泄水口之间必须粘结牢固封闭严密。

(8) 防水层完成后应加强成品保护，防止压破、刺穿、划痕损坏防水层，并及时经验收合格后铺设桥面铺装层。

(9) 防水层严禁在雨天、雪天和 5 级(含)以上大风天气施工。气温低于-5℃时不宜施工。

(二) 桥面防水施工安全技术

(1) 防水工必须经专业培训，持证上岗。

(2) 防水材料应存放在专用库房，严禁烟火并有醒目的标志和防火措施。

(3) 作业时操作人员应穿软底鞋、工作服应扎紧袖口，并佩戴手套和鞋盖。涂刷处理剂和粘结剂时必须戴防护口罩和防护眼镜。

(4) 患有皮肤病眼病和刺激过敏者不得参加防水作业。施工中发生恶心头晕、过敏等应停止作业。

(5) 装卸盛溶剂(如苯、汽油等)的容器，必须配软垫，搬运时不得猛推、猛撞。取用溶剂后，容器盖必须及时盖严。

(6) 清洗工具未用完的溶剂必须装入容器，并将盖盖严。

(7) 防水卷材采用热熔黏结时，现场应配有灭火器材，周围 30m 范围内不得有易燃物。

(8) 严禁非作业人员进入防水作业区，涂料作业操作人员应站位于上风向，且不得在雨雪和 5 级(含)风天气操作。

(9) 需热沥青防水作业应遵守下列规定：①热沥青宜由沥青加工厂配置；②现场熬制沥青应遵守关于熬制沥青区域的相关规定；③热沥青防水施工必须纳入现场用火管理范畴，用火作业前必须申报，经消防管理人员检查，确认现场消防安全措施落实，并签发用火证后，方可进行用火作业，且在作业后，必须熄火，确认安全后，作业人员方可离开现场；④装运热沥青不得超过容器盛装量的 2/3；⑤使用喷灯时应清除作业场地内的易燃物，并按消防部门的规定配备消防器材；⑥高温天气不宜作业；⑦作业人员必须按规定佩戴防护用品。

(10) 在桥下有社会交通时，桥面防水施工中，应在桥下设防护区，并设专人疏导交通。

（三）涂膜防水层施工

（1）基层处理剂干燥后，方可涂防水涂料，铺贴胎体增强材料。涂膜防水层应与基层粘结牢固。

（2）涂膜防水层的胎体材料，应顺流水方向搭接，搭接宽度长边不得小于 50mm，短边不得小于 70mm，上下层胎体搭接缝应错开 1/3 幅宽。

（3）下层干燥后，方可进行上层施工。每一涂层应厚度均匀、表面平整。

（四）卷材防水层施工

防水层所用的沥青，其软化点应较基层及防水层周围介质的可能最高温度高出 20℃～25℃，但不低于 40℃。

（1）胶黏剂应与卷材和基层处理剂相互匹配进场后应取样检验合格后方可使用。

（2）基层处理剂干燥后，方可涂胶黏剂，卷材应与基层粘结牢固，各层卷材之间也应相互粘结牢固。卷材铺贴应不皱不折。

（3）卷材应顺桥方向铺贴，应自边缘最低处开始，顺流水方向搭接，长边搭接宽度宜为 7～80mm，短边搭接宽度宜为 10mm，上下层搭接缝错开距离不应小于 300mm。

（五）防水粘结层施工

（1）防水粘结材料的品种、规格、性能应符合设计要求和国家现行标准规定。

（2）粘结层宜采用高黏度的改性沥青、环氧沥青防水涂料。

（3）防水粘结层防工时的环境温度和相对湿度应符合防水粘结材料产品说明书的要求。

（4）施工时严格控制防水粘结层材料的加热温度和洒布温度。

（六）桥面防水层质量要求

（1）混凝土桥面防水层粘结质量和施工允许偏差应符合规定。

（2）钢桥面防水粘结层质量应符合规定。

（3）防水材料铺装或涂刷外观质量和细部做法应符合下列要求：①卷材防水层表面平整，不得有空鼓脱层、裂缝翘边油包、气泡和皱褶等现象；②涂料防水层的厚度应均匀一致，不得有漏涂处；③防水层与泄水口、汇水槽接合部位应密封，不得有漏封处。

三、桥面铺装层

桥面防水层经验收合格后应及时进行桥面铺装层施工。雨天和雨后桥面未干燥时，不得进行桥面铺装层施工。铺装层应在纵向 100cm、横向 40cm 范围内，逐渐降坡，与汇水槽、泄水口平顺相接。桥面铺装的常用构造层次有铺装层、防水层。

（一）沥青混合料桥面铺装层施工

1. 沥青混凝土桥面铺装

沥青混凝土桥面铺装，应使用静作用压路机严禁使用振动型压路机。

2. 水泥混凝土桥面上铺筑沥青铺装层

在水泥混凝土桥面上铺筑沥青铺装层应符合下列要求：

（1）铺筑前应在桥面防水层上撒布一层沥青石屑保护层，或在防水粘结层上撒布一层石屑保护层，并用轻碾慢压。

（2）沥青铺装宜采用双层式底层宜采用高温稳定性较好的中粒式密级配热拌沥青混合料，表层应采用防滑面层。

（3）铺装宜采用轮胎或钢筒式压路机碾压。

3. 钢桥面上铺筑沥青铺装层

在钢桥面上铺筑沥青铺装层应符合下列要求：

（1）铺装材料应防水性能良好；具有高温抗流动变形和低温抗裂性能；具有较好的抗疲劳性能和表面抗滑性能；与钢板粘结良好，具有较好的抗水平剪切、重复荷载和蠕变变形能力。

（2）因钢桥面在荷载和温度作用下变形较大，不适合施作卷材和涂膜防水。

（3）桥面铺装宜采用改性沥青，其压实设备和工艺应通过试验确定。

（4）在钢桥面上施作沥青混合料铺装层前应光除锈、除尘除污；再做全面防腐喷涂；最后满涂防水粘结层。

（5）桥面铺装宜在无雨、少雾季节、干燥状态下施工。施工气温不得低于15℃。

（6）桥面铺筑沥青铺装层前应涂刷防水粘结层。涂防水粘结层前应磨平焊缝除锈、除污涂防锈层。

（7）采用浇筑式沥青混凝土铺筑桥面时，可不设防水粘结层。

4. 其他要求

（1）沥青混凝土桥面铺装面层允许偏差应符合规定。

（2）沥青混凝土桥面铺装层表面应坚实、平整、无裂纹、松散、油包、麻面。

（二）水泥混凝土桥面铺装层施工

1. 钢桥面上铺筑沥青铺装层

用于混凝土桥面的钢纤维应符合下列规定：

（1）单丝钢纤维抗拉强度不宜小于600MPa。

（2）钢纤维长度应与混凝土粗骨料最大公称粒径相匹配，最短长度宜大于粗骨料最大公称粒径的1/3；最大长度不宜大于粗骨料最大公称粒径的两倍，钢纤维长度与标称值的允许偏差为±10%。

（3）宜使用经防蚀处理的钢纤维，严禁使用带尖刺的钢纤维。

（4）应符合国家现行标准GB/T 39147—2020《混凝土用钢纤维》的有关要求。

2. 钢桥面上铺筑沥青铺装层

钢纤维混凝土的配合比设计应符合下列规定：

（1）计算和确定水灰比应符合下列要求：①以钢纤维混凝土配制28d弯拉强度f_{cf}替换f_c，按要求计算出基体混凝土的水灰比；②取钢纤维混凝土基体的水灰比计算值与规定值两者中的小值。

（2）钢纤维掺量体积率宜在0.60%~1.00%内初选，当板厚折减系数小时，体积率宜取上限；当长径比大时，宜取较小值；有锚固端者宜取较小值。

（3）查资料，初选单位用水量W。

（4）砂石料用量可采用密度法或体积法计算。按密度法计算时，钢纤维混凝土单位质量可取2450~2580kg/m³；按体积法计算时，应计入设计含气量。

3. 钢桥面上铺筑沥青铺装层

采用轨道摊铺机铺筑时，最小摊铺宽度不宜小于3.75mm，并应符合下列规定：

（1）应根据设计车道数按相关技术参数选择摊铺机。

（2）坍落度宜控制在20~40mm。不同坍落度时的松铺系数K可参考相关规定确定，并按此计算出松铺高度。

（3）当施工钢筋混凝土面层时，宜选用两台箱型轨道摊铺机分两层两次布料。下层混凝土的布料长度应根据钢筋网片长度和混凝土凝结时间确定，且不宜超过20m。

（4）振实作业应符合下列要求：①轨道摊铺机应配备振捣器组，当面板厚度超过150mm、坍落度小于30mm时，必须插入振捣；②轨道摊铺机应配备振动梁或振动板对混凝土表面进行振捣和修整。使用振动板振动提浆饰面时，提浆厚度宜控制在(4±1)mm。

（5）面层表面整平时，应及时清除余料，用抹平板完成表面整修。

4. 其他要求

（1）水泥混凝土桥面铺装面层允许偏差应符合规定。

（2）水泥混凝土桥面铺装面层表面应坚实、平整，无裂缝，并应有足够的粗糙度；面层伸缩缝应直顺，灌缝应密实。

（三）人行天桥塑胶混合料面层铺装

（1）塑胶面层铺装的物理机械性能应符合规定。

（2）人行天桥塑胶混合料的品种规格、性能应符合设计要求和国家现行标准的规定。

（3）施工时的环境温度和相对湿度应符合材料产品说明书的要求，风力超过5级(含)雨天和雨后桥面未干燥时，严禁铺装施工。

（4）塑胶混合料均应计量准确，严格控制拌合时间。拌合均匀的胶液应及时运到现场铺装。

（5）塑胶混合料必须采用机械搅拌，应严格控制材料的加热温度和洒布温度。

（6）人行天桥塑胶铺装宜在桥面全宽度内，两条伸缩缝之间，一次连续完成。

（7）塑胶混合料面层终凝之前严禁行人通行。

（8）人行天桥塑胶桥面铺装面层允许偏差应符合规定。

四、桥梁伸缩装置

（一）伸缩装置整体性能要求

伸缩装置整体性能要求根据相关规定。

（二）材料要求

1. 钢材

伸缩装置中使用的钢材应满足如下要求：

（1）异型钢材应符合相关要求。

（2）钢材的性能要求应符合《优质碳素结构钢》、《碳素结构钢》、《低合金高强度结构钢》的规定，对异型钢材强度，当温度在 25℃～60℃时，应不低于 Q345C 钢材强度；当温度在-40℃～60℃时，应不低于 Q345D 钢材强度，同时应采用冷纠直次数不超过两次的产品；其余钢材强度，当温度在-25℃～60℃时，应不低于 Q235C 钢材强度；当温度在-40℃～60℃时，应不低于 Q235D 钢材强度。

（3）异型钢材沿长度方向的直线度公差应满足 1.0mm/m，全长直线度公差应满足 5mm/10m，扭曲度不大于 1/1000。

（4）异型钢材的技术要求、试验方法、检验规则、包装、标志及质量证明应符合《低合金高强度结构钢》的规定。

（5）不允许使用焊接成型异型钢材。生产整体热轧成型或整体热轧机加工成型异型钢材的工厂应确保异型钢材的整体质量无内部缺陷后方可出厂。异型钢应按实际质量或公称质量交货，其实际质量与公称质量允许偏差为±5%。出厂时应提供该批钢材化学成分分析报告和力学性能检验报告。

（6）异型钢材的外形、外观、孔口部位尺寸应满足设计图纸要求。

（7）伸缩装置中使用的钢板、圆钢、方钢、角钢等应符合《热轧圆钢和方钢尺寸、外形、重量及允许偏差》、GB/T 3274—2017《碳素结构钢和低合金结构钢热轧钢板和钢带》的规定。

（8）伸缩装置中使用的不锈钢板应符合 JT/T 4—2019《公路桥梁板式橡胶支座》的有关规定。

（9）沿海桥和跨海桥的伸缩装置使用的异型钢材，应采用 Q355NHD 级钢，其余形式伸缩装置使用的钢材应采用 Q235NHD 级钢其力学性能和质量要求应符合 GB/T 4171—2008《耐候结构钢》的规定。

2. 橡胶

橡胶的物理机械性能应满足如下要求：

（1）橡胶式伸缩装置、模数式伸缩装置中使用的密封带的橡胶的物理机械性能应满足相关要求。不允许使用再生胶或粉碎的硫化橡胶。

（2）模数式伸缩装置使用的橡胶压紧支座、承压支座的橡胶的物理机械性能应满足相关要求。

（3）模数式伸缩装置中使用的聚氨酯位移控制弹簧，其技术性能应满足相关要求。

3. 其他材料

伸缩装置中使用的粘结剂、聚四氟乙烯板材、硅脂等材料应符合 JT/T 4—2019《公路桥梁板式橡胶支座》的规定。

（三）组装要求

（1）组合式橡胶伸缩装置梳齿板式伸缩装置应在工厂进行试组装，模数式伸缩装置应在工厂进行组装。

（2）组装前应对异型钢逐根进行检查，其基本断面尺寸应满足要求，并确保无质量隐患后方可使用。

（3）模数式伸缩装置中使用多根异型钢，若需对接接长时，接头应设置在受力较小处，并错开布置，错开距离不应小于80mm，并应采用厚度大于20mm的钢板加强。接缝处应按《金属熔化焊焊接接头射线照相》和《钢焊缝手工超声波探伤方法和探伤结果分级》的规定进行探伤，同时对异型钢材变形校正后，应消除内应力。行车道位置不应设置接缝。

（4）伸缩装置中使用的焊接件，其焊缝高度应满足设计要求，焊缝应采用活性气体保护焊（CO_2），焊缝不得出现裂纹、夹渣、未熔合和未填满弧坑，同时焊缝应避免太厚、错位和母材烧伤等缺陷，焊接技术应符合GB/T 985.1—2008《气焊、手工电弧焊及气体保护焊焊缝坡口的基本形式与尺寸》和JBT 5943—2018《工程机械焊接件通用技术条件》的规定。

（5）伸缩装置待组装的部件，必须有工厂质检部门的合格标记，外购件或协作厂加工部件，应有合格证书方可进行组装，不合格构件不能进行装配。

（6）在组装过程中，所用的螺栓、螺钉、垫片、不锈钢板、聚四氟乙烯板、弹性元件、支座等构件，必须清洁，不应有碰伤，螺栓、螺钉头部及螺母端面，应与被紧固零件的平面均匀接触，不能倾斜，也不能用锤敲击来达到均匀接触的目的。

（7）伸缩装置使用锚固钢筋应符合GB/T 1499.3—2002《钢筋混凝土用钢筋焊接网》GB/T 1499.1—2017《钢筋混凝土用钢第1部分：热轧光圆钢筋》的规定，并满足设计要求。

（8）除不锈钢板的滑动面和与混凝土的接触面外，凡待组装构件表面应平整、清洁，去除铁屑、毛刺、油污，除锈后均应进行有效防护处理。

（9）模数式伸缩装置组装后，在伸缩装置完全压缩时的任意位置，在同一断面处，以两边梁顶面的平面为准，每根中梁顶面和边梁顶面相对高差不应大于±1.5mm；每条缝宽度偏差应在±2mm范围内。平面总宽度的偏差，当伸缩量不大于480mm时，应在±5mm范围内；当伸缩量大于480mm且小于等于800mm时，应在士10mm范围内；当伸缩量大于80mm时，应在±15mm范围内。

（10）模数式伸缩装置在工厂组装时，经检测合格后，应按照用户提供的施工安装温度，确定其压缩量定位出厂。若用户未提供安装定位温度，可按最大伸编量的1/2定位出厂。出厂时，吊装位置应用明显标志标明。

（11）梳齿板式伸缩装置组装后，在伸缩范围内任一位置，同一断面处：当伸缩量不大于80mm时，两边齿板高差，应小于等于0.3mm；当大于80mm时，应小于等于0.5mm。在最大压缩量时，齿板间隙不小于15mm，横向间隙不小于5mm，在最大拉伸量时，齿板搭接长度不小于30mm。

（四）伸缩装置吊运

施工中应根据伸缩装置的质量长度选择适宜的运输车辆和吊装机械。运输超长伸缩装置前，应与道路交通管理部门研究运输方案，并经批准。

1. 平板拖车运输

平板拖车运输时应注意以下事项：

（1）启动前应检查信号和指示装置、制动系统、轮胎气压等，确认正常。

（2）行驶中遇有上坡、下坡、凹坑、明沟或通过铁路道口时，应提前减速，缓慢通过，不得中途换挡，不得靠近路边、沟旁行驶，严禁下坡空挡滑行。

（3）在泥泞、冰雪道路上行驶应降低车速必要时应采取防滑措施。

（4）通过危险地区、河道和狭窄道路、便桥、通道时，应先停车检查，确认可以通过后，由有经验的人员指挥通过。

（5）装饰车时应听从现场指挥人员的指令。

（6）停放时应熄火、制动，并锁闭车门。下坡停放应挂倒挡，上坡停放应挂一挡并将车轮紧。

（7）车辆临近基坑时，轮胎与基坑边距离应由坑深、土质和支护情况确定，且不得小于1.5m，并设牢固挡掩。

（8）运输超限物件时，应严格执行交通管理部门批准的方案，在规定时间内按规定路线行驶。超限部分，白天应挂边界标志夜间应挂边界警示灯。

（9）装饰车时，应停放在平坦坚实的路面上，机车、拖车均应制动，并将拖车轮胎楔紧。

（10）装饰机械搭设的跳板应坚实，与地面夹角：在装饰履带式起重机、挖掘机、压路机时，不得大于15°；装饰履带式推土机、拖拉机时，不得大于25°。雨、雪、霜冻天气应采取防滑措施。

（11）装饰能自行上下拖车的机械，应由机长或熟练的驾驶人员操作，并由熟悉机械性能的人统一指挥。上下车动作应平稳，不得在跳板上调整方向。

（12）机械装车后应制动所有制动器，锁定各保险装置，履带或车轮应楔紧，并打摽牢固。

2. 起重机吊装

使用起重机吊装时应注意以下事项：

（1）作业前施工技术人员应了解现场环境、电力和通信等架空线路、附近建（构）筑物和被吊梁等状况，选择适宜的起重机，并确定对吊装影响范围的架空线、建（构）筑物采取的挪移或保护措施。

（2）现场及其附近有电力架空线路时应设专人监护。

（3）作业场地应平整、坚实。地面承载力不能满足起重机作业要求时，必须对地基进行加固处理，并经验收确认合格。

（4）吊装作业必须设信号工指挥。指挥人员必须检查吊索具、环境等状况，确认安全。

（5）吊梁作业前应划定作业区，设护栏和安全标志，严禁非作业人员入内。

（6）吊装时，吊臂、吊钩运行范围，严禁人员入内。

（7）吊装中严禁超载。

（8）吊装时应先试吊，确认正常后方可正式吊装。

（9）现场配合吊梁的全体作业人员应站位于安全地方，待吊装和梁体离就位点距离50cm时方可靠近作业，严禁位于起重机臂下。

（10）吊装中遇地基沉陷、机体倾斜、吊具损坏或吊装困难等，必须立即停止作业，待处理并确认安全后方可继续作业。

（11）构件吊装就位，必须待构件稳固后，作业人员方可离开现场。

（12）大雨、大雪、大雾、沙尘暴和风力6级（含）以上等恶劣天气，不得进行露天吊装。

（五）伸缩装置安装一般规定

（1）伸缩装置安装前应检查修正梁端预留缝的间隙，缝宽应符合设计要求，上下必须贯通，不得堵塞。伸缩装置应锚固可靠，浇筑锚固段(过渡段)混凝土时应采取措施防止堵塞梁端伸缩缝隙。

（2）伸缩装置安装前应对照设计要求、产品说明，对成品进行验收，合格后方可使用。安装伸缩装置时应按安装时气温确定安装定位值，保证设计伸缩量伸缩装置在安装时，应用3m直尺检查其自身平整度和与桥面衔接的平整度，确保行车舒适度。

（3）伸缩装置宜采用后嵌法安装，既先铺桥面层，再切割出预留槽安装伸缩装置。

（4）在施工过程中，施工人需跨越伸宿缝时，应支搭临时便桥，并符合下列规定：①施工机械、机动车与行人便桥宽度应据现场交通量、机械和车辆的宽度，在施工设计中确定；②便桥两侧必须设不低于12m的防护栏杆，其底部设挡脚板。栏杆挡脚板应安设牢固；③便桥桥面应具有良好的防滑性能，钢质桥面应设防滑层；④便桥两端必须设限载标志；⑤便桥搭设完成后应经验收，确认合格并形成文件后，方可使用；⑥在使用过程中，应随时检查和维护，保持完好。

（六）填充式伸缩装置施工

填充式伸缩装置适用于伸缩量50mm以下的中小跨径桥梁。改性沥青填充型伸缩装置是由橡胶、塑料、沥青等为主的高分子聚合物与碎石拌合后，填充于桥梁伸缩缝槽口内而成的无缝伸缩装置。

该伸缩装置施工简便，行车平稳，防水可靠较适合于伸缩量小于50mm的中、小桥。

（1）预留槽宜为50cm宽、5cm深，安装前预留槽基面和侧面应进行清洗和烘干。

（2）梁端伸缩缝处应粘固止水密封条。

（3）填料填充前应在预留槽基面上涂刷底胶，热拌混合料应分层摊铺在槽内并捣实。

（4）填料顶面应略高于桥面，并撒布一层黑色碎石，用压路机碾压成型。

（七）橡胶伸缩装置安装

橡胶伸缩装置是以橡胶板作为跨缝材料。这种伸缩缝的构造简单，使用方便。常用橡胶伸缩装置有橡胶压块伸缩装置、板式合成橡胶伸缩装置(由合成橡胶加强板经硫化合成)及组合式橡胶伸缩装置(由橡胶板与钢托板组成)三种。

橡胶伸缩装置安装应符合下列规定：

（1）安装橡胶伸缩装置应尽量避免预压工艺。橡胶伸缩装置在5℃以下气温不宜安装。

（2）安装前应对伸缩装置预留槽进行修整，使其尺寸、高程符合设计要求。

（3）锚固螺栓位置应准确，焊接必须牢固。

（4）伸缩装置安装合格后应及时浇筑两侧过渡段混凝土，并与桥面铺装接顺。每侧混凝土宽度不宜小于0.5m。

（八）齿形钢板伸缩装置施工

齿形钢板伸缩装置由齿形钢板、底层支承钢板、角钢和预埋锚固筋(件)焊接组成。

钢板伸缩缝以钢板作为跨缝材料。适用梁端变形量在4~6cm以上的情况。

齿形钢板伸缩装置施工应符合下列规定：

(1) 底层支承角钢应与梁端锚固筋焊接。

(2) 支承角钢与底层钢板焊接时，应采取防止钢板局部变形措施。

(3) 齿形钢板宜采用整块钢板仿形切割成型，经加工后对号入座。

(4) 安装顶部齿形钢板，应按安装时气温经计算确定定位值。齿形钢板与底层钢板端部焊缝应采用间隔跳焊，中部塞孔焊应间隔分层满焊。焊接后齿形钢板与底层钢板应密贴。

(5) 齿形钢板伸缩装置宜在梁端伸缩缝处采用U形铝板或橡胶板止水带防水。

(九) 模数式伸缩装置施工

模数式伸缩装置必须在工厂组装，按照施工单位提供的施工安装温度定位后出厂，若施工安装温度有变化，一定要重新调整定位方可安装就位。

钢与橡胶组合的模数式伸缩装置是在条形橡胶伸缩装置的基础上发展起来的一种伸缩量大，结构较为复杂，但功能比较完善的一种伸缩装置，是通行高速路的桥梁上主要使用的一种伸缩装置，主要由异形钢与各种截面形式的橡胶条组成。

模数式伸缩装置施工应符合下列规定：

(1) 模数式伸缩装置在工厂组装成型后运至工地，应按国家现行标准JT/T 327—2016《公路桥梁伸缩装置通用技术条件》对成品进行验收，合格后方可安装。

(2) 伸缩装置安装时其间隙量定位值应由厂家根据施工时气温在工厂完成，用定位卡固定。如需在现场调整间隙量应在厂家专业人员指导下进行，调整定位并固定后应及时安装。

(3) 伸缩装置应使用专用车辆运输，按厂家标明的吊点进行吊装，防止变形。现场堆放场地应平整，并避免雨淋暴晒和防尘。

(4) 安装前应按设计和产品说明书要求检查锚固筋规格和间距、预留槽尺寸，确认符合设计要求，并清理预留槽。

(5) 分段安装的长伸缩装置需现场焊接时，宜由厂家专业人员施焊。

(6) 伸缩装置中心线与梁段间隙中心线应对正重合。伸缩装置顶面各点高程应与桥面横断面高程对应一致。

(7) 伸缩装置的边梁和支承箱应焊接锚固，并应在作业中采取防止变形措施。

(8) 过渡段混凝土与伸缩装置相接处应粘固密封条。

(9) 混凝土达到设计强度后，方可拆除定位卡。

(十) 伸缩装置安装质量要求

(1) 伸缩装置安装时焊接质量和焊缝长度应符合设计要求和规范规定，焊缝必须牢固，严禁用点焊连接。大型伸缩装置与钢梁连接处的焊缝应做超声波检测。

(2) 伸缩装置锚固部位的混凝土强度应符合设计要求，表面应平整，与路面衔接应平顺。

(3) 伸缩装置安装允许偏差应符合规定。

(4) 伸缩装置应无渗漏、无变形，伸缩缝应无阻塞。

五、地袱、缘石、挂板

地袱、缘石、挂板等不仅关系到桥梁整体线形的美观，而且城市桥梁工程的地袱、挂板施工通常为高处作业，施工安全十分重要。

(一) 地袱施工前准备工作

地袱施工前，必须在桥外侧搭设作业平台，其宽度不得小于1m，并应遵守下列规定：

1. 脚手架

作业平台的脚手架必须铺满、铺稳。

2. 作业平台临边作业

作业平台临边作业必须设防护栏杆，并应遵守下列规定

(1) 防护栏杆应由上、下两道栏杆和栏杆柱组成，上杆离地高度应为1.2m，下杆离地高度应为50~60cm。栏杆柱间距应经计算确定，且不得大于2m。

(2) 杆件的规格与连接应符合下列要求：①木质栏杆上杆梢径不得小于7cm，下杆梢径不得小于6cm，栏杆柱梢径不得小于7.5cm，并以不小于12号的镀锌钢丝绑扎牢固，绑丝头应顺平向下；②钢筋横杆上杆直径不得小于16mm，下杆直径不得小于14mm，栏杆柱直径不得小于18mm，采用焊接或镀锌钢丝绑扎牢固，绑丝头应顺平向下；③钢管横杆、栏杆柱均应采用直径$\phi48\times(2.75\sim3.5)$mm的管材，以扣件固定或焊接牢固。

(3) 栏杆柱的固定应符合下列要求：①在基坑四周固定时，可采用钢管并锤击沉入地下不小于50cm深；②在混凝土结构上固定，采用钢质材料时可用预埋件与钢管或钢筋焊牢；③在砌体上固定时，可预先砌入规格相适应的设预埋件的预制块，并用②项方法固定。

(4) 栏杆的整体构造和栏杆柱的固定，应使防护栏杆在任何处能承受任何方向的1000N外力。

(5) 防护栏杆的底部必须设置牢固的、高度不低于18cm的挡脚板。挡脚板下的空隙不得大于1cm。挡脚板上有孔眼时，孔径不得大于2.5cm。

(6) 高处临街的防护栏杆应加挂安全网，或采取其他全封闭措施。

3. 上下作业平台

上下作业平台必须设安全梯、斜道等攀登设施，并符合下列要求：

(1) 采购的安全梯应符合现行国家标准。

(2) 现场自制安全梯应符合下列要求：①梯子结构必须坚固，梯梁与踏板的连接必须牢固，且梯子结构应根据材料性能进行受力验算，经计算确定；②攀登高度不宜超过8m；③梯脚应置于坚实基面上，放置牢固，不得垫高使用。梯子上端应有固定措施；④梯子需接长使用时，必须有可靠的连接措施，且接头不得超过一处。

(3) 采用固定式直爬梯时，爬梯应用金属材料制成。梯宽宜为50cm，埋设与焊接必须牢固。梯子顶端应设1.0~1.5m高的扶手。攀登高度超过7m以上部分宜加设护笼；超过13m时，必须设梯间平台。

(4) 人员上下梯子时，必须面向梯子，双手扶梯；梯子上有人时，他人不宜上梯。

(5) 采用斜道(马道)时，脚手架必须置于坚固的地基上，斜道宽度不得小于1m，纵坡不得陡于1∶3，支搭必须牢固。

4. 其他施工要点

(1) 地袱缘石、挂板应在桥梁上部结构混凝土浇筑支架卸落后施工，其外侧线形应平顺，伸缩缝必须全部贯通，并与主梁伸缩缝相对应。

(2) 安装预制或石材地袱缘石、挂板应与梁体连接牢固。

(3) 尺寸超差和表面质量有缺陷的挂板不得使用。挂板安装时，直线段宜每 20m 设一个控制点，曲线段宜每 3~5m 设一个控制点，并应采用统一模板控制接缝宽度，确保外形流畅、美观。

(4) 预制地袱、缘石、挂板允许偏差应符合规定；安装允许偏差应符合规定。

(5) 地袱、缘石、挂板等水泥混凝土构件不得有孔洞、露筋、蜂窝、麻面、缺棱、掉角等缺陷；安装的线形应流畅平顺。

六、防护设施

栏杆、防撞、隔离设施首先具有安全防护功能要求安装、连接牢固；同时在城市桥梁中其观感美也不容忽视。

（一）栏杆

栏杆常用混凝土、钢筋混凝土、金属或金属与混凝土混合材料制作，从形式上可以分为节间式与连接式；按栏杆的实用性目的可分为人行栏杆和防撞栏杆(防撞护栏)两种。

(1) 预制栏杆安装应随安装随固定，并在内侧桥面上设安全标志。混凝土预制栏杆应待砂浆达到规定强度方可拆除标志；钢制栏杆应焊接牢固后方可拆除标志。

(2) 现浇混凝土和圬工砌体栏杆，在混凝土和砂浆达到设计规定强度前应在内侧桥面上设立并保持安全标志。

(3) 组焊加工的金属栏杆安装前，应将毛刺磨平。栏杆焊接必须由电焊工进行，且作业点及其下方 10m 范围内不得堆放易燃、易爆物。

(4) 不锈钢栏杆焊制应遵守下列规定：①不锈钢焊工除应具备电焊工的安全操作技能外，必须熟练地掌握氩弧焊、等离子切割、不锈钢酸洗钝化等方面的安全防护和操作技能；②不锈钢焊接采用“反接极”，即工件接负极，必须确认焊机的正负极性后方可操作，不得误接；③停止作业时必须将焊条头取下或将焊把挂起，严禁乱放，造成焊条药皮脱落；④使用砂轮打磨焊缝坡口和清除焊渣前，必须经检查确认机具完好，砂轮片安装牢固；操作人员必须戴护目镜；⑤氩弧焊要符合相关要求；⑥打磨钨极棒时，必须戴防护口罩和护目镜，接触钨极棒的手必须及时清洗，钨极棒必须存放在有盖的铅盒内，由专人保管；⑦酸洗和钝化应符合相关要求；⑧等离子切割必须符合氩弧焊的安全操作规定，焊弧停止后不得立即检查焊缝。

(5) 栏杆块件必须在人行道板铺设完毕后方可安装。安装立柱时必须全桥对直、校平(弯桥、坡桥要求平顺)，竖直后，用水泥砂浆填缝固定。

(6) 采用钢管作为栏杆或扶手时，钢管应在工厂内进行除锈处理，拼装焊接后应补涂防锈底漆，再统一涂刷面漆。

（二）波形梁钢护栏

波形梁钢护栏组成。波形梁钢护栏由波形梁板、立柱、端头、紧固件、防阻块等构件组成。

1. 加工要求

(1) 波形梁板一般宜采用连续辊压成形。

(2) 变截面波形梁板采用液压冷弯成形时，每块波形梁板应一次压制完成，不得分段压制。采用连续辊压成形的等截面波形梁板进一步加工成变截面板时，应采用液压冷弯成形，不得采用冲压方式加工。

(3) 波形梁板上的螺栓孔，应定位准确，每一端部的所有拼接螺孔应一次冲孔完成。

(4) 钢护栏端头应采用模压成形。

(5) 安装于曲线半径小于70m路段的钢护栏，其波形梁板应根据曲线半径的大小加工成相应的弧线形。

2. 波形梁护栏

波形梁护栏可采用预留孔插入或地脚螺栓和桥面板连接。采用预留孔插入，立柱埋在混凝土中不小于40cm。为了适应养护、更换，在条件允许的情况下，宜采用抽换式护栏立柱。波形梁通过拼接螺栓相互拼接，并由连接螺栓固定于立柱或防阻块上，拼接时应先利用长圆螺栓孔把线形调整平顺后，再拧紧螺栓。

(三) 组合式护栏

组合式护栏是钢筋混凝土墙式护栏和金属梁柱式护栏的组合形式。它兼具墙式护栏坚固和梁柱式护栏美观的优点，被广泛用于我国汽车专用公路桥梁上。

组合式桥梁护栏的构造。钢筋混凝土护栏顶部预埋钢板和螺栓，用以连接混凝土护栏上的铸钢支承架，支承架按一定间距布置，中间穿有钢管。

组合式护栏施工可采取现浇法，也可采用预制件。现浇护栏要保证模板位置准确和足够的刚度；混凝土浇筑要连续，每节护栏一次浇完，不得间断；振捣、养护要充分；护栏和桥面板的联结要牢固；预埋件位置要正确。

预制护栏构件安装前，应先精确放样定位，在桥面板上预留传力钢筋。安装过程中应使每块护栏构件的中线与桥梁中线相一致。吊装时不得损坏构件的边角。就位的同时，应坐浆平稳、高程一致，和传力钢筋准确连接。

(四) 护轮安全带

护轮安全带可以做成预制块件安装或与桥面铺装层一起现浇。预制的安全带块件有矩形截面和肋板截面两种，以矩形截面最为常用。现浇的安全带宜每隔2.5~3m做断缝，以避免与主梁的收缩不一致而被拉裂。

预制块件若采用人工搬运安装，每个块件的安装质量最大不应超过200kg。安装前要精确放样，弯桥、坡桥要注意线形的平顺。块件必须坐浆安装，要落位准确，全桥对直，安装后线条直顺、整齐、美观。路缘石一般宽8~35cm，与安全带相类似，其施工的方法和工艺要求亦与护轮带相同。

(五) 防护设施施工质量要求

(1) 栏杆和防撞、隔离设施应在桥梁上部结构混凝土的浇筑支架卸落后施工，其线形应流畅、平顺，伸缩缝必须全部贯通，并与主梁伸缩缝相对应。

(2) 防护设施采用混凝土预制构件安装时，砂浆强度应符合设计要求，当设计无规定时，宜采用M20水泥砂浆。

(3) 预制混凝土栏杆采用榫槽连接时，安装就位后应用硬塞块固定，灌浆固结。塞块拆除时，灌浆材料强度不得低于设计强度的75%。采用金属栏杆时，焊接必须牢固，毛刺应打磨平整，并及时防锈防腐。

（4）防撞墩必须与桥面混凝土预埋件、预埋筋连接牢固，并应在施作桥面防水层前完成。

（5）护栏、防护网宜在桥面、人行道铺装完成后安装。

（6）预制混凝土栏杆允许偏差应符合规定。栏杆安装允许偏差应符合规定。

（7）防撞护栏、防撞墩、隔离墩允许偏差应符合规定。

（8）防护网安装允许偏差应符合规定。

七、人行道

桥面人行道顶面一般高出桥面25~30cm，是用路缘石或护栏及其他类似设施加以分隔，供人行走。在实际使用中，桥面人行道的构造多种多样。

人行道按施工方法的不同，分为就地浇筑式、预制装配式、装配现浇混合式；按人行道安装在主梁上的位置分搁置式和悬臂式。预制块件分整体式和分块式。

（一）料石与预制砌块铺砌人行道面层

（1）料石应表面平整、粗糙，色泽、规格、尺寸应符合设计要求，其抗压强度不宜小于80MPa，且应符合相关要求。料石加工尺寸允许偏差应符合规定。

（2）水泥混凝土预制人行道砌块的抗压强度应符合设计规定，设计未规定时，不宜低于30MPa。砌块应表面平整、粗糙、纹路清晰棱角整齐，不得有蜂窝、露石、脱皮等现象；彩色道砖应色彩均匀。预制人行道砌块加工尺寸与外观质量允许偏差应符合规定。

（3）料石、预制砌块宜由预制厂生产，并应提供强度、耐磨性能试验报告及产品合格证。

（4）预制人行道料石、砌块进场后，应经检验合格后方可使用。

（二）沥青混合料铺筑人行道面层

（1）施工中应根据场地环境条件选择适宜的沥青混合料摊铺方式与压实机具。

（2）沥青混凝土铺装层厚不应小于3cm，沥青石屑沥青砂铺装层厚不应小于2cm。

（3）压实度不应小于95%。表面应平整，无明显轮迹。

（三）人行道铺筑质量要求

人行道铺装允许偏差应符合规定。

第三节　附属结构

一、隔声和防眩装置

（一）隔声装置安装

隔声装置是城市桥梁工程为符合国家环保法规及各城市地方环保法规所采取的防护措施，声屏障所用材质与单体构件的结构形式、外形尺寸、隔声性能应能符合设计要求。隔声屏按质轻、牢固、抗风、透明的原则选用。

(1) 隔声装置应在基础混凝土达到设计强度后，方可安装。施工中应加强产品保护，不得损伤隔声板及其防护涂层。

(2) 声屏障加工与安装应符合下列规定：①声屏障的加工模数宜由桥梁两伸缩缝之间长度而定；②声屏障必须与钢筋混凝土预埋件牢固连接；③声屏障应连续安装，不得留有间隙，在桥梁伸缩缝部位应按设计要求处理；④安装时应选择桥梁伸缩缝一侧的端部为控制点依序安装；⑤5 级(含)以上大风时，不得进行声屏障安装。

(3) 砌体声屏障施工应符合下列规定：①施工中的临时预留洞净宽度不应大于 1m；②当砌体声屏障处于潮湿或有化学侵蚀介质环境中时，砌体中的钢筋应采取防腐措施。

(4) 金属声屏障施工应符合下列规定：①焊接必须符合设计要求和国家现行有关标准的规定；②基础为砌体或水泥混凝土时，其施工应符合上述(3)的有关规定；③屏体与基础的连接应牢固；④采用钢化玻璃屏障时，其力学性能指标应符合设计要求。屏障与金属框架应镶嵌牢固、严密。

(5) 声屏障安装允许偏差应符合规定。

(二) 防眩板安装

(1) 防眩板的材质规格、防腐处理、几何尺寸及遮光角应符合设计要求。

(2) 防眩板应由有资质的工厂加工，镀锌量应符合设计要求。防眩板表面应色泽均匀，不得有气泡、裂纹、疤痕、端面分层等缺陷。

(3) 防眩装置应在基础混凝土达到设计强度后，方可安装。施工中应加强产品保护，不得损伤防眩板面及其防护涂层。

(4) 防眩板安装应位置准确，焊接或栓接应牢固。

(5) 防眩板与护栏配合设置时，混凝土护栏上预埋件连接件的间距宜为 50cm。

(6) 防眩装置在安装时应保持其连续性，当其出现断档、间隙，会降低其功效性。

(7) 防眩板安装应与桥梁线形一致，防眩板的荧光标识面应迎向行车方向，板间距、遮光角应符合设计要求。

(8) 施工中不得损伤防眩板的金属镀层，出现损伤应在 24h 之内进行修补。

(9) 防眩板安装允许偏差应符合规定。

二、梯道制作与安装

(1) 梯道平台和阶梯顶面应平整，不得反坡造成积水。

(2) 混凝土梯道抗磨、防滑设施应符合设计要求。抹面贴面面层与底层应黏结牢固。

(3) 混凝土梯道允许偏差应符合规定。

(4) 钢梯道梁制作允许偏差应符合规定。

(5) 钢梯道安装允许偏差应符合规定。

三、桥头搭板

桥头搭板是防止桥头跳车的设施，因此现浇搭板的基底压实度应符合要求，预制搭板的安装应稳固，而且搭板与路面衔接处的平整度应保证，防止桥头跳车现象外移。

（1）现浇和预制桥头搭板，应保证桥梁伸缩缝贯通、不堵塞，且与地梁、桥台锚固牢固。

（2）现浇桥头搭板基层应平整、密实，在砂土上浇筑应铺3~5cm厚水泥砂浆垫层。

（3）预制桥头搭板安装时应在与地梁、桥台接触面铺2~3cm厚水泥砂浆，搭板应安装稳固不翘曲。预制板纵向留灌浆槽，灌浆应饱满砂浆达到设计强度后方可铺筑路面。

（4）桥头搭板允许偏差应符合规定。

（5）混凝土搭板、枕梁不得有蜂窝、露筋，板的表面应平整，板边缘应直顺。

（6）搭板、枕梁支承处接触严密、稳固，相邻板之间的缝隙应嵌填密实。

四、防冲刷结构

（1）防冲刷结构的基础埋置深度及地基承载力应符合设计要求。护坡、护岸、海墁等结构厚度应满足设计要求。

（2）干砌护坡时，护坡土基应夯实达到设计要求的压实度。砌筑时应纵横挂线，按线砌筑。需铺设砂砾垫层时，砂粒料的粒径不宜大于5cm，含砂量不宜超过40%。施工中应随填随砌，边口处应用较大石块，砌成整齐坚固的封边。

（3）栽砌卵石护坡应选择长径扇形石料，长度宜为25~35cm。卵石应垂直于斜坡面，长径立砌，石缝错开。基脚石应浆砌。

（4）栽砌卵石海墁，宜采用横砌方法，卵石应相互咬紧，略向下游倾斜。

（5）锥坡、护坡、护岸允许偏差应符合规定。

（6）导流结构允许偏差应符合规定。

五、照明

（1）电力电缆的敷设、径路数量埋设、防护、弯曲半径、电缆径端及电缆头的制作应符合设计要求及GB 50168—2018《电气装置安装工程电缆线路施工及验收规范》中的有关规定。

（2）电缆终端与电气装置的连接应符合GB 50149—2010《电气装置安装工程母线装置施工及验收规范》中的有关规定。

（3）照明器和亮度传感器的类别、规格适用场所有效范围数量、位置、安装间距、安装质量等符合要求。

（4）检查设备的规格、型号是否与设计要求相符；三证是否齐全；外观是否完好；配件、附件、备件是否齐全。

（5）路灯灯杆的安装位置应正确灯杆偏离中心线应不超过50mm。灯杆安装应牢固、垂直，悬臂伸向交通流方向。灯杆的维修门应不设置在靠近交通流的一侧。安装完毕后，底座法兰和固紧螺栓应用水泥砂浆包封。

（6）照明控制箱或配电箱的安装应符合设计要求及GB 50171—2012《电气装置安装工程盘、柜及二次回路结线施工及验收规范》中的有关规定。

（7）照明控制箱或配电箱内各电气元件布置整齐合理、安装牢固、接线可靠、配线整齐美观，绝缘电阻值≥0.5MΩ。

（8）可根据质量标准和设计文件、合同文件所规定的各项功能要求照明设备、供电电缆、照明控制设备的技术指标和功能进行逐项测试。

(9) 金属灯杆、路灯控制箱配电箱金属外壳的接地应牢固、良好。并符合设计要求。

(10) 桥上灯柱必须与桥面系混凝土预埋件连接牢固，桥外灯杆基础必须坚实，其承载力应符合设计要求。

(11) 照明设施安装允许偏差应符合规定。

第四节　装饰与装修

一、饰面

(一) 一般规定

(1) 饰面材料的性能与环保要求应符合国家现行标准的规定，其品种、规格、强度和镶贴、装饰方法以及图案等均应符合设计要求。

(2) 饰面应在主体或基层质量检验合格后方可施工。饰面施工前，应将基体表面的灰尘、污垢、油渍等清除干净。

(3) 饰面施工时的环境温度和湿度应符合下列要求：①抹灰、镶贴板块饰面不宜低于5℃；②胶黏剂饰面不宜低于10℃；③施工环境相对湿度不宜大于80%；④有机粘贴材料普遍存在老化现象，镶贴安装饰面宜选用水泥基粘结材料，其具有优异的耐老化性能，是其他材料无法替代的；⑤镶贴、安装饰面的基体应有足够的强度、刚度和稳定性，其表面应平整、粗糙。光滑的基面在镶贴前应进行处理。

(二) 水泥砂浆抹面

(1) 配合比、稠度以及外加剂的加入量均应通过试验确定。

(2) 抹面前，应先洒水湿润基体表面或涂刮水泥浆，并用与抹面层相同砂浆设置控制标志。

(3) 抹面应分层涂抹、分层赶平、修整、表面压光，涂抹水泥砂浆每遍的厚度宜为5~7mm。

(4) 水泥砂浆面层不得有裂缝，各抹面层之间及其与基层之间应黏结牢固，不得有脱层、空鼓等现象。

(5) 普通抹面表面应光滑、洁净、色泽均匀、无抹纹，抹面分隔条的宽度和深度应均匀致，无错缝、缺棱、掉角等缺陷。

(6) 普通抹面允许偏差应符合规定。

(7) 装饰抹面应符合下列规定：①水刷石应石粒清晰，均匀分布，紧密平整，应无掉粒和接茬痕迹；②水磨石应表面平整、光滑，石子显露密实均匀，应无砂眼、磨纹和漏磨处。分格条位置应准确、直顺；③剁斧石应剁纹均匀深浅一致、无漏剁处，不剁的边条宽窄应一致，棱角无损坏。

(8) 装饰抹面允许偏差应符合规定。

（三）镶饰面板和贴饰面砖

（1）饰面所用的材料（饰面板砖，找平粘结、勾缝等材料），其品种规格和技术性能应符合设计要求及国家现行标准规定。

（2）饰面砖镶贴应符合下列规定：①贴饰面砖的墙（柱）应表面平整、洁净、色泽一致，镶贴无歪斜、翘曲、空鼓、掉角和裂纹等缺陷；②基层表面应凿毛、刷界面剂抹 1∶3 水泥砂浆底层；③镶贴前，应选砖预排挂控制线；④面砖应自下而上、逐层依序镶贴，贴砖砂浆应饱满，镶贴面砖表面应平整，接缝横平竖直，宽度、深度一致。

（3）饰面板安装应符合下列规定：①镶饰面板的墙（柱）应表面平整洁净、色泽协调，石材表面不得有起碱，污痕，无显著的光泽受损处，无裂痕和缺损；②墙面和柱面安装饰面板，应先找平，分块弹线，并按弹线尺寸及花纹图案预拼；③系固饰面板用的钢筋网，应与锚固件连接牢固，锚固件宜在结构施工时预埋；④饰面板安装前，应按品种、规格和颜色进行分类选配，并将其侧面和背面清扫干净净边打孔，并用防锈金属丝穿入孔内留作系固之用；⑤饰面板安装就位后，应采取临时固定措施。接缝宽度可用木楔调整；⑥灌冰砂浆前，应将接合面洒水湿润，接缝处应采取防漏浆措施等。

（4）饰面允许偏差应符合规定。

二、涂装

（一）一般规定

（1）涂装材料的性能与环保要求应符合国家现行标准的规定，其品种、规格、强度和涂饰方法以及图案等均应符合设计要求。

（2）涂饰施工温度，应遵守产品说明书要求的涂装温度不宜低于 8℃；施工时空气相对湿度不宜大于 8%。

（3）涂饰施工应符合现行国家标准 GB 6514—2008《涂装作业安全规程涂漆工艺安全及其通风净化》及 GB 7691—2011《涂装作业安全规程安全管理通则》中的有关规定。对于有涂饰材料飞散或溶剂挥发对人体产生有害影响时，操作人员应有劳动保护。

（4）涂装应在主体或基层质量检验合格后方可施工。涂装施工前，应将其体表面的灰尘、污垢、油渍等清除干净。

（5）为达到建筑涂饰工程的质量要求，必须保证基层的养护期、施工工期及涂层养护期。

（二）基层质量要求

（1）基层应牢固，不开裂、不掉粉、不起砂、不空鼓、无剥离、无石灰爆裂点和无附着力不良的旧涂层等现象。

（2）基层应表面平整，立面垂直、阴阳角垂直、方正和无缺棱掉角，分格缝深浅一致且横平竖直。

（3）基层应清洁，表面无灰尘、无浮浆、无油迹、无锈斑、无霉点、无盐类析出物和无青苔等杂物。

（4）基层应干燥涂刷溶剂型涂料时，基层含水率不得大于8%；涂刷乳液型涂料时，基层含水率不得大于10%。

（5）基层的pH值不得大于10。

（三）涂饰材料备料和存放

（1）选定的涂饰材料应是已通过法定质检机构检验并出具有有效质检报告的合格产品。

（2）应根据选定的品种、工艺要求，结合实际面积及材料单耗和损耗确定备料量。

（3）应根据设计选定的颜色，以色卡订货。超越色卡范围时，应由设计者提供颜色样板并取得建设方认可，不得任意更改或代替。

（4）涂饰材料运进现场后，应由有关工程管理人员按规定进行复验，合格后备用。

（5）涂饰材料应存放在指定的专用库房内。溶剂型涂饰材料存放地点必须防火，并应满足国家有关的消防要求。材料应存放于阴凉干燥且通风的环境内，其贮存温度应介于5℃~40℃之间。

（6）工程所用涂饰材料应按品种、批号、颜色分别堆放。

（四）施工要求

（1）涂饰材料使用前应满足下列要求：①在整个施工过程中，涂饰材料的施工黏度应根据施工方法、施工季节、温度、湿度等条件严格控制，应有专人按说明书负责调配，不得随意加稀释剂或水；②双组分涂饰材料的施工，应严格按产品说明书规定的比例配制，根据实际使用量分批混合，并按说明书要求静置一段时间，并在规定的时间内用完。

（2）配料及操作地点的环境条件应符合下列要求：①配料及操作地点应经常清理保持整洁，保持良好的通风条件；②使用可燃性溶剂时严禁明火。

（3）未用完的涂饰材料应密封保存，不得泄漏或溢出。

（4）施工过程中应采取措施防止对周围环境的污染

（5）涂装前应将基面的麻面、缝隙用腻子刮平。腻子干燥后应坚实牢固，不得起粉起皮和裂纹等现象。施涂前应将腻子打磨平整光滑，并清理干净。

（6）涂料的工作黏度或稠度，应以在施涂时不流坠、无刷纹为准，施涂过程中不得任意稀释涂料。

（7）涂料在施涂前和施涂过程中，均应充分搅拌，并在规定的时间用完。

（8）施涂溶剂型涂料时，后一遍涂料必须在前一遍涂料干燥后进行；施涂水性或乳液涂料时，后一遍涂料必须在前一遍涂料干燥后进行。

（9）采用机械喷涂时，应将不喷涂的部位遮盖，不得沾污。

（10）同一墙面应同用一批号的涂料，每遍涂料不宜施涂过厚，涂层应均匀、色泽一致，层间结合牢固。

（五）质量验收

1. 涂饰材料的材质

涂饰材料的材质应符合设计要求。

（1）检查数量：全数检查。

（2）检验方法：检查产品合格证。

2. 涂饰材料的材质

涂料涂刷遍数涂层厚度均应符合设计要求。

（1）检查数量：按每 500m^2为一检验批，不足 500m^2的也为一个检验批，每个检验批每100m^2至少检验一处。

（2）检验方法：观察、用干膜测厚仪检查。

3. 表面

表面应平整光洁，色泽一致。不得有脱皮、漏刷、返锈、透底、流坠、皱纹等现象。

（1）检查数量：全数检查。

（2）检验方法：观察。

第十一章 工程实例分析

本章以 2019 年渝湛高速、湛徐高速为例，进行高速公路路面和桥梁养护工程案例分析。

第一节　总体施工组织布置及规划

一、项目部组织机构

考虑到项目施工组织难度大及工期紧等特点，拟按照项目法组建高效运作的项目部，同时调派一批路面维修工程施工经验丰富的施工技术人员参与项目施工和管理。项目部组织机构框图如图 11-1。

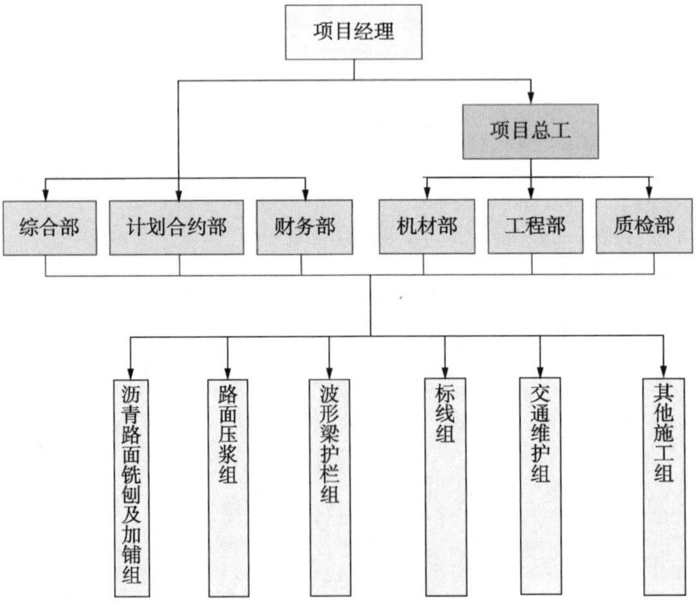

图 11-1　项目经理部组织机构框图

二、驻地建设

根据项目现场的实际情况，项目部设立在白沙养护工区，沥青拌和楼设在湛徐高速公路麻章停车区内(右幅)，位于湛徐高速 K3472+000 附近，拌合站总占地面积约 13000m^2，其中办公生活区占地面积约 2000m^2，生产区占地面积约 11000m^2，包括试验室 200m^2、集料水洗区 1500m^2、拌和楼 3000m^2、料仓 5000m^2(其中沥青混合料细料搭棚 1500m^2，沥青混合料粗料搭棚 3500m^2)等。

三、人员投入计划

项目部由项目经理、总工程师、合同段负责人等主要技术管理人员组成，主要管理人员配置计划。

根据项目特点，为确保保质保量顺利完成任务，项目部下设以下施工组。

(1) 沥青路面铣刨及加铺组：负责路面铣刨、施工前的工作面清理、改性沥青瓜米石黏层施工、铣刨后裂缝、坑槽维修。配备 2 个铣刨摊铺组，每个铣刨班组配备 1 台铣刨机，1 台水车，1 台扫路车，沥青废料运输车 5 台，人员 6 人。罩面施工，配备 2 个施工班组，配备一个摊铺班组，摊铺班组配备摊铺机 2 台，压路机 3 台，胶轮压路机 3 台，全自动施工洒布车 1 台，同步碎石封层车 1 台，摊铺辅助人员 16 人。

(2) 路面压浆组：负责主车道注浆施工，配备 2 个施工班组，注浆设备 2 套，人员 20 人。

(3) 护栏提升班组：主要负责罩面路段护栏提升，配备 2 个施工班组，护栏提升设备 2 套，人员 20 人。

(4) 标线组：负责路面施工后的标线划线和突起反光路标的安装，配备 1 个施工班组，配备热熔釜一个，划线机 2 台，人员 6 人。

(5) 交通维护组：负责交通维护工作，保障施工安全作业，配备 2 个交通维护班组，每个交通维护班组配备平板车 1 台，人员 7 人。

(6) 其他施工组：①负责中央分隔带铺砖、土路肩加固、增设急流槽等；②配备 1 个施工班组，人员 8 人。

四、机械设备投入计划

投入本项目的玛莲尼 4000 型沥青拌和楼 1 套，沥青混合料摊铺机 2 台、双钢轮压路机 3 台，稀浆封层车 1 台、胶轮压路机 2 台，主要机械设备及测量、试验仪器如表 11-1、表 11-2。

表 11-1 主要机械设备配置表

序号	名称	设备要求	单位	数量	备注
1	沥青混合料拌和楼	沥青拌合楼设备购置时间为 10 年内 (2008 年 1 月 1 日起) 产量≥240t/h，热贮料仓 60t 以上	台	1	
2	沥青混合料摊铺机	摊铺宽度≥7.5m	台	2	

续表

序号	名称	设备要求	单位	数量	备注
3	微表处摊铺机	摊铺装置为进口设备	台	1	
4	粗集料水洗机	水洗石料产能≥80t/h	套	1	
5	双钢轮压路机	≥10T	台	4	
6	胶轮压路机	≥26T	台	6	
7	铣刨机		台	1	
8	同步碎石封层车		辆	1	
9	沥青混凝土运输车	≥15t	台	10	
10	清扫车		台	1	
11	洒水车	≥8t	台	2	
12	封缝设备		台	1	
13	沥青路面压浆设备		套	4	
14	逆反光系数检测仪		台	1	

表 11-2　主要仪器设备配置表

序号	名称	设备要求	单位	数量	备注
15	检测设备	(1)针入度仪 (2)延度仪 (3)软化点仪 (4)沥青混合料马歇尔试验仪 (5)马歇尔试件击实仪 (6)试验室用沥青混合料拌和机 (7)脱模器 (8)沥青混合料抽提仪 (9)最大理论密度仪 (10)沥青路面用标准筛(方孔筛) (11)集料压碎值试验仪 (12)烘箱(至少两台) (13)试模(不少于 12 只) (14)恒温水浴 (15)冰箱 (16)路面取芯机 (17)构造深度仪 (18)连续平整度仪 (19)摆式摩擦系数测定仪 (20)弯沉仪 (21)砂当量测定仪 (22)混凝土坍落度仪 (23)水泥砼试模(抗压、抗折)30 个	套	1	

五、材料组织计划

项目所用的材料根据招标文件、设计图纸及相关规范的品种和等级要求进行选购，初步计划铣刨重铺所用的粗细集料在开工前一个星期备足，施工过程中重点做好改性沥青、改性乳化沥青的储备工作。

（一）改性沥青

铣刨加铺所用需改性沥青采用广东新粤沥青有限公司生产的 SBS 改性沥青（PG82-10）。

（二）石料

项目铣刨加铺所用粗细集料采用贵港市高速矿业有限公司生产的闪长岩，矿粉拟采用化州市粤能化工实业有限公司生产的矿粉。水泥采用珠海海中贸易有限责任公司生产的水泥。

六、总体施工进度安排

根据工程工期要求，在计划实施上要考虑周密，提前做好各种生产要素的准备和协调，各专业要紧密配合，严格按计划组织施工，以确保施工进度。做好各种材料、设备和成品的保护工作，并加强季节性施工措施准备，保证施工总控计划的实现。

计划工期为 2019 年 10 月 20 日至 2020 年 1 月 5 日，工期控制在春运前完成。主要项目完成时间：

（1）2019 年 10 月 20 日至 2019 年 12 月 20 日，完成主车道注浆，主要采用单车道封闭施工的交通组织方案。

（2）2020 年 1 月 4 日至 2020 年 1 月 5 日，完成铣刨重铺处治，采用单车道封闭施工的交通组织方案。

（3）2019 年 11 月 15 日至 2020 年 1 月 5 日，完成沥青路面罩面施工，主要采用半幅封闭施工的交通组织方案。

（4）2019 年 10 月 20 日至 2019 年 12 月 20 日，完成罩面段护栏提升，主要采用单车道封闭施工的交通组织方案。

第二节　主要工程项目的施工方案、方法与技术措施

一、主要工程施工方案

（一）病害较为严重路段

对于病害较为严重，有纵缝、连续坑槽、沉陷、网裂、严重车辙的路段，或有较多纵横向裂缝、坑槽等，采用单车道（4.0m）铣刨重铺的方案进行处治，按照公路沥青路面养护技术规范的规定，用符合《公路沥青路面施工技术规范》（JTG F40—2004）要求沥青混合料进行修补。

（1）AK3501+672～AK3501+722、AK3504+204～AK3504+228 路段（沉陷、弯沉不足）先进行注浆，后铣刨处治路段主车道 5cm 上面层及 6cm 中面层，然后视情况对路面病害进行维修，中下面层间铺设碎石封层，侧面洒铺改性乳化沥青粘层（粘层用量 0.6～0.8kg/m^2），回填 6cmSBS 改性 GAC-16C，压实后侧面及上中面层间洒铺改性乳化沥青粘层，最后回填 5cmSBS 改性 GAC-16C。回填压实。

（2）其余路段铣刨处治路段主车道 5cm 上面层，然后视情况对路面病害进行维修，上中面层间铺设碎石封层，侧面洒铺改性乳化沥青粘层（粘层用量 0.6～0.8kg/m^2），最后回填 5cmSBS 改性 GAC-16C（PG82-10）。回填压实。

（3）为加强沥青面层间的结合，处治路段路面上面层铣刨宽 4.00m，中面层铣刨宽 3.80m，处治路段纵向两端上面层比中面层各多铣刨 100cm，设置台阶。处治车道与未处治车道纵、横向施工缝之间的粘结性，在铣刨重铺上面层侧向贴压缝带。

（4）改性热沥青同步碎石下封层，采用改性热沥青（PG82-10），用量为 1.2～1.6kg/m^2（造价按 1.4 计），并应同步撒铺，均匀覆盖面积以 60%为宜（约 3.5kg/m^{2}的“预裹覆”碎石），撒布后用 6～8t 轻型压路机以较慢的速度碾压。沥青洒布时，沥青用量根据试验确定，要求沥青喷洒后应形成均匀、等厚度的沥青膜。“预裹覆”碎石的规格（4.75～9.5mm）应符合规范《公路沥青路面施工技术规范》（JTG F40—2017）中沥青面层用粗集料 S12 的规格要求，碎石在撒布前预先经过沥青拌合楼烘干、除尘、筛分、热拌等工序，先用 0.3%的 PG82-10 改性沥青将封层碎石包裹。

（二）罩面路段病害处治

（1）对原路面弯沉不足路段注浆（主车道注浆，注浆量暂按 0.016/孔计，实际注浆量根据现场实际情况定量，最终以达到设计弯沉值为标准），注浆后进行原路面病害处治，再铺设同步碎石封层后，对路面进行 4cmSBS 改性沥青 GAC-16C（PG82）罩面（宽度 11.75m），最后在罩面与原路面交界处用压缝带粘贴。

（2）为了保证罩面后护栏高度满足规范要求达到 60cm，罩面范围内中央分隔带及路侧的护栏需要进行重新设计，具体方式是采用错位重打方式改造高度不符合要求的波型护栏设施，路侧土路肩护栏埋置深度不足的，采用 C20 混凝土硬化。

（3）裂缝病害处治：①对于 $L \leq 2.5$mm 的裂缝，不做处理。若进行罩面则应再用压缝带封闭裂缝；②当缝宽 $2.5 < L \leq 5$mm，缝壁无散落或轻微散落，无或少支缝时，可直接普通热沥青灌缝+压缝带封闭裂缝。

（4）坑槽病害处治：按照“圆洞方补、斜洞正补、小洞大补、浅洞深补”的原则，根据现场开挖的情况并结合项目区域养护经验，确定病害范围和深度，画出与道路中心线平行或垂直的挖槽修补轮廓线（正方形或长方形）。

（5）坑槽应开凿到稳定部分，坑槽要垂直，并将槽底、槽壁清除干净，在干净的槽底、槽壁涂一层改性乳化沥青粘层油，然后填补沥青混合料，新填补部分应高于原路面，待压实稳定后保持与原路面相平。若进行罩面或铣刨后回填的，则四边接缝贴压缝带。

二、主要工程施工技术措施——裂缝(无唧浆、坑槽)

(一)采用灌缝+压缝带

该方式适用于宽度>2.5mm 且<5mm 的裂缝。

1. 施工机具

高压气体喷射机、沥青灌缝枪、工具车、吹风机、及其他小型机具等。

2. 主要材料

普通热沥青。

3. 施工工艺

(1)裂缝清理:裂缝需采用高压气体喷射设备进行清理。该设备须配备有效清除空气中杂物的油滤,并可连续输出清洁干燥的600kPa 的高压空气。每条裂缝周边至少进行两遍高压喷气流清理。第一遍清除裂缝杂物时,喷气嘴应在距离裂缝不大于5cm 的位置,第二遍距离可以较远些,以便清除裂缝和裂缝周边的所有松散杂物。

(2)普通热沥青灌缝:用具有一定压力的灌缝枪插入缝内进行喷灌,直到将裂缝灌注饱满。

(3)粘贴压缝带。

(4)开放交通:进行灌缝施工后,必须在填缝材料充分完全冷却并保证不会被车辆带走时,才能开放交通。一般冷却时间为15 分钟前后,具体开放交通时间可根据气温情况灵活掌握。

(二)严重裂缝处理

该方式适用于缝宽大于5mm、支缝较多、缝壁散落的严重横向裂缝。

1. 铣刨

沿横缝两侧各50cm(纵缝为100cm)进行面层铣刨,若铣刨上面层后中面层裂缝不明显,则停止铣刨;若中下面层裂缝明显,则铣刨整个沥青面层,清扫铣刨面后,灌缝+压缝带,喷洒改性乳化沥青粘层,然后回填改性沥青 GAC-16C 混合料。

2. 沥青混合料回填

铺设完成后,应尽早地进行沥青混合料的摊铺,回填混合料采用改性沥青 GAC-16C,其间隔时间不应超过24 小时,避免受潮和雨淋。

压实过程中,应将压路机调整到最低振幅和最高频率的位置,压实需保证其压实度及平整度。

此外,若为罩面路段,应用压缝带闭合裂缝。

三、主要工程施工技术措施——坑槽修复

(一)坑槽修复施工工艺

若路面基层完好,仅面层有坑槽时的维修,按照“圆洞方补,斜洞正补”的原则,划出所需修补坑槽的轮廓线。具体措施如下:

1. 确定处治范围

病害的处治面积一般为沿病害四周向外扩大 100mm 以上的方形范围。处治范围确定后，用粉笔将处治范围划成方形。

2. 路面切缝凿除

用切缝机对准粉笔画好的处治范围标线切缝，切缝时应注意走线顺直，切缝深度不要超过路面表面层厚度。若路面下面层也需修补，则再对下面层切缝。分层修补时，层间应形成阶梯搭接，搭接宽度一般为 100mm 左右。

处治范围切割好后，用风镐或电镐等凿除工具凿除病害路面沥青混凝土。施工时应距离切缝 50mm 左右向处治部位中间凿除。当下面层需要修补时，还应凿除下面层沥青混凝土。凿除沥青混凝土时，沥青粘结层或封层等一并凿除，不留夹层，且保证坑槽底部平整。凿除的废料应装车统一运离现场，不得随意弃于路边。

3. 清理坑槽

先用铁铲，扫把清理掉松散混合料，再用鼓风机将槽内细小松散颗粒吹扫干净，若坑槽潮湿时应吹干再涂洒热改性沥青。

4. 涂洒改性乳化沥青粘层

坑槽清理完毕在槽的底部和四壁也涂刷一层改性乳化沥青粘层，沥青用量为 0.6~0.8kg/m^2。坑槽底部则应尽量涂洒均匀，但不宜过多。

5. 添加新混合料

添加新混合料工艺：新混合料使用前应在修补设备辅料加热箱中加热到规定温度，一般普通沥青混合料的加热温度为 140℃~150℃，改性沥青混合料的加热温度为 160℃~170℃、新混合料用斗车从修补设备辅料加热箱中卸下倒入坑槽内，新料的卸和倒均应注意防止粗细集料出现离析。

新补沥青混合料的松铺系数宜为 1.30 左右，确保混合料压实后比原路面略高。

6. 混合料修整

新补沥青混合料修整时，应将加热好的新料铺至工作面 10cm 范围外的路面上，然后用铁耙把混合料由外向里耙，使细料能填充在坑槽边缘，保证坑槽边缘新旧路面接缝在碾压后结合紧密，不渗水。

坑槽表面沥青混合料应用不带齿的铁耙耙平，并尽量使沥青混合料表面粗细料均匀不出现离析。如果表面粗集料过多或相对集中时，应铲除部分粗料，以提高表面混合料的均匀性。

7. 混合料碾压

沥青混合料修整完后，用小型振动压路机及时碾压、碾压时应遵循先四边后中心、先静压后振动、前后左右交替碾压的原则，对新旧路面接缝处，应骑缝碾压，必要时采用 45°斜压。

沥青混合料碾压遍数一般为静压 1 遍，振压 3 遍，每次碾压的重叠宽度为压路机轮宽的 1/3~2/3 左右。静压 1 遍后，马上检查新补路面表面及新旧路面接缝处，对于缺料部位，静压 1 遍后，马上检查新补路面表面及新旧路面接缝处，对于缺料部位，应即刻补充新料或细料进行碾压。禁止在碾压多遍后再补充新料，因为新补料难以与碾压后的潮湿路面结合牢固，且外观难看。

对于分层摊铺的碾压，当坑槽下面层压路机难以作业时，可用振动夯充分夯实。

8. 其他

（1）若为罩面路段，应在其四边用压缝带闭合。

（2）清理现场。

（3）坑槽修补完毕，对散落于路面的垃圾和废料全部清扫干净，运离现场集中堆放。

（二）坑槽施工质量检测及评价

1. 基本要求

（1）严格控制铣刨的长度、宽度、深度，铣刨坑槽应干燥、洁净，铣刨基底应符合设计要求。

（2）改性乳化应洒布均匀，纵、横向接缝应涂刷到位。

（3）沥青混合料的矿料质量及矿料级配应符合《公路沥青路面施工技术规范》（JTG F40—2004）要求，并应符合设计的要求。

（4）严格控制各种矿料及沥青用量，同时对各种材料和沥青混合料的加热温度应加强控制，沥青材料和混合料的各项指标应符合设计、施工规范。

（5）混合料级配与油石比按 JTG E20—2011《公路工程沥青及沥青混合料试验规程》的标准方法进行控制（见表 11-3）。其级配的控制应满足规程中的最低要求，油石比在 4.7%~5%。以此来进行质量控制和保持混合料的稳定性。检测频率为每台班至少一次。

表 11-3　级配与油石比允许误差范围

项目	通过方孔筛(mm)的百分率/%						沥青含量/%
	13.2	9.5	4.75	2.36	1.18	0.075	
允许差/%	±4	/	±3	±3	/	±2	±0.3

（6）沥青混合料应均匀一致，无花白，无粗细料分离和结团成块现象。

（7）注意控制摊铺和碾压温度，碾压至规范要求的密实度。

（8）纵、横向接缝处与原路面应粘结密实、平顺。

2. 实测项目（见表 11-4）

表 11-4　沥青路面铣刨加铺实测项目

序号	检查项目		规定值或允许偏差	检查方法和频率
1	压实度/%		实验室标准密度的 96%（*98%） 最大理论密度的 92%（*94%）	每车道每 400m 测 1 处
2	平整度	最大间隙/mm	3.0	3m 直尺：每 200m 测 2 处×10 尺
3	渗水系数，不大于/(mL/min)		120	渗水试验仪：每 200m 测 1 处
4	构造深度，不小于/mm		1.0	铺砂法：每 200m 测 1 处
5	厚度/mm		2.0	双车道每 200m 测 1 处
6	宽度/mm		不小于设计值	尺量：每 200m 测 4 个断面
7	横坡/%		±0.3	水准仪：每 200m 测 4 处

3. 外观鉴定

(1) 表面应平整密实，不应有泛油、松散、裂缝和明显离析现象。

(2) 与旧路面接缝处应紧密，平顺。

四、主要工程施工技术措施——压缝带

(一) 定位

找出路面裂缝，对于宽度小于 2.5mm 的路面裂缝直接使用压缝带，对于裂缝宽度大于 2.5mm 的严重裂缝的路段，采用沥青灌缝后再使用压缝带对其进行有效处置。

(二) 清扫

根据现场情况，使用刷子、吹风机对选择使用压缝带的裂(接)缝进行清洁干燥处理，将路面裂缝以及裂缝两侧 20cm 范围内的路面同时清理干净，否则会影响压缝带的粘贴效果。裂(接)缝表面须平整，无突起、无凹陷、无松散、无碎石或油痕、油脂及其他污物，如有坑槽，必须填补。

(三) 裁剪压缝带条

根据裂缝的大小，裁好封缝压缝带的尺寸，压缝带每侧宽度要求伸出缝外 10mm 左右，压缝带尾部以斜口方式相接，做到无缝隙。

(四) 烘烤粘贴压缝带

根据裁剪好的压缝带的适当宽度，用液化气喷火枪烘烤压缝带粘贴面至表面软化，便于粘贴。压缝带一边烘烤，一边对缝粘贴，粘贴是裂缝应基本处于压缝带中间位置。

(五) 压实

压缝带粘贴完后，用铁锤拍实，使其紧贴路面。

五、主要工程施工技术措施——黏层

(1) 铣刨重铺侧面 PG82 改性沥青混合料的接触面，必须喷洒黏层油。

(2) 粘层沥青宜采用快裂的撒布型乳化沥青，其规格和质量应符合规范要求。黏层沥青宜用与面层所使用的种类、标号相同的石油沥青经乳化或稀释制成。为加强层与层之间的粘结，可选择适宜的改性乳化沥青作粘层沥青。技术指标见表 11-5。

表 11-5 粘层改性乳化沥青(PCR)技术要求

序号	试验项目		单位	PCR 改性乳化沥青	试验方法
1	破乳速度			快裂或中裂	T0658
2	粒子电荷			阳离子(+)	T0653
3	筛上剩余量(1.18mm 筛)		%	≤0.1	T0652
4	粘度	恩格拉粘度 E25	—	1~10	T0622
5		沥青标准黏度 C25.3	s	8~25	T0621

续表

序号	试验项目		单位	PCR 改性乳化沥青	试验方法
6	蒸发残留物	残留分含量	%	≥50	T0651
7		针入度(100g，25℃，5s)	0.1mm	40~120	T0604
8		软化点	℃	≥50	T0606
9		延度(5℃)	cm	≥20	T0605
10		溶解度	%	≥97.5	T0607
11	常温贮存稳定性	1d	%	1	T0655
12		5d	%	5	T0655

(3) 黏层改性乳化沥青设计洒布量 0.6~0.8L/m²，宜通过试洒确定，施工过程须按设计洒布量严格控制。

(4) 改性乳化沥青粘层油施工前要求应对路面进行清扫和高压水冲洗，清除路面灰尘、石屑、砂粒等残留物，待路面完全干燥，并用白毛巾在路面上擦拭不出现明显粉尘后才可进行粘层的施工。

(5) 黏层油应采用沥青自动洒布车喷洒，洒布速度和洒布量保持稳定。气温低于 10℃时不得喷洒黏层油，寒冷季节施工不得不喷洒时可以分成两次喷洒。黏层沥青通常应在当天喷洒，待乳化沥青破乳、水分蒸发完成后紧跟着铺筑沥青层，确保黏层不受污染。

(6) 铣刨后，重铺沥青混合料前应在侧壁涂刷 0.3~0.6L/m²的改性乳化沥青，材料同黏层用改性乳化沥青。

六、SBS(I-D 型)改性热沥青+洒布沥青预拌瓜米石封层

(1) 采用喷洒型 SBS(I-D 型)改性热沥青+洒布沥青预拌瓜米石，厚度不小于 8mm，且做到完全密水。

(2) 改性热沥青材料同面层沥青混合料用改性沥青。改性热沥青用量为 1.2~1.6kg/m²。施工前应该充分加热沥青至工作温度，SBS 改性沥青应为 175~185℃。施工时，沥青加热温度应保持稳定，以保证沥青具有良好的流动性，满足均匀喷洒的效果。

(3) 矿料采用 S12(4.75~9.5mm)碎石，应采用石质坚硬、清洁、不含风化岩石的母材经反击式破碎机加工而成的，集料加工时应进行水洗工艺处理，集料应经沥青拌和楼除尘后进行沥青预裹覆处理，沥青用量为碎石质量的 0.3%~0.5%，矿料其他技术要求见粗集料技术指标。

(4) 碎石不完全覆盖，均匀覆盖面积以 60%为宜(撒布碎石的量约为 3.5kg/m²)，露黑，不粘轮，局部撒布过多的石料一定要人工清除。

(5) 矿料撒布后用 6~8t 轻型压路机以较慢的速度碾压。

(6) 严禁在潮湿条件下铺设封层及摊铺沥青混合料。为保证施工质量，施工时最低气温应≥10℃，雨天、大雾天、五级风以上均不得施工。

七、罩面路段弯沉不足主车道压浆

沥青混凝土路面压浆采用浅层低压结构层压浆，对压浆的技术和工艺要求较高，既要

达到压浆补强的目的，又不能对结构层造成破坏。根据广东省内几条高速公路路面压浆处治效果分析，路基土、沥青路面经过压浆处治后，在软化、脱空位置可形成强度高、防渗性好、耐久性好的充填体，从而达到加固路基、充填空洞、堵水防渗、改善路面板受力状况的目的。

（1）原材料。PC32.5R 普通硅酸盐水泥：必须符合质量标准，不得使用受潮结块的水泥；水：洁净水；外加剂：根据 2017 年 AK3517+600+AK3517+800S 试验段注浆经验，压浆后弯沉检测良好，故建议采用灌浆岛生产的聚合物外加剂。

（2）水泥浆稠度适中，泌水率不大于 1%。

（3）浆液流动度大于 140mm，并满足压浆的泵送性能。

（4）浆液凝固后体积不收缩，并略有膨胀。

（5）3 天抗压强度不小于 3MPa。

（6）掺入的外加剂应按外加剂使用要求施工，以保证达到预期效果。水泥浆液配合比：水泥：水：聚合物外加剂=1：0.45：0.006，聚合物外加剂掺入量为水泥的 0.6%。此配合比可根据本段高速公路具体原材料状况进行调整，以试验路效果确定施工配合比。

（7）压力。压力控制在 0.8~1.2MPa。

八、铣刨施工工艺

设计路段铣刨宽度为 4m，上面层铣刨宽度为 4m，铣刨深度为 5cm，中面层铣刨宽度为 3.8m，铣刨深度为 6cm。铣刨过程中为利于拼接，纵横向均应预留台阶，其中横向预留台阶横向宽度为 10cm，纵向预留台阶宽度为 100cm。铣刨完成后对下面层顶面进行及时清扫，确保表面无杂物、无大面积灰尘覆盖。清扫时空压机要适当加大油门，以确保有足够的气压。吹清浮尘以后要再次检查有无病害（如裂缝、松散等），如有病害，应继续开挖到位，清洁要做到不留死角，彻底清除表面浮尘、浮石。基本要求空压机吹两遍并清扫两遍，吹扫交替进行。

九、沥青混凝土

（一）改性沥青 GAC-16C 混合料施工

1. 把好原材料质量关

（1）要注意粗细集料和填料的质量，对不合格的矿料，不准运进拌和厂。本次石料建议使用海南省的玄武岩或茂名地区的闪长岩，在石料进拌合场后，需增加水洗工艺处理，以保证石料的质量要求，水洗工艺控制要求如下：①合理布置堆料场、落料区的排水设施；②水洗采取“多级沉淀、循环利用”的方式；③水源洁净、PH 值为 8~10 的石灰水、高压水；④干法与水洗除尘配合使用；⑤水洗料小于 0.075mm 含量技术要求，建议 5~10mm 控制在不大于 0.5%、10~20mm 不大于 0.3%。

（2）堆放各种矿料的地坪必须硬化，并具有良好的排水系统，避免材料被污染；各品种材料间应用墙体隔开，以免相互混杂。

（3）细集料及矿粉必须覆盖，细料潮湿将影响喂料数量和拌和机产量。

2. 关于改性沥青 GAC-16C 混合料配合比设计的统一规定

(1) 对同一拌和厂两台拌和机，如果使用相同品种的矿料，可使用同一目标配合比，如果某种矿料产地、品种发生变化，必须重新进行目标配合比设计。

(2) 每台拌和机均应进行生产配合比设计，配合比设计经批准后，才能进行试拌和试铺。

3. 沥青混合料拌和

严格掌握改性沥青和集料的加热温度以及混合料的出厂温度，混合料的拌和、碾压温度宜由沥青供应商提供，当 GAC-16C 采用改性沥青混合料时，温度可按表 11-6 范围选择。

表 11-6 改性沥青 GAC-16C 混合料的施工温度 ℃

改性沥青加热温度	165~175	摊铺温度	不低于 150，低于 145 作为废料
矿料温度	175~185	初压开始温度	不低于 145
混合料出厂温度	170~180℃，超过 190℃者废弃	复压最低温度	不低于 130
混合料运输到现场温度	不低于 160	碾压终了温度	不低于 110

4. 改性沥青 GAC-16C 混合料的运输

(1) 采用数字显示插入式热电偶温度计(必须经常标定)检测沥青混合料的出厂温度和运到现场温度。插入深度要大于 150mm。在运料卡车侧面中部设专用检测孔，孔口距车箱底面约 300mm。

(2) 拌和机向运料车放料时，汽车应前后移动，分三堆装料，以减少粗集料的分离现象。

(3) 沥青混合料运输车的运量应较拌和能力和摊铺速度有所富余，摊铺机前方应有五辆运料车等候卸料。

(4) 运料车应用完整无损的双层蓬布覆盖，以资保温、防雨或避免污染环境。

(5) 连续摊铺过程中，运料车在摊铺机前 10~30cm 处停住，不得撞击摊铺机。卸料过程中运料车应挂空档，靠摊铺机推动前进。

5. 改性沥青 GAC-16C 混合料的摊铺

(1) 连续稳定的摊铺，是提高路面平整度最主要措施。摊铺机的摊铺速度应根据拌和机的产量、施工机械配套情况及摊铺厚度，按 2~4m/min 左右予以调整，通常不超过 3.5m/min，做到缓慢、均匀、不间断地摊铺。不应任意以快速摊铺几分钟，然后再停下来等下一车料，争取做到每天收工停机一次。

(2) 用机械摊铺的混合料未压实前，施工人员不得进入踩踏。一般不用人工不断地整修，只有在特殊情况下，需在现场主管人员指导下，允许用人工找补或更换混合料，缺陷较严重时应予铲除，并调整摊铺机或改进摊铺工艺。

(3) 摊铺机应调整到最佳工作状态，调试好螺旋布料器两端的自动料位器，并使料门开度、链板送料器的速度和螺旋布料器的转速相匹配。螺旋布料器的料量应高于螺旋布料器中心，使熨平板的挡料板前混合料在全宽范围内均匀分布，并在每天起步前就应将料量调整好，再实施摊铺，避免摊铺层出现离析现象；并随时分析、调整粗细料是否均匀，检测松铺厚度是否符合规定。摊铺前应将熨平板预热至规定温度(不低于 100℃)，摊铺时熨平板应采用中强夯等级，使铺面的初始压实度不小于85%。摊铺机熨平板必须拼接紧密，不许存有缝隙，防止卡入粒料将铺面拉出条痕。

（4）要注意摊铺机接料斗的操作程序，以减少粗细料离析。摊铺机集料斗应在刮板尚未露出，尚有约10cm厚的热料时，下一辆运料车即开始卸料，做到连续供料，避免粗料集中。

（5）摊铺应选择在当日高温时段进行，路表温度低于15℃时不宜摊铺。摊铺遇雨时，立即停止施工，并清除未压实成型的混合料。遭受雨淋的混合料应废弃，不得卸入摊铺机摊铺。

6. 改性沥青GAC-16C混合料的压实

（1）沥青混合料的压实是保证沥青面层质量的重要环节，应选择合理的压路机组合方式及碾压步骤。为保证压实度和平整度，初压应在混合料不产生推移、开裂等情况下尽量在摊铺后较高温度下进行。如有粘轮现象，不得向压路机轮上涂油或油水混合液，必要时可喷涂清水或皂水，数量以不粘轮位度。

（2）压路机应以缓慢而均匀的速度碾压，压路机的适宜碾压速度随初压、复压、终压及压路机的类型而别，初压建议采用大吨位的双钢轮振动压路机，复压宜采用大吨位的双钢轮振动压路机或轮胎压路机，终压应采用双钢轮压路机静压成型，可按表11-7选用。

表11-7　压路机碾压速度　　km/h

压路机类型	初压		复压		终压	
	适宜	最大	适宜	最大	适宜	最大
钢筒式压路机	1.5~2	3	2.5~3.5	5	2.5~3.5	5
轮胎压路机	—	—	3.5~4.5	8	4~6	8
振动压路机	1.5~2(静压)	5(静压)	4~5(振动)	4~5(振动)	2~3(静压)	5(静压)

（3）改性沥青GAC-16C路面摊铺后应抓紧碾压，由专人负责指挥协调各台压路机的碾压路线和碾压遍数，使摊铺面在较短时间内达到规定压实度，且碾压温度应符合表11-6要求，压路机折返应呈梯形，不应在同一断面上。

（4）对松铺厚度、碾压顺序、碾压遍数、碾压速度及碾压温度应设专岗检查。改性沥青GAC-16C路面压实度控制要求采用双控指标，要求最大理论密度压实度为不小于93%，马歇尔密度压实度不小于97%。

（5）路面压实完成24小时后，方能允许施工车辆通行。

7. 施工接缝的处理

横向施工缝：全部采用平接缝。用三米直尺沿纵向位置，在摊铺段端部的直尺呈悬臂状，以摊铺层与直尺脱离接触处定出接缝位置，用锯缝机割齐后铲除；继续摊铺时，应将接缝锯切时留下的灰浆擦洗干净，涂上少量改性热粘层沥青，摊铺机熨平板从接缝后起步摊铺；碾压时用钢筒式压路机进行横向压实，从先铺路面上跨缝逐渐移向新铺面层。

横向施工缝应远离桥梁毛勒缝20m以外，不许设在毛勒缝处，以确保毛勒缝两边路面表面的平顺。

8. 质量管理与检查验收

(1) 沥青路面施工应根据全面质量管理的要求，建立健全有效的质量保证体系，严格按照《公路沥青路面施工技术规范》(JTGF40-2004)的要求进行检查评定，达到规定的质量标准，确保施工质量的稳定性，进行施工动态管理。

(2) 施工前必须检查各种材料的来源和质量。

(3) 沥青层摊铺压实度测定应以压实工艺控制为主、钻孔检测作为抽检校核的方式进行，执行施工过程中的在线监测。

(4) 工程完工后，施工单位应在规定时间内提交检测结果及施工总结报告，申请验收(见表11-8)。

表 11-8 改性沥青路面施工质量检验要求

项目		检查频度	质量要求或允许差	试验方法
施工温度：沥青混合料出厂温度		每车料一次	符合本设计要求	温度计测定
运输到现场温度				
初压温度				
碾压终了温度				
矿料级配，与生产设计标准级配的差/%	0.075mm	逐盘在线检测	±2	计算机采集数据计算
	≤2.36mm		±5	
	≥4.75mm		±6	
	0.075mm	逐盘检查，每天汇总1次，取平均值评定	±1	按规范规定总量检验
	≤2.36mm		±2	
	≥4.75mm		±2	
	0.075mm	每台拌和机每天上、下午各1次	±2	拌和厂取样，用抽取后的矿料筛分
	≤2.36mm		±4	
	≥4.75mm		±5	
沥青含量(油石比)，与生产设计的差/%		逐盘在线检测	±0.3	计算机采集数据计算
		逐盘检查，每天汇总1次，取平均值评定	±0.1	按规范规定总量检验
		每日每机上、下午各1(次)	-0.2，+0.2	拌和厂取样，离心法抽提
马歇尔试验：稳定度不小于/k N		每日每机上、下午各1次	8.0	拌和厂取样，室内成型试验
流值(0.1mm)			15~40	
空隙率/%			4~6	
压实度/%		每$2000m^2$检查1组逐个评定并计算平均值	不小于97(马歇尔密度)，不小于93(最大理论密度)	现场钻孔试验(用核子密度仪随时检查)
厚度不超过		每$2000m^2$检查1点单点评定	-4mm	钻孔检查并铺筑时随时插入量取，每日用混合料数量校核

续表

项目		检查频度	质量要求或允许差	试验方法
平整度不大于	标准差 σ	每车道连续检测	1.2mm	用连续式平整度仪检测
	IRI	每车道连续检测	2.0m/km	
宽度		2 处/100m	不小于设计宽	用尺量
纵断面高度		3 处/100m	±15mm	用水准仪或全站仪
横坡度		3 处/100m	±0.3%	用水准仪检测
中线平面偏位 不大于		4 点/200m	20mm	用经纬仪检测
渗水系数 不大于		每层 1 次/200m/车道	100mL/min	改进型渗水仪

十、标线技术要求及施工注意事项

（一）标线布设原则

标线、导向箭头的布设应确保车流分道行驶，起导流作用，保证昼夜的视觉诱导的良好，车道分界清晰，线形清楚、轮廓分明。

（二）标线施工

根据标线的布设原则，本段布设的标线类型有车道边缘线、车道分界线、出入口标线、导流线、接近障碍物标线以及导向箭头等。

（1）标线所用材料及配合比必须满足《路面标线涂料》（JT/T 280—2004）、《路面标线用玻璃珠》（GB/T 24722—2009）、《道路交通标线质量要求和检测方法》（GB/T 16311—2009）等国标和规范的技术指标要求。

（2）高亮热熔反光型标线干膜厚度为 2.0mm；高亮热熔突起型标线基线厚度为 2mm，突起部分高度为 5mm。

（3）标线逆反射系数 RL（$mcd \cdot m^{-2} \cdot lx^{-1}$）：①施工初始不低于非雨夜反光标线Ⅱ级标准，即：白色标线≥250，黄色标线≥125；②正常使用年限内：白色标线≥80，黄色标线≥50。

（4）玻璃微珠的施工质量要求：①玻璃珠内混比例指标按 21%~25%控制；②面撒、内混玻璃珠的粒径型号采用 1 号玻璃珠；③成圆率指标按≥90%控制；④使用的玻璃珠必须过筛，筛除粒径不合格部分；⑤面撒玻璃珠应在涂料喷涂后立即进行，分布应均匀，以不小于 0.5kg/m^2的用量加压撒播在所有标线上；⑥玻璃珠折射率 1.7≤RI<1.9。

（5）钛白粉：为保证标线亮度和反光性能，TiO_2的质量分数指标按 A1 型等级控制（≥98%），白色度应满足 GB/T 1706—2006《二氧化钛颜料》中 A1 类标准，与商定的参比样颜色相近，测试方法采用该标准中 A 法色度法，参考 GB/T 5211.20—1999《在本色体系中白色、黑色和着色颜料的比较色度法》中规定进行。

（6）树脂：为保证标线涂料在露天环境下的抗氧化和耐磨耐久能力，延缓材料老化速度，树脂材料的软化点>105℃、常温抗压强度>15MPa，熔融黏度参考建议在 150~250mPa·s（测试方法参考 HG/T 3660—1999《热熔胶粘剂熔融黏度的测定》规定进行）。

（7）耐磨性（mg）（200 转/1000g 后减重）≤50（JM-100 橡胶砂轮）。

（8）热熔涂料在釜内加热时，温度应控制在涂料生产商的使用说明书规定值 190℃～220℃之间，不得超过最高限制温度。烃树脂材料，保持在熔融状态的时间不大于 6h；树胶树脂类材料，保持在熔融状态的时间不大于 4h。

（9）施工工序：到达现场→安全措施→清洁路面→放样→涂底漆→涂敷→完成（通行）。材料的熔融与到达现场同步进行。

（10）在水泥路面或旧的沥青路面施画标线前需要先完全清除老旧标线，然后使用机械吹扫路面并喷涂热熔底油，底油每平方米控制在 150～200g，按试验决定的间隔时间喷涂热熔涂料，以提高其粘结力。

（11）施工时，环境温度不得低于 10℃。

（12）所有标线应具有线条顺直、宽度一致、间隔相等、边缘整齐、线形规则、衔接良好、厚度均匀、光洁及精美外观；干燥后，应无起泡、开裂、发黏、脱落现象，否则应返工处理。

（13）标线施工时，应阻止车辆及行人在作业区内通行，防止将涂料带出或形成车辙，直至标线充分干燥。

（14）进场材料除提供出厂合格资料外，还应现场抽取样品送检，符合要求的材料方可用于施工。

（15）施工路面标线之前，要求路面（或现状标线表面）清洁干燥，无松散颗粒、灰尘、沥青、油污或其他有害物质。

（16）车道边缘线不应侵占行车道宽度，每间隔 10m 断开 5cm 的缺口以利于道路排水。

（17）施工须符合《公路工程质量检验评定标准》JTG F80/1—2017、《公路交通安全设施施工技术规范》JTGF71-2006 的要求。

十一、突起路标

突起路标壳体颜色为白色，确保突起路标的强度和牢固性，突起路标的反光元件为棱镜，发光体采用玻璃珠定向反射原理。

突起路标应符合《突起路标》（GB/T 24725—2009）的要求，并应满足以下要求：

（1）突起路标的尺寸、外观、色度性能等应满足《突起路标》的要求。

（2）逆反射特性：发光强度系数采用 A2 类标准。

（3）机械性能：抗冲击试验后，以冲击点为圆心，直径 10mm 的圆外不得有任何形式的破损。经加载试验后，突起路标抗压荷载应大于 250kN，不得有任何破损开裂现象。

（4）耐候性能：经 2 年自然曝晒试验或人工加速老化试验 1200h，试样应无明显裂痕、腐蚀、粉化。突起路标反射体不得脱落；反射体的色品坐标需符合《突起路标》（GB/T24725）中逆反射色的规定；突起路标发光强度系数不应低于规定值的 80%。

（5）耐盐雾、腐蚀性能：耐盐雾试验后，突起路标不应有任何变色或被侵蚀的痕迹；耐溶剂性试验后，应无溶剂浸入现象，外观物及反射体无明显的溶解及破坏现象；耐水性试验后，应无水浸入和破坏，陶瓷基体的突起路标吸水率不得大于 1%；耐油性试验后，反射层后应无进油，无其他破坏现象。

（6）突起路标应按图纸要求或监理人的指示地点设置，设置时路面面层应干燥清洁，无杂屑，将环氧树脂均匀涂覆于突起路标的底部，涂覆厚度约为 8mm，将突起路标压在路面的正确位置上，轻微转动，直到四周出现挤浆并及时清除其溢出部分，在凝固前突起路标不得扰动。

（7）突起路标设置高度：顶部不得高出路面 25mm。

十二、波形梁护栏

为了保证罩面后护栏高度满足规范要求达到 60cm，罩面范围内中央分隔带及路侧的护栏需要进行重新设计，具体方式是采用错位重打方式改造高度不符合要求的波型护栏设施，路侧土路肩护栏埋置深度不足的，建议采用 C20 混凝土硬化。

（1）立柱等所用基底金属材质为碳素结构钢，其力学性能及化学成分指标应不低于《碳素结构钢》（GB/T 700—2006）规定的 Q235 牌号钢的要求。主要力学性能考核指标为下屈服强度不小于 235MPa、抗拉强度不小于 375MPa、断后伸长率不小于 26%。

（2）连接螺栓、螺母、垫圈、横梁垫片等所用基底金属材料为碳素结构钢，用于波形梁钢护栏时，其力学性能的主要考核指标为抗拉强度 Rm，Rm 不小于 375MPa。

（3）拼接螺栓应为高强度拼接螺栓，其螺栓、螺母、垫圈应选用优质碳素结构钢或合金结构钢制造，其化学成分及力学性能应符合 GB/T 699—2015《优质碳素结构钢》或 GB/T 3077—2015《合金结构钢》的规定。

（4）高强度拼接螺栓连接副螺杆公称直径为 16mm，拼接螺栓连接副整体抗拉荷载不小于 133kN。

（5）所有钢构件均应进行热浸镀锌处理，其中螺栓、螺母、垫圈等紧固件和连接件的镀锌层局部厚度≥50μm，镀锌层平均厚度≥60μm；其余钢构件的镀锌层局部厚度≥85μm，镀锌层平均厚度≥100μm。其中管型立柱的内壁防腐质量要求应不低于外壁防腐质量要求。

（6）采用热浸镀锌方法进行防腐处理时，镀层的均匀度应满足：平均厚度与最小厚度之差应不大于平均厚度的 25%，最大厚度与平均厚度之差应不大于平均厚度的 40%。

（7）波形梁钢护栏产品应符合《波形梁钢护栏》（GB/T 31439—2015）及《公路交通工程钢构件防腐技术条件》（GB/T 18226—2015）的规定。

十三、施工注意事项

（1）工程实施时对于路面结构和相应技术指标进行专门咨询，及时进行调整。

（2）为保证路面施工质量，保证路面结构的成功实施，必须根据业主批准或提出的有关施工规程规范，在监理工程师的监督和指导下进行施工。

（3）对材料的来源、材料质量、数量、供应计划、材料场堆放及储存条件等进行检查。

（4）施工过程中，按路面施工及验收规范的要求进行有关质量检查和试验，同时监理质量数据库，以试验检测质量指标的变异系数作为施工水平的主要评价指标，根据各项施工质量指标的变异系数的允许界限值作为施工的管理目标。

（5）对于施工中局部出现与设计文件不一致之处，必须第一时间通知业主、监理及设计方等现场解决。

第三节　工期保证体系及保证措施

一、工期目标

本项目工期湛徐段90天。确保在合同要求的工期内完工，争取提前完工。

（一）沥青路面铣刨及加铺组

负责路面铣刨、施工前的工作面清理、改性沥青瓜米石黏层施工、铣刨后裂缝、坑槽维修。配备2个铣刨摊铺组，每个铣刨班组配备1台铣刨机，1台水车，1台扫路车，沥青废料运输车5台，人员6人。罩面施工，配备2个施工班组，配备一个摊铺班组，摊铺班组配备摊铺机2台，压路机3台，胶轮压路机3台，全自动施工洒布车1台，同步碎石封层1台，摊铺辅助人员16人。

（二）路面压浆组

负责主车道注浆施工，配备2个施工班组，注浆设备2套，人员20人。

（三）护栏提升班组

主要负责罩面路段护栏提升，配备2个施工班组，护栏提升设备2套，人员20人。

（四）标线组

负责路面施工后的标线划线和突起反光路标的安装，配备1个施工班组，配备热熔釜一个，划线机2台，人员6人。

（五）交通维护组

负责交通维护工作，保障施工安全作业，配备2个交通维护班组，每个交通维护班组配备平板车1台，人员7人。

（六）其他施工组

负责中央分隔带铺砖、土路肩加固、增设急流槽等。配备1个施工班组，人员8人。

二、进度保证体系

以项目经理为责任主体的进度保证体系，项目总工、各部门负责人为基础的多级计划执行体系，使施工计划的每一个节点，每一个线路都做到层层有计划、人人有目标、事事有人管。具体如图11-2所示。

三、工期管理组织机构

为确保本项目的工期，成立了工期管理组织机构，如图11-3所示。

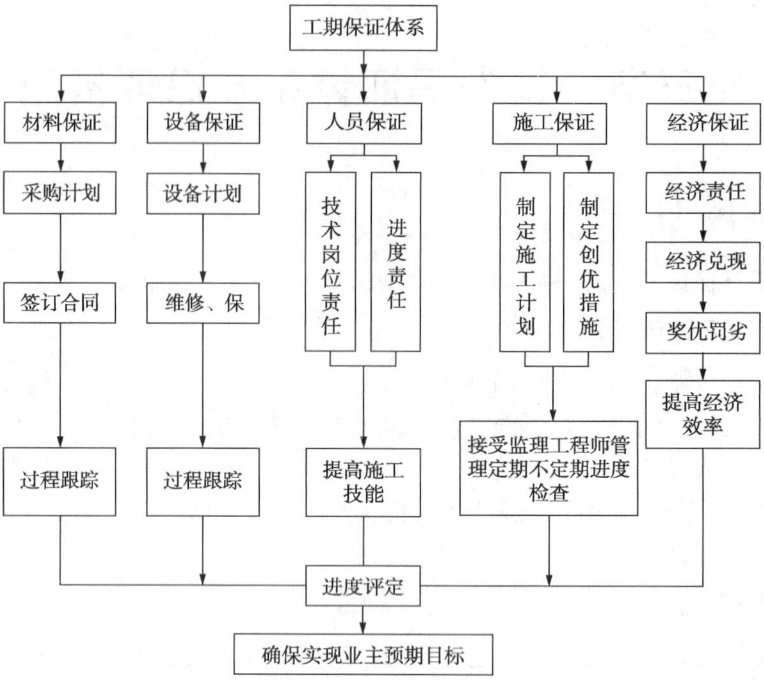

图 11-2　工期保证体系

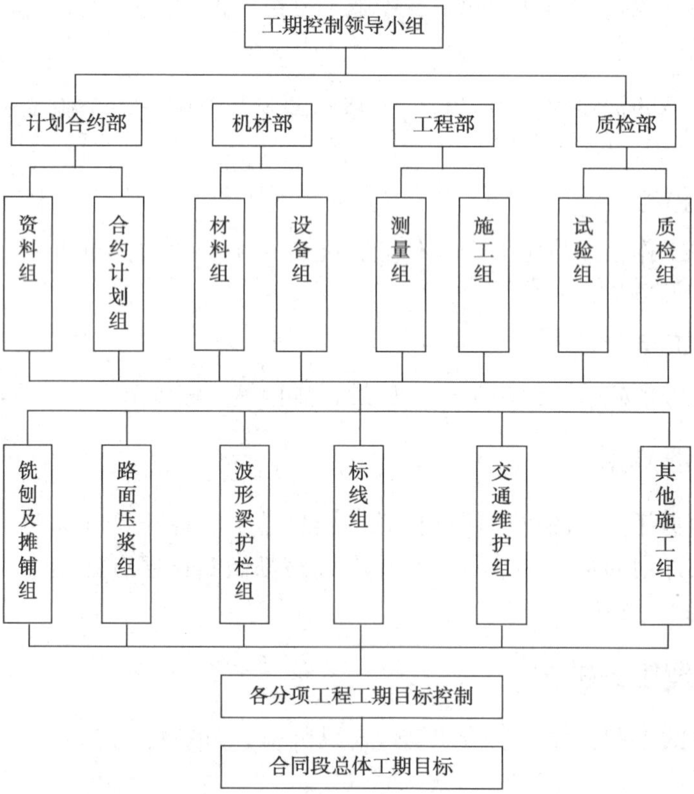

图 11-3　工期管理组织机构

四、进度保证措施应急预案

由于本项目分部分项工程多，施工路段较为分散，工期要求非常严格，要保证每个关键节点都按期完成，必须按照前面所述的工期保证措施认真执行，狠抓落实，才能确保本工程的顺利进行。

（一）特殊地形地貌特征及天气的工期保证措施

湛徐高速地处沿海冲积平原，沿线水系河道主要有鉴江、梅江、九洲江、南渡河，每年雨季容易出现内涝，对路基稳定有较大影响。此外，咸、洪、涝、旱是本区主要自然灾害，其中雷州半岛较常出现旱情。在气候方面，本区位于北回归线以南，属南亚热带季风海洋性气候，季雨量充沛，特别是初夏及热带气旋的暴雨，地表径流强劲，此外长期的低湿阴雨，有利雨水的渗透。水害往往是公路病害的直接原因或诱发原因，因此要增加相应的防治工程。

(1) 与气象部门取得日常直接联系，收集工程当地以往的气候资料，掌握施工现场、运输途中、拌和站等相关地区每天及未来天气走势情况；并及时天气预报信息传达给每个部门。

(2) 作好雨天施工的计划安排，做到既满足阶段性工期的要求，又有一定的灵活性，充分利用气候间隔，切实抓好非雨天的施工生产。根据本标段的实际情况，结合当地的气候条件，制定详细的施工计划，抓紧在黄金季节进行的施工，尽量避开雨天，对需要雨天施工的路段，应首先对该段进行详细的调查研究，根据实际情况编制实施性的施工组织设计，报请工程师批准后实施。

(3) 切实做好路面排水工作。保证下雨时路面排水顺畅、雨后不积水，确保雨后基层、面层能尽快干燥。

(4) 进入雨天每台运输车及拌和站必须配备对讲机或其他通讯设备，随时保持联系；设总调度负责统一指挥拌料、摊铺；下雨天严禁摊铺施工，运输拌合料车辆必须加盖防雨保温蓬布；车箱连接处密封严密。

(5) 估计下雨时，拌和楼立即停止拌料，施工现场立即停止摊铺，并迅速把摊铺机(包括料斗部分)全面覆盖，在摊铺机前对摊铺混合料的工作面进行防雨覆盖，对已摊铺的部分迅速加紧碾压至密实。未经压实而遭雨淋的沥青混合料，全部清除。

(6) 摊铺现场配备一定的吸水拖把及小桶，遇短时阵雨，对局部积水处拖干处理。

(7) 沥青砼拌和场做好防汛、防雨措施。在拌和楼场内布置排水沟，做到雨后场内不积水。细集料存放在仓库中，并配备足够的防雨条布，使其始终处于干燥状态。

(8) 夜间施工保证措施：①每天收取当地天气预报信息，准确掌握天气变化情况，夜间气候恶劣的情况下严禁施工作业。②夜间施工照明设备采用照明车结合碘钨灯作为照明灯具，布置在场地适当位置，随用随设。确保夜间施工照明和施工安全。③夜间施工时，各项工序或作业区的结合部位在夜间施工时要有明显的发光标志，各道工序夜间施工除当班的安全员、质检员必须到位外，并建立质量安全主管人员巡查制度。

（二）从人员配备上保证

根据本项目分部分项工程多、工期紧的特点，按招标文件要求，选派精干人员组建项目部，统一指挥，分工明确。主要工程管理人员均有多年的高速公路路面维修施工经验，其中部分人员参与了2014年茂湛高速公路水泥路面维修罩面工程2标施工，积累了丰富的现场实际施工经验。另外，根据分项工程的工程量、施工特点，在实际施工过程中，还依据现场情况，增加施工班组，以确保工期。

（三）从重点工序进度保证

通过分析，制约工期的关键为旧路面过渡段铣刨、局部病害维修、路面加铺罩面。施工中严格控制各个单体的施工程序，在编制阶段进度计划时，充分考虑各方面因素，在进度计划实施过程中，严格控制其施工进度，项目经理和项目总工认真检查和监督计划完成情况，如有滞后，及时查找原因，尽力当天解决，确保关键线路工期不拖后，并处理好其他施工项目与关键线路施工的关系，确保工程按期完工。

（四）从关键设备投入上保证

① 使用在湛徐高速麻章停车区K3472处建设的4000型沥青拌和楼（玛莲尼MGAC320型）参与了2014年茂湛高速公路水泥路面维修罩面工程2标施工，各项性能指标达到最优。

② 投入进口品牌沥青混合料摊铺机，压路机以满足本项目施工需要。

③ 还成立了专门的机械设备维修班组，及时对出现故障的施工设备进行维修。

（五）从社会环境和其他承包人衔接上保证

在现场建立工程外部协调组，由项目经理负责，加强对交警、路政、供电供水部门、市容环保部门以及公安部门等单位的协调，具体协商解决施工运输、现场地下管线探查、施工污水的排放、创造良好的工程施工环境，进一步保证施工生产的正常进行。

同时积极主动与其他相关部门联系，及时解决施工中存在的问题及突发事件。工程正式开工前，在现场周边张贴施工公告，以取得当地居民及有关部门的理解和支持，为施工创造一个良好宽松的施工环境，确保施工生产的顺利进行。

（六）从资金上保证

落实实现进度目标的保证资金，根据施工实际情况编制月进度报表，工程款做到专款专用，使之合理分配于人工费、材料费等各个方面，公司财务定期检查核实，从资金上保证工作能够顺利进行。

（七）从材料供应上保证

（1）地方材料采购，充分做好市场调查工作，落实货源，确保工程对材料的需求。根据各项工程量情况、工期要求，在开工前，对各种主要材料制定详细可行的材料采购及进场计划。

（2）其他主要材料：对改性沥青、水泥、砂石等其他主要材料，在施工过程中，按总体材料计划要求，及时落实材料进场情况，确保满足进度需求。

（3）随时了解材料供应动态，对缺口物资要做到心中有数，并积极协调，如对工程进度产生影响时，要提出调整局部进度计划和有效的补救措施，使总进度计划得以顺利实施。

（4）根据不同的施工阶段要求，需业主、设计认可的材料、设备，在采购前提供样品及时确认，缩短不必要的非作业时间。

第四节 工程质量管理体系及保证措施

为确保工程质量，建立健全质量自检体系和质量保证措施，做到每道工序严格执行“三检”制度(自检、互检、交接检)。

一、质量目标

(1) 确保工程达到国家、交通运输部现行的工程质量交验标准以及施工招标文件中间交工的相关规定。

(2) 项目交工合格率100%，竣工验收的质量评定90分以上，争创优良工程。

二、质量自检体系

项目经理部及施工队均有建立健全的质量保证体系，已通过ISO 9001：2000质量管理体系认证。依据本工程施工特点，制定了本项工程相应的质量保证体系，质量自检体系框见图11-4。

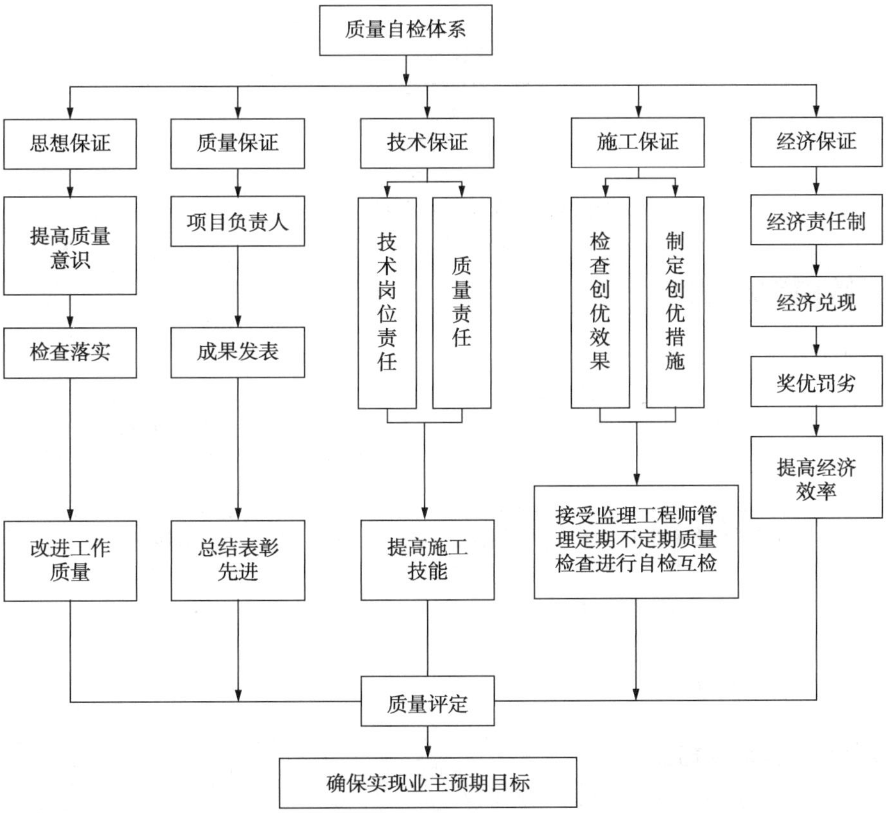

图11-4 质量保证体系

三、质量保证组织机构

质量保证组织机构见图 11-5。

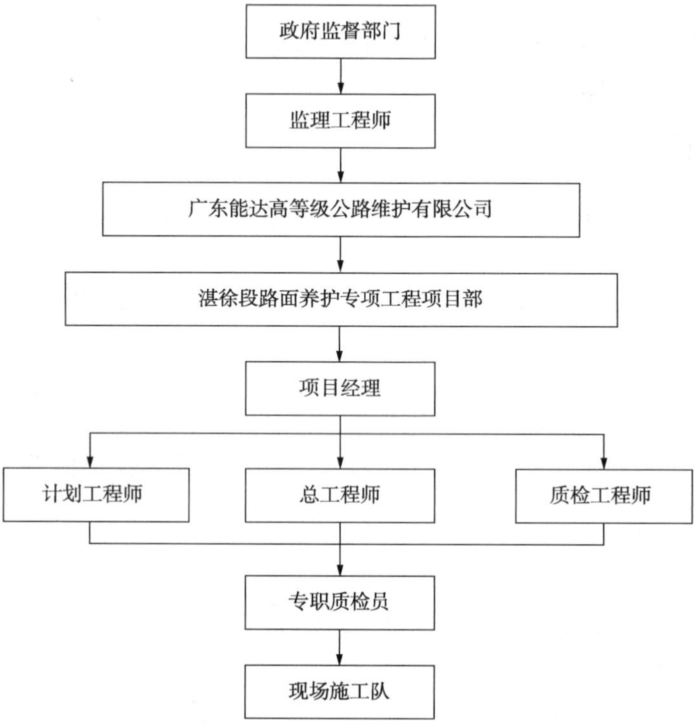

图 11-5　质量保证组织机构图

四、质量控制流程图

质量控制流程见图 11-6。

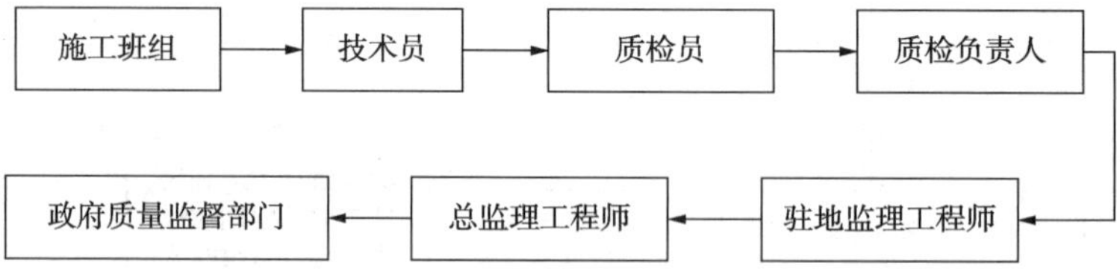

图 11-6　质量控制流程图

五、质量保证措施

（一）质量管理制度措施

1. 施工图审核和技术交底制度

根据设计图纸技术交底，由项目总工程师组织工程部等职能部门认真做好设计图纸的审核，发现问题及时与监理、设计单位沟通。在充分领会设计意图的前提下，由项目总工程师主持向技术部进行技术交底，技术部向施工队交底，施工队向每个班组进行技术交底。

2. 材料准入制度

为保证工程质量，本项目碎石、砂、沥青、水泥、灌缝材料等主要材料采购采用准入制度。工程主材的采购在业主确定的备选品牌或供应商中选择，并经业主和监理人的同意。

3. 工艺流程设计、试验制度

主要分项工程正式开工前，先进行工艺流程设计和试验，待工艺流程和施工参数确定后，再全面铺开施工。

4. 质量自检制度

选派具有丰富施工经验和取得相应资质的质量检验工程师承担本项目工程质量检查工作，建立完善的质量自检体系和自检制度，使工程质量始终处于受控状态。

5. 质量责任追究制

认真贯彻执行质量责任追究制，明确各级人员的质量职责，责任到人，对出现质量问题的责任人按制度规定进行追究。

6. 原材料、设备、构配件现场验收制度

对原材料、设备、构配件由项目总工程师组织技术、物料部门及施工队的有关人员进行验收，确保各分项材料的性能符合技术要求。

7. 检测仪器设备的标定制度

各种检测设备、仪表均按照计量法的规定进行定期或不定期的标定。工地设专人负责计量工作，设立帐卡档案，监督和检查。检测仪器设备由工地试验室指定专人管理。

8. 坚持持证上岗制

主要工序、工种均要培训、考核、合格者持证上岗，保证工序、工种的操作质量。

(二) 做好技术交底工作

开工前，项目技术负责人组织项目部施工人员进行设计图纸学习，使每个技术管理人员对各自分管的分项工程的施工要点清晰、明白，做好技术交底。在施工过程中，技术负责人对业主和监理提出的有关施工方案、技术措施及设计变更要求等，在执行前进行技术交底，使技术员能“听得明白、做得正确”。

(三) 严格控制进场材料质量

(1) 严格控制改性沥青材料质量：首先，优先选用进口品牌的改性沥青，在品牌大、口碑好的供应商中选购改性沥青；其次，沥青材料进场后，严格按规范要求对每车改性沥青进行抽样检测，检测合格后方可使用，对不合格产品，坚决退货。

(2) 严格控制摊铺用的碎石材料质量：石料生产过程中，派专人在石场进行质量跟踪，及时检测石料生产质量情况；石料进场后，严格按规范要求进行抽样检测，检测合格后方可使用。

(3) 严格控制砂石、沙、水泥等其他原材料质量：严格按规范要求对所有进场原材料进行检测，杜绝不合格材料投入使用。

(四) 从施工机械设备上保证质量

(1) 机械设备管理中，做到人机固定，落实机械使用、保养责任制，尤其是做好沥青拌和楼、摊铺机、压路机的维修保养工作，使各机械设备始终保持在一个良好的工作状态，保证各施工作业高质量完成。

（2）配备充分满足本项目施工需要的、先进的、性能良好的机械设备进场施工，包括采用 MGAC320 玛莲尼沥青拌和楼、欧亚智能同步封层车以及沃尔沃、福格勒、宝马等进口品牌摊铺碾压设备。

（3）对机械设备所有操作人员的资格进行确认，无证或资格不符者严禁上岗。

（4）计量人员应按规定控制计量器具的使用、保管、维修和检验，计量器具符合相关规定。

（5）碎石水洗。通过水洗以确保用于沥青混合料中的粗集料干净，从而为增加沥青与石料间的粘附性。采用水洗设备一体化施工、配套完善，能有效提高沥青混合料质量。

（五）从试验检测上质量保证

（1）建立工地试验室，配备经验丰富的试验人员和试验检测仪器设备，全面负责本项目的试验工期，一套完整的试验检测程序。

（2）对所有进场的各种原材料进行检测，严把原材料质量关，杜绝不合格材料进场。

（3）施工过程中及时对生产的沥青混合料进行检测，做好出厂质量控制。摊铺结束后对沥青路面的压实度、平整度、构造深度、渗水系数等指标进行检测。

（4）检验和试验过程严格执行规范和图纸要求，对查出的质量缺陷应及时做返工处置。

（六）施工过程上质量保证

（1）施工过程中应严格执行图纸设计要求，确保施工质量满足要求。

（2）施工各阶段要严格执行自检、互检、交接检制度，逐道工序由施工人员和质检人员签字确认。

（3）坚持上道工序不经检查合格不准进行下道工序的原则。上道工序施工结束后，自检合格后，要监理工程师检验合格并签署认可后方可进行下道工序。

（4）在沥青混合料运输过程采用实用新型专利产品热拌沥青混合料保温自卸车。另外，为防止沥青混合料离析，在运料车装载时，采用三次或多次卸料法，以减小混合料发生粗细集料的离析，即第 1、2 次卸料分别位于车厢两端，第 3 次卸料位于车厢中部(如图 11-7)。

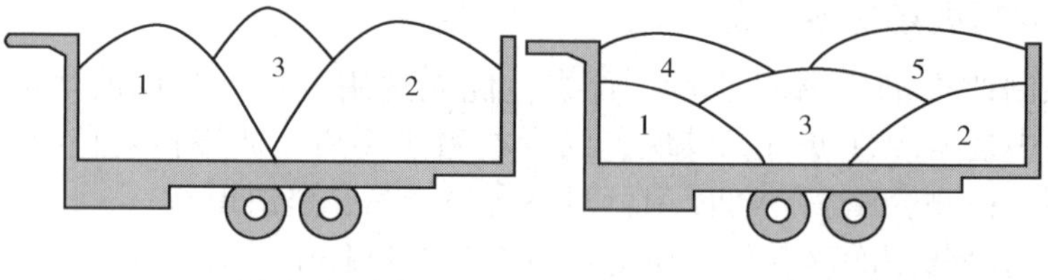

(a)3次卸料法示意图　　(b)5次卸料法示意图

图 11-7　沥青混合料卸料示意图

（七）从关键部位和重要工序上质量保证

（1）沥青路面质量控制关键点：沥青混合料配比设计、拌和质量、现场摊铺、碾压质量、施工温度、接缝处理。

(2) 裂缝开槽灌缝质量控制关键点：开槽深度、灌缝温度控制、冷却时间。

(3) 玻纤布铺设质量控制关键点：粘结料用量、固定方式、搭接宽度。

(4) 黏层施工质量控制关键点：工作面清理、沥青洒布量、沥青洒布温度、碎石撒布量。

(5) 灌浆质量控制关键点：配合比设计、浆液强度、注浆压力、压浆量。

(八) 竣工验收阶段质量保证措施

(1) 工程竣工后必须进行最终检验和试验，并按编制竣工资料的要求收集、整理质量记录。

(2) 由项目总工程师组织有关专业技术人员按最终检验和试验规定，根据合同要求进行全面检查和验证。

(3) 对查出的施工质量缺陷，应按不合格控制程序进行处理。

第五节　交通组织方案

一、交通维护的原则

全线位于广东省西南部低山丘陵与沿海平原之间的台地区，以台地为主，间夹冲积平原或谷地，偶有低山丘陵。地形平缓，起伏不大，一般高程在 20 ~ 140m，高差 15 ~ 40m。本区位于北回归线以南，属南亚热带季风海洋性气候，温湿多雨，夏无酷暑，冬无严寒。年平均气温自北而南 22℃ ~ 23. 2℃。极端最高气温 36. 8℃ ~ 39. 9℃。本区雨季雨量充沛，特别是初夏及热带气旋的暴雨，地表径流强劲，此外早春长期的低湿阴雨，有利雨水的渗透。水害往往是公路病害的直接原因或诱发原因。强劲的径流往往摧毁公路、桥梁，雨水的渗透导致路面翻浆。

G15 沈海高速公路湛徐段车流量仍呈逐年递增趋势，一、二类车流量增长明显，三类车以上车型车流量趋于饱和，每年维持在 200 万辆的水平。因此所有车型中，一类、二类车所占比例越来越大，三类车以上车型所占比例越来越小。

为了保障施工安全，做到文明施工，道路畅通，必须严格管理、科学组织，抓好施工现场的交通安全维护管理工作，坚决执行“安全生产，预防为主”的安全管理方针，坚持“管生产必须管安全”的原则，严格按照施工安全控制程序的要求开展工作，确保本工程安全、优质、高效地完成，保障施工安全和道路畅通。将严格贯彻执行以下相关法律、法规：①《中华人民共和国道路交通安全法》；②《中华人民共和国公路法》；③《中华人民共和国安全生产法》；④《公路安全养护作业规程》JTG H30—2015；⑤《道路交通标志和标线》(GB 5768. 4—2017)；⑥《公路交通安全设施设计规范》(JTG D81—2012)

二、交通组织机构

为了做好施工期间交通安全以及施工安全管理工作，确保工程安全顺利完成，项目部成立专门安全管理小组。

（一）交通组织管理小组成员职责

1. 组长职责

（1）结合施工实际情况，组织制定及完善交通组织实施细则。

（2）全面负责施工期间交通组织协调工作，贯彻执行相关法律、法规。

（3）组织制定施工期间交通突发事件的应急预案并及时做好处理工作。

（4）全面掌握交通安全设施的进场情况，确保质量合格，保证施工期间有足够的交通安全设施使用。

2. 副组长职责

（1）加强对施工现场交通组织工作进行监督和管理；

（2）指导施工作业现场交通安全管理；

（3）审查交通组织方案，提出审查意见监督及检查方案；

（4）掌握施工现场状况，对施工期间交通组织方案进行阶段性分析和总结。

（5）落实日常巡查制度。

3. 专职安全生产管理员

（1）负责编写施工交通维护方案以及报批工作。

（2）在施工期间严格按上级各部门审批同意的交通维护方案进行实施，不随意更改。

（3）落实好施工现场的交通安全设施的完整、有效、做好日常维护工作。

（4）掌握施工现场状况，对施工期间交通组织方案进行阶段性分析和总结。

（5）落实日常巡查人员及实施情况。

（6）当施工路段发生突发事件影响正常交通时，及时向有关部门报告并第一时间赶往现场协助有关部门做好现场的交通疏导工作。

4. 施工现场安全管理员职责

（1）负责施工现场交通安全管理。

（2）在施工期间严格按照交通维护方案实施情况进行安排施工，不得随意更改现场交通安全设施。

（3）维持好施工现场的安全设施的完整、有效。

（4）关注施工现场状况，对施工期间交通组织方案提出建议性方方案。

（5）及时报告施工现场交通影响情况，发生事故是应及时通知有关部门领导，到事故现场积极配合处理伤员等。

5. 交通安全管制班组人员职责

（1）严格遵守各项安全技术操作规程和有关安全生产管理制度。

（2）积极参加安全培训、安全会议与学习，积极参加各种安全演练，在上岗前接受项目部的安全技术交底。

（3）掌握本职工作所需的安全生产知识和本岗位的安全操作技能，提高安全生产技能，增强事故预防和应急处理能力。

（4）了解、认识各种交通安全设施的作用，熟知其正确的设置方法并按相关技术要求设置、摆放。

(5) 装、卸交通锥、标志牌等交通安全设施时应谨慎，防止割伤、砸伤，装、卸时应以传递的方式，禁止抛上、扔下。

(6) 设置施工标志牌时应严格按照相关技术要求，设置中央分隔带施工标志牌时应在确定安全的情况下快速标志牌搬至中央分隔带内，设置时应抓稳扶紧，禁止标志牌伸入行车道内；撤封时应逆着行车方向撤除交通锥、水马、导向灯等安全设施。

6. 现场交通安全协管员职责

(1) 现场交通安全协管员严格遵守各项安全技术操作规程和有关安全生产管理制度。

(2) 现场交通安全协管员必须经过严格的岗前培训，接受安全技术交底，在工作中不断提高自己的工作能力与安全技术水平。

(3) 现场交通安全协管员必须穿公司统一工作服、反光衣。

(4) 现场交通安全协管员服从路政、交警人员的指挥，并做好有关协助、配合工作。

(5) 现场交通安全协管员负责现场交通不正常情况下指挥和引导交通，确保施工控制区的交通顺畅。

(6) 现场交通安全协管员对施工作业控制区内的交通安全设施进行维护(摆放整齐，扶正扶好，保持清洁、反光)；

(7) 现场交通安全协管员应指挥施工车辆、设备安全进出施工作业控制区。

(8) 现场交通安全协管员应时刻注意作业现场情况，及时发现并纠正不规范的作业行为，提醒作业人员不要超出控制区域。

(9) 现场交通安全协管员在现场遇有紧急情况时要立即通知项目部有关领导。

(二) 交通组织管理措施

1. 人员准备情况

为了做好施工路段的交通管制工作，成立专门的施工安全管理小组，小组成员为：项目经理担任组长，项目总工为副组长，专职安全员为执行管理员、各施工工序的施工员为现场安全管理员。安全管理小组还专门设立由极富经验的熟练工人组成的交通安全管制班组，由长期在高速公路上进行作业的熟练工人组成的交通安全维护班组。

2. 设施投入情况

根据施工组织设计中的施工进度的需求分析及工程施工计划安排，确保施工计划得到落实；保证施工期间施工路段的道路安全畅通，将投入足够的临时交通安全设施。交通安全设施配备清单如表 11-9。

表 11-9 交通安全设施配备清单

序号	名称	每组数量	总数量	备注
1	太阳能电子导向灯	5	10	上游过渡区及改道口各设置 1 台
2	太阳能红蓝爆闪灯	12	5	每处施工路段前方设置 1 台
3	1.5M 水马	60	180	改道口处安放，并灌水
4	反光锥	1200	2400	包括损耗
5	砂袋	1200	2000	压导向牌、线型诱导牌等用

续表

序号	名称	每组数量	总数量	备注
6	夜间照片灯	2	2	改道口夜间照明
7	警告区标志	1套	2套	每套包括 1.5km 警示、120km/h 限速、100km/h 限速、80km/h 限速、60km/h 限速、车道变少牌、施工结束牌，导向牌、路栏各 1 块、向左改道牌、双向通车、施工长度、线型诱导标等。

3. 车辆投入情况

根据工程施工计划安排，为确保施工计划得到落实；保证施工期间施工路段的道路安全畅通以及施工完毕后能够及时将道恢复正常通车，将投入相应多的车辆进行交通管制工作，车辆投入情况一览表如表 11-10。

表 11-10 车辆投入一览表

序号	车辆设备名称	单位	数量	用途	备注
1	平板运输车	辆	1	交通作业区控制及恢复交通时运输临时交通安全设施	
2	双排五十铃货车	辆	1	交通管制人员日常巡查	
3	水车	辆	1	水马加水、清洗临时安全设施	
4	面包车	辆	1	接送交现场安全员上、下班	
5	的士头	辆	1	管理人员日常巡查	
6	装载机	辆	1	主要处理应急事故用	

三、交通维护组织及措施

根据工程设计图纸、施工内容、路面病害维修情况及道路特点，正常路段的罩面施工计划采用半幅封闭借道通行的交通管控措施实施；具体如下：

路面施工时都将采用封闭半幅借道施工方式进行交通组织，封闭作业时一般为 2~4km，逐步往前推移的形式进行封闭施工，每个施工点的施工封闭时间约 3~5 天，夜间封闭但一般不进行施工作业，正常情况每天加铺罩面施工约 1500m，整个工程借道通行时间约 30 天。

（一）半幅封闭借道通行的交通管控措施

为了提高了施工区作业人员、机械设备的安全系数，更好地控制施工质量，缩短施工工期，项目正常路段进行加铺罩面施工将分段采取半幅封闭借道通行的交通管控措施实施：即通过交通管制，利用临时养护交通标志由高速公路原有中分带紧急改道口将施工区幅车辆引导至另一幅超车道通行，对面幅道车道进行双向车道通行车辆。

经现场调查，湛徐高速公路每隔两公里中央分隔带均设有活动栏杆，该方案进行交通管控，如采取以现每两处改道口为一封路段实施时存在以下问题：改道口前后 50~100m 范围路段不能进行整体施工；施工工艺无法做到连续实施，施工质量难以达到预期效果，一般情况需要利用间隔一个改道口进行转换，具体实施情况如下：

（1）AK3551+612－AK3556+500 段共 4.624km，将借用 K3551+200、K3553+950、

K3556+100、K3558+520 四处改道口进行交通转换，分两次实施，每次借道通行路段长约 4km，预计用时共约 4 天。

（2）BK3522+200-BK3514+825 段共 7.376km，将借用 K3522+300、K3520+200、K3518+200、K3516+200、K3514+200 五处改道口进行交通转换，分三次分段实施，每次借道通行路段长约 4km，预计用时约 10 天，届时白沙停车区将需暂停 3 天营业（白沙收费站出入口路段）。

（3）BK3512+100-BK3509+941 段共 2.159km，将借用 K3512+200、K3508+600 两处改道口进行交通转换，借道通行路段长 3.6km，预计用时约 3 天（雷城收费站出口前路段）。

（4）BK3508+716-BK3506+500 段共 2.21km，将借用 K3510+600、K3506+600 两处改道口进行交通转换，借道通行路段长 4km，预计用时约 3 天（遂溪服务区出入口路段）。

（5）BK3504+500-BK3497+500 段共 7km，将借用 K3504+600、K3502+600、K3500+600、K3499+300、K3497+400 五处改道口进行交通转换，分三次分段实施，每次借道通行路段长约 4km，预计用时约 8 天（城月收费站出入口路段）。

（二）半幅封闭借道通行施工作业区控制

进行半幅封闭借道通行的作业控制区布设时，先对施工区域对面路幅道路进行布设，确保布设完毕并且按要求控制车流后，再对施工区域幅道路进行布设，在确保布设完毕且经检查无误后，实施改变交通方向，完成作业控制区的布设；在此过程中必须保证导向灯、标志牌的指向正确，杜绝误导车流现象。撤封时先确保工作区路面没影响车辆通行的障碍物，再逆着行车方向缓慢倒车对工作区域幅道路的安全设施进行撤除，恢复其正常交通后再对对面幅幅道路撤封。具体如下：

1. 施工区域对面路幅现场养护交通安全设施布设

（1）警告区：长度 1500m（距离出口活动栏栅开口处 1850m 为起始点）。

（2）起始点设置“施工 1500m 标志牌”。

（3）前行 750m 处设置“左侧二车道变一车道”标志牌。

（4）前行 1300m 处设置“限速 100”标志牌。

（5）前行 1400m 处设置“限速 80”标志牌。

（6）前行 1500m 处设置“双向通行”标志牌及开始摆设上游过渡区（导向牌、导向灯等）。

（7）前行 1600m 处设置“限速 60”标志牌。

（8）前行 1700m 缓冲区前端处开始设置“施工长度牌”、“路栏牌”等。

（9）上游过渡区：长度 200m（距离进口活动栏栅开口处 350m 为起始点）。

（10）起始点开始逐步设置，设交通锥（5m/个）及太阳能导向灯、3 线形诱导牌、右导向牌渐变封闭超车道。

（11）缓冲区：长度 150m（距离出口活动栏栅开口处 150m 为起始点）。

（12）出口活动栏栅开口处末端开始设置交通锥（3m/个）及线型诱导牌、太阳能导向灯、30m 水马封闭超车道，做好引导车辆驶入对面路幅正常行驶车道准备（夜间增设照明灯）。

（13）工作区：长度 2~4km 使超车道与主车道变为双向单车道行驶，用交通锥以 5m 的间距做防护隔离。

(14) 下游过渡区：长度30m(活动栏栅改道口桩号为起始点)；交通锥(5m/个)渐变解除封闭路幅。

(15) 结束区：长度30m(距离活动栏栅改道口至少60m)，设置“施工结束”标志牌。

终止区末端设置该原路段的限速值标志“限速120”标志牌(距离活动栏栅改道口至少90m)。

2. 施工区域路幅现场养护交通安全设施布设

(1) 警告区：长度1500m(距离进口活动栏栅开口处2000m为起始点)。

(2) 起始点设置“施工1500m”标志牌(2块)。

(3) 前行750m处设置“向左改道”标志牌(2块)。

(4) 前行950m处设置“限速100”标志牌(2块)。

(5) 前行1100m处设置“限速80”标志牌(2块)。

(6) 前行1300m处设置“限速60”标志牌(2块)。

(7) 前行1500m处开始摆设上游过渡区，长度200m(距离活动栏栅开口处500m为起始点)。

(8) 设置交通锥(3m/个)及3个线型诱导牌、一台太阳能导向灯、左导向牌渐变封闭路肩及主车道。

(9) 缓冲区：长度300m(距离进口活动栏栅开口处300m为起始点)。

(10) 起始点开始逐步设置左导向牌、导向灯、施工长度牌、限速60标志牌、3个单体线型诱导牌，交通锥(5m/个)、30米水马封闭路肩、主车道及超车道并引导过往车辆向另幅车道改道行驶(夜间增设照明灯)。

(11) 工作区：起点设置路栏牌，长度约2~6km(视施工路段长度及改道口距离定)。

(12) 下游过渡区：长度30m(施工区终止桩号为起始点)。

(13) 交通锥(5m/个)渐变解除封闭路幅，预留施工车辆进出口。

(14) 结束区：长度30m(距离活动栏栅改道口至少60m)，设置“施工结束”标志牌；

(15) 终止区末端设置该原路段的限速值标志“限速120”标志牌(距离活动栏栅改道口至少90m)。

3. 交通组织保障措施

遵守有关招投标文件各项条款要求，认真贯彻落实业主、设计单位和监理工程师及交通警察、路政部门的指示、指令和要求。根据本工程的具体情况，施工区按要求进行交通疏导，保证交通畅通及场内施工安全。具体如下：

(1) 提前到有关部门办理相关手续。

(2) 按有关道路交通规范要求进行交通疏导。

(3) 指定专人24小时负责交通疏导工作及现场安全管理工作。

(4) 交通协管员穿着专业醒目的安全服装，配套专用手机，保证联络24小时畅通。

(5) 保证道路通畅为第一原则。

(6) 每一施工具体工艺的交通管制设置严格按图进行；请有关部门验收，通过验收方进行施工。

(7) 成立交通安全管理组，由多名交通安全协管员组成，交通安全协管员主要负责因施工引起的交通堵塞、不畅的交通指挥、疏导工作；对封闭路段的交通安全设施进行维护；配套自行车用于巡查使用。

(8) 施工前进行安全宣传、安全教育，配合管理部门，减少对当地交通的影响。

(9) 进行交通管制时监控中心利用施工路段前方的电子情报板上发布施工路段情况，施工期间将安排专人发送短信、微信告知业主、路政、交警部门相关人员封闭路段及施工形式和计划封闭时间，待施工完毕发送短信告知其他各方恢复正常交通路段。

(10) 对交通标志每日进行多次检查、维修，保证车辆正常通行。

(11) 使用太阳导向灯，保证白天、晚上正常工作，方向开启正确。

(12) 施工结束，及时清理现场，撤除临时交通安全设施，尽快恢复交通，并通知有关管理部门验收放通交通。

4. 交通安全设施设置原则

施工交通组织方案严格按照《公路养护安全作业规程》(JTG-H30—2015)、《道路交通标志和标线》(GB5768.4-2017)的要求设置。

本工程施工的交通控制区一般分为下列六个部分：

(1) 警告区：根据规程要求结合湛徐高速的车流及设计时速警告区长度将按照 1.5km。

(2) 上游过渡区：上游过渡区长度将大于 200m。

(3) 缓冲区：借道通行时施工幅缓冲区将设置为大于 300m，并增设夜间照明灯，对面幅缓冲区设置长度将大于 200m。

(4) 工作区：半幅封闭借道通行施工时双通行路段长度约为 4km，一般为三处改道距离；为保障过往车辆的安全，在改道口转换交通流对应位置设置 15m 至 20m 长防护水马；其他路段将按照 4m 间距设置交通锥进行隔离双向通行路段车道。

(5) 下游过渡区：工作区路幅下游过渡区预留施工车辆进出口位置。

(6) 终止区：终止区的长度将不小于 30m，设置施工结束标志，终止区末端设置该原路段的限速 120 标志。

5. 交通标志设置办法与撤除办法

(1) 为保证路面维修施工期间的安全，施工前在施工路段前设置施工告示标志。

(2) 为保证路面维修施工安全，在施工封闭路段前方采取设置标志等措施把车速控制在施工限速内。

(3) 交通标志原则上设在公路右侧路肩和左侧防护栏板立柱上，在设置标志时要做好防台风、防暴雨等措施，一定要把标志装牢固，立柱必须进行加固措施。

(4) 交通渠化装置做到醒目、稳定、轻便。①锥形路标：是组成渠化渐变区的主要渠化装置，用作分隔车道。锥形路标必须从上游过渡区开始顺车流方向布置，间距为 5m。作业完成后，必须逆着车流方向拆除，在进行设置时做好防台风、暴雨等措施。②导向标：设在车流方向改变的地方；③路栏：设在工作区前端的地方。④水马：设在需要隔离的施工作业区域边，加注容积 90%的水。⑤电子导向灯：设置好后必须进行固定好和加重，保证全天候起到引导车辆行驶方向的作用，保证方向正确无误，电池做到及时更换保养。

(5) 进行半幅封闭借道通行的作业控制区布设时，先对施工区域对面路幅道路进行布设，确保布设完毕并且按要求控制车流后，再对施工区域幅道路进行布设，在确保布设完毕且经检查无误后，实施改变交通方向，完成作业控制区的布设；在此过程中必须保证导向灯、标志牌的指向正确，杜绝误导车流现象；施工完后再往前路段半幅推移，先将下一路段半幅布置好再撤除上一路段半幅交通；撤封时先确保工作区路面没影响车辆通行的障碍物，再逆着行车方向缓慢倒车对工作区域幅道路的安全设施进行撤除，恢复其正常交通。

6. 确保交通安全畅通应急预案

确保湛徐高速公路安全保畅工作顺利进行，将在湛徐高速公路上应用已成熟的经验。

（1）加强自身队伍建设，避免施工作业交通安全事故发生。施工前将对施工作业人员进行交通安全与法制教育的安全交底工作，进行高速公路安全作业规程培训，使自身安全作业规范化，从自身消除安全事故隐患。

（2）成立专门的应急救援小组，应急救援小组的任务：①收集、处理各种信息；②制定各种清障、救援方案，应急措施和作业程序等；③保证各种所需机械、设备性能状态良好，确保各种常规所需材料的保有量，保证救援小组工作高效进行；④在最短时间内将路障和险情排除，保持道路畅通。

（3）应急救援小组的建设：①应急救援小组架构，为了应对突发事件的发生，及时、有序、高效地处理突发事件，项目部专门成立应急救援小组，由项目经理担任组长，配备车辆作为应急救援常备车辆；②人员组成，由经验丰富、责任心强的司机及 12 名工人作为组员；③对小组成员进行交通安全与法制教育，加强其安全意识和使命感；④对小组成员进行高速公路安全作业规程培训，使其熟练掌握在各种道路条件环境下的交通安全设施的规范摆放，避免二次事故的发生；⑤对小组成员进行安全教育与培训，使其正确掌握各种常规危险源的识别及常见危险品的处理方法，正确使用各种应急救援设备、工具、材料，切实提高安全操作技能；⑥对小组成员进行必要的消防操作、医疗急救技术培训，提高应急救援水平；⑦仓库存储好足够的抢险物质、设备等，即 500 个交通锥、标志牌两套、扫把 20 把、木屑 20 袋、灭火器 6 个、水车一台、装载车 2 台、铁锹 10 把、应急灯 4 个、沙等物。

7. 施工期间交通事故应急处治预案

发现施工现场有事故或故障车引起封闭路段塞车，第一时间报告路政、交警部门以便及时到达现场进行处理，同时组织现场人员做好相应的应急措施：

（1）及时组织现场交通协管人员到施工区域对面车道移动交通锥并利用路肩指挥双向行驶车辆缓慢通过，并报告路政、交警部门通知拯救队将故障车辆及时拖离现场，保障双向车辆通行。

（2）无法保障双向行驶时，将采取错开放行的措施以确保双向车辆的通行。

（3）若事故现场无法及时处理导致路面塞车严重时，将立即停止施工，将机械设备、车辆、各类工具往路肩堆放、整理出一条可以让车辆通行的车道、用交通锥分开，临时让过往车辆在施工区域通过；待事故处理完毕、交通通行正常并报交警同意后再恢复原交通控制进行半副封闭施工。

（4）若事故车辆损坏严重无法立即处理，引起双向严重堵车，施工区域又无法及时停止施工时，快速组织人员配合路政、交警部门在高桥、仰塘收费站、国道等路网进行强制临时分流，引导车辆从其他路网绕行，待事故处理完毕、交通通行正常并报交警同意后再恢复原交通控制进行施工，进行分流前与地方道路管理部门先做好协商工作。

8. 确保施工安全的主要措施

（1）封闭作业区交通：①按照相关规范标准封闭作业区并及时对损坏的交通设施进行修复；②在每个封路点车道变窄处设置一名值班人员，以便引导施工车辆出入，一般情况施工车辆必须在下游过渡区进出，特殊情况要在工作区进出时将安排专人指挥，频率高时将设置相关的警示标志；③每个封路区设置 1 名安全巡查人员，并配备交通车及小红旗、警示灯等工具，专人维护交通；每个施工点均设置专门的安全员，负责对施工作业人员进行安全教育和管理；④施工人员进入施工区域，必须穿着反光衣；⑤施工段两端设置施工安全员，配备好必要的通信设备，严格按照有关安全规范实施；⑥非施工人员或未穿着反光衣的施工人员不得进入施工场地内；⑦施工人员必须服从路政、交警人员现场指挥，并做好协助、配合工作；⑧施工车辆必须按规定停放，不得人货混载；⑨施工机具、设备、人员、材料不得侵入施工范围以外，并且堆码整齐。

（2）夜间施工具体保证措施如下：①检查各交通安全设施的工作情况，增加临时交通维护人员，尤其在车道变窄处增加交通疏导、警示人员；②施工前，提前安排机械操作手检查各施工机械，检查机械用油、加水、人员就位情况等，争取夜间施工“开工早开，收工早收”；③提前做好工作区的照明设施，按规定间距布置照明设施，确保整个工作区，保障作业人员安全；④为了保证施工质量及施工作业人员的安全，夜间封闭但一般不安排施工作业。

（3）雨季施工保障措施：①与气象部门取得日常直接联系，收集工程当地的气候资料，掌握施工现场、运输途中、拌和站等相关地区每天及未来天气走势情况；及时将天气预报信息传达给每个部门；②作好雨季施工的计划安排，做到既满足阶段性工期的要求，又有一定的灵活性，充分利用气候间隔，切实抓好非雨天的施工生产；③切实做好路面排水工作，保证下雨时路面排水顺畅、雨后不积水，确保施工路段路面道路畅通；④进入雨季每台运输车及拌和站必须配备对讲机或其他通讯设备，随时保持联系。

（4）台风季节施工保证措施：①每天收取当地天气预报信息，并与当地气象台建立热线联系，准确掌握天气变化情况，并适时通报；②台风即将来临或台风期间，严禁进行路面施工，尽可能地将施工机械设备转移到安全地方停放，开放交通；③如无法撤离的交通管制点，必须在台风到来前将所有的临时交通安全设施进行加固处理，交通锥等要用沙袋进行加压；④准备抢险队伍和工具，随时准备参加工地抢险。

第六节　安全生产管理体系及保证措施

贯彻落实《中华人民共和国安全生产法》，严格地遵守《建设工程安全生产管理条例》、《公路水运工程安全生产监督管理办法》、《公路工程施工安全技术规范》和《广东省交通运输厅关于印发广东省公路水运建设工程安全生产费用管理办法的通知》（粤交基【2015】500 号）的有关规定，制订安全制度和采取安全措施，并负责检查实施情况，切实地做到施工安全。

一、施工安全保障体系

（一）安全生产目标

本项目安全目标确定为“三无一杜绝、一创建”。“三无”即：无工伤死亡事故；无交通死亡事故；无火灾、洪灾事故；“一杜绝”即：杜绝重伤事故；“一创建”即：创建安全文明工地。

（二）安全保证体系

坚持“安全第一、预防为主”和“管生产必须管理安全”的原则，建立健全安全生产保证体系。

（1）建立健全安全生产组织机构，建立强有力的安全生产保证体系，成立以公司为领导，项目部负责人为组长的安全生产领导小组，全面负责并领导项目部的安全生产工作。安全生产组织结构见(安全生产组织机构如图 11-8)。

（2）建立健全安全管理组织：成立以项目经理为组长的安全领导小组，项目部下设工程组管理安全，并设置专职安全员、各施工队队长兼职安全员，形成项目安全网络，把安全管理贯穿于工程始终，建立全面的安全保证体系，安全保证体系如图 11-9。

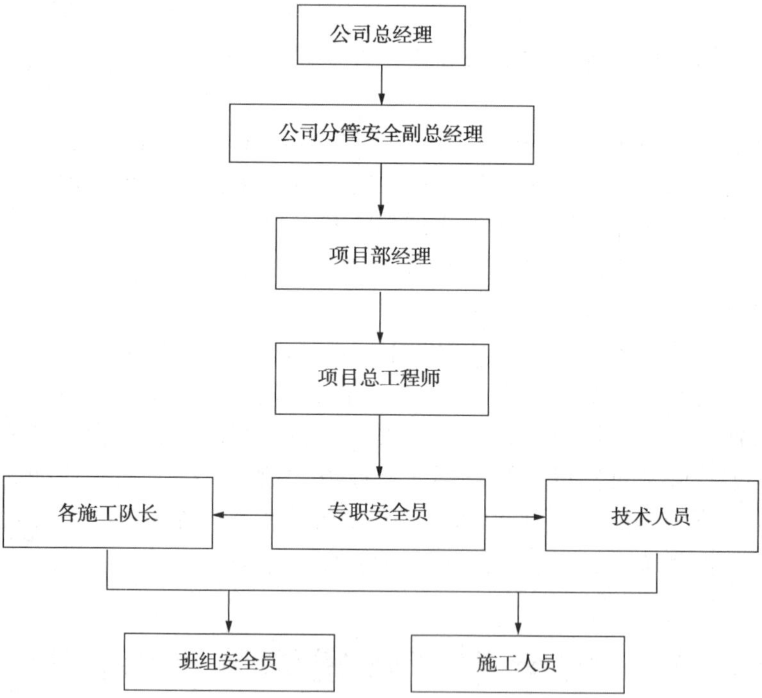

图 11-8　安全生产组织机构图

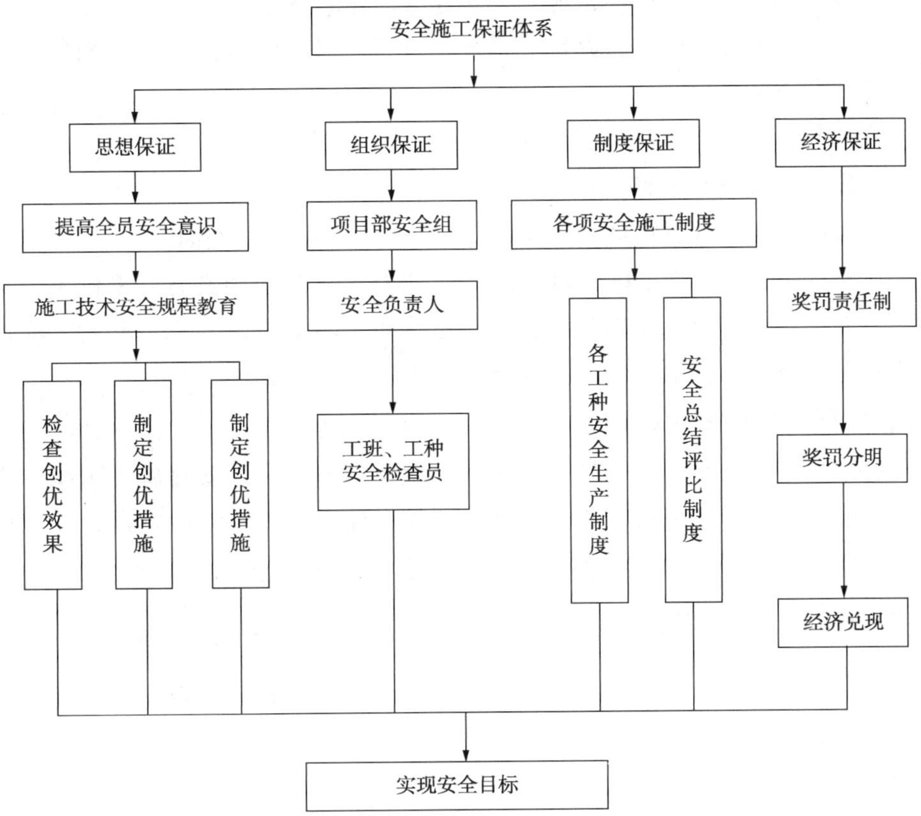

图 11-9 安全保证体系图

二、安全生产措施

结合公司丰富的安全生产经验及本项目的特点，在生产过程中需重点加强交通运输、沥青混合料高温施工、压路机施工、干扰路段施工等方面的安全措施。

(一) 交通运输安全措施

(1) 为所有施工车辆在施工前办理《施工车辆许可证》，所有运输车辆必须持有有效行驶证，过期或报废车严禁上路；

(2) 严禁无证驾驶车辆，驾驶员必须持有有效的、与所驾驶车辆相符的驾驶执照，并遵守交通规则行驶；

(3) 施工范围内的路口、急转弯处、危险地段应设置明显且适宜的有关交通警示标志，危险地段必须设置必要的安全防护设施；

(4) 所有安全标志和防护设施应随时检查和维护，施工现场设置明显标志禁止闲杂人进入场内，在沥青拌和站和沥青混凝土摊铺现场设置必要的围挡设施；

(二) 热拌沥青混合料施工

(1) 所有作业人员须使用防护口罩、手套、劳保鞋等劳保用品。

(2) 沥青混凝土摊铺机作业，应由专人指挥；机械行驶前，指挥人员应检查周围环境，确认前后方无人和障碍后，方可向机械操作工发出行驶信号。

（3）摊铺路段的上方有架空线路时，其净空应满足摊铺机和运输车卸料的要求，机械应与架空线路保持安全距离。

（4）人工补料时，禁止扬铲抛掷沥青混合料。

（三）压路机施工安全措施

（1）压路机操作手应持有特种机械操作证，并在年审的有效期内。

（2）在压路机进行压实作业时，施工范围内所有人员都必须离开，操作手在确定所有人员已撤离后方可开机作业，沥青混合料压实过程中，若出现需人工修整的，应停止压实作业后再进行人工修整，严禁边压实边修整。

（四）施工干扰地段安全措施

凡是与已建公路、铁路、航道等有交叉、干扰的地段，合理安排施工组织计划，采取有效措施保证施工安全及交通的畅通；凡是与其他在建工程有互扰的地段，提前做好与其他施工单位、业主、当地有关部门的协调工作。

三、安全生产应急预案

本项工程涉及的交通流量大的特点，各个施工点涉及的材料、设备较多，施工工艺较复杂。根据多年的工程施工经验，建立了一套完善的、行之可行的施工安全保障应急预案，确保项目的安全施工。

（一）施工安全保障应急机构

项目部成立以项目经理为组长的安全领导小组，项目总工为副组长，项目部下设工程组管理安全，并设置专职安全员、各施工队队长兼职安全员。坚持“统一领导、统一指挥、紧急处置、快速反应、分级负责、协调一致”的原则，确保施工过程中一旦出现事故时能够迅速、快捷、有效地启动应急救援措施。

（二）应急处理

（1）事故报告与报警：本项目施工中发生安全事故后，施工现场管理人员向项目部汇报情况，并根据情况向120、119报警。报告内容包括：事故发生的时间、地点，初步判断事故发生的原因，采取了哪些措施及现场控制情况等。

（2）事故发生后，现场人员应采取积极自救、互救措施，如现场包扎、止血等措施，防止受伤人员流血过多造成死亡事故发生。

（3）项目安全负责人在接到报告后，了解现场情况及事故的性质，确定事故应急救援具体实施方案。

（4）待专业救援人员到达现场后，按专业救援要求进行事故处理。事故得到控制后，参与事故调查。

（5）事故得到控制后，由项目部安全负责人组织项目部人员进行自我检查，总结教训，杜绝事故再次发生，并形成文字材料报告上报。

四、施工安全制度保障

(一) 安全制度保证

1. 落实安全生产责任制

在作业施工中，项目部贯彻执行安全生产责任制，从技术人员到作业工人层层落实，分工负责，使“安全生产，人人有责”落到实处。

2. 贯彻落实安全检查制度

(1) 定期安全大检查：项目部每月组织一次定期安全大检查，施工队每半个月组织一次定期安全大检查。按照安全检查评分表对管理、设备、措施、装置、违章行为等进行全面的安全大检查和评分，对安全隐患提出整改措施，并由安全员督促落实。

(2) 专业安全大检查：按照表列的检查项目、内容、标准进行详细检查，确认无重大危险隐患，基本达到规程要求。

(3) 经常性安全检查。管理人员经常对作业现场、库房、修理车库等的各种设施、消防器材、安全装置、机电设备、起重设备运行状况进行检查，检查有无违章指挥、工人有无违章作业行为等。

(4) 坚持持证上岗制度：对于机械操作手、电焊工、电工等等作业人员，严格执行持证上岗，确保按操作规程作业，保证施工安全。

(5) 落实安全教育培训制度：安全教育包括安全生产思想、安全知识、安全技能三个方面的教育。安全教育由办公室组织，采用安全标语宣传牌、开设安全生产黑板报、挂安全挂图或防护标准、张挂安全警示板等形式，采取三级安全教育、特种作业人员岗位培训、经常性安全教育等方法，使安全教育工作形成制度化、经常化、群众化。安全生产措施。

3. 落实安全负责制和严格事故报告制度

实行安全生产逐级负责制，做到职责明确，权责统一，充分发挥各级职能作用。

项目部无论何时，一旦发生危害施工作业安全、质量事故时，除采取必要的抢救措施以外，立即暂停此作业和与之有关的作业施工，并及时的向项目部或业主及公司报告，必要时与业主共同制定应对措施进行处理，遵照公司《安全生产制度》和业主《安全管理手册》执行。

4. 车辆和设备的安全管理制度

机械车辆和特种机械的操作人员必须经过正规培训，持证上岗。坚持定期检验、维修保养工作，保证其在运行中处于良好的状态。工地所用全部生产、生活运输车辆按等级造册，专人管理定期检修。加强驾驶人员的安全教育和规范管理，固定运输行车路线，杜绝交通事故发生，设定行车标志。车辆在公路上行驶要遵守交通规则。

5. 消防制度

在施工期间用火要执行有关规定，大风季节严禁用火，对于必要进行的明火操作(如电焊、氧焊)采取相应的隔离防护措施，同时，用火点周围严禁堆放木材等易燃、易爆物品，消除一切可能造成火灾爆炸事故的根源。

（二）现场布置措施

在施工过程中以开展安全标准化工地建设为载体，强化施工过程控制，合理进行施工现场布局。

（1）按照规范设置交通安全标志，根据天气情况准备各种应对雨天、雾天(雪天)等措施，在能见度较低时，尽量不安排施工。

（2）现场的布置符合防火、防爆、防洪、防雷电等安全规定和文明施工的要求，生产、生活办公用房、仓库、材料堆放场、停车场、生产车间布置合理，功能清晰。

（3）道路平整、坚实、保持畅通；

（4）均要设足够的消防水源和消防设施网点，消防器材有专人管理不出现乱拿乱动，组成义务消防队，所有施工人员要熟悉并掌握消防设备的性能和使用方法。

（5）各类房屋、库棚、料场等的消防安全距离符合国家或公安部的规定，室内不堆放易燃品；严禁在仓库库、修理车库等处吸烟；现场的易燃杂物，随时清除，严禁在有火种的场所或其近旁堆放。

第七节　环境保护、水土保持保证体系及保证措施

一、环境保护体系

在施工中按 ISO14001 环境管理体系，强化环保管理。项目部综合部作为环境保护管理机构，负责对本标段工程实施过程中的环、水土保工作进行管理和监督，工程施工做到兼顾生态保护和环境保护的原则，做到工程施工、生态保护、环境保护同步协调。具体如图 11-10。

环境保护及水土保持实行项目经理负责制，项目经理为主要负责人，并按监理人的要求做好防御措施以及实施记录，施工过程及施工结束后严格按照有关环保及水土保持的规定执行。自觉接受监理人的环保及水土保持教育，实施施工场地符合相关环保要求布设；严格根据“水土保持方案报告书”制定施工中的水保措施，认真做好项目实施过程及工程结束后的水土保持的防御措施，及做好有关水土保持的资料的记录。

二、环境保护及水土保持保证措施

（一）制定环保制度、加强环保教育创造良好环境

在开工前结合设计文件和工程特点，制定可靠的环保规章制度和环保措施，报监理工程师批准后执行。组织职工学习环保知识，认真贯彻各级政府的有关环、水保方针、政策和法令。

（二）现场布置

根据场地实际情况合理地进行布置，设施、设备按现场布置图规定设置存放，并避免可能产生高污染的建材堆放在水源地周围。同时也采取有效措施防止在施工过程中因材料

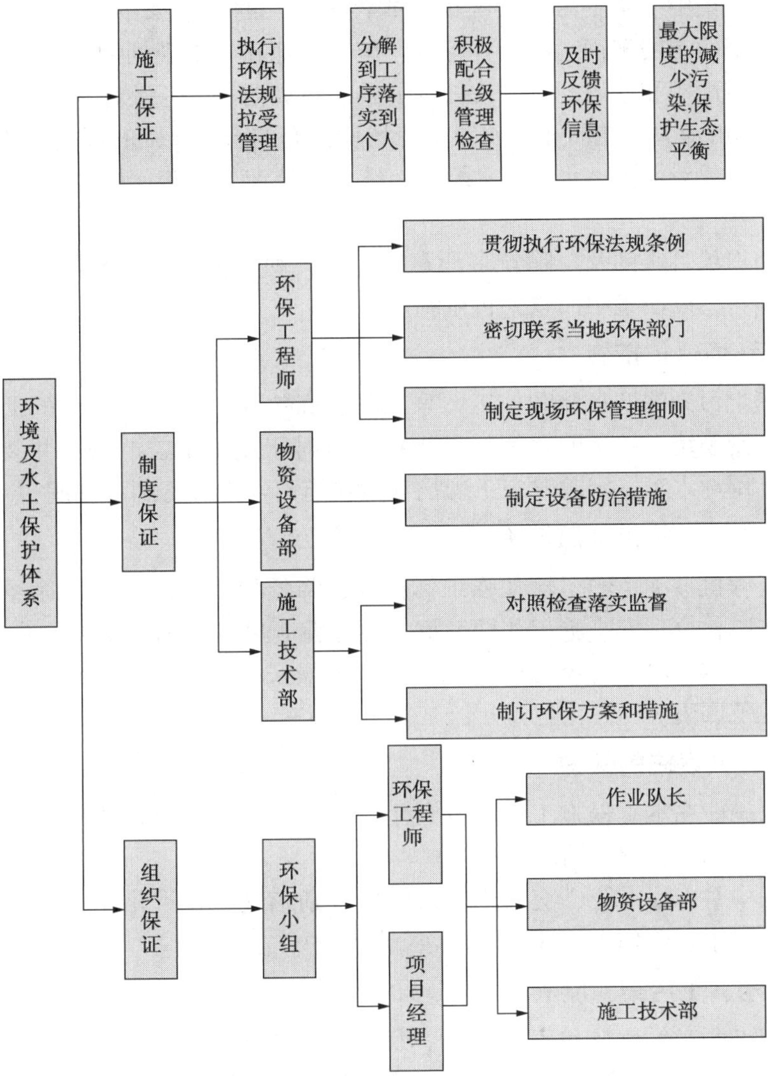

图 11-10 环境保护体系

运输、混合料拌和、现场施工而对项目沿线的建筑、既有道路、农田、林地、河流、水道、灌溉渠、排水系统等产生破坏。

（三）生态环境保护措施

合理布置施工场地，生产、生活设施尽量布置在规定范围内，施工尽量不破坏地表原有植物。工程竣工后，及时清理堆积物、废弃物，恢复原有植被、原有地貌景观。

如果需要砍伐沿线树木，在取得砍伐许可后，按照砍伐许可的面积、株数、树种进行砍伐，并注意保护野生动植物；施工结束后，对施工期占用的施工便道、料场、拌和场及施工场地等临时用地，按“破坏一处，恢复一处”的原则，进行全面恢复。

（四）施工废水、泥浆、雨水、垃圾处理措施

（1）施工废水，生活污水采用沉淀池、化粪池等生化办法处理，未经检测合格不得直

接排放到河流、沟渠中。施工污染清洗集料或含有油污的废水采用集油池的方式处理；废浆、淤泥使用封闭的专用车辆运输至弃土场；施工营地和施工现场的生活垃圾和建筑垃圾，应集中堆放在有防雨棚和地表经过硬化处理的临时垃圾池内，并及时集中清运。

(2)制定详细的应急措施防止雨水对施工场所占有的土地、临时用地、路基土石方、取弃土场等冲刷而造成对河流、水道、灌溉渠、排水系统产生淤积、堵塞，对农田造成污染、淹没。

(3) 考虑到本项目铣刨及凿除较多沥青砼，在英利日常养护基地附近设废料再生堆放区用于堆放废弃料，以便集中回收，再生利用。

(五) 大气环境保护措施

对易产生灰尘污染的沥青拌和施工，采取具有高效除尘效果环保型的沥青拌和楼，并安装空气污染控制系统。在运输水泥等易飞扬物料时用篷布覆盖严密，并装量适中，不超限运输。配备专用洒水车，定时对施工现场和运输道路经常进行洒水湿润，减少扬尘。

(六) 降低噪音、防止扰民措施

对使用的工程机械和运输车辆加强维修保养，降低噪音；机械车辆途经居住场所时减速慢行，不鸣喇叭；合理安排施工作业时间，尽量降低夜间车辆出入频率，夜间施工避免使用噪音很大的机械，尽量避免机械过于集中形成噪音叠加；邻近居民点夜间施工时，灯光照明限在工地范围内。

(七) 现有公共设施的保护

凡是公用设施能在本工程施工中予以利用，而不必另建临时道路的地方，依此相应地安排施工进度计划加以充分利用。

在施工过程中对工程沿线、交叉或临近的所有通信光缆，严格予以保护。在施工中新发现的光缆，及时报告监理人，并采取措施严格保护。

(八) 防止水、土污染和流失的措施

(1) 公路施工所产生垃圾和废弃物质，如清理场地的表层腐殖土、砍伐的荆棘丛林、工程剩余废料，根据各自不同情况，分别处理，不任意裸露弃置。

(2) 清洗施工机械、设备及工具的废水、废油等有害物质以及生活污水，不直接排放于河流、护坡、湖泊或其他水域中，也不倾泻于饮用水源附近的土地上，以防污染水质和土壤。

第八节　文明施工保证体系及保证措施

一、文明施工保证体系

(一) 文明施工目标

实现规范化管理，创建文明施工标准化工地，施工材料堆放整齐，生活设施清洁文明，开展以创建文明工地为内容的思想政治工作，争取实现湛江市“安全文明工地”。

在施工中，严格按照“集中施工、快速施工、文明施工”的十二字方针，把文明施工作为施工中的一个重点，以建立安全标准化工地为文明施工目标，总结在其他工程施工中取得的经验，精心组织，合理安排，做到优质施工，文明施工。

（二）健全机制，明确责任

项目经理作为文明施工的组织者，对现场文明施工负全权责任。现场文明施工的直接管理由项目经理部施工技术部负责，安全质量部负责监督检查。由项目经理和相关人员组成文明施工监督小组，按照文明施工细则每周检查，并在生产调度会上通报情况，提出整改措施。文明施工管理组织机构如图 11-11。

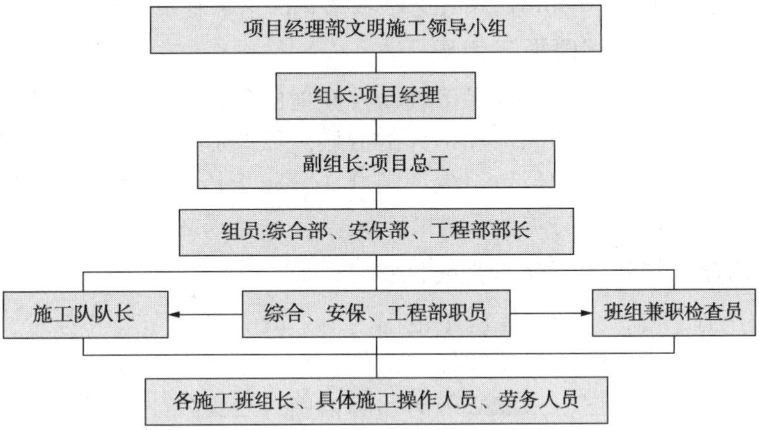

图 11-11 文明施工管理组织机构

二、文明施工保证措施

加强全体职工职业道德的教育，制定文明施工准则。在施工组织、安全质量管理和劳动竞赛中切实体现文明施工要求，发挥文明施工在工程项目管理中的积极作用。

近年来，在工程建设中不断加大文明创建的力度，更加注重安全、和谐、环保、健康、文明，使企业的团队形象得到改善，同时也逐步树立起企业的品牌，进而提高市场竞争力，文明施工相关措施如下：

（一）推行施工现场标准化管理

严格按照技术规范施工，按操作规程作业；随时保持现场整洁，机械停放井然有序，原材料堆码整齐，各标志、标牌齐全规范；施工便道经常洒水，防止尘土飞扬；各工点严格执行工完场清制度，废料与垃圾及不再需要的临时设施应及时从现场清除、拆除并运走，保持施工现场整洁。

（二）制度措施

（1）严格制度，强化管理。创建工作首先应该是服从于和服务于安全生产，因此，各个施工项目部均成立有安全文明生产工作领导小组，严格按照国际认证标准 ISO1400 和 ISO1800，组织人员进行对照检查。以安全为天，对工人进行三级安全教育，经考试合格后方可上岗作业，并统一着装，挂牌上岗。坚持每周一次安全文明检查，对在检查中发现的问题和隐患立即进行整改，坚决消除事故隐患，同时安全生产治理情况按要求上报公司安全生产管理部。公司安全部门、项目部安全检查小组和现场配备的专职安全员采用定期与不定期相结合的方式对安全生产进行检查整改和落实。

(2) 通过职工教育培训，使全员均能熟练掌握相关的操作规程、技术标准和工作标准，经考试合格方可持证、挂牌上岗。对于第一次考试不合格，补考一次仍不合格的人员，坚决不予上岗。施工现场设立工程简介、施工总平面布置图、安全质量宣传板，标明工程项目名称、范围、开竣工期限、工地负责人，设立监督电话，接受社会监督。

(三) 施工作业资料齐全、数据可靠

办公室内按要求布置各类图表，及时反映现场状况及工程进度状况。

(四) 改善作业条件，保障职工健康

采取有效的卫生防护措施，经常保持现场及驻地的整洁与卫生，为职工提供清洁的饮用水和合格的施工用水，以保护职工和工人的健康。做好施工人员的医疗保障工作，配备医务人员建立工地卫生所，并与当地卫生部门合作，防止传染病和准备常用急救药物。高温炎热季节施工时，采取一定的防暑降温措施。

(五) 深入调查，加强地下既有管线保护

施工前主动调查了解，详细掌握施工范围内地下既有管线布局和数量，并与有关部门密切配合，做好光缆、电缆等的保持和处理工作，在经过或邻近水利工程设施以及各类管线时，更要明确施工操作程序，采取必须的预防措施，避免发生堵塞、污染或损坏工程设施和各类管线。

(六) 做好已原有道路的保护工作

在施工中对已原有道路和原有设施都进行妥善保护，不损坏原有设施。在运输中采取运输路线，选用运输车辆，限制和分配载运重量及其他合理措施，防止任何运输车辆因超过载重限制而损坏或损伤所通行的道路或桥梁。大型施工装备和超重件的运输，事先取得道路管理部门的许可。

(七) 不扰民及妥善处理地方关系

合同段起讫点和固定工点设工程公告，施工便道干线和引入线设置明显规范的交通引导标志；爆破作业等特殊作业区，设安全防护员和安全防护标志；施工期间，经常对施工机械车辆通行的道路进行维修，确保道路晴雨畅通；加强工程建设意义的宣传力度，争取地方百姓对施工生产的大力支持。

(八) 广泛开展共建活动

与当地政府积极配合，加强对施工人员的全面管理，确保在施工地区内，施工人员无违纪违法现象发生。与当地政府和群众积极开展共建活动，积极推进精神文明建设，支持地方经济建设。自觉执行当地政府有关部门规定，施工中接受群众监督。

(九) 尊重当地民风民俗

教育全体职工，加强对地方性法规、法令的学习，进一步在思想上提高认识，坚决执行党的民族政策，了解当地的民风、民俗和风土人情，充分认识到尊重民风、民俗是促进

民族团结的需要，是维护国家安全稳定的保证。遵守地方性法规，乡规民约，自觉尊重、遵守当地民风民俗习惯，不做有损于民风民俗的事。

（十）积极开展建家达标活动

平面布置整齐划一，周围种植花草树木，创造良好的生活环境；生活区设文娱室，丰富业余文化生活；现场和生活区设置临时卫生设施，每天清扫处理，保持清洁。突出以人为本，彰显文化特色。近年来，施工现场形象创建开始注重增加项目文化等新的元素和人文内涵，体现资源节约、环境友好的特色，着力打造安全、文明、和谐的施工环境，把项目文明创建提升到一个新的层次。

第九节　项目风险预测与防范，事故应急预案

一、项目风险预测与防范

风险管理是对项目目标的主动控制，在实施过程中存在着施工不确定的因素，进行风险管理尤为重要。在管理中需对项目的风险进行识别、量化，采取风险转移和风险降低措施对风险进行控制。

（一）材料价格风险与防范

建筑材料价格的大幅波动严重影响对施工合同的正常履行，给工程施工带来潜在的质量安全隐患，因此应考虑到施工期内材料价格波动的因素，增强风险防范意识，切实保障建设工程的顺利实施。结合本项目的具体情况，提前与石料等大宗材料供应商，签订了材料订购意向协议，以期达到降低材料价格和供应方面的风险，确保工程顺利实施。

（二）施工过程中存在的风险与防范

质量与安全是施工企业永恒的生命线，也是工程项目重要的管理内容，一旦发生质量与安全事故，不仅给伤者本人及家庭造成巨大的痛苦，同时也给企业带来相应的经济损失。因此在施工过程中这一环节，首先制定先进的、经济合理的施工方案，以达到缩短工期、提高质量、降低成本的目的；其次，要实行全面成本控制，按照所选定的施工方案，严格按照成本计划实施和控制；此外还需加强合同管理，注重合同谈判。

（三）恶劣天气防范措施

由于本工程地处南亚热带季风气候，属台风侵袭区，一年除冬季外多雨，工程临海作业。为不影响工程的工期，保证工程的正常开展，有必要做有针对性地做好雨季台风施工防范措施。

二、事故应急预案

（1）出现影响交通安全的情况时，立即上报监控中心、交警、路政；沿线情报板上公布交通疏导指南。

（2）根据相关部门的批复，封闭影响区域，具体按第五节交通维护方案进行交通维护。

（3）疏散现场人员，并转移至安全地点，救援小组在路政、交警人员的指挥下进行交通管制，并派专人疏导交通，避免发生事故。

（4）当现场短时间内难以处理完成，道路塞车严重时，协助交警、路政部门在上游收费站或中央分隔带开口进行分流，在分流前应对交通安全影响较大的因素排除，并按交警和路政要求设置警示标志疏导交通。

（5）必须按《公路养护安全作业规程》（JTG H30—2015）的规定设置作业控制区，并由安全员现场指挥。作业人员不得随意在路面上走动或穿越非作业控制区，如确实需要穿越的，必须看清有无来车，在确认安全的情况下快速穿越。作业人员还应尽量保持面向来车方向，随时观察车辆动态，一旦发现险情应及时躲避，免发生交通意外伤亡。

（6）应急处理结束、并确认无安全隐患、在征得现场交警及路政人员同意后，撤除交通安全设施，恢复正常通车。

结 语

高速公路的养护管理水平直接关系到高速公路的使用性能、养护成本和使用寿命，因此加强对高速公路养护管理水平的研究是非常必要的。尽管目前我国对高速公路沥青路面养护管理的研究已比较完善，但是考虑到实际养护管理的复杂性、多样性、以及理论结合实践的深度等问题，有待进一步加强对高速公路沥青路面的养护管理发展研究。

与此同时，为了能够进一步推进交通事业的发展，促进各行业间和谐共荣，相关部门与单位应该科学有效地处理高速公路养护管理过程中存在的问题，这样才能够实现经济可持续发展。

值得一提的是，由于高速公路养护管理问题合理解决需要经济发挥推动作用，因此必须要在技术工艺上不断地进行创新，以更好地改善行业之间的矛盾状况。高速公路养护管理工作的开展将会促进高速公路顺利运行，相应地也会提升区域经济效益。

针对现阶段桥梁施工存在的问题，需加强对公路桥梁施工质量的控制。加快桥梁施工技术与仿真技术、建模技术、计算机技术等高科技信息技术的融合，建立健全规范的桥梁施工标准，确保桥梁施工质量能够得到有效控制，进一步提升桥梁的施工水平，最终实现经济效益和社会效益的提高。

参 考 文 献

[1] 尤晓暐．公路养护与管理[M]．北京：中国电力出版社，2009.
[2] 郗恩崇，王夕展．高速公路运营管理[M]．北京：北京交通大学出版社，2004.
[3] 王选仓，石勇民．高速公路管理[M]．北京：人民交通出版社，2007.
[4] 周余明．高速公路养护管理[M]．北京：人民交通出版社，2001.
[5] 王化冰．山东高速沥青路面管理与养护技术[M]．北京：人民交通出版社，2011.
[6] 李保伟，祝秀海，孙仁娟．东青高速公路养护管理手册[M]．北京：人民交通出版社，2014.
[7] 陈传德．高速公路养护管理[M]．北京：人民交通出版社，2005.
[8] 周传林．公路养护技术与管理[M]．北京：机械工业出版社，2010.
[9] 何向红，赵洪利，公晋芳．公路工程养护与管理[M]．郑州：黄河水利出版社，2013.
[10] 邝青梅．公路养护技术[M]．北京：中国劳动社会保障出版社，2012.
[11] 彭富强．公路养护与管理(第2版)[M]．北京：人民交通出版社，2007.
[12] 尤晓暐．实用公路养护技术与管理[M]．北京：清华大学出版社，2012.
[13] 孟建党，李海滨，郑木莲．高速公路市场化养护管理[M]．北京：中国建筑工业出版社，2013.
[14] 池静，张红春，宋伟香，等．高速公路养护专项工程竣(交)工验收指南[M]．郑州：河南科学技术出版社，2012.
[15] 陈晓晖，姚成，吴承志．高速公路建设管理养护：政府招商[M]．上海：同济大学出版社，2000.
[16] 陈鼎．高速公路路面养护工程施工监理实务[M]．北京：人民交通出版社，2008.
[17] 张争奇．高速公路沥青路面维修养护技术[M]．北京：人民交通出版社，2010.
[18] 张孝伦，何晓鸣，杨应波．高速公路养护工程监理指南[M]．北京：中国地质大学出版社，2005.
[19] 张铁．高速公路养护机械[M]．北京：石油大学出版社，2003.
[20] 王红霞．公路养护与管理技术[M]．北京：人民交通出版社，2006.
[21] 肖建平．桥梁工程施工[M]．北京：机械工业出版社，2007.
[22] 李栋国，张洪军．道路桥梁工程施工技术[M]．武汉：武汉大学出版社，2014.
[23] 王海良，董鹏．桥梁工程施工技术[M]．北京：人民交通出版社，2013.
[24] 蒋红，田万涛．道路与桥梁工程施工[M]．北京：中国水利水电出版社，2010.
[25] 陈惠发，段炼．桥梁工程施工与维修[M]．北京：机械工业出版社，2009.
[26] 卿三惠．土木工程施工工艺．桥梁工程[M]．北京：中国铁道出版社，2013.
[27] 马国峰，王保群．桥梁工程[M]．北京：机械工业出版社，2007.
[28] 卫申蔚．桥梁工程施工技术[M]．北京人民交通出版社，2008.
[29] 涂兵．桥梁工程施工[M]．北京：高等教育出版社，2005.
[30] 杨玉衡．桥梁工程施工案例[M]．北京：中国建筑工业出版社，2002.